职业教育财经商贸类专业系列教材
上海市精品在线开放课程配套教材

通关实务

陈世芬◎主　编
徐　朔　吉颖飞◎主　审

中国铁道出版社有限公司
CHINA RAILWAY PUBLISHING HOUSE CO., LTD.

内 容 简 介

本书以国际商务专业毕业生林梦梦在上海元初物流有限公司的实习经历为线索，紧贴关务员岗位需具备的能制单、会操作的职业能力，服务“报关实务”精品在线开放课程线上线下实际教学需求，以项目为导向，以任务为引领，设计了以“货物报关、缴纳税费、缮制报关单、食品通关”等为主要内容的七个项目，每个项目包括“项目描述”“思维导图”“情景导入”“学习目标”“任务描述”“核心知识”“技能训练”“任务评价”“巩固与训练”等教学环节。

本书注重学生逻辑思维能力和实际动手操作能力的培养，配备了大量的测试题（客观题、案例分析题、制单题）和答案。书中融入了系列动画、趣味游戏、微视频、教学片断等丰富的学习资源，并对难以理解和抽象的内容配以高清图片，使报关学习变得轻松、愉悦。

本书适合作为中等职业教育国际商务专业、跨境电子商务专业、物流服务与管理专业、国际货运代理专业及其他相关专业的教材，也可作为高等职业教育国际商务专业、关务与外贸服务专业的教材，还可作为从事报关、外贸行业相关从业人员的参考书。

图书在版编目（CIP）数据

通关实务 / 陈世芬主编. -- 北京 : 中国铁道出版社有限公司, 2025. 6. -- (职业教育财经商贸类专业系列教材). -- ISBN 978-7-113-31876-5

Ⅰ. F752.5

中国国家版本馆CIP数据核字第2025391A3N号

书　　名：通关实务
作　　者：陈世芬

策　　划：张松涛　　　　编辑部电话：（010）83527746
责任编辑：张松涛　贾淑媛
封面设计：刘　颖
责任校对：苗　丹
责任印制：赵星辰

出版发行：中国铁道出版社有限公司（100054，北京市西城区右安门西街8号）
网　　址：https://www.tdpress.com/51eds
印　　刷：北京联兴盛业印刷股份有限公司
版　　次：2025年6月第1版　2025年6月第1次印刷
开　　本：889 mm × 1 194 mm　1/16　印张：18.5　字数：595千
书　　号：ISBN 978-7-113-31876-5
定　　价：59.00元

前言

职业教育不仅需要教会学生们“谋生”的知识和技能，还需培养他们持之以恒、精益求精、追求卓越的工匠精神，更应与国家前途、民族命运紧密联系，培养学生们的强国使命感。2024年，全国海关工作会议提出通过建设智慧海关提升监管效能和服务水平，通过实施“智关强国”行动更好履行守国门、促发展的职责使命。在国家关务新政、通关模式、通关申报系统发生巨大变化的改革背景下，编写一本任务引领型、符合职业院校学生认知规律，且满足外贸企业对关务人才规格需求的报关教材迫在眉睫。

近几年，编者与教学团队多次到海关和外贸企业深入学习和研究，熟悉行业最新标准，获得了大量的最新通关资料和前沿的通关信息。在深化智慧海关建设和“智关强国”行动中，经过行业企业专家和职教课程专家的悉心指导，编者不仅编写了具有食品进出口特色的国际商务专业教材，还完成了上海市职业院校在线开放课程“报关实务”的开发研制工作，此门课程经过职教专家多轮评选，最终被评定为市级精品在线开放课程。本书引用企业最新关务典型案例、通关单据等，借鉴上海元初物流有限公司报关业务经理吉颖飞20余年一线积累的关务经验和上海海关学院顾佩军教授40余年的一线教学经验编写而成。在海关全面深化业务改革的背景下，本书将关检融合新政策、货物通关新模式、综保区改革新措施、报关单填制新规范、检验检疫新规定等内容，以及“立德树人”课程思政理念全面融入，将价值塑造、知识传授和能力培养三者融为一体。本书以国际商务专业毕业生在上海元初物流有限公司的实习经历为线索，紧贴关务员岗位需具备的能制单、会操作的职业能力，服务“报关实务”精品在线开放课程线上线下教学需求，设置了如下教学环节：

（1）项目描述：共创建7个项目、23个子任务，围绕海关全面深化改革背景，以及关务岗位所需知识、能力和素养展开详细描述，提出问题引发思考，从而引导出后续环节。

（2）思维导图：以树状图系统梳理每个项目下所学知识和技能，在学生脑海中形成一幅完整的“学习地图”，便于学生快速搜索到知识点和技能点，从而有针对性地开展学习。

（3）情景导入：将企业一线典型工作案例、真实的通关单证等融入学习情境中，学生通过角色扮演仿佛置身于一个真实的工作环境，开展情境式教学，有助于学生边学习边思考。

（4）学习目标：将关务改革新知识、新技能与"立德树人"的教育根本任务相结合，帮助学生明确知识、技能和素养目标，促使学生有的放矢开展学习，进而全面推进课程思政建设，将价值观引导融入知识传授和能力培养之中，帮助学生塑造正确的世界观、人生观、价值观。

（5）任务描述：此环节与"情景导入"相呼应，结合报关岗所需知识、能力和素养推送学习任务，学生围绕着实际工作任务有针对性地开展学习，学习新知识和新技能之后能够反过来合力逐个击破任务，从而达到学习的真正目的。

（6）核心知识：全面梳理关务改革新知识、新技能，对于较为抽象的内容，配以编者绘制的流程图，使学生易于理解。同时，编者还设计了"知识拓展"和"做一做"，将关务新政以动画微视频形式向读者实时速递，将难以理解的知识和技能以游戏形式呈现，寓教于乐。其中，"知识拓展"以二维码的形式在书中呈现，扫码即可学习。"做一做"需要访问在线学习平台实现，该平台网址的获取方式为登录中国铁道出版社教育资源数字化平台（https://www.tdpress.com/51eds），检索该书并下载教学素材。

（7）技能训练：为全面检测学生的学习情况，此环节搭建学习框架，帮助学生循序渐进、由浅入深地破解难题，对于较复杂、难理解的通关流程，本书提供流程图模板，引导学生提炼关键词，以便于学生记忆。同时，学生结合课堂训练实际情况详细填写一份"完成情况记录表"，查漏补缺，清楚自己的薄弱之处，以便课后有针对性地反复学习和训练。

（8）任务评价：围绕学生的知识掌握、技能应用、实践能力、职业素养展开，旨在检验学习成果并提升职业胜任能力。通过多元化的任务设计和多维评价，学生更能全面地掌握报关实务的核心能力，为未来职业发展奠定基础。

（9）巩固与训练：本书与市级精品在线开放课程平台对接，学生可登录市级平台，完成相关测试题（系统提供1 300多道试题，有单选题、多选题、案例分析题、计算题、综合实训题等），或扫描二维码获取最新通关单据和新版"进出口货物报关单"（系统备有若干份企业真实通关单据）。通过各种不同题型的海量课后练习帮助学生强化与巩固知识和技能，加深学生对知识和技能的理解与运用。

本书的创新特色如下：

（1）紧跟国家关务新政，引入通关典型案例：将海关新政策、海关新任务、全国通关一体化改革（"一次申报，分步处置""两步申报""两段准入"通关新模式）、单一窗口模式下的新版报关单缮制与审核、新型的海关税收征管方式、检验检疫操作流程、综合保税区21条改革措施等内容引进教材。本书内容的呈现适合职业院校学生的心理特点和认知习惯，力图做到图文并茂、引人入胜，提升学生的学习兴趣。

（2）紧密对接市级平台，共享资源激趣促学：本书对接上海市市级精品在线开放课程平台，共享与软件公司合作研发的“报关实务”课程标准、授课计划、教学流程、评价方案、教学课件（51份，2课时/份）、多媒体课件（51份，2课时/份）、动画微视频（7个）、微视频（149个，5～8 min/个）、趣味游戏（36个，2~3 min/个）、示范性课堂实录（7个，40 min/个）、典型教学案例（3个）、若干教学片段、1 300多道配套习题、5套综合测试卷及若干张高清图片等。访问方式为在各大中文搜索引擎检索“上海市职业院校在线开放课程”，进入官网后在“在线开放课程”栏目中检索“报关实务”课程。

（3）资深专家共同打造，任务导向抛砖引玉：引入行业企业前沿知识、通关数据和通关资料等，专业骨干教师团队与多位行业专家、课程专家、多家软件公司共同研发市级精品在线开放课程“报关实务”，共同编写符合职业院校学生认知规律的“任务引领型”教材。本书实践操作性强，通过一个个“挑战任务”逐步引导学生理解知识、熟练技能。同时，本书具有食品通关业务特色，融入乳制品等来自企业一线的实际案例和通关单据，帮助学生熟知法定检验检疫货物通关业务，不断提升拓展能力。

（4）突出职业引导功能，提升职业应用能力：本书力求凸显职教特色，采用活页式教材模式，全书由多个独立的单元组成。编者把源于企业真实的“关务岗位典型工作任务及工作过程知识”作为主体内容，突出如何借助“学习任务”实施职业教育教学，提供丰富、适用和引领创新的多种立体化、信息化课程资源，构建深度学习的管理体系。“工作活页”可以促进学生开展有目的的学习，调动学生学习的积极性，指导学生从引导问题、小提示、相关知识点和技能点中获取和分析专业信息，并寻找解决问题的途径、经历完整的工作过程直到完成学习任务，从而获取关键能力，帮助学生从实际经验和书本抽象的描述中构建自己的综合职业能力体系，实现理论知识、实践知识及经验知识的统一。

本书由上海市贸易学校陈世芬任主编，同济大学徐朔、上海元初物流有限公司吉颖飞任主审。

本书得以出版，要特别感谢李敏组织策划选题与专家评审，还要特别感谢东方创业股份有限公司食品进出口业务经理曹沛、食品进出口专员鲁梦莹、东方国际对外贸易进出口公司食品进出口专员郭佳眉提供的通关单据、通关案例等；衷心感谢同济大学徐朔教授和上海元初物流有限公司报关部经理吉颖飞的悉心指导和仔细审核；衷心感谢上海市教委教研室应宏芳教研员对本人承接的“报关实务”在线开放课程建设过程中不厌其烦地答疑解惑；衷心感谢上海市商业学校名师培育工作室的陈志红导师，帮助编者确立教学目标、重新整合教材内容、优化教材结构；衷心感谢上海市贸易学校刘卫国书记和姜晓敏校长启示编者将思政内容融入教材，从而培养学生们明德惟馨、积极阳光、自信乐观的职业心态；由衷感谢“报关实务”精品在线开放课程建设团队的谢富敏、徐菊红、章忻雯、刘芳、施翌昀和上海远恒电子信息有限公司、超星集团有限公司上海分公司开发技术人员的倾力付出。

由于外贸行业发展迅速，各种关务新政、海关法律法规、通关模式和制单要求不断更新，编者才疏学浅，书中难免存在不足之处，恳请读者不吝赐教，E-mail：1500709989@qq.com。

编　者

2025年1月

目 录

项目一

探知通关奥秘
——初涉进出口报关工作

项目描述

林梦梦是一名刚进入职场的毕业生，她所在的公司是上海元初国际物流有限公司（以下简称“元初物流”），刚到公司的第一天，报关部曹经理介绍了公司的基本情况：“元初物流”是经中华人民共和国商务部批准的一级货运代理企业，也是中国国际货运代理协会成员。曹经理希望林梦梦能够尽快熟悉业务，将自己所学到的专业知识和技能发挥出来。刚刚走上报关工作岗位的她有些迷茫，听说出入境检验检疫管理职责和队伍已经划入海关总署，那么进出口通关流程与通关单据发生了哪些变化？报关员应当如何配合海关开展工作？

思维导图

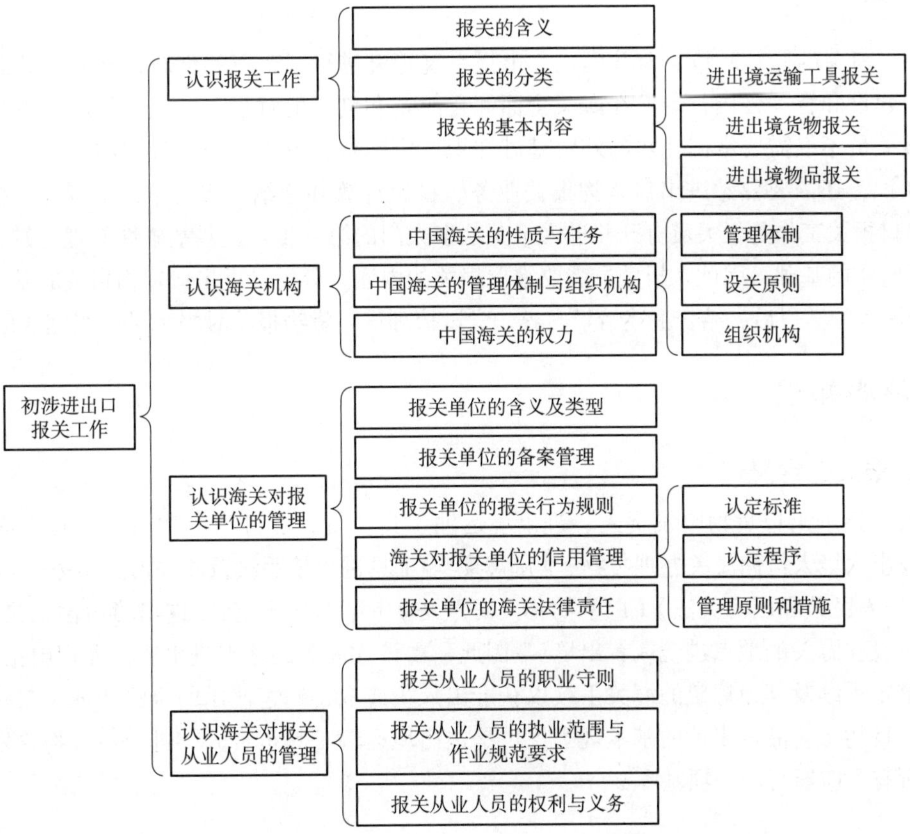

任务一　认识报关工作

情景导入

东方创业股份有限公司（以下简称“东方创业”）从德国汉堡港海运进口日昇牌超高温灭菌全脂牛奶（脂肪含量≤1%、未浓缩的乳及奶油），运输工具这几日入境后，东方创业委托“元初物流”办理进口报关手续，曹经理将此票货物交给报关员林梦梦处理。请帮助林梦梦完成下列任务：

（1）“元初物流”和“东方创业”前去海关办理报关，分别属于何种性质的报关？“元初物流”以自己名义或以委托人名义向海关申请报关，分别属于何种性质的报关？

（2）向海关申请进口报关时，报关员应做好哪些方面的工作？办理哪些报关手续？

学习目标

知识目标：

（1）掌握报关的含义、分类、进出境货物报关的基本内容。

（2）熟悉自理报关和代理报关的含义、区别，以及代理报关的属性与法律责任。

（3）了解进出境运输工具报关的基本内容、进出境物品报关的基本内容。

素养目标：

（1）拥有敬业爱岗、团结协作、一丝不苟、严谨细致的职业素养。

（2）具备遵纪守法、廉洁自律、诚实守信、规范报关的职业操守。

任务描述

关检融合后，海关的监管政策、监管模式、申报系统等都进行了改革和创新，之后海关总署又提出要深入推进智慧海关建设和智关强国行动。在海关全面深化改革和创新的背景下，报关员应积极配合海关开展各项监管工作，报关员不仅需要掌握扎实的外贸基础知识、国际贸易英语、报关基础知识、报关基本程序、海关法律法规等知识，还需要熟悉进出口货物报关业务、税费计算和缴纳、报关单证缮制和审核、商品归类等技能。初涉进出口报关工作是报关员打开并进入报关这扇大门的第一步，这些基础性的理论知识为报关员今后的报关工作打下坚实的基础，因此，报关员需要掌握报关的内涵、分类、进出口货物报关的基本内容。在对核心知识进行全面深入的学习后，结合上述情景内容，尝试梳理进口货物报关时报关员应当完成的各项工作。

核心知识

知识拓展

记忆报关的含义

一、报关的含义

报关是指进出口货物收发货人、进出境运输工具负责人、进出境物品的所有人或者他们的代理人，以及出入境人员向海关办理货物、物品、运输工具进出境手续及相关海关事务的过程。

知识拓展

关境与国境的关系

《中华人民共和国海关法》（以下简称《海关法》）第八条规定：“进出境运输工具、货物、物品，必须通过设立海关的地点进境或者出境。”因此，由设立海关的地点进出境，办理申报、纳税、检验、检疫、鉴定手续及其他规定的海关手续以获准出入境或取得销售使用的合法凭证及某种公证证明是运输工具、货物、物品进出境的基本规则，也是进出境运输工具负责人、进出口货物收发货人、进出境物品的所有人应履行的一项基本义务。

二、报关的分类

（一）根据报关对象分类

根据报关对象不同，可分为进出境运输工具报关、货物报关和物品报关。由于海关对进出境运输工具、货物、物品的监管要求各不相同，履行运输工具报关、货物报关和物品报关的具体手续也各不相同。

1. 进出境运输工具报关

进出境运输工具主要包括用以载运货物、人员、物品进出境，并在国际运营的各种境内或境外船舶、车辆、航空器和驼畜等。进出境运输工具作为货物、人员及其携带物品的进出境载体，其报关主要是向海关直接交验随附的、符合国际商业运输惯例、能反映运输工具进出境合法性及其所承运货物、物品情况的合法证件、清单和其他运输单证，其报关手续较为简单。

2. 进出境货物报关

进出境货物主要包括一般进出口货物，保税货物，暂准进出境货物，特定减免税货物，过境、转运和通运货物及其他进出境货物。进出境货物的报关较为复杂，为此，海关根据对进出境货物的监管要求制定了一系列报关管理规范，并要求必须由具备一定的专业知识和技能且经海关核准的专业人员代表报关单位专门办理。

3. 进出境物品报关

进出境物品是指个人携带进出境的行李物品、邮寄进出境的物品。进出境物品应当以自用、合理数量为限，并接受海关监管。

（二）根据报关目的分类

根据报关目的（或流向）不同，可分为进境报关和出境报关。对于运输工具、货物、物品的进境和出境，海关分别制定了不同的管理规定，运输工具、货物、物品根据进境或出境的目的分别形成了进境报关手续（进口报关手续）和出境报关手续（出口报关手续）。

（三）根据报关行为性质分类

根据报关行为性质不同，可分为自理报关和代理报关。

（1）自理报关：是指进出口货物收发货人自行办理报关业务。根据我国海关目前的规定，进出口货物收发货人必须依法向海关注册登记后方能办理报关业务。

（2）代理报关：是指接受进出口货物收发货人的委托，代理其办理报关业务的行为。我国《海关法》把有权接受他人委托办理报关业务的企业称为报关企业。报关企业必须依法取得报关企业注册登记许可，并向海关注册登记后方能从事代理报关业务。根据代理报关法律行为责任承担者的不同，代理报关又分为直接代理报关和间接代理报关。目前，我国报关企业大都采取直接代理形式代理报关，经营快件业务的营运人等国际货物运输代理企业适用间接代理报关。两种方式的属性与法律责任的对比见表1-1。

表 1-1　代理报关的属性与法律责任

代理方式		行为属性	法律责任
代理报关	直接代理报关	接受委托人的委托，以委托人的名义办理报关业务的行为	法律后果直接作用于被代理人（委托人）；报关企业也应承担相应的法律责任
	间接代理报关	接受委托人的委托，以报关企业自身的名义办理报关业务的行为	法律后果直接作用于代理人（报关企业）；由报关企业承担委托人自己报关时所应承担的相同的法律责任

三、报关的基本内容

（一）进出境运输工具报关

根据我国《海关法》规定，所有进出我国关境的运输工具必须经由设有海关的港口、车站、机场、国界孔道、国际邮件互换局（交换站）及其他可办理海关业务的场所申报进出境。运输工具申报的基本内容包括运输工具进出境的时间、所载运货物情况等六项内容，见表1-2。

知识拓展

进出境运输工具舱单

表 1-2　运输工具申报的基本内容

主 要 内 容	
（1）运输工具进出境的时间、航次	（2）运输工具进出境时所载运货物情况，包括过境货物、转运货物、通运货物、溢短卸（装）货物的基本情况
（3）运输工具服务人员名单及其自用物品、货币、金银情况	（4）运输工具所载旅客情况
（5）运输工具所载邮递物品、行李物品的情况	（6）其他需要向海关申报清楚的情况，如由于不可抗力原因，运输工具被迫在未设关地点停泊、降落或者抛掷、起卸货物、物品等情况

（二）进出境货物报关

一般来说，进出境货物报关时，报关单位及报关人员要做好以下五个方面的工作：

1. 做好准备，委托报关

进出口货物收发货人接到运输公司或邮递公司寄交的提货通知单，或根据合同规定备齐出口货物后，应当做好向海关办理货物报关的准备工作，或者签署委托代理协议，委托报关企业向海关报关。

2. 备好单证，如实申报

准备好报关单证，在海关规定的报关地点和报关时限内以书面和电子数据方式向海关申报。进出口货物报关单是报关单位向海关申报货物情况的法律文书，报关员必须认真、规范、如实填写，并对其所填内容的真实性和合法性负责，承担相应的法律责任。除此之外，还应准备与进出口货物直接相关的商业和货运单证，如发票、装箱单、提单等。对属于国家限制性的进出口货物，应准备国家有关法律、法规规定的许可证件，如进出口货物许可证等。

3. 配合查验，等待处理

经海关对报关电子数据和书面报关单证进行审核后，在海关认为必须时，报关人员要配合海关进行货物的查验。

4. 及时缴税，等待放行

属于应纳税、应缴费范围的进出口货物报关单位应在海关规定的期限内缴纳进出口税费。

5. 货物放行，及时提装

进出口货物经海关放行后报关单位可以安排提取或装运货物。“运输工具、舱单、货物”在“中国国际贸易单一窗口”的申报页面如图1-1和图1-2所示。

图 1-1　“运输工具、舱单、货物”在“单一窗口”的申报页面 1

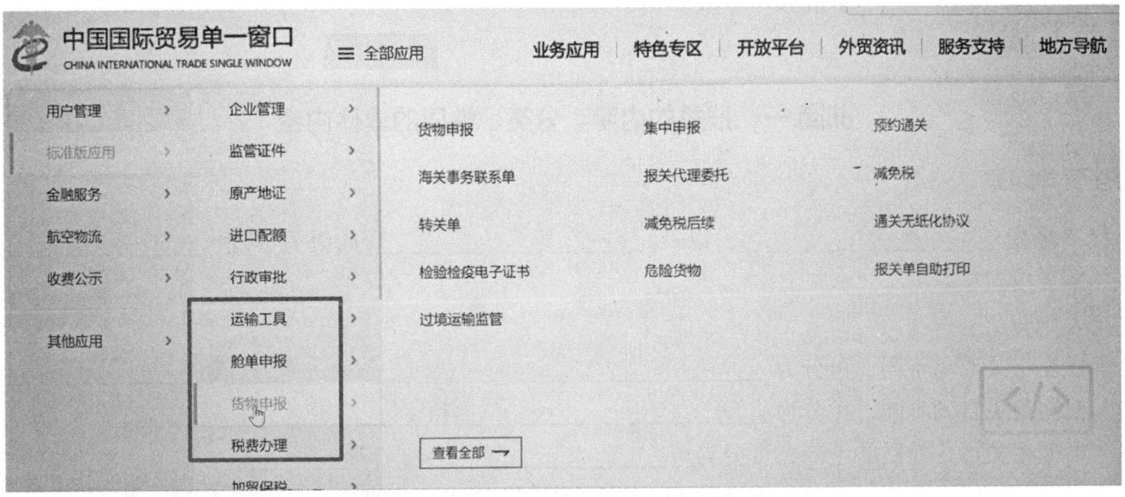

图 1-2　“运输工具、舱单、货物”在“单一窗口”的申报页面 2

（三）进出境物品报关

海关监管进出境物品包括行李物品、邮递物品和其他物品，三者在报关要求上有所不同。《海关法》第四十六条规定：“个人携带进出境的行李物品、邮寄进出境的物品，应当以自用、合理数量为限，并接受海关监管。”自用、合理数量原则是海关对进出境物品监管的基本原则，也是对进出境物品报关的基本要求。

1. 进出境行李物品的报关

我国海关采用了“红绿通道”制度。带有绿色标志的通道（又称“无申报通道”）适用于携运物品在数量和价值上均不超过免税限额，且无国家限制或禁止进出境物品的旅客；红色通道（又称“申报通道”）则适用于携运有上述绿色通道适用物品以外的其他物品的旅客。对于选择红色通道的旅客，必须填写“中华人民共和国海关进（出）境旅客行李物品申报单”（简称“申报单”）。

知识拓展

进出境行李物品能带多少

2. 进出境邮递物品的报关

进出境邮递物品的申报方式由其特殊的邮递运输方式决定。

我国是《万国邮政公约》的签约国，根据《万国邮政公约》规定，进出口邮包必须由寄件人填写“报税单”（小包邮件填写绿色标签），列明所寄物品的名称、价值、数量，向邮包寄达国家的海关申报。

知识拓展

自用合理数量

进出境邮递物品的“报税单”和绿色标签随同物品通过邮政企业或快递公司呈递给海关。

3. 进出境其他物品的报关

进出境其他物品主要包括暂时免税进出境物品、享有外交特权和豁免权的外国机构或者人员进出境物品等。

笔记栏

技能训练

训练一　报关的内涵、分类、性质的具体内容

回答引导问题

1. 报关是指____________，以及____________向海关办理____________及相关海关事务的过程。

2. 报关的分类：

（1）根据报关对象不同，可分为____________、____________和____________。

（2）根据报关目的不同，可分为____________和____________。

（3）根据报关行为性质的不同，可分为____________和____________。

①____________是指进出口货物收发货人自行办理报关业务。举例说明：____________。

②____________是指接受进出口货物收发货人的委托，代理其办理报关业务的行为。举例说明：____________。

3. "元初物流"前去海关办理报关，这属于何种性质的报关？

____________。

4. "东方创业"前去海关办理报关，又属于何种性质的报关？

____________。

5. "元初物流"以自己的名义向海关申请报关，这属于何种性质的报关？

____________。

6. "元初物流"以委托人的名义向海关申请报关，这属于何种性质的报关？

____________。

7. 完成代理报关的属性与法律责任表格的填写，将关键词填写在表1-3的横线上。

表 1-3　代理报关的属性与法律责任

代理方式		行为属性	法律责任
代理报关	______代理报关	接受____________的委托，以____________办理报关业务的行为	法律后果____________；____________也应承担相应的____________
	______代理报关	接受____________的委托，以____________办理报关业务的行为	法律后果____________；由报关企业承担____________ ____所应承担的____________

训练二　进出境货物报关工作的具体内容

回答引导问题

1.进出境货物报关时，报关人员应当做好哪些工作？

（1）____________。

进出口货物收发货人接到运输公司或邮递公司寄交的提货通知单，或根据合同规定备齐出口货物后，____________。

（2）____________。____________，在海关规定的____________内以____________方式向海关申报。

（3）________________________________。经海关对________________进行审核后，在海关认为必须时，报关人员要____________________。

（4）______________________________。属于__________________________________，应在海关规定的期限内____________________。

（5）________________________________。

进出口货物______________，报关单位可以安排________________。

2. 报关员向海关申请报关时，应递交哪些报关单据？

进出口货物报关单是报关单位向海关申报货物情况的________________，报关员必须____________________________填写，并对其所填内容的________________负责，承担相应的________________。除此之外，还应准备与进出口货物直接相关的________________，如__________________等。对属于__________________，应准备国家有关法律、法规规定的________________，如________________等。

任务评价

任务评分表见表1-4。

表 1-4　任务评分表

评 价 内 容		分值	自评	互评	师评
知识评价	能清晰阐述报关含义、分类	15			
	能准确写出进出境货物报关的基本内容	15			
	能清晰阐述自理报关和代理报关的内涵并举例说明	15			
	能梳理代理报关属性与法律责任，并举例说明	15			
素养评价	具备遵纪守法、诚信报关、廉洁自律、真诚热情、规范报关的职业底线	20			
	具备敬业爱岗、团结协作、认真严谨、一丝不苟、持之以恒的职业情怀，懂得申报内容真实性、合法性、准确性、有效性的重要意义	20			
总　　分		100			

巩固与训练

一、单选题

1. 海关五项基本任务的基础是（　　）。

A. 监管　　B. 征税　　C. 查缉走私　　D. 编制海关统计

2. 根据报关对象的不同，报关可分为（　　）。

A. 进出境运输工具报关、货物报关和物品报关

B. 进境报关和出境报关

C. 自理报关和代理报关

D. 直接代理报关和间接代理报关

3. 关于代理报关表述正确的是（　　）。

A. 进出口货物收发货人自行办理报关业务的行为

B. 接受进出口货物收发货人的委托，代理其办理报关业务的行为

C. 进出口货物收发货人必须依法向海关注册登记后方能办理报关业务

D. 代理报关可以分为联合代理报关、直接代理报关和间接代理报关

4. 报关是指（　　），以及出入境人员向海关办理货物、物品、运输工具进出境手续及相关海关事务的过程。

A. 进出口货物收发货人、进出境运输工具负责人、进出境物品的所有人或者他们的代理人

B. 货物收发货人、运输工具负责人、物品的所有人或者他们的代理人

C. 进出口货物所有人、进出境运输工具负责人、进出境物品的收发货人或者他们的代理人

D. 货物所有人、运输工具负责人、物品的收发货人或者他们的代理人

5. 关于报关的分类，表述正确的是（　　）。

A. 根据报关流向的不同，可分为自理报关和代理报关

B. 自理报关是指进出口货物收发货人自行办理报关业务

C. 我国《海关法》把有权接受他人委托办理报关业务的企业称为报关单位

D. 我国报关企业大都采取间接代理形式代理报关

6. 进出境行李物品的报关，我国海关采用了（　　）制度。

A. 红绿通道　　B. 自用合理数量

C. 数量和价值不限制　　D. 数量和价值合法携带

7. 带有（　　）的通道适用于携运物品在数量和价值上均不超过免税限额，且无国家限制或禁止进出境物品的旅客。

A. 绿色标记　　B. 红色标记

C. 特殊标记　　D. 醒目标记

8. 旅客随身携带的行李物品适用（　　）。

A. “红绿通道”制度　　B. 进出境报关程序

C. 特殊报关程序　　D. 自用合理数量报关程序

二、简答题

1. 简述报关的含义，及其具体分类。

2. 简述代理报关的属性与法律责任。

3. 简述进出境货物报关的基本内容。

任务二　认识海关机构

情景导入

东方对外贸易进出口公司（下面简称“东方贸易”）从法国梅斯德酒庄海运进口10箱红葡萄酒（法定检验检疫商品、HS CODE: 2204210000999，检验检疫名称为“小包装的鲜葡萄酿造的酒”，小包装指装入两升及以下容器的），装载此批货物的船舶MAERSK/008A从上海吴淞口岸入境，“东方贸易”委托“元初物流”报关，报关部门曹经理安排报关员林梦梦处理此票货物，进口红葡萄酒需要办理许可证件，“元初物流”向上海吴淞海关办理申报手续，海关审核红葡萄酒全套申报单据，审核完税价格并征收关税、增值税及滞报金，基本关税信息见表1-5。

表 1-5　基本关税信息

税　号	最惠（%）	普通（%）	增值税率（%）	计量单位
22042100	14	180	13	升/千克（liter/kilogram）

海关决定对此批红葡萄酒开箱检验检疫，并对进口食品生产、加工、存储、经营等单位（场所）检验检疫，检疫结果合格，海关对此批货物予以放行，“元初物流”于当日提货送入客户仓库。请帮助报关员林梦梦完成下列任务：

（1）分析“东方贸易”和“元初物流”向海关申请报关，分别属于何种性质的报关？

（2）作为一名报关人员，应配合海关完成哪些任务？

（3）结合案例，分析海关行使了哪些权力。

学习目标

知识目标：

（1）掌握海关的性质、海关的基本任务。

（2）熟悉海关管理体制、组织机构、设关原则、检验检疫职能、海关权力。

素养目标：

（1）拥有敬业爱岗、严谨细致、一丝不苟、精益求精的职业素养。

（2）具备遵纪守法、廉洁自律、诚实守信、心存敬畏的职业底线。

任务描述

认识海关机构这些基础性的理论知识，为报关员今后的报关工作打下坚实的基础。因此报关员需要掌握海关的性质、海关的基本任务，熟悉检验检疫职能、海关权力等内容。在对核心知识进行全面深入的学习后，结合上述情景内容尝试梳理进出口货物报关时报关员应配合海关完成的任务，以及分析海关行使的权力。

核心知识

一、中国海关的性质与任务

（一）海关的性质

我国《海关法》第二条规定：“中华人民共和国海关是国家的进出关境监督管理机关。海关依照本法和其他有关法律、行政法规，监管进出境的运输工具、货物、行李物品、邮递物品和其他物品，征收关税和其他税、费，查缉走私，并编制海关统计和办理其他海关业务。”由此可以看出，海关的性质如下：

（1）海关是国家行政机关。国务院是我国最高行政机关，海关总署是国务院直属机构。

（2）海关是国家进出境监督管理机关。海关实施监督管理的范围是进出关境及与之有关的活动，监督管理的对象是所有进出关境的运输工具、货物、物品。

（3）海关的监督管理是国家行政执法活动。海关监督管理是保证国家有关法律法规实施的行政执法活动。海关执法依据是《海关法》和有关法律、行政法规。

（二）海关的任务

海关管理有五项基本任务：

（1）海关监管：监管是海关最基本的任务。海关监管是依法对进出境运输工具、货物、物品等进出境活动所实施的一种行政管理。

（2）海关征税：征税工作基本法律依据是《海关法》与《中华人民共和国进出口关税条例》，征税工作包括征收关税和进口环节海关代征税。

（3）查缉走私：国家实行联合缉私、统一处理、综合治理的缉私体制。应注意的是，各有关行政部门查获的走私案件，应当给予行政处罚的，均应移送海关依法处理。

（4）海关统计：凡是实际进出境并引起境内物质存量增加或减少的货物以及进出境物品超过自用、合理数量的，均列入海关统计。对于部分不列入海关统计的货物和物品，根据我国对外贸易管理和海关管理的需

知识拓展

出入境检验检疫四大传统职能

要，实施单项统计。

（5）检验检疫：指政府行政部门以法律、行政法规、国际惯例或进口国法规要求为准则，对出入境货物、交通工具、人员、集装箱、行李邮包携带物及其他事项等进行检验检疫和管理及认证，并提供官方检验证明、民间检验公证和鉴定完毕的全部活动，以保障人员、动植物安全卫生和商品的质量。

按照《深化党和国家机构改革方案》，出入境检验检疫管理职责和队伍划入海关。海关在传统职能的基础上，新增以下检验检疫职能，见表1-6。

表 1-6　新增检验检疫职能

新增检验检疫	工　作　职　能
国境卫生检疫	执行《中华人民共和国国境卫生检疫法》及其实施细则和国家有关卫生法规
	对境内外有关传染病疫情等公共卫生事件信息进行收集、评估、预警、通报
	对口岸传染病疫情和突发公共卫生事件实施预防、控制和应对
	对出入境人员、交通工具、集装箱、尸体、骸骨，以及可能传播检疫传染病的行李、货物、邮包等实施检疫查验、传染病监测、卫生监督和卫生处理
	对出入境的微生物、生物制品、人体组织、血液及其制品等特殊物品，以及能传播人类传染病的媒介生物实施卫生检疫
	对出入境人员进行预防接种、健康检查、医疗服务、国际旅行健康咨询和卫生宣传
	签发卫生检疫证件
	进行流行病学调查研究，开展科学实验
	对国境口岸和停留在国境口岸的出入境交通工具进行卫生监督和卫生宣传
	在消毒、除鼠、除虫等卫生处理方面进行技术指导
	对出入境口岸及其区域内的食品饮用水生产经营单位、公共场所、储存场地、出入境交通工具及压舱水、集装箱、货物等实施卫生监督
	在国境口岸开展出入境核生化有害因子监测与排查处置等
进出境动植物检疫	拟定出入境动植物及其产品检疫的工作制度
	承担出入境动植物及其产品的检验检疫、注册登记、监督管理，按分工组织实施风险分析和紧急预防措施
	承担出入境转基因生物及其产品、生物物种资源的检验检疫工作
	管理出入境动植物检疫审批工作
进出口食品安全监督管理	对进出口食品的检验检疫
	对进出口食品生产经营企业、出口食品的出口国家官方食品安全管理体系等的监督管理
进出口商品检验	执行《中华人民共和国进出口商品检验法》及其实施条例和国家有关进出口商品检验法规
	对列入法定检验商品目录内的进出口商品实施检验，对《中华人民共和国食品安全法》《危险化学品安全管理条例》等法律法规规定需由海关实施检验的进出口食品接触材料、食品添加剂、危险化学品等实施检验
	对目录外进出口商品实施监督管理
	对民用商品实施入境验证
	对进出口商品实施法定鉴定
	对进出口商品检验鉴定机构实施监督管理

二、中国海关的管理体制与组织机构

（一）管理体制

《海关法》规定，“国务院设立海关总署，统一管理全国海关”，“海关依法独立行使职权，向海关总署负责"，确定了海关总署作为国务院直属机构的地位，明确海关机构的隶属关系，以法律形式确立海关集中统一的垂直领导体制。

（二）设关原则

《海关法》以法律形式明确了海关的设关原则："国家在对外开放的口岸和海关监管业务集中的地点设立海关。海关的隶属关系，不受行政区划的限制。"

"对外开放口岸"是指由国务院批准，允许运输工具及所载人员、货物、物品直接出入国（关）境的港口、机场、车站，以及允许运输工具、人员、货物、物品出入国（关）境的边境通道。国家规定，在对外开放口岸必须设置海关。

"海关监管业务集中地点"是指虽非国务院批准对外开放的口岸，但是海关某类或者某几类监管业务比较集中的地方，如转关运输监管、保税加工监管等。

（三）组织机构

海关机构的设置为海关总署、直属海关和隶属海关三级。隶属海关由直属海关领导，向直属海关负责；直属海关由海关总署领导，向海关总署负责。

1. 海关总署

海关总署是国务院的直属机构，在国务院领导下统一管理全国海关机构、人员编制、经费物资和各项海关业务，是海关系统的最高领导部门。

2. 直属海关

直属海关是指直接由海关总署领导，负责管理一定区域范围内海关业务的海关。目前直属海关共有46个，就本关区内的海关事务独立行使职权，向海关总署负责。直属海关承担着在关区内组织开展海关各项业务和关区集中审单作业，全面有效地贯彻执行海关各项政策、法律、法规、管理制度和作业规范的重要职责。

3. 隶属海关

隶属海关是指由直属海关领导，负责办理具体海关业务的海关，是海关进出境监督管理职能的基本执行单位，一般都设在口岸和海关业务集中的地点。目前，我国共有636个隶属海关。

4. 海关缉私警察机构

为了更好地适应反走私斗争新形势的要求，充分发挥海关打击走私的整体效能，根据党中央、国务院的决定，由海关总署、公安部联合组建缉私局，设在海关总署。我国海关组织机构及隶属海关设置如图1-3所示。

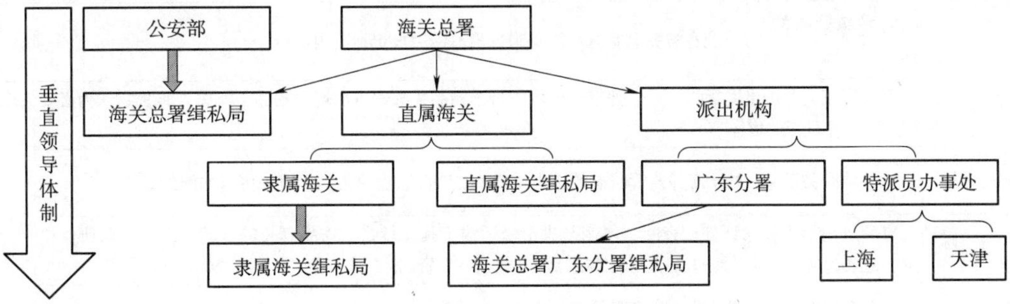

图 1-3　我国海关的组织机构及隶属海关的设置

三、中国海关的权力

《海关法》在规定了海关任务的同时，为了保证任务的完成，赋予了海关许多具体权力。海关权力，是指国家为保证海关依法履行职责，通过《海关法》和其他法律、行政法规赋予海关的对进出境运输工具、货物、物品的监督管理权能，属于公共行政职权，其行使受一定范围和条件的限制，并应当接受执法监督。海关的主要权力见表1-7。

表 1-7　海关的主要权力

<table>
<tr><th>序号</th><th colspan="2">种　类</th><th>权力行使或适用范围</th><th>备　注</th></tr>
<tr><td rowspan="2">1</td><td rowspan="2">行政许可权</td><td>法律、行政法规设定的海关行政许可项目</td><td>1.报关企业注册登记
2.报关员资格核准及注册登记
3.出口监管仓库、保税仓库设立审批
4.进出境运输工具改营、兼营境内运输审批
5.海关监管货物仓储审批
6.免税商店设立审批
7.加工贸易备案（变更）、外发加工、深加工结转、余料结转、核销、放弃核准
8.进出口货物免验审批
9.暂时进出口货物的核准
10.报关单修改、撤销审批</td><td rowspan="2"></td></tr>
<tr><td>以国务院决定方式公布的海关行政许可项目</td><td>1.海关派员驻长监管的保税工厂进行资格审批
2.常驻机构及非居民长期旅客公私用物品进出境核准
3.小型船舶往来中国香港、中国澳门进行货物运输备案
4.承运境内海关监管货物的运输企业、车辆注册
5.制造、改装、维修集装箱、集装箱式货车车厢工厂核准
6.外国在华常驻机构和常驻人员免税进境机动交通工具出售、转让或移作他用审批
7.获准人境定居旅客安家物品审批
8.进境货物直接退运核准
9.高薪技术企业适用海关便捷通关措施审批
10.长江驳运船舶转运海关监管的进出口货物审批</td></tr>
<tr><td>2</td><td>税费征收权</td><td colspan="2">对进出口货物、物品征收关税及其他税费；对待定的进出口货物、物品减征或免征关税；对经海关放行后的有关进出口货物、物品，发现少征或者漏征税款的，依法补征、追征税款</td><td></td></tr>
<tr><td rowspan="8">3</td><td rowspan="8">检查权</td><td>检查对象</td><td>区域范围</td><td></td></tr>
<tr><td>进出境运输工具</td><td>检查不受海关监管区域的限制</td><td></td></tr>
<tr><td rowspan="2">有走私嫌疑的运输工具</td><td>在海关监管区和海关附近沿海沿边规定地区内，海关人员可直接检查</td><td rowspan="2"></td></tr>
<tr><td>超出此范围，在调查走私案件时，须经直属海关关长或者其授权的隶属海关关长批准，才能进行检查</td></tr>
<tr><td rowspan="2">有藏匿走私货物、物品嫌疑的场所</td><td>在海关监管区和海关附近沿海沿边规定地区内，海关人员可直接检查</td><td rowspan="2">不得检查居民住处</td></tr>
<tr><td>超出此范围，在调查走私案件时，须经直属海关关长或者其授权的隶属海关关长批准，才能进行检查</td></tr>
<tr><td>走私嫌疑人的身体</td><td>应在海关监管区和海关附近沿海沿边规定地区内进行</td><td></td></tr>
<tr><td colspan="3" style="display:none"></td></tr>
<tr><td>4</td><td>查验权</td><td colspan="2">海关有权查验进出境货物、个人携带进出境的行李物品、邮寄进出境的物品。海关查验货物认为必要时，可以径行提取货样</td><td rowspan="7"></td></tr>
<tr><td>5</td><td>施加封志权</td><td colspan="2">未办结海关手续、处于海关监管状态的进出境货物、物品、运输工具，海关可以加施封志</td></tr>
<tr><td>6</td><td>查阅、复制权</td><td colspan="2">查阅进出境人员的证件；查阅、复制与进出境运输工具、货物、物品有关的合同、发票、账册、单据、记录、文件、业务函电、录音录像制品和其他的有关资料</td></tr>
<tr><td>7</td><td>查问权</td><td colspan="2">海关有权对违反《海关法》或者其他有关法律、行政法规的嫌疑人进行查问，调查其违法行为</td></tr>
<tr><td>8</td><td>查询权</td><td colspan="2">海关在调查走私案件时，经直属海关关长或者其授权的隶属海关关长批准，可以查询案件涉嫌单位和涉嫌人员在金融机构、邮政企业的存款、汇款</td></tr>
<tr><td>9</td><td>稽查权</td><td colspan="2">海关在法律规定的年限内，对企业进出境活动及与进出口货物有关的账务、记账凭证、单证资料等有权进行稽查</td></tr>
<tr><td>10</td><td>检验权</td><td colspan="2">海关负责对列入法定检验商品目录内的进出口商品实施法定鉴定和检验，对《中华人民共和国食品安全法》《危险化学品安全管理条例》等法律法规规定需由海关实施检验的进出口食品接触材料、食品添加剂、危险化学品等实施检验，对政府双边协议规定需由海关检验出证的进出口商品实施检验等。对进口缺陷消费品、进口缺陷汽车有权召回</td></tr>
</table>

续表

<table>
<tr><th>序号</th><th>种　类</th><th colspan="4">权力行使或适用范围</th><th>备　注</th></tr>
<tr><td>11</td><td>检疫权</td><td colspan="4">对出入境动植物及其产品的检验检疫；对出入境转基因生物及其产品、生物物种资源的检验检疫；对出入境人员、交通工具、集装箱、尸体、骸骨及可能传播检疫传染病的行李、货物、邮包等实施检疫查验；对出入境的微生物、生物制品、人体组织、血液及其制品等特殊物品，以及能传播人类传染病的媒介生物实施卫生检疫；对进出口食品、化妆品检验检疫，以及进出口食品生产、加工、存储、经营等单位（场所）的日常检验检疫等</td><td></td></tr>
<tr><td rowspan="7">12</td><td rowspan="7">扣留权</td><td>扣留对象</td><td>区域范围</td><td>适用前提</td><td>授权条件</td><td></td></tr>
<tr><td>对违反海关法的进出境运输工具、货物、物品以及与之有牵连的合同、发票、账册、单据、记录、文件、业务函电、录音录像制品和其他资料</td><td>在海关监管区和海关附近沿海沿边规定地区</td><td>违反海关法律</td><td>可以直接扣留</td><td></td></tr>
<tr><td rowspan="2">有走私嫌疑的运输工具、货物、物品</td><td>在海关监管区和海关附近沿海沿边规定地区以内</td><td>违反海关法律</td><td>经直属海关关长或者其授权的隶属海关关长批准</td><td></td></tr>
<tr><td>在海关监管区和海关附近沿海沿边规定地区以外</td><td>有证据证明有走私嫌疑的</td><td>可以直接扣留</td><td></td></tr>
<tr><td rowspan="2">走私犯罪嫌疑人</td><td>在海关监管区和海关附近沿海沿边规定地区以内</td><td>有走私犯罪嫌疑</td><td>经直属海关关长或者其授权的隶属海关关长批准</td><td>扣留时间不得超过24 小时，在特殊情况下可以延长至48 小时</td></tr>
<tr><td>在海关监管区和海关附近沿海沿边规定地区以外</td><td></td><td>无授权不能扣留</td><td></td></tr>
<tr><td>13</td><td>行政处罚权</td><td colspan="5">海关有权对违法当事人予以行政处罚，包括对走私货物、物品及违法所得处以没收，对有走私行为和违反海关监管规定行为的当事人处以罚款等</td></tr>
<tr><td>14</td><td>佩带和使用武器权</td><td colspan="5">海关为履行职责，可以依法佩带武器，海关工作人员在履行职责时可以使用武器。使用范围为执行缉私任务时；使用对象为走私分子和走私嫌疑人；使用条件必须是在不能制服被追缉逃跑的走私团体或遭遇武装掩护走私</td></tr>
<tr><td>15</td><td>滞报、滞纳金征收权</td><td colspan="5">进出口货物的收发货人逾期申报的，由海关征收滞报金
进出口货物的纳税义务人逾期缴纳税款的，由海关征收滞纳金
进出口货物和海关监管货物因纳税义务人违反规定造成少征或者漏征税款的，海关可予追征并加征滞纳金</td></tr>
<tr><td>16</td><td>连续追缉权</td><td colspan="5">个人违抗海关监管逃逸的、进出境运输工具违抗海关监管逃逸的，海关可以连续追至海关监管区和海关附近沿海沿边规定地区以外，将其带回</td></tr>
<tr><td>17</td><td>其他权力</td><td colspan="5">行政裁定权、行政奖励权等</td></tr>
</table>

笔记栏

技能训练

训练一　海关的性质、基本任务和新增任务

回答引导问题

1. 海关的性质：________________________________。

2. 海关管理的五项基本任务：

（1）____________：这一项任务是海关____________。海关____________是依法对____________所实施的一种行政管理。

（2）____________：这一项工作的基本法律依据是____________，包括____________。

（3）____________：国家实行____________。

（4）____________：凡是____________以及进出境物品____________，均列入海关统计。

（5）____________：指政府行政部门以法律、行政行规、国际惯例或进口国法规要求为准则，对____________及其他事项等进行____________，并提供____________的全部活动，以保障人员、动植物安全卫生和商品的质量。

3. 海关新增任务：

（1）________________________________。

①执行____________及其实施细则和国家有关卫生法规。

②对____________进行收集、评估、预警、通报。

③对____________实施预防、控制和应对。

④对____________等实施检疫查验、传染病监测、卫生监督和卫生处理。

（2）________________________________。

①拟订____________的工作制度。

②承担____________、注册登记监督管理，按分工组织实施风险分析和紧急预防措施。

③承担____________的检验检疫工作。

④管理____________工作。

（3）________________________________。

①对____________的检验检疫。

②对____________、进口食品的出口国家官方食品安全管理体系等的监督管理。

（4）____________________。

①执行____________及其实施条例和国家有关进出口商品检验法规。

②对____________实施检验。

③对____________实施监督管理。

④对____________实施入境验证。

⑤对____________实施法定鉴定。

⑥对____________实施监督管理。

训练二 分析和判定海关的权力

回答引导问题

（一）结合案例，分析海关行使了哪些权力：

1. 海关审核红葡萄酒全套申报单据，属于________。

2. 对进口食品生产、加工、存储、经营等单位（场所）检验检疫，属于________。

3. 审核完税价格并征收关税、增值税，属于________。

4. 海关征收滞报金，属于________。

5. 海关对此批红葡萄酒开箱查验，进行检验检疫，属于________。

（二）确定海关权力的内涵，完成海关主要权力表的填写：

1. 海关权力，是指国家为保证________，通过________和其他法律、行政法规赋予海关的对________，属于________，其行使受一定范围和条件的限制并应当________。

2. 将海关权力的名称填入表1-8中。

表 1-8 海关的主要权力

序号	海关权力的名称	序号	海关权力的名称
（1）		（10）	
（2）		（11）	
（3）		（12）	
（4）		（13）	
（5）		（14）	
（6）		（15）	
（7）		（16）	
（8）		（17）	
（9）			

3. 海关税费征收权的内容：

（1）对________征收________；

（2）对________；

（3）对________，发现________的，依法________。

4. 海关检查权的检查对象：

（1）________；

（2）________；

（3）________；

（4）________。

5. 海关检验检疫权的内容：

（1）检验权：海关负责对________的进出口商品实施法定鉴定和检验，对《中华人民共和国食品安全法》《危险化学品安全管理条例》等法律法规规定需由________、________、________等实施检验，对政府双边协议规定需由________实施检验等。对进口缺陷消费品、进口缺陷汽车有权召回。

（2）检疫权：对________；对________

的检验检疫；对________________________________等实施检疫查验；对________________________________等特殊物品，以及________________实施卫生检疫；对________________检验检疫，以及________________________________的日常检验检疫等。

6. 海关扣留权的对象：

（1）对违反海关法的____和其他资料。

（2）____。

（3）____。

7. 海关滞纳金、滞报金征收权的主要内容：

（1）________________________________的，由海关征收滞报金。

（2）________________________________的，由海关征收滞纳金。

（3）________________________________的，海关可予追征并加征滞纳金。

8. 海关连续追缉权的内涵：

________________、________________________，海关可以________________________________，将其带回。

任务评价

任务评分表见表1-9。

表 1-9 任务评分表

评价内容		分值	自评	互评	师评
知识评价	能清晰阐述海关的性质、海关的基本任务	15			
	能清晰阐述海关的管理体制、组织机构、设关原则	15			
	能简单叙述海关新增检验检疫职能	15			
	能简单叙述海关主要权力	15			
素养评价	拥有敬业爱岗、仔细耐心、严谨细致、一丝不苟、精益求精的职业素养	20			
	具备遵纪守法、廉洁自律、诚实守信、心存敬畏的职业底线	20			
总　分		100			

巩固与训练

一、单选题

1. 海关五项基本任务的保障措施是（　　）。

A. 监管　　B. 征税　　C. 查缉走私　　D. 编制海关统计

2. 我国由（　　）负责组织、协调、管理查缉走私工作。

A. 海关　　B. 公安部门　　C. 工商部门　　D. 税务部门

3. 关于海关的性质，表述错误的是（　　）。

A. 海关是国家行政机关

B. 海关是国家进出国境监督管理机关

C. 海关的监督管理是国家行政执法活动

D. 海关实施监督管理的范围是进出关境及与之有关的活动，监督管理的对象是所有进出关境的

运输工具、货物、物品

4. 我国实行（　　）的缉私体制。

A. 联合缉私、统一处理、综合治理

B. 联合缉私、集中处理、综合治理

C. 联合缉私、集中处理、统一治理

D. 联合缉私、统一处理、集中治理

5.（　　）是海关进出境监督管理职能的基本执行单位，一般都设在口岸和海关业务集中的地点。

A. 海关总署　　B. 地方海关

C. 直属海关　　D. 隶属海关

6. 对走私货物、物品及违法所得处以没收，对有走私行为和违反海关监管规定行为的当事人处以罚款，这属于海关的何种权力？（　　）

A. 行政处罚权　　B. 稽查权

C. 查验权　　D. 处罚征收权

7. 审定进口货物的完税价格，这属于海关的何种权力？（　　）

A. 滞报金征收权　　B. 完税价格审定权

C. 滞纳金征收权　　D. 税费征收权

二、填空题

结合内容，分析和确定海关行使了哪种权力：

1. 对走私货物、物品及违法所得处以没收，对有走私行为和违反海关监管规定行为的当事人处以罚款：________________。

2. 对出入境动植物及其产品的检验：________________。

3. 对列入法定检验商品目录内的进出口商品实施法定鉴定和检验：________________。

4. 海关监管货物仓储审批：________________。

5. 审定进口货物的完税价格：________________。

6. 个人违抗海关监管逃逸的、进出境运输工具违抗海关监管逃逸的，海关连续追至海关监管区和海关附近沿海沿边规定地区以外，将其带回：________________。

7. 未办结海关手续、处于海关监管状态的进出境货物、物品、运输工具，海关加施封志：________________。

三、简答题

1. 简述海关的性质及其基本任务。

2. 简述海关新增的检验检疫职能。

3. 简述海关的组织机构及其设关原则。

任务三　认识海关对报关单位的管理

情景导入

上海靖江食品机械进出口有限公司（以下简称“靖江公司”，属于“一般认证企业”）以一般贸易形式从德国进口5台面包加工机，2025年8月委托“元初物流”（属于“高级认证企业”）办理5台加工机的进口申报，进口报关手续由报关员林梦梦办理，进口后发现其中2台加工机的质量存在问题，同年9月靖江公司委托元初物流办理2台加工机的出口退运手续，同年10月德国卡梅尔公司以无代价抵偿方式补偿2台加工机。“靖江公司”自行前去海关办理报关手续。请帮助林梦梦完成下列任务：

（1）分析“靖江公司”“元初物流”分别属于何种类型的报关单位。

（2）分析不同性质的报关单位分别具有哪些报关行为规则。

（3）海关对不同信用状况的报关单位分别采用何种管理原则和措施？

学习目标

知识目标：

（1）掌握报关单位的含义、报关单位的类型。

（2）熟悉报关单位的报关行为规则、法律责任。

（3）了解企业信用状况的认定标准、认定程序、管理原则和措施。

素养目标：

（1）拥有仔细耐心、严谨细致、一丝不苟、精益求精的职业态度，严格遵守各项报关行为规则。

（2）具备遵纪守法、敬业爱岗、廉洁自律、诚实守信的职业操守，严格遵守《海关法》及相关法律法规。

任务描述

认识海关对报关单位的管理为报关员今后的报关工作打下坚实的基础，因此报关员需要掌握报关单位的含义、报关单位的类型，熟悉报关单位的报关行为规则、法律责任等内容。在对核心知识进行全面深入的学习后，结合上述情景内容尝试分析不同性质的报关单位具有的报关行为规则，以及确定海关对不同信用状况的报关单位分别采用的管理原则和措施。

核心知识

一、报关单位的含义及类型

（一）报关单位的含义

报关单位是指依法在海关注册登记的报关企业和进出口货物收发货人。根据《海关法》的规定，进出口货物收发货人、报关企业办理报关手续时，必须依法经海关注册登记。因此，依法向海关注册登记是法人、其他组织或者个人成为报关单位的法定要求和前提条件。

（二）报关单位的类型

《海关法》将报关单位划分为进出口货物收发货人和报关企业两种类型。

1. 进出口货物收发货人

进出口货物收发货人是指依法直接进口或者出口货物的中华人民共和国关境内的法人、其他组织或者个人。

从进出境实际状况来看，进出口货物的收发货人有两种类型：一类是依法向国务院对外贸易主管部门（即商务部）或者其委托的机构办理备案登记的对外贸易经营者，如各类外贸公司、工贸公司等；另一类是未取得对外贸易经营者的备案登记，不具有对外贸易经营权，但按国家有关规定需要从事非贸易性进出口活动的单位，如：

（1）境外企业、新闻、经贸机构、文化团体等依法在我国境内设立的常驻代表机构。

（2）少量货样进出境的单位。

（3）国家机关、学校、科研院所等组织机构。

（4）临时接受捐赠、礼品、国际援助的单位。

（5）其他可以从事非贸易性进出口活动的单位。

2. 报关企业

报关企业是指依法经海关准予注册登记，接受进出口货物收发货人的委托，以进出口货物收发货人的名义或以自己的名义向海关办理代理报关业务、从事报关服务的中华人民共和国关境内的企业法人。目前，我国从事报关服务的报关企业主要有两类（见表1-10）。

表 1-10　不同类型报关单位的比较

单位类别			从事业务	报关范围	举例说明
自理报关单位	进出口货物收发货人		对外贸易经营（贸易型、生产型、仓储型）	自营进出口货物的报关纳税（亦可委托报关企业报关）	东方创业股份有限公司 东方对外贸易进出口公司
代理报关单位	报关企业	专业报关公司或报关行	主营代理报关业务（申报、查验、纳税、提货）	受进出口货物收发货人的委托，办理报关手续	欣海报关行、兴亚报关行
		货代报关企业/国际货物运输代理公司	经营国际货物运输代理等业务，兼营进出口货物代理报关业务	在本企业承揽承运范围内受进出口货物收发货人的委托，办理报关手续	上海元初国际物流有限公司 天津海峡国际货运代理有限公司 上海圣慧国际货物运输代理公司

二、报关单位的备案管理

知识拓展

报关活动相关人

（一）报关单位及其分支机构的备案管理

报关单位申请备案时，应当向海关提交“报关单位备案信息表”。经海关审核，备案材料齐全、符合报关单位备案要求的，海关应当在3个工作日内予以备案。备案信息应当通过“中国海关企业进出口信用信息公示平台”进行公布。报关单位要求提供纸质备案证明的，海关应当提供。

报关企业、进出口货物收发货人申请备案的，应当取得市场主体资格。其中，进出口货物收发货人申请备案的，还应当取得对外贸易经营者备案。

报关企业、进出口货物收发货人已办理报关单位备案的，其分支机构也可以申请报关单位备案。

海关可以对报关单位备案情况进行监督和实地检查，依法查阅或者要求报关单位报送有关材料。报关单位应当配合，如实提供有关情况和材料。

（二）临时备案管理

按照国家有关规定需要从事非贸易性进出口活动的进出口货物收发货人，应当办理临时备案。办理临时备案的，应当向所在地海关提交“报关单位备案信息表”，并随附主体资格证明材料、非贸易性进出口活动证明材料。

（三）备案变更

报关单位名称、市场主体类型、住所（主要经营场所）、法定代表人（负责人）、报关人员等“报关单位备案信息表”载明的信息发生变更的，报关单位应当自变更之日起30日内向所在地海关申请变更。

报关单位因迁址或者其他原因造成所在地海关发生变更的，应当向变更后的海关申请变更。

（四）备案注销

报关单位有下列情形之一的，应当向所在地海关办理备案注销手续：

（1）因解散、被宣告破产或者其他法定事由终止的。

（2）被市场监督管理部门注销或者撤销登记、吊销营业执照的。

（3）进出口货物收发货人对外贸易经营者备案失效的。

（4）临时备案单位丧失主体资格的。

（5）其他依法应当注销的情形。

报关单位已在海关备案注销的，其所属分支机构应当办理备案注销手续。报关单位未按规定办理备案注销手续的，海关发现后应当依法注销。

报关单位备案注销前，应当办结海关有关手续。

（五）备案有效期

报关单位备案长期有效。临时备案有效期为1年，届满后可以重新申请备案。

三、报关单位的报关行为规则

表1-11列出了报关单位的报关行为规则。

表 1-11　报关单位的报关行为规则

报关单位类型	序号	报关行为规则
自理报关单位（进出口货物收发货人）	1	在海关办理注册登记后，可以在中华人民共和国关境内各个口岸或者海关监管业务集中的地点办理本企业的报关业务
	2	只能办理本企业进出口货物的报关业务，不可代理其他企业的报关业务
	3	应当通过本单位所属的报关人员办理报关业务，或者委托海关准予注册登记的报关企业，由报关企业所属的报关人员代为办理报关业务
	4	进出口货物收发货人应当对其分支机构及其所属报关人员的行为承担法律责任
	5	进出口货物收发货人向海关提交的进出口货物报关单应当加盖本单位的报关专用章
	6	进出口货物收发货人应当于每年1月1日至6月30日，通过企业信用信息管理系统向海关提交《企业信用信息年度报告》
	7	进出口货物收发货人所属报关人员从事报关业务的，进出口货物收发货人应当到海关办理备案手续，海关予以核发证明
	8	进出口货物收发货人及其在海关备案的分支机构可以在全国海关办理进出口报关业务
代理报关单位（报关企业）	1	遵纪守法，配合海关监管，不得滥用报关权
	2	依法建立账簿和营业记录
	3	应当与委托方签订详细的《报关委托代理协议》，双方签章确认
	4	接受委托报关时，应对委托人提供情况的真实性、完整性进行合理审查，若未履行或违反海关规定申报的，应负相应的法律责任
	5	不得以任何形式出让其名义，供他人办理报关业务
	6	对代理报关的货物涉及走私违规的，应接受或协助海关调查
	7	报关企业及其在海关备案的分支机构可以在全国办理进出口报关业务
	8	报关企业应当对其分支机构及所属报关人员的报关行为承担法律责任
	9	报关企业向海关提交的进出口货物报关单应当加盖本单位的报关专用章
	10	报关企业应当于每年1月1日至6月30日，通过企业信用信息管理系统向海关提交《企业信用信息年度报告》
	11	报关企业应当在每年6月30日前向注册地海关提交《报关单位注册信息年度报告》
	12	报关企业所属报关人员从事报关业务的，报关企业应当到海关办理备案手续，海关予以核发证明

四、海关对报关单位的信用管理

（一）认定标准

认证企业是中国海关认证的经营者（authorized economic operation，AEO），中国海关依法开展与其他国家或者地区海关的AEO互认，并给予互认AEO企业相应的通关便利措施，充分体现了与国际海关接轨的要求。

“经认证的经营者”在世界海关组织制定的《全球贸易安全与便利标准框架》中被定义为：以任何一种方式参与货物国际流通，并被海关当局认定符合世界海关组织或相应供应链安全标准的一方，包括生产商、进口商、出口商、报关行、承运商、理货人、中间商、口岸和机场、货站经营者、综合经营者、仓储业经营者和分销商。经双方海关认证的AEO 企业进口货物，可以享受通关便利措施。

海关根据企业信用状况将企业认定为认证企业、一般信用企业（原B类企业）和失信企业（原C、D类企业），认证企业包括高级认证企业（原AA类企业），一般认证企业（原A类企业），具体认定标准参见表1-12。按照诚信守法便利、失信违法惩戒原则，分别适用相应的管理措施。

表 1-12　企业信用状况的认定标准表

认定标准分类		具体情形
认证企业认定标准	一般认证企业标准；高级认证企业标准	1. 企业向海关申请成为认证企业的，海关按照《海关认证企业标准》对企业实施认证
		2.《海关认证企业标准》分为一般认证企业标准和高级认证企业标准
		3.《海关认证企业标准》的每类标准均包括通用认证标准和根据企业经营类别、经营范围的不同而制定的单项认证标准，具体包括内部控制、财务状况、守法规范、贸易安全和附加标准五大类标准
		4. 认证企业应当同时符合通用认证标准和与其实际情况相符的相应经营类别的单项认证标准
失信企业认定标准		1. 构成走私行为被海关行政处罚的
		2. 被海关侦查走私犯罪公安机构立案侦查并由司法机关依法追究刑事责任的
		3. 非报关企业1年内违反海关的监管规定被海关行政处罚的次数超过上年度报关单、进出境备案清单、进出境运输工具舱单等单证（以下简称“相关单证”）总票数千分之一且被海关行政处罚金额累计超过100万元的
		4. 报关企业1年内违反海关的监管规定被海关行政处罚的次数超过上年度相关单证总票数万分之五且被海关行政处罚金额累计超过30万元的
		5. 上年度相关单证票数无法计算的，1年内因违反海关的监管规定被海关行政处罚，非报关企业处罚金额累计超过100万元、报关企业处罚金额累计超过30万元的
		6. 自缴纳期限届满之日起超过3个月仍未缴纳税款的
		7. 自缴纳期限届满之日起超过6个月仍未缴纳罚款、没收的违法所得和追缴的走私货物、物品等值价款，并且超过1万元的
		8. 抗拒、阻碍海关工作人员依法执行职务，被依法处罚的
		9. 向海关工作人员行贿，被处以罚款或者被依法追究刑事责任的
		10. 经过实地查看，确认企业登记的信息失实且无法与企业取得联系的，被海关列入信用信息异常企业名录超过90日的
		11. 假借海关或者其他企业名义获取不当利益的
		12. 向海关隐瞒真实情况或者提供虚假信息，影响企业信用管理的
		13. 因刑事犯罪被列入国家失信联合惩戒名单的
		14. 企业有违反国境卫生检疫、进出境动植物检疫、进出口食品化妆品安全、进出口商品检验规定被追究刑事责任的
一般信用企业认定标准		1. 首次注册登记的企业
		2. 认证企业不再符合《海关认证企业标准》规定的条件，且未发生失信企业认定标准中所列情形的
		3. 自被海关认定为失信企业之日起连续2年未发生失信企业规定情形的

（二）认定程序

（1）企业向海关申请成为认证企业的，注册地海关接受企业适用认证企业管理申请，收取企业提交的“适用认证企业管理申请书”和“自我评估报告”等申请材料，海关按照《海关认证企业标准》对企业实施认证。

（2）海关自收到企业“适用认证企业管理申请书”之日起90个自然日内做出认证结论。特殊情形下，海关认证时限可延长30个自然日。

（3）通过认证的企业，海关制发“认证企业证书”；未通过认证的企业，海关制发“不予适用认证企业管理决定书”。“认证企业证书”“不予适用认证企业管理决定书”应当送达申请人，并且送达之日起生效。

（4）企业有下列情形之一的，海关应当终止认证：

①企业主动撤回认证申请的。

②申请认证期间，企业发生涉嫌走私或者违反海关监管规定的行为被海关立案侦查或者调查的。

③申请认证期间，企业被海关稽查、核查的，海关可以中止认证，中止时间超过3个月的，海关终止认证。

④企业涉嫌违反国境卫生检疫、进出境动植物检疫、进出口食品化妆品安全、进出口商品检验规定被刑事立案的。

⑤其他应当终止认证的情形。

（5）企业信用状况的调整。

①海关对企业信用状况的认定结果实施动态调整。

②海关对高级认证企业每5年复核一次，企业信用状况发生异常的，海关可以不定期开展复核。

③未通过认证的企业，不再适用认证企业管理，且1年内不得再次申请成为认证企业；未通过高级认证但符合一般认证企业标准的，适用一般认证企业管理。

④适用失信企业管理满1年，且未再发生失信企业认定标准规定情形的，海关将其调整为一般信用企业管理；失信企业被调整为一般信用企业满1年的，可以向海关申请成为认证企业。

⑤企业有分立合并情形的，海关对企业信用状况的认定结果按照以下原则作出调整：

- 企业发生存续分立，分立后的存续企业承继分立前企业的主要权利义务的，适用海关对分立前企业的信用状况认定结果和管理措施，其余的分立企业视为首次注册登记或者备案企业。
- 企业发生解散分立，分立企业视为首次注册登记或者备案企业。
- 企业发生吸收合并，合并企业适用海关对合并后存续企业的信用状况认定结果和管理措施。
- 企业发生新设合并，合并企业视为首次注册登记或者备案企业。

（三）管理原则和措施

（1）一般认证企业适用的管理原则和措施：

①进出口货物平均查验率在一般信用企业平均查验率的50%以下。

②优先办理进出口货物通关手续。

③海关收取的担保金额可以低于其可能承担的税款总额或者海关总署规定的金额。

④进出口货物平均检验检疫抽批比率在一般信用企业平均抽批比率的50%以下（法律、行政法规、规章或者海关有特殊要求的除外）。

⑤出口货物原产地调查平均抽查比率在一般信用企业平均抽查比率的50%以下。

⑥优先办理海关注册登记或者备案以及相关业务手续，除首次注册登记或者备案以及有特殊要求外，海关可以实行容缺受理或者采信企业自主声明，免于实地验核或者评审。

⑦海关总署规定的其他管理措施。

（2）高级认证企业适用的管理原则和措施：

高级认证企业是中国海关AEO，除适用一般认证企业管理原则和措施外，还适用下列管理措施：

①进出口货物平均查验率低于实施常规管理措施企业平均查验率的20%，法律、行政法规或者海关总署有特殊规定的除外。

②出口货物原产地调查平均抽查比率在企业平均抽查比率的20%以下，法律、行政法规或者海关总署有

特殊规定的除外。

③优先办理进出口货物通关手续及相关业务手续。

④优先办理向其他国家（地区）推荐农产品、食品等出口企业的注册。

⑤可以向海关申请免除担保。

⑥减少对企业稽查、核查频次。

⑦可以在出口货物运抵海关监管区之前向海关申报。

⑧海关为企业设立协调员。

⑨AEO互认国家或者地区海关通关便利措施。

⑩海关总署规定的其他管理措施。

高级认证企业适用的管理措施优于一般认证企业。

（3）失信企业适用的管理原则和措施：

①进出口货物平均查验率在80%以上。

②不予免除查验没有问题企业的吊装、移位、仓储等费用。

③不适用汇总征税制度。

④除特殊情形外，不适用存样留像放行措施。

⑤经营加工贸易业务的，全额提供担保。

⑥进出口货物平均检验检疫抽批比率在80%以上。

⑦提高对企业稽查、核查频次。

⑧国家有关部门实施的失信联合惩戒措施。

⑨海关总署规定的其他管理措施。

（4）因企业信用状况认定结果不一致导致适用的管理措施相抵触的，海关按照就低原则实施管理。

认证企业涉嫌走私被立案侦查或者调查的，海关暂停适用相应管理措施，按照一般信用企业进行管理。

认证企业涉嫌违反国境卫生检疫、进出境动植物检疫、进出口食品化妆品安全、进出口商品检验规定被刑事立案的，海关应当暂停适用相应管理措施。

（5）企业名称或者海关注册编码发生变更的，海关对企业信用状况的认定结果和管理措施继续适用。

海关注册登记或者备案的非企业性质的法人和非法人组织及其相关人员信用信息的采集、公示，信用状况的认定、管理等比照实施。企业主动披露且被海关处以警告或者50万元以下罚款的行为，不作为海关认定企业信用状况的记录。

知识拓展

海关AEO认证全面介绍

五、报关单位的海关法律责任

报关单位在办理报关业务时，应遵守国家有关法律、行政法规和海关各项规定，并对所申报货物、物品的真实性、合法性负责，承担相应的法律责任。

报关单位的海关法律责任，是指报关单位违反海关法律规范所应承担的法律后果，并由海关及有关司法机关对其违法行为依法予以追究，实施法律制裁。

《中华人民共和国海关法》《中华人民共和国商检法》《中华人民共和国进出境动植物检疫法》《中华人民共和国国境卫生检疫法》《中华人民共和国食品卫生法》《中华人民共和国海关行政处罚实施条例》等法律法规，以及海关规章等都对报关单位的法律责任进行了规定。

笔记栏

技能训练

训练一　确认报关单位的类型

回答引导问题

结合案例分析“靖江公司”“元初物流”分别属于何种类型报关单位：

1. 报关单位是指______________________________。根据《海关法》的规定，进出口货物收发货人、报关企业办理报关手续时，必须______________。

2.《海关法》将报关单位划分为______________和______________两种类型。

（1）______________是指依法______________的______________的法人、其他组织或者个人。

（2）______________是指依法经______________，接受______________的委托，以______________的名义或以______________名义，向海关办理______________业务，从事报关服务的______________的企业法人。

3. 结合案例，分析“靖江公司”委托“元初物流”办理5台加工机进口申报，“元初物流”属于____________________________。

4. 结合案例，分析德国卡梅尔公司以无代价补偿2台加工机，“靖江公司”自行前去海关办理报关，“靖江公司”属于______________。

5. 完成不同类型的报关单位比较表（见表1-13）的填写。

表 1-13　不同类型报关单位的比较

<table>
<tr><th colspan="3">单位类别</th><th>从事业务</th><th>报关范围</th><th>举例说明</th></tr>
<tr><td>______
报关单位</td><td colspan="2">__________</td><td>______________
（贸易型、生产型、仓储型）</td><td>自营______________
（亦可委托______________）</td><td>（1）__________
（2）__________</td></tr>
<tr><td rowspan="2">______
报关单位</td><td rowspan="2">______
______
______</td><td>__________</td><td>主营______________
（申报、查验、纳税、提货）</td><td>受______________的委托，
办理______________</td><td>（1）__________
（2）__________</td></tr>
<tr><td>__________
或
__________</td><td>经营__________等业务，
兼营__________业务</td><td>在本企业______________
的委托，办理______________</td><td>（1）__________
（2）__________
（3）__________</td></tr>
</table>

训练二　分析报关单位的报关行为规则

回答引导问题

结合案例，分析不同性质的报关单位分别具有哪些报关行为规则：

1. “靖江公司”属于______________，报关行为规则填写在表1-14中。

表 1-14　报关单位的报关行为规则表

<table>
<tr><th>报关单位类型</th><th>序号</th><th>报关行为规则</th></tr>
<tr><td rowspan="3">______报关单位
（______________）</td><td>（1）</td><td>在海关办理注册登记后，可以在______________________办理__________</td></tr>
<tr><td>（2）</td><td>只能办理______________________，不可______________</td></tr>
<tr><td>（3）</td><td>应当通过______________，或者委托______________，由报关企业______________报关业务</td></tr>
</table>

续表

报关单位类型	序号	报关行为规则
______报关单位（______________）	（4）	应当对其________________承担法律责任
	（5）	向海关提交的进出口货物报关单应当________________
	（6）	应当于每年1月1日至6月30日，通过________________向海关提交________________
	（7）	所属报关人员从事报关业务的，________________应当到海关办理________________，海关予以________________
	（8）	可以在全国海关办理进出口报关业务

2. “元初物流”属于____________________，报关行为规则填写在表1-15中。

表 1-15　报关单位的报关行为规则表

报关单位类型	序号	报关行为规则
______报关单位（______________）	（1）	________________，配合________________，不得________________
	（2）	依法________________________________
	（3）	应当与委托方签订详细的________________，双方________________
	（4）	接受委托报关时，应对委托人提供情况的________________进行________________；若未履行或违反海关规定申报的，应负相应的________________
	（5）	不得________________，供他人办理报关业务
	（6）	对代理报关的货物涉及________________的，应________________
	（7）	报关企业及其在海关备案的分支机构可以在________________
	（8）	报关企业应当对其分支机构及所属________________
	（9）	报关企业向海关提交的________________应当加盖本单位的________________
	（10）	报关企业应当于每年1月1日至6月30日，通过________________向海关提交
	（11）	报关企业应当在每年6月30日前向注册地海关提交________________
	（12）	报关企业所属报关人员从事报关业务的，报关企业应当到________________，海关________________

训练三　海关对报关单位的信用管理

回答引导问题

海关对不同信用状况的报关单位，采用何种管理原则和措施？

1. 认证企业：____________________（authorized economic operation，AEO），中国海关依法开展____________________，并给予____________________，充分体现了与国际海关接轨的要求。

2. 经认证的经营者：以任何一种方式参与____________________，并被海关当局认定____________________的一方，包括____________________、____________________、____________________、____________________、____________________、理货人、中间商、____________________、____________________、综合经营者、____________________。经双方海关认证的AEO 企业进口货物，可以享受____________________。

3. 海关根据企业信用状况将企业认定为________________________________，认证企业包括____。

4. 海关对不同类型和性质的企业，分别采取的管理原则和措施：

（1）“元初物流”属于________________________；海关对“元初物流”采用的管理原则和措施：

①____；

②____；

③____；

④____；

⑤____；

⑥____；

⑦____；

⑧____；

⑨____；

⑩____。

（2）“靖江公司”属于________________________；海关对“靖江公司”采用的管理原则和措施：

①____；

②____；

③____；

④____；

⑤____；

⑥____；

⑦____。

（3）假如是失信企业，海关对失信企业采用的管理原则和措施：

①____；

②____；

③____；

④____；

⑤____；

⑥____；

⑦____；

⑧____；

⑨____。

任务评价

任务评分表见表1-16。

表 1-16 任务评分表

评价内容		分值	自评	互评	师评
知识评价	能清晰阐明报关单位的含义	15			
	能清晰阐明各种不同类型的报关单位	15			
	能清晰阐述自理报关单位的报关行为规则	15			
	能清晰阐述代理报关单位的报关行为规则	15			
素养评价	拥有仔细耐心、严谨细致、一丝不苟、精益求精的职业态度	20			
	具备遵纪守法、敬业爱岗、廉洁自律、诚实守信的职业操守	20			
总　分		100			

巩固与训练

一、单选题

1. 下列关于报关企业、进出口货物收发货人报关范围的表述，正确的是（　　）。

A. 两者均可在关境内各海关报关

B. 两者均只能在注册地海关辖区内各海关报关

C. 报关企业可以在关境内各海关报关；进出口货物收发人只能在注册地海关辖区内各海关报关

D. 报关企业只能在注册地海关辖区内各海关报关；进出口货物收发货人可以在关境内各海关报关

2. 下列关于报关企业和进出口货物收发货人报关行为规则的表述，正确的是（　　）。

A. 进出口货物收发货人在海关办理注册登记后，可在中华人民共和国境内各口岸或海关监管业务集中的地点代理其他单位报关

B. 进出口货物收发货人依法取得注册登记许可后，可在直属海关关区各口岸或海关监管业务集中的地点办理本单位的报关业务

C. 报关企业接受委托报关时，对委托人提供情况的真实性、完整性不负任何法律责任

D. 报关企业应当在每年6月30日前向口岸海关提交“报关单位注册信息年度报告”

3. 下列企业、单位中不属报关单位的是（　　）。

A. 经海关批准在海关临时注册登记的境内某大学

B. 在海关注册登记的经营进出境快件业务的某快递公司

C. 在海关注册登记的某外商投资企业

D. 在海关注册登记的经营转关运输货物境内运输业务的某承运人

4. 进出口货物收发货人在办理报关业务时，向海关递交纸质报关单必须加盖（　　）。

A. 公司财务章　　B. 公司人事章　　C. 公司的公章　　D. 在海关备案的报关专用章

5. 在某项贸易活动中，不可视作报关活动相关人的是（　　）。

A. 具有报关权，受加工贸易经营企业的委托，开展保税加工业务的企业

B. 没有报关权，在海关办理了保税加工注册登记手续，受加工贸易经营企业的委托，开展保税加工业务的企业

C. 具有报关权，由其经营并自行开展保税加工业务的企业

D. 没有报关权，亦未在海关办理保税加工注册登记手续，受加工贸易经营企业的委托，开展保税加工业务的企业

6. 下列关于报关单位和报关员关系的理解错误的是（　　）。

A. 报关员不可以同时在两个或者两个以上报关单位执业

B. 报关单位的进出口报关事宜应由报关员代表本单位向海关办理

C. 报关员基于所在企业授权的报关行为，其法律责任应由报关员承担

D. 对脱离报关员工作岗位和被企业解聘的报关员，报关单位应及时收回其报关员证件，交海关办理注销手续，因未办理注销手续而发生的经济法律责任由报关单位负责

7. 根据海关对报关单位的现行管理规定，指出下列哪些行为符合报关单位的行为规则：（　　）。

A. 进口货物收发货人代理其他单位报关

B. 报关企业接受某具有报关权的外商投资企业的委托，代理其报关

C. 报关企业不可以在注册登记许可的海关关区以外的地区从事报关服务

D. 进出口货物收发货人借用某报关企业的报关员代表本企业报关

二、简答题

1. 简述报关单位的含义及其类型。

2. 简述不同类型的报关单位的报关范围。

3. 简述代理报关单位的报关行为规则。

4. 简述“经认证的经营者”的内涵。

三、案例分析题

结合下述案例回答问题：

1. 科力公司经批准经营进出口业务，第二天即成交一笔出口业务。为提高办事效率，公司当天就派王佳前去海关申报出口手续，结果被海关拒绝。问题：海关能否拒绝该企业的申报？为什么？

2. 上海东日报关行的报关员小李接到中国机械进出口公司的一票“一般进出口货物”业务，此批货物中有一台从美国进口的电动机，价值5 000美元，由于电动机需要出入境检验检疫局出具3C认证证明书，于是小李在向海关申报的时候，故意将品名“电动机”从单证上抹去了，没有显示在报关单上，后来海关查验发现此批货物中有一台电动机未如实申报。问题：进出口货物收发货人需要承担相应的法律责任吗？

任务四　认识海关对报关从业人员的管理

情景导入

上海元初物流有限公司报关员林梦梦最近接到一票进口单据，是中国（上海）启玥贸易进出口有限公司（按一般认证企业管理）进口“立式数控车床”（商品编码84589100，进口关税税率为5%）数台。海关在审单时，因对所报货物的商品编码有疑义，立刻确定实施查验，并在查验时发现该批货物为“立式加工中心”（商品编码84571010，进口关税税率为9.7%）。该货物列入《法定检验检疫目录》（以下简称《法检目录》）和《自动进口许可管理货物目录》，海关要求该企业修改该批货物的商品编码，并因该企业实际申报归类错误，决定按“申报不实”对该企业罚款12万元人民币，并调整其管理类别。请帮助报关员林梦梦完成下列任务：

（1）作为一名报关员，职业守则的最低要求是什么？ 报关员应当配合海关做好哪些工作？

（2）在申报前，报关员应严格审核哪些内容？指出林梦梦哪些工作没有做到位，分析报关员是否需要对此批货物的不实申报承担责任。

学习目标

知识目标：

（1）掌握报关从业人员的执业范围与作业规范要求。

（2）熟悉报关从业人员的职业守则、报关从业人员的权利与义务。

素养目标：

（1）具备遵纪守法、廉洁自律、敬业爱岗、诚信服务、团结协作的职业操守。

（2）拥有严谨细致、一丝不苟、精益求精、艰苦奋斗、守正创新的职业素养。

任务描述

认识海关对报关员的管理为报关员今后的报关工作打下坚实的基础，因此报关员需要掌握报关员的执业范围与作业规范要求，熟悉报关员的职业守则、权利与义务。在对核心知识进行全面深入的学习后，结合上述情景内容尝试梳理报关员应配合海关做好的各项工作，整理在申报前报关员应严格审核的内容，写出报关员的职业守则。

核心知识

一、报关从业人员的职业守则

报关从业人员是具有专业知识、向社会提供专门智力服务的专业人才。在我国《海关法》中，将报关单位从事报关业务的人员称为“报关人员”，亦即“经报关单位向海关备案，专门负责办理所在单位报关业务的人员”。根据《报关员国家职业标准》，报关员的职业道德要求包括：遵纪守法、廉洁自律、爱岗敬业、诚信服务、团结协作。

（一）遵纪守法

遵纪守法是报关从业人员开展报关工作的前提和保证。国家进出境相关政策、法规是报关员在职业活动中应当严格遵守的行为规范。严格遵守国家政策、法规是报关从业人员职业守则的最低要求。

（二）廉洁自律

中国报关协会制定和实施的《报关行业自律准则》上明确要求：报关单位和报关从业人员应自觉遵守国家法律法规；不得超出有关法律、行政法规和行政规章规定的范围从事经营活动；不得参与进出口收发货人逃避国家贸易管制和偷逃税等走私、违规行为；不得索贿，也不得行贿执法人员。这既是报关从业人员应当自觉遵守的法律法规和行业规章，也是报关从业人员廉洁自律的道德规范和要求。

（三）爱岗敬业

职业不仅是个人谋生的手段，也是从业人员完成自身社会化的重要条件。《报关行业自律准则》规定报关从业人员应当恪守职业道德、爱岗敬业，不得损害受雇企业的合法利益，不得随意违约离职。爱岗敬业是一个人自强自立、创造价值、走向成功的重要条件和保证，只有爱岗敬业，我们才能突破现有条件的局限，在恪守本分中有所发明和创造，为平凡的职业劳动赋予不平凡的意义。

（四）诚信服务

市场经济是信用经济，诚信服务构成了市场经济最直接的道德基础。《报关行业自律准则》规定报关企业和报关从业人员应当以服务、诚信为本，热心为委托人排忧解难、如实回答委托人对委托有关事项的询问，高质量、高效率地完成报关服务工作。诚信服务作为报关从业人员的基本职业守则，要求所有从业人员必须以自己工作对象的利益为出发点，诚实守信，全心全意为工作对象服务。

（五）团结协作

报关从业人员不是自由职业者，根据我国《海关法》规定，报关从业人员必须受雇于报关单位并代表该单位向海关办理报关手续，禁止报关从业人员非法接受他人委托从事报关业务。这些要求就决定了报关从业人员必须在一个组织中开展工作，必然存在着人与人之间的密切交往和合作，需要团结协作，处理好组织内部人员之间的关系，以保证各项工作顺利开展。只有团结协作、发挥团队精神，才能有助于形成和谐的报关工作氛围，有利于创造出良好的工作效率和业绩，保证报关工作质量，让客户满意放心。

二、报关从业人员的执业范围与作业规范要求

（一）接收单证

报关企业应指定专门的报关人员签收单证，签收单证时，记录内容应与实际收取单证一致。报关企业应当与委托人及时签署报关服务合同，以及签署经评审认可的“代理报关委托书/委托报关协议”，并完整保存签收的委托方提供的单证，根据业务分工进行报关企业内部单证流转，做好签收工作，并记录各环节流转的时间节点。

（二）申报前审查

报关企业应当指定经验丰富的报关从业人员，按照海关要求对委托方提供的单证进行合理审查，本环节的规范要求见表1-17。

表1-17　申报前审查的规范要求

事　项	规　范　要　求
审查主要的随附单证	1.主要随附单证包括：①合同；②发票；③装箱清单；④装载清单（舱单）；⑤提（运）单；⑥代理报关委托书/委托报关协议；⑦许可证件 2.审查单证之间信息的一致性及逻辑关系
审查监管	根据委托方提供的随附单证及货物的相关实际情况确认监管方式
审查商品归类	依据《中华人民共和国进出口税则》《进出口税则商品及品目注释》等审查委托方提供的商品编号（HS编码）。 对归类疑难、有归类争议的商品，向货物进出境地海关或具有资质的单位申请办理商品预归类
审查申报要素	根据商品归类审查结果，查阅《中华人民共和国海关进出口商品涉税规范申报目录》，寻找对应的“商品名称”“申报要素”等栏目
审查商品原产地	审阅委托方提供的原产地证明书及相关运输单证等资料，从而准确确定商品的原产地
审查商品价格	应要求委托方按照《中华人民共和国海关法》、《中华人民共和国进出口关税条例》和《中华人民共和国海关审定进出口货物完税价格办法》等相关法律法规的规定，提供证实货物价格真实性的资料
审查监管证件	1.根据商品归类审查结果，确认与监管证件是否相符 2.根据合同、发票等内容，核查监管证件信息的一致性、有效性

（三）协助申报前看货取样

根据委托方的要求，依据《海关法》的相关规定，协助其向海关办理申报前查看货物或者提取货样，并将办理结果及时反馈委托方。

（四）缮制标准化的“进出口货物报关单”

（1）申报人必须按照《海关法》、《中华人民共和国海关进出口货物申报管理规定》（以下简称《货物申报管理规定》）和《中华人民共和国海关进出口货物报关单填制规范》（以下简称《海关进出口货物报关单填制规范》）的有关规定，向海关如实申报，不得伪报、瞒报、虚报和迟报。

（2）填制内容必须真实，做到“单证相符”和“单货相符”，即所填报关单各栏目必须与商业发票、装箱单、批准文件和随附单据相符；必须与实际进出口货物情况相符。

（3）报关单的填报必须准确、齐全、完整、清晰。

（五）向海关如实申报

准备好报关用的单证是保证进出口货物顺利通关的基础。在确保通关单据齐全、有效、准确、清晰的基础上，报关人员应当及时向海关审单中心发送电子数据报关单，并在规定时间内向现场海关申请报关，接受海关的严格审查。

（六）积极配合海关查验

当海关认为有必要对进出口货物进行现场查验时，报关人员应当积极配合，海关通过对进出口货物实地核查，以确定报关单证申报的内容是否与实际进出口货物相符，报关人员不得伪报、瞒报或申报不实。

（七）及时缴纳税费

报关人员应当在海关规定的时间内，向海关指定的银行或者通过海关电子缴费系统及时缴纳税费。全国通关一体化后，企业可登录“单一窗口”或“互联网+海关”平台自报自缴税费，通过新一代电子支付系统缴纳税费，即可一站式办理报关单申报、缴税等手续，操作更简便，缴税流程进一步优化，通关更快捷。

（八）申请办理现场放行、结关手续

在报关员如实向海关申报，并及时缴纳税款和有关规费后，海关应在进口提货单或出口装货单上加盖“海关放行章”。

三、报关从业人员的权利与义务

（一）报关从业人员的权利

（1）有权以所属报关单位的名义执业，办理报关业务。

（2）有权对违反国家规定、逃避海关监管的行为进行举报。

（3）有权对海关及其工作人员的违法、违纪行为进行控告、检举。

（4）有权向海关查询其办理的报关业务情况。

（5）有权参加报关从业人员的执业培训。

（二）报关从业人员的义务

（1）应遵守海关法律法规和规章，依法办理报关业务。

（2）应熟悉所申报货物的基本情况，对申报内容和有关材料的真实性、完整性进行合理审查。

（3）应提交齐全、正确、有效的通关单证，并准确、清晰、完整地填制报关单。

（4）应配合海关查验，配合海关稽查和对涉嫌走私违规案件的查处。

（5）应协助落实海关对报关单位管理的具体措施。

（6）应配合所属报关单位完整保存各种原始报关单证票据、函电等资料，协助报关单位办理有关事项。

笔记栏

技能训练

训练一　报关员的内涵、职业道德、职业守则

回答引导问题

报关员的内涵、职业道德、职业守则是：

1. 报关从业人员是______的专业人才。在我国《海关法》中，将______，亦即______。

2. 根据《报关员国家职业标准》报关员的职业道德要求包括：______、______、______、______、______。

（1）______是报关从业人员开展报关工作的前提和保证。______是报关员在职业活动中应当______，______是报关从业人员职业守则的______。

（2）中国报关协会制定和实施的《报关行业自律准则》上明确要求：

①报关单位和报关员应______；

②不得______；

③不得______；

④不得______。

这既是报关从业人员应当______，也是报关从业人员______。

（3）《报关行业自律准则》规定报关从业人员应当______；不得______，不得______。

（4）《报关行业自律准则》规定报关企业和报关从业人员应当______，______委托人对委托有关事项的询问，______服务工作。______作为报关从业人员的______，要求所有从业人员必须______。

（5）报关从业人员不是______，根据我国《海关法》规定，报关从业人员必须______，禁止报关从业人员______。

报关从业人员需要______，处理好______，以保证各项工作顺利开展。

训练二　报关员的执业范围和作业规范要求

回答引导问题

（一）报关员在报关中应配合海关做好哪些工作？

1. ______，报关企业应当与委托人及时签署报关服务合同，以及签署经评审认可的______，并完整保存签收的______，根据业务分工进行______，做好______，并记录各环节流转的时间节点。

2. ______，报关企业应当指定经验丰富的报关从业人员，按照海关要求对______。

3. ______，根据委托方要求，依据《海关法》规定，______。

4. ______，具体包括3点内容：

（1）申报人必须按照的有关规定，向海关____________________，不得____________________。

（2）填制内容必须____________________，做到____________________和____________________，即____________________相符；必须____________________相符。

（3）报关单的填报____。

5. ____________________，______________________________是保证进出口货物顺利通关的基础。在确保通关单据____________________的基础上，报关员应及时向____________________，并在规定时间内____。

6. ____________________，当海关认为____________________时，报关人员应当____________________，海关通过对______________________________，以确定____________________________________相符，报关人员不得____。

7. ____________________，报关人员应当在____________________，向海关指定的银行或通过____。全国通关一体化后，企业可登录____，通过新一代电子支付系统缴纳税费，即可____等手续，操作____________________，____________________进一步____________________，通关____________________。

8. ____________________，在报关员如实向海关申报，并及时缴纳税款和有关规费后，海关应在____。

（二）在申报前，报关员应严格审核哪些内容？填写表1-18。

表 1-18　申报前审查的规范要求

事　项	规 范 要 求
审查____________	1.主要随附单证包括：____________________ 2.审查单证之间信息的____________________
审查____________	根据委托方提供的随附单证及货物的相关实际情况____________________
审查____________	依据《中华人民共和国进出口税则》《进出口税则商品及品目注释》等审查委托方提供的____________ 对有归类争议的商品，向货物进出境地海关或具有资质的单位申请办理____________
审查____________	根据商品归类审查结果，查阅《中华人民共和国海关进出口商品涉税规范申报目录》，寻找对应的____________ ____________等栏目
审查____________	审阅委托方提供的____________及相关运输单证等资料，从而准确确定____________
审查____________	应要求委托方按照《中华人民共和国海关法》、《中华人民共和国进出口关税条例》和《中华人民共和国海关审定进出口完税价格办法》等相关法律法规的规定，提供证实货物____________的资料
审查____________	1.根据商品归类审查结果，确认____________________ 2.根据合同、发票等内容，核查____________________

训练三　报关员的权利和义务

回答引导问题

（一）报关从业人员的权利，归纳如下：

1. 有权____；

2. 有权____；

3. 有权____；
4. 有权____；
5. 有权____。

（二）报关从业人员的义务，归纳如下：

1. 应____；
2. 应____；
3. 应____；
4. 应____；
5. 应____；
6. 应____。

（三）结合案例指出林梦梦哪些工作没做到位，分析报关员是否需要对此批货物不实申报承担责任。

报关企业及其报关员都应当熟悉____________，对申报内容和有关材料的____________、____________进行____________。

所以，报关企业“元初物流”及其报关员林梦梦与进出口货物收发货人承担____________。

任务评价

任务评分表见表1-19。

表 1-19　任务评分表

评价内容		分值	自评	互评	师评
知识评价	能清晰梳理报关员的执业范围与作业规范要求	20			
	能清晰阐述报关员的职业守则	20			
	能清晰阐述报关的权利与义务	20			
素养评价	具备遵纪守法、廉洁自律、敬业爱岗、诚信服务、团结协作的职业操守	20			
	拥有严谨细致、一丝不苟、精益求精、艰苦奋斗、守正创新的职业素养	20			
总　分		100			

巩固与训练

一、单选题

1. 根据海关的规定，报关单位应当遵守通关规则，以下（　　）表述是错误的。
   A. 进口货物的收货人经海关同意，可以在申报前查看货物或者提取货样
   B. 所有的进出口货物必须经过海关查验后才能放行，有关当事人应配合海关查验
   C. 进出口货物应当接受海关查验，有关当事人应配合海关查验
   D. 进出口货物在收发货人交清税款或者提供担保后，由海关签印放行
2. 下列（　　）不属于报关员办理的业务。
   A. 申请办理缴纳税费和退税、补税事宜
   B. 申请办理加工贸易合同备案、核销事宜
   C. 申请办理进出口货物减税、免税事宜
   D. 申请办理报关企业进出口经营权事宜
3. 海关不必经过直属海关关长或其授权隶属海关关长批准就能实施的行为有（　　）。
   A. 在海关监管区及海关附近沿海沿边地区，检查有走私嫌疑的运输工具和有藏匿走私货物、物品嫌疑的场所
   B. 对有走私嫌疑的运输工具、货物、物品和走私犯罪嫌疑人进行扣留
   C. 查询案件涉嫌单位和人员在金融机构、邮政企业的存款和汇款

D. 在海关监管区及海关附近沿海沿边地区以外，对有走私嫌疑的运输工具和除公民住处以外的有藏匿走私货物、物品嫌疑的场所进行检查

4. 只能接受有权进出口货物单位的委托，办理本企业承揽、承运货运的报关业务，是（　　）应遵守的报关行为规则。

A. 进出口货物收发货人　　B. 专业报关单位

C. 代理报关单位　　D. 报关公司或报关行

5. 关于报关员的表述错误的是（　　）。

A. 报关员可以自己的名义接受社会企业的委托代理报关业务

B. 报关单位的报关业务由所属报关员向海关办理

C. 报关员明知报关单位的行为违法而故意实施，应承担连带责任

D. 报关员可以通过“互联网+海关”或“国际贸易单一窗口”平台办理进出口通关事宜

6. 如果进出口货物收发货人未按照规定向报关企业提供委托报关事项的真实情况，导致报关单位对应该申报项目未申报，或者申报不实、影响海关监管秩序的，有关法律责任由（　　）承担。

A. 报关员　　B. 报关企业　　C. 委托人　　D. 海关

7. 关于报关从业人员的执业范围——接收单证，下列选项错误的是（　　）。

A. 报关企业应指定专门的报关人员签收单证，记录内容应与实际收取单证一致

B. 报关企业应当与委托人及时签署报关服务合同

C. 报关企业应当与委托人签署经评审认可的“自理报关委托书”，并完整保存签收的委托方提供的单证

D. 根据业务分工进行报关企业内部单证流转，做好签收工作，并记录各环节流转时间节点

8. 报关从业人员应当完成哪些义务？错误的是（　　）。

A. 应熟悉所申报货物的基本情况，对申报内容和有关材料的真实性、完整性进行合理审查

B. 应提交齐全、正确、有效的通关单证并准确、清晰、完整地填制报关单

C. 应向海关查询其办理的报关业务情况

D. 应配合海关查验，配合海关稽查和对涉嫌走私违规案件的查处

二、简答题

1. 简述报关从业人员的各项职业守则。

2. 简述报关从业人员缮制标准化“进出口货物报关单”的基本要求。

3. 简述报关从业人员的权利与义务。

三、案例分析题

结合下述案例回答问题：

1. 青岛某船务公司报关从业人员小袁在从事报关业务中遇到这样一件事情：一家公司从韩国进口了一种人造纤维纱线，报关时，海关要求验货，开箱后发现不是人造纤维纱线，而是一种关税比人造纤维纱线高出很多的氨纶丝。海关认为小袁所在公司与外商串通想逃税。经进一步调查发现外商有意隐瞒，以逃避巨额关税。请问：在这个案例中小袁作为报关人员有没有责任？

____

____

____

2. 天津某国际货代公司报关员小章遇到了这样一件事情：有位客户从侧面了解到小章手中有其竞争对手的一些资料，于是私下向小章打听并承诺以重金酬谢。请问：假设你是小章，你应该怎样处理这件事情？

____

____

____

项目二

开启通关之旅——明确进出口货物通关基本程序

项目描述

关检业务融合后，国务院陆续颁布了很多海关新政策，例如：全面取消“出入境货物通关单”、改变进出口货物报关单的格式、对于以往传统的海关通关业务进行全面改革等。之前，海关总署审议通过了《全国通关一体化改革框架方案》，首先在上海实施全国海关通关一体化改革，上海试点是全国通关一体化改革的“样板间”，接下来，海关总署将加快筹建的步伐。林梦梦刚刚适应新的工作环境，又要面临更加艰巨的挑战。她不禁在疑惑，究竟什么是全国海关通关一体化改革呢？这种改革的模式是怎样的？

思维导图

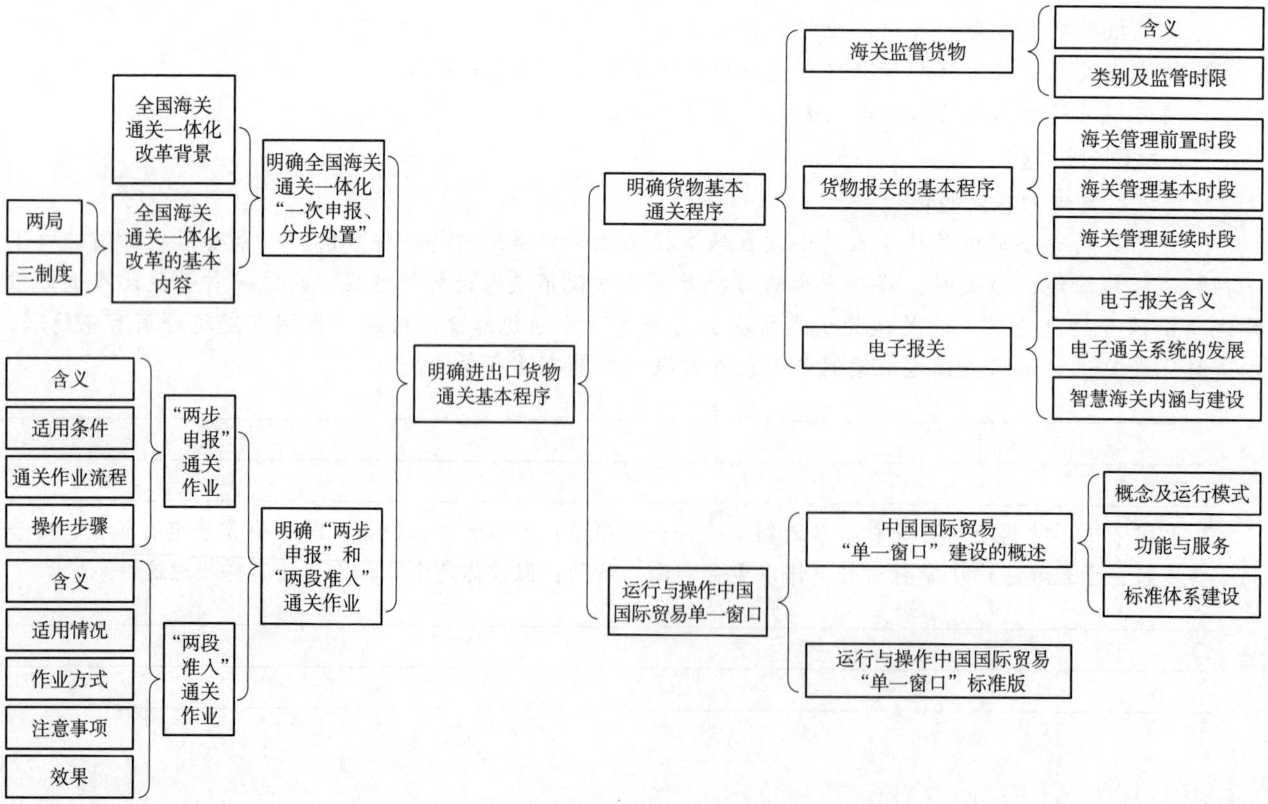

任务一　明确货物基本通关程序

情景导入

上海联合利华公司（下面简称“联合利华”）从日本进口一批车辆参加在珠海举行的车展，该批车辆作为展览品属于暂准进境货物（暂时进口，在规定时间内按照原状复运出境），同时又属于许可证件管理的货物。除了展览品以外，还需要运入一些为展览品做宣传用的印刷品等。现联合利华委托上海元初物流有限公司办理进口申报手续，报关员林梦梦处理此批展览品的进口，展览会结束以后，联合利华公司又在规定的时间内将这批车辆全部按原状运输出境。请帮助林梦梦完成下列任务：

（1）进境参展的车辆（为展览品，属于暂准进境货物）在向海关申请报关时，需要经过哪三个时段（阶段）？每个阶段有哪些步骤？应向海关递交哪些报关单据？

（2）作为一名报关员，应如何配合海关完成不同的海关监管货物，在报关各个时段的主要工作是什么？

学习目标

知识目标：

（1）掌握海关监管货物的含义、类别、监管时限、不同海关监管货物的报关基本程序。

（2）熟悉不同海关监管货物在报关的各个时段的主要工作。

（3）了解电子报关的含义、电子通关系统、智慧海关的内涵与建设。

技能目标：

（1）能够规范化、标准化地办理不同的海关监管货物的进出口报关业务。

（2）能够整理并向海关递交不同的海关监管货物的通关单证。

素养目标：

具备遵纪守法、敬业爱岗、廉洁自律、诚实守信、团结协作等职业素养，在办理不同的海关监管货物进出口报关业务中，不断提高报关效率及质量。

任务描述

历经多年的通关模式的改革和创新，报关员需要明确不同类型的海关监管货物的报关基本程序、报关单证。在对核心知识进行全面深入的学习后，结合上述情景内容尝试梳理不同的海关监管货物在报关各个时段的主要工作，以及需要递交的报关单证。

核心知识

一、海关监管货物

（一）含义

海关监管货物，包括自进境起到办结海关手续止的进口货物，自向海关申报起到出境止的出口货物，过境、转运、通运货物，特定减免税货物，以及暂时进出境货物、保税货物和其他尚未办结海关手续的进出境货物。海关监管货物，未经海关许可，不得开拆、提取、交付、发运、调换、改装、抵押、质押、留置、转让、更换标记、移作他用或其他处置。

（二）类别及监管时限

海关监管货物分为一般进出口货物，保税货物，暂准进出境货物，特定减免税货物，过境、转运、通运货物，以及其他未办结海关手续的进出境货物。海关对不同性质的海关监管货物分别制定了相对应的监管制度。根据海关的监管规定，海关监管货物的划分见表2-1。

表 2-1 海关监管货物的划分

监管货物		界定	监管期限
一般进出口货物	一般进口货物	办结海关手续进入境内生产、消费领域流通的进口货物	自进境起到办结海关手续止
	一般出口货物	办结海关手续到境外生产、消费领域流通的出口货物	自向海关申报起到出境止
保税货物		经海关批准未办理纳税手续进境，在境内储存、加工、装配后复运出境的货物	自进境起，到原货物退运或加工成品复运出境并由海关核销结案，或向海关补办正式进口的补证、纳税手续止
特定减免税货物		经海关依法准予免税进口的用于特定地区、特定企业，有特定用途的货物	到海关监管年限期满止，或向海关办理补证、补税手续止
暂准进出境货物	暂准进境货物	经海关批准凭担保进境，在境内使用后原状复运出境的货物	自进境起，到原货复运出境并由海关注销，或向海关补办正式进口的补证、纳税手续止
	暂准出境货物	经海关批准凭担保出境，在境外使用后原状复运进境的货物	须在规定期限内复运进境，或向海关补办正式出口的补证、纳税手续
过境货物		从境外启运，在我国境内不论是否换装运输工具，通过陆路运输继续运往境外的货物	自进境起，到出境止
转运货物		从境外启运，通过我国境内设立海关的地点换装运输工具，不通过境内陆路运输，继续运往境外的货物	自进境起，到出境止
通运货物		从境外启运，不通过我国境内陆路运输，运进境后由原运输工具载运出境的货物	自进境起，到出境止
超期未报货物		是指收货人自运输工具申报进境之日起，超过3个月未向海关申报的进口货物	自进境起，到海关提取变卖止
其他进出境货物		尚未办结海关手续的其他进出境货物	

二、货物报关的基本程序

货物报关程序是指进出口货物收发货人或其代理人，根据海关的有关监管规定，向海关办理准予货物出口或进口的有关手续和步骤。

从海关对进出境货物进行监管的全过程来看，报关程序按时间先后可以分为三个阶段：海关管理前置时段（前期管理）、海关管理基本时段（进出境通关管理）、海关管理延续时段（后续管理），如图2-1所示。

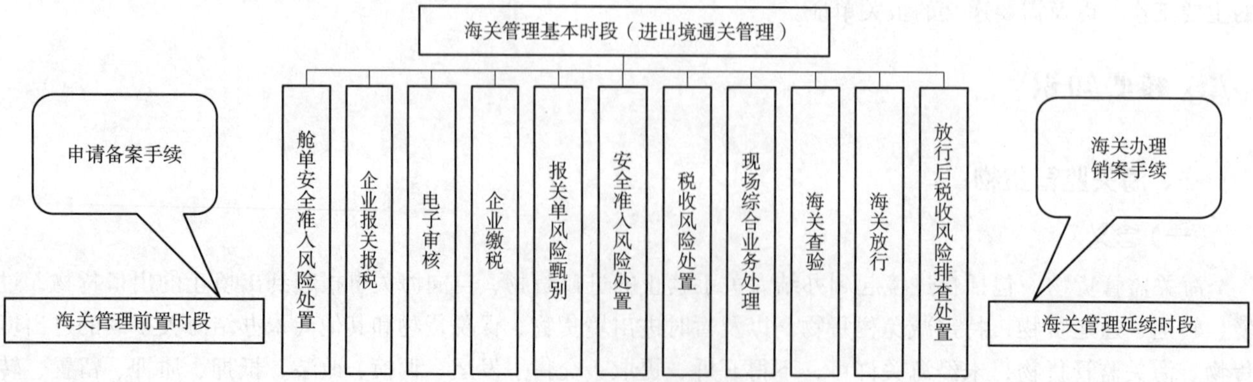

图 2-1 货物报关基本程序

具体说明如下：

1. 海关管理前置时段（前期管理）

海关管理前置时段（前期管理）是指根据海关对保税加工货物、特定减免税货物、暂准进出境货物等的监管要求，进出口货物收发货人或报关企业（以下简称当事人）根据海关监管要求，在货物进出口之前，需办理的加工贸易手册（账册）、减免税证明、法定检验检疫等事项的设立、备案、报备、核准手续。

（1）保税加工货物（加工贸易保税货物）：进出口货物收、发货人或其代理人应当在规定时间内办理保税加工货物登记手册的核销、银行保证金台账的销账等手续。

（2）特定减免税货物：进出口货物收、发货人或其代理人应当在海关监管期满，或者在海关监管期内经海关批准出售、转让、退运、放弃特定减免税货物后，向海关申请办理解除海关监管的手续。

（3）暂准进出境货物：进出口货物收、发货人或其代理人应当在暂准进出境期限内，或者在经海关批准延长暂准进出境期限到期后，向海关申请办理复运出境或进境、或正式进出口销案等手续。

（4）检验检疫业务的事项办理。进口货物：装运前检验、境外预检、检疫准入、检疫审批等。出口货物：出口危险货物运输包装容器的性能检验、鉴定，出口前监管服务事项电子底账设立，政府协议装运前检验等。

（5）进出境前向海关报备的法定查验检疫货物和特殊物品。进口微生物、人体组织、生物制品、血液及其制品或种畜、禽及其精液、胚胎、受精卵的，应当在入境前30天报备；进口其他动物的，应当在入境前15天报备；进口植物、种子、种苗及其他繁殖材料的，应当在入境前7天报备。出境货物最迟应于报关或装运前7天报备，对于个别检验检疫周期较长的货物，应留有相应的检验检疫时间；需隔离检疫的出境动物在出境前60天预报，隔离前7天报备。

2. 海关管理基本时段（进出境通关管理）

在全国海关通关一体化模式下，海关改变了传统“申报、审单、查验、征税、放行”的“串联式”通关作业流程，简化了口岸通关环节的手续，海关执法监管更加统一、高效，企业通关更加便利、快捷。

（1）舱单安全准入风险处置。舱单传输人（进出境运输工具负责人、无船承运业务经营人、货运代理企业、船舶代理企业、邮政企业及快件经营人等舱单电子数据传输义务人）按照规定向海关传输舱单及相关电子数据，海关舱单管理系统对舱单实施逻辑检控和审核，对不符合舱单填制规范的，退回舱单传输人予以修改，对通过逻辑检控和审核的，海关进行风险甄别。海关对舱单货物进行安全准入审查、处置后进出口货物收发货人可正常向海关申报报关数据。

（2）企业报关报税。企业按照报关单填制规范和相关申报管理规定自主向海关申报报关单及随附单证电子数据和自行核算的应缴税款。

（3）电子审核。H2018系统对报关单及随附单证电子数据进行规范性、逻辑性审核，对舱单、许可证件、电子备案信息等进行核注。对于符合条件的，海关接受申报，向企业发送接受申报回执；对于不符合条件的，系统自动退单，发送退单回执，企业需重新办理有关申报手续。

（4）企业缴税。对应税报关单，企业收到海关接受申报回执后，办理税款相关手续：选择缴纳税款的，自行向银行缴纳；预先向海关提供税款担保并备案的，可以选择提供担保，海关按照规定办理担保核扣手续。

（5）报关单风险甄别。对海关已接受申报的报关单，风险防控局根据预先加载的风险判别规则、风险参数，运用H2018系统进行风险甄别。

（6）安全准入风险处置。对被安全准入风险参数捕中后转入或者经过税收征管局、申报地海关审核，发现存在安全准入风险后流转的报关单，申报地海关根据H2018系统提示参数要求或标注的风险情况进行处置，并进行相应操作。

（7）税收风险处置。对被税收风险参数捕中的报关单，税收征管局实施税收征管要素的风险排查处置，进行相应操作。

（8）现场综合业务处理。单证处置包括报关单修撤、补证补税、签证，以及办理许可证人工核扣。货物处置包括退运、销毁、罚没、口岸隔离检疫、技术整改（不具备现场整改条件的）。

（9）海关查验。对有布控查验指令的报关单，海关实施准入查验。

（10）海关放行。报关单符合所有放行条件后，H2018系统自动完成放行操作。

（11）放行后税收风险排查处置。对被税收风险参数捕中、经放行前验估查验、单证验核和税收风险分析模型筛选出的报关单数据，以及随机抽取的一定比率已放行报关单数据，按商品分类由系统分派至税收征管局，实施批量审核，进行税收征管要素风险排查。

3. 海关管理延续时段（后续管理）

海关管理延续时段（后续管理）是指根据海关对保税加工货物、特定减免税货物、暂准进出境货物等的监管要求，进出口货物收发货人或其代理人在货物进出境储存、加工、装配、使用后，在规定的期限内，按照规定的要求，向海关办理上述进出口货物核查、核销、销案、申请解除监管手续的过程。例如：

（1）保税加工货物：进出口货物收、发货人或其代理人应当办理加工贸易合同的备案申请、加工贸易登记手册的申领等手续。

（2）特定减免税货物：进出口货物收、发货人或其代理人应当办理企业的减免税备案登记、货物减免税的申请、减免税证明的申领手续。

（3）暂准进出境货物：暂准进出境货物中的展览品实际进境以前，进出口货物收、发货人或其代理人应当办理举办展览会的备案申请手续。

（4）法定检验检疫货物出具证书及后续监管事项。海关是依据我国相关法律法规和标准以及我国政府所缔结或参加的国际条约、协定，运用强制性手段和科学技术方法对进出口货物实施检验检疫监管措施，并对检验检疫结果出具相应证书，以及针对实际情况作出相应的后续监管处置。

不同海关监管货物在报关的各个时段主要工作见表2-2。

表 2-2　不同海关监管货物在报关的各个时段主要工作

<table>
<tr><th rowspan="2">货物类别</th><th colspan="3">报关时段</th></tr>
<tr><th>海关管理前置时段（前期管理）</th><th>海关管理基本时段（进出境通关管理）</th><th>海关管理延续时段（后续管理）</th></tr>
<tr><td>一般进出口货物</td><td>—</td><td rowspan="4">（1）舱单安全准入风险处置
（2）企业报关报税
（3）电子审核数据
（4）企业缴纳税费
（5）报关单风险甄别
（6）货物安全准入风险处置
（7）税收安全风险处置
（8）现场综合业务处理
（9）海关查验货物
（10）海关放行货物
（11）放行后税收风险排查处置</td><td>—</td></tr>
<tr><td>保税加工货物</td><td>加工贸易备案和申领登记手册（银行保证金台账开设和海关核发登记手册）</td><td>保税货物核销申请（海关办理核销结案）</td></tr>
<tr><td>特定减免税货物</td><td>特定减免税备案登记和申领减免税证明（海关核发特定减免税证书）</td><td>解除海关监管申请（海关办理解除监管手续）</td></tr>
<tr><td>暂准进出境货物</td><td>展览品备案申请</td><td>暂准进出境货物销案申请（海关办理销案手续）</td></tr>
</table>

三、电子报关

（一）电子报关的含义

电子报关是一种新型、现代化的报关方式，是指进出口货物的收发货人或其代理人利用现代通信和网络技术，通过计算机、网络或终端向海关传递规定格式的电子数据报关单，并根据海关计算机系统反馈的审核及处理结果办理海关手续的报关方式。

（二）电子通关系统的发展

我国海关已经在进出口货物通关作业中全面使用计算机进行信息化管理，成功地开放运用了多个电子通关系统：海关H883通关系统、海关H2000通关系统、海关H2010通关系统、海关H2018通关系统。

（三）智慧海关的内涵与建设

智慧海关建设是全国海关贯彻落实党中央精神的重要实践之一，也是当前及未来一段时期海关改革发展的重中之重。

1. “三智”合作理念

习近平总书记在中国-中东欧国家领导人峰会上，提出“深化海关贸易安全和通关便利化合作”，“开展‘智慧海关、智能边境、智享联通’合作试点”的重大倡议。“智慧海关、智能边境、智享联通”（简称“三智”合作理念）是以“智能化”为依托，以高新技术驱动制度创新，推动海关一体治理、边境协同治理、全球合作治理，共促全球贸易安全与便利。

2. 智慧海关内涵和优势

智慧海关是指利用物联网、大数据、人工智能等先进科技手段，实现海关监管、查验、统计分析等各个环节的智能化、自动化和信息化。它以提高监管效率、优化通关体验、降低成本为目标，为国际贸易往来提供更便捷、更高效的服务。具体优势如下：

（1）提高监管效率：通过智能化的监管手段，实现对进出口货物的全面监控，提高查验准确率，降低监管成本。

（2）优化通关体验：通过自动化和信息化的手段，缩短通关时间，降低物流成本，提高货物通关效率。

知识拓展

海关信息化发展

（3）提升数据分析能力：通过对大量数据的收集、分析和挖掘，为决策提供科学依据，提高海关管理水平。

（4）提升边境安全：智能边境管理系统通过建立智能化的识别系统和数据分析平台，实现对进出境人员和货物的快速准确识别和检查，提高边境安全的响应速度和准确性。

知识拓展

“智关强国”行动

（5）优化海关通关流程：先进科技手段可以优化海关通关流程，降低通关时间和成本。例如，通过建立电子数据交换平台和智能化检查系统，可以实现货物的快速通关和自动识别。

（6）促进贸易合作创新：科技为电子商务提供了便利条件，推动跨境贸易合作。通过互联网和移动支付技术可以实现跨境结算。同时，区块链技术可以提供可追溯性和信任度，帮助解决跨境交易中的信任问题。

笔记栏

技能训练

训练一　进境参展车辆的报关时段、报关步骤、报关单证

一、进口货物报关作业流程图的填写

1.进口货物报关分为三个时段（前置时段、进出境通关时段、延续时段），结合所学知识和技能，将具体步骤填写在货物进口报关作业流程图中，并对整体的报关流程图加以熟记。将答案填写在图2-2中。

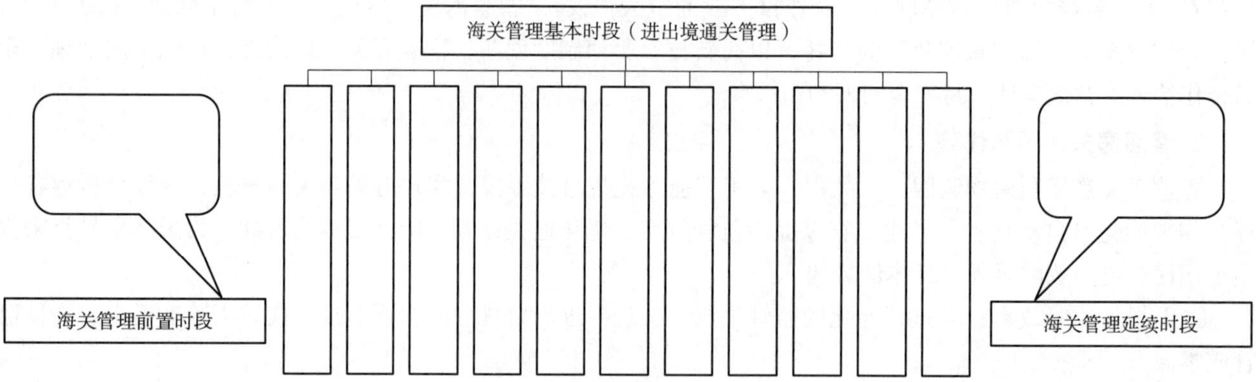

图 2-2　货物报关基本流程图

2. 进口货物向海关申请报关时，需要向海关递交报关单证，结合所学知识和技能，将报关所需单证填写在表2-3中，并对全套单证加以熟记。

表 2-3　应向海关递交哪些报关单证

报关单证		
随附单证	基本单证	
	特殊单证	

二、任务实施

学生分组进行实操训练，明确货物报关基本流程，以及梳理报关所需单证，并填写表2-4，记录完成情况，对尚未掌握的内容，请详细记录在未能准确填写的内容栏中，以便课后反复训练。

表 2-4　货物报关基本流程及所需报关单证完成情况记录表

学生姓名：__________　班级：__________　学号：__________

工作内容	关键步骤	任务结果	未能准确填写的内容
货物报关基本流程及所需报关单证	（1）海关管理前置时段、延续时段方框内的关键词填写	□完成　□未完成	
	（2）海关基本管理时段（进出境通关管理时段）中的11步的填写	□完成　□未完成	
	（3）熟记货物报关整体的报关流程	□完成　□未完成	
	（4）进口货物向海关申请报关时需要向海关递交的单证 在表格中填写向海关递交的报关单证的名称 在表格中填写向海关递交的基本单证的名称 在表格中填写向海关递交的特殊单证的名称	 □完成　□未完成 □完成　□未完成 □完成　□未完成	

训练二　不同海关监管货物各个时段的主要工作

一、不同海关监管货物在报关的各个时段主要工作表的填写

结合所学知识和技能，明确不同海关监管货物在报关的各个时段（前置时段、基本时段、延续时段）的主要工作内容，并将关键词填写在表2-5中。

表 2-5　不同海关监管货物在报关的各个时段主要工作表

<table>
<tr><th rowspan="2">货物类别</th><th colspan="3">报关时段</th></tr>
<tr><th>海关管理前置时段
（前期管理）</th><th>海关管理基本时段
（进出境通关管理）</th><th>海关管理延续时段
（后续管理）</th></tr>
<tr><td>一般进出口货物</td><td></td><td rowspan="4">1.________
2.________
3.________
4.________
5.________
6.________
7.________
8.________
9.________
10.________
11.________</td><td></td></tr>
<tr><td>保税加工货物</td><td></td><td></td></tr>
<tr><td>特定减免税货物</td><td></td><td></td></tr>
<tr><td>暂准进出境货物</td><td></td><td></td></tr>
</table>

二、任务实施

学生分组进行实操训练，完成不同海关监管货物在报关各个时段的主要工作内容表的填写，并填写表2-6，记录完成情况，对尚未掌握的内容，请详细记录在未能准确填写的内容栏中，以便课后反复训练。

表 2-6　不同海关监管货物在报关各个时段的主要工作内容完成情况记录表

学生姓名：________　班级：________　学号：________

工作内容	关键步骤	任务结果	未能准确填写的内容
不同监管货物在报关各个时段的主要工作内容	（1）一般进出口货物的前置时段、进出境管理时段、延续时段的主要工作内容	□完成　□未完成	
	（2）保税货物的前置时段、进出境管理时段、延续时段的主要工作内容	□完成　□未完成	
	（3）特定减免税货物的前置时段、进出境管理时段、延续时段的主要工作内容	□完成　□未完成	
	（4）暂准进出境货物的前置时段、进出境管理时段、延续时段的主要工作内容	□完成　□未完成	

任务评价

任务评分表见表2-7。

表 2-7　任务评分表

评 价 内 容		分值	自评	互评	师评
知识评价	能够清晰阐述海关监管货物的含义、类别、监管时限	10			
	能够清晰阐述不同的海关监管货物报关基本程序	10			
	能够以表格形式罗列不同海关监管货物在报关的各个时段主要工作	20			

续表

评价内容		分值	自评	互评	师评
能力评价	模拟海关报关现场，分组配合海关完成不同海关监管货物的进口报关业务，并整理向海关递交的不同海关监管货物的通关单证	20			
	模拟海关报关现场，分组配合海关完成不同海关监管货物的出口报关业务，并整理向海关递交的不同海关监管货物的通关单证	20			
素养评价	具备遵纪守法、敬业爱岗、廉洁自律、诚实守信、团结协作等职业素养，在办理不同的海关监管货物进出口报关业务中，不断提高报关效率及质量	20			
总　分		100			

巩固与训练

一、单选题

1. 海关监管货物，(　　)，不得开拆、提取、交付、发运、调换、改装、抵押、质押、留置、转让、更换标记、移作他用或者进行其他处置。

A. 未经海关许可

B. 未经进出口货物收发货人许可

C. 未经海关和出入境检验检疫局许可

D. 未经海关总署和其授权的直属海关许可

2. 经海关批准未办理纳税手续进境，在境内储存、加工、装配后复运出境的货物，这属于何种性质货物？(　　)

A. 一般进出口货物　　B. 特定减免税货物

C. 暂准进出境货物　　D. 保税货物

3. 暂准出境货物的海关监管期限规定是（　　)。

A. 自进境起，到出境止

B. 到海关监管年限期满止，或向海关办理补证、补税手续止

C. 自进境起，到原货复运出境并由海关注销，或向海关补办正式进口的补证、纳税手续止

D. 须在规定期限内复运进境，或向海关补办正式出口的补证、纳税手续

4. 来华进行文艺演出而运进的器材、道具、服装等，在规定时间内复运出境，这属于何种性质的货物？(　　)

A. 保税物流货物　　B. 暂时进口货物

C. 特定减免税货物　　D. 保税加工货物

5. 海关对进出境货物监管，在海关管理前置时段（前期管理)，对于加工贸易货物，当事人需办理(　　)等手续。

A. 加工贸易手册、账册设立　　B. 货物的减免税审批手续

C. 报关保税（自报自缴）　　D. 货物的核查、核销、销案、申请解除监管

6. 保税进出口货物，海关监管止于(　　)手续。

A. 核查　　B. 办结通关　　C. 结关　　D. 稽查

7. 特定减免税货物，在海关管理延续时段（后续管理)，进出口货物收发货人或其代理人需要办理(　　)手续。

A. 解除海关监管申请　　B. 核销结案

C. 海关放行　　D. 税收风险排查处置

8. 超期未报货物，是指收货人自运输工具申报进境之日起，超过（　　）个月未向海关申报的进口货物。

A. 6　　B. 3　　C. 7　　D. 12

二、简答题

1. 简述海关监管货物的含义及其类别。
2. 简述货物报关基本程序的含义及报关的三个阶段。
3. 简述电子报关的内涵及智慧海关的优势。

任务二　运行与操作中国国际贸易单一窗口

情景导入

关检融合后，国际贸易“单一窗口”标准版已正式上线，“单一窗口”的各项功能和新版报关单格式发生了较大的变化，作为一名报关人员，林梦梦必须学会如何运行与操作国际贸易“单一窗口”办理通关业务，恰巧这几日她接到 票业务：东方国际创业股份有限公司（18位社会信用代码：9131000013221××××D；海关十位编码：310591××××）从法国勒阿夫勒进口6个托盘的布拉尔妈妈饼干（HS CODE：1905310000999），“东方创业”委托上海元初物流有限公司（18位社会信用代码：9131012076839××××W）代理进口报关，“元初物流”向上海洋山港区海关（代码：2248）申请办理进口申报手续，该票货物的境内收货人与消费使用单位相同，货物存放地点：洋山四期；境内目的地：上海市长宁区。随附单证编码是A：31050011747387××××。于是林梦梦请教王师傅如何登录“单一窗口”办理货物申报，请帮助林梦梦完成下列训练。

（1）登录“单一窗口”的“货物申报”界面，完成进出口货物的申报工作。

（2）登录“单一窗口”，明确“单一窗口”的基本要素和运行模式。

学习目标

知识目标：

（1）掌握单一窗口的概念、基本功能。

（2）熟悉单一窗口的基本要素、运行模式。

（3）了解单一窗口的标准体系建设、创新。

技能目标：

能够登录单一窗口，运行与操作单一窗口的各项基本功能。

素养目标：

在智慧海关建设和“智关强国”行动中，拥有遵纪守法、敬业爱岗、廉洁自律、诚实守信、团结协作、守正创新的职业素养，不断适应互联网+海关通关模式的改革，刻苦钻研进出口报关的新知识、新技术、新工艺。

任务描述

在智慧海关建设和智关强国行动中，报关员必须学会运用单一窗口向海关申请办理货物进出口通关业务，以及熟练操作单一窗口各项功能。在对核心知识进行全面深入的学习后，结合上述情景内容尝试登录“单一窗口”的“货物申报”界面，完成进出口货物的申报工作。

核心知识

一、中国国际贸易“单一窗口”建设的概述

（一）国际贸易“单一窗口”的概念及运行模式

1. 国际贸易“单一窗口”的含义

国际贸易“单一窗口”（single window，sole window），是指贸易商能通过一个入口向各相关政府机构提交货物进出口或转运所需要的单证或电子数据；如果按照联合国贸易便利化和电子业务中心33号建议书做出的解释，单一窗口是指参与国际贸易和运输的各方，通过单一的平台提交标准化的信息和单证，以满足相关法律法规及管理的要求。

2. 国际贸易“单一窗口”的基本要素

国际贸易“单一窗口”的基本要素为通过一个设施申报、一次申报、使用标准的数据元、满足需求，具体如图2-3所示。

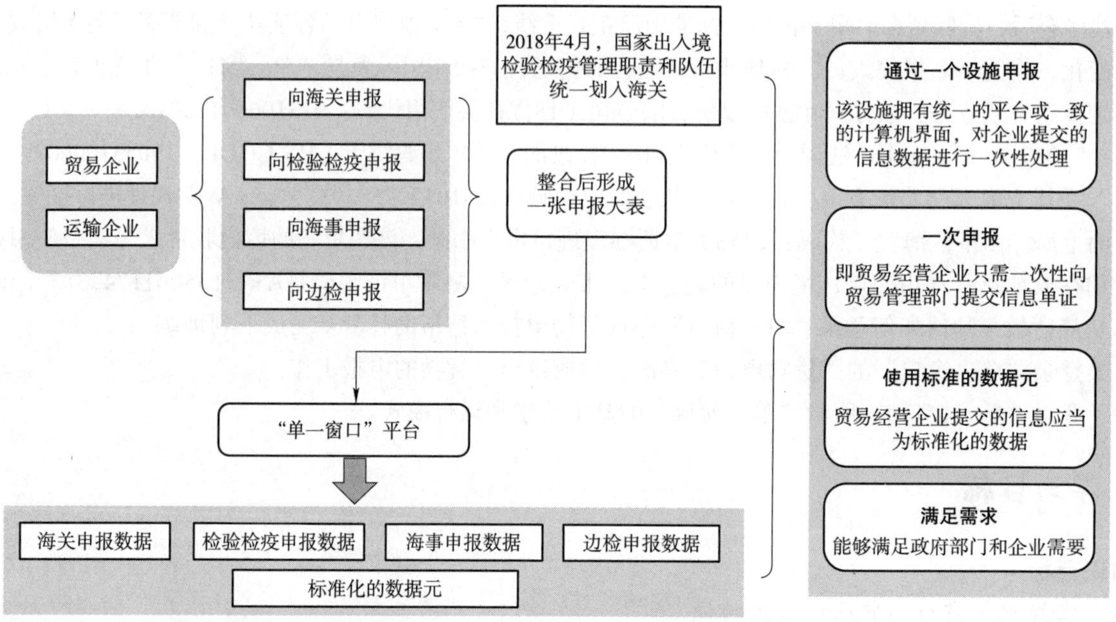

图2-3 “单一窗口”的基本要素

3. 国际贸易“单一窗口”的运行模式

“单一窗口”的运行模式如图2-4所示。

（1）单一机构模式，是指专门成立或者授权一个机构对信息数据进行收集，然后传递给相关政府部门，并协调监管物流运输环节。该机构在接受企业进出口贸易申报的电子数据信息后，向其他相关部门传递信息，并统一协调其他部门的工作，处理国际贸易环节各项业务并执行监督，确保信息或数据的准备和完整，简化手续流程。

（2）单一系统模式，是指由政府部门牵头建立的一个专门处理进出口贸易业务的信息数据系统。该系统在保持各监管机构相互独立的前提下，收集、整合、处理并传递与进出口贸易业务有关的电子信息和数据给各监管机构，这些相关机构在处理完业务后，将处理结果反馈给系统。

（3）公共平台模式，是指向进出口贸易商提供一个统一的信息数据处理平台，通过贸易申报数据的有效收集和反馈，实现不同监管机构的信息共享和业务协作。贸易商可以通过一个公共平台，向不同监管机构的电子管理系统一次性申请并同时提交电子化的贸易申报数据，各政府部门的处理结果通过该平台以电子方式由系统自动反馈给贸易商。

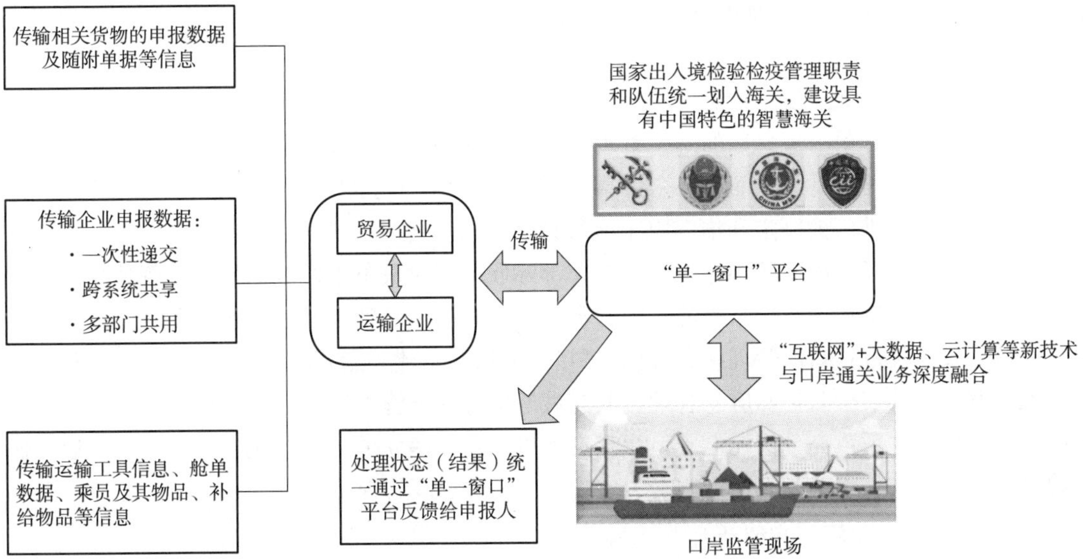

图 2-4 "单一窗口"的运行模式

4. 国际贸易"单一窗口"的参与主体

（1）组织管理者："单一窗口"平台由具有权威的政府监管机构牵头，以此整合多方资源，合理协调各方利益，促进相关主体业务合作的协同化，避免降低信息化监管效能，阻碍"单一窗口"平台推广应用。

（2）服务提供者："单一窗口"开展与银行、保险、邮政、民航、铁路、港口等相关行业机构合作的系统对接和信息共享，通过系统对接和信息数据的共享建设平台的基本服务功能。

（3）平台使用者：是指开展各类国际贸易业务的企业或个人，包括进出口贸易企业、报关行、货代、船公司等。这些企业作为平台的服务对象，也应参与到平台的建设和管理中来。

（4）运维保障者：大多数都是拥有政府部门支持的第三方信息技术服务公司，承担着平台的基础性保障和系统的运维工作，确保"单一窗口"的安全、稳定、高效和持续运行。

做一做：登录在线学习平台（访问方式见前言），通过拖动的方式完成"单一窗口基本要素和运行模式"的填空题。

（二）国际贸易"单一窗口"的功能与服务

按照海关总署关检融合工作部署安排，进出口企业将转由"中国国际贸易'单一窗口'标准版"、互联网+海关全面接入，通过"单一窗口"平台提交标准化单证，以满足法律法规及管理要求，实现信息共享共用。"中国国际贸易'单一窗口'标准版"已成为全国通关一体化的重要依托。通过"单一窗口"，大通关流程由"串联"改为"并联"，有效解决了企业多头申报、重复申报问题。运行中的中国国际贸易"单一窗口"中央层面标准版的业务应用服务，即"单一窗口"各类应用业务的系统入口，以"总对总"方式与各口岸管理和国际贸易相关部门系统对接。实现申报人通过"单一窗口"标准版一点接入、一次性提交，满足口岸管理和国际贸易相关部门要求的标准化单证和电子信息。"单一窗口"中央层面标准版应用的全流程服务功能具体包括：用户管理、企业资质、监管证件、原产地证、进口配额、运输工具、舱单申报、货物申报、税费办理、加贸保税、检验检疫、物品通关、跨境电商、出口退税、口岸物流、服务贸易、口岸收费、综合服务、金融服务、查询统计等。各地原则上以省（区、市）为单位，依托本地电子口岸建设一个省域"单一窗口"，并实现省域"单一窗口"间互联互通，探索建设符合国家区域发展战略要求的区域"单一窗口"。"单一窗口"地方层面特色服务功能（以上海为例）具体包括：货物申报、运输工具、快件物品、服务版块、人员旅客、支付结算、资质许可、信息查询、金融服务、自贸专区、进博专区、应用市场、中欧班列等13项。

（三）国际贸易"单一窗口"标准体系建设

（1）数据简化和标准化：通过数据的获取、定义、分析、协调等反复过程，分层级、分内容、有步骤地实施数据协调与简化，形成定义明确并经简化处理的“单一窗口”数据元目录，并建立数据协调和简化长效工作机制。

（2）统一门户：统一界面、统一标志、统一域名规范。整体命名为“中国国际贸易单一窗口”。

（3）统一认证：统一“单一窗口”的用户管理和身份认证，分步实施，最终实现一次注册、全国通用。

（4）统一数据接口标准：中央层面统一接口的管理与发布，参与各方应当向“单一窗口”统一开放接口标准，为“单一窗口”标准版的制定和推广应用提供必要的技术支持和指导。

（5）统一数据管理规范：根据《国务院口岸工作部际联席会议成员单位数据使用与管理办法》，建立数据资源共享目录，建设多边交换的数据共享池，完善数据共享机制，做到数据授权使用和对外许可提供。

（6）统一信息安全规范：口岸管理相关部门、“单一窗口”承建和运营单位要坚持“安全第一”原则，加强对系统、网络和数据的安全防护和应急管理，共同做好信息安全管理工作。

（7）统一运维保障体系：充分依托电子口岸现有运维体系，建立健全一体化“单一窗口”运维保障机制，规范服务接入和服务标准，明确各方运维职责，实现各负其责、联合保障。

（四）国际贸易“单一窗口”的创新

（1）模式创新：我国“单一窗口”建设充分借鉴了国际上“单一窗口”成熟经验，同时体现中国特色，依托中央和地方两个层面的电子口岸公共平台，中央层面统一标准规范，统一共性基本功能。

（2）流程创新：实施“单一窗口”，将传统的线下“串联式”口岸通关流程变为线上线下高度融合的“并联式”作业，突破了时间和空间限制，切实简化了申报流程和手续，降低了制度性交易成本，提高了口岸通关效率。

（3）服务创新：“单一窗口”功能覆盖通关各环节，汇集监管、贸易、物流、金融、保险、支付等国际贸易全链条数据。

（4）技术创新：“单一窗口”整合了各相关部门的申报监管系统和窗口现场业务。在一个平台进行数据处理和交换，在一个窗口提交申报和反馈结果，并引入大数据、云计算、移动互联网等，体现“互联网＋”与传统申报业务的深度融合。

二、运行与操作中国国际贸易“单一窗口”标准版

国际贸易“单一窗口”标准版是全国海关通关一体化的重要依托和平台，企业只需通过“单一窗口”标准版一个平台即可完成。“单一窗口”采用互联网接入，申报或访问不受时间、地点限制，企业可随时随地录入申报数据，口岸管理部门由以前的串联执法变成并联执法，减少企业重复录入工作，提高通关效率，降低企业成本，有利于促进贸易便利化。

（一）登录系统

进入中国国际贸易单一窗口标界面，如图2-5所示，分别呈现业务应用、特色专区、开放平台、外贸资讯、服务支持、地方导航六大窗口，单击“业务应用”，选择“标准版应用”，进入“操作界面”。

（二）进入窗口

在“单一窗口”中分别输入用户名、密码和验证码，如图2-6所示，单击“登录”按钮，可正式进入单一窗口操作界面。

（三）运行功能

在标准版应用界面（见图2-7），呈现以下基本功能：用户管理、企业资质、监管证件、原产地证、进口配额、运输工具、舱单申报、货物申报、税费办理、加贸保税、检验检疫、物品通关、跨境电商、出口退税、口岸物流、服务贸易、口岸收费、综合服务、金融服务、查询统计等。

做一做：登录在线学习平台（访问方式见前言），通过拖动的方式完成“运行与操作中国国际贸易单一窗口”的选择题。

知识拓展

国际贸易“单一窗口”发展阶段

图 2-5　中国国际贸易“单一窗口”首页界面

图 2-6　中国国际贸易“单一窗口”登录界面

图 2-7　中国国际贸易“单一窗口”标准版应用界面

（四）申报货物

选中“货物申报”功能，进入“货物申报”界面（见图2-8）。左边栏目分别呈现：进口整合申报、出口整合申报、两步申报、综合查询、修撤单、业务统计等功能。

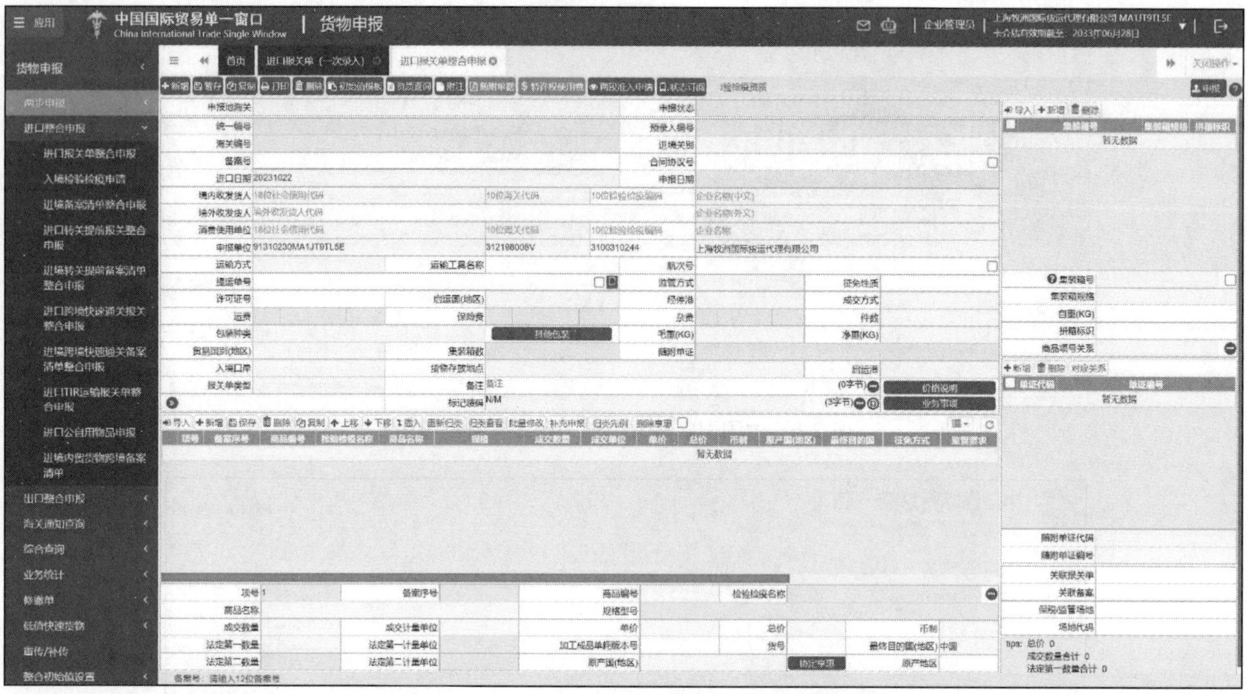

图 2-8　中国国际贸易“单一窗口”货物申报界面

（五）获取整合报关单

在“货物申报”功能界面，单击“进口报关单整合申报”栏目，获取新版进口货物报关单（见图2-9），该版报关单融入检验检疫相关栏目，例如：检验检疫受理机关、目的地检验检疫机关、口岸检验检疫机关、检验检疫名称、检验检疫货物规格、货物属性、用途等。

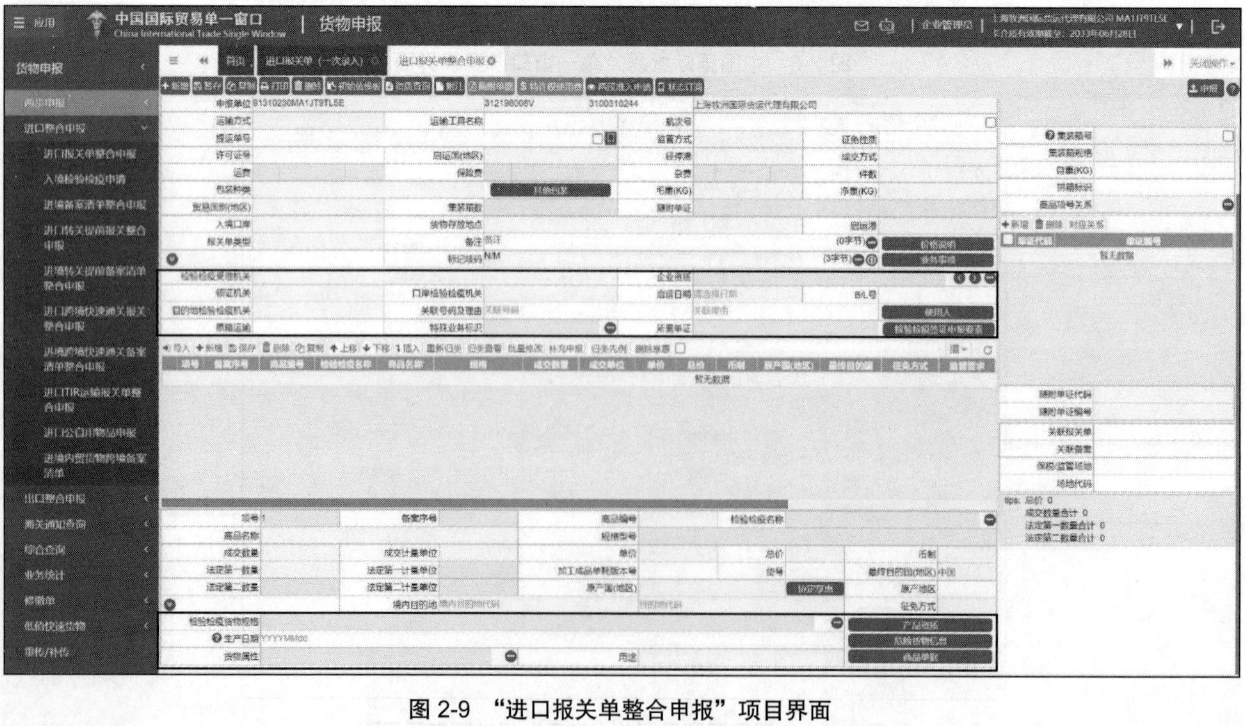

图 2-9　“进口报关单整合申报”项目界面

技能训练

训练一 登录"单一窗口"完成货物申报

一、回答引导问题

登录"单一窗口"平台的"货物申报"界面，完成进出口货物的申报工作。

（一）登录系统

登录"单一窗口标准版"界面，分别呈现________、________、________、________、________、________六大窗口，单击"业务应用"，选择________________进入"操作界面"。

（二）进入窗口

在单一窗口中分别输入________、________、________，单击"登录"按钮，正式进入单一窗口操作界面。

（三）运行功能

在"标准版应用"界面，呈现以下基本功能：用户管理、企业资质、________、________、进口配额、________、________、________、________、加贸保税、________、物品通关、________、出口退税、口岸物流、服务贸易、口岸收费、综合服务、金融服务、查询统计等。

（四）申报货物

________________________功能，进入________界面。左边栏目分别呈现：________________、________________、________、________、综合查询、________、业务统计等功能。

（五）获取报关单

在________________功能界面，单击________________栏目，获取新版进口货物报关单，该版报关单融入检验检疫相关栏目，例如：________________、________________、________________、________________、________________、________________、________________等。

二、任务实施

学生分组进行实操训练，登录"单一窗口"界面完成运行与操作，并填写表2-8记录完成情况，对尚未掌握的关键步骤，请详细记录在未能正确操作的步骤一栏，以便课后反复训练。

表 2-8 运行与操作单一窗口完成情况记录表

学生姓名：________ 班级：________ 学号：________

工作内容	关键步骤	任务结果	未能正确操作的步骤
运行与操作单一窗口	（1）登录单一窗口平台进入操作界面	□完成 □未完成	
	（2）在单一窗口标准版应用界面，熟记各项基本功能	□完成 □未完成	
	（3）选中"货物申报"功能，进入"货物申报"界面的"进口整合申报"，打开进口货物报关单，熟悉格式内容	□完成 □未完成	

续表

工作内容	关键步骤	任务结果	未能正确操作的步骤
运行与操作单一窗口	（4）选中“货物申报”功能，进入“货物申报”界面的“出口整合申报”，打开出口货物报关单，熟悉格式内容	□完成 □未完成	
	（5）熟记新版进口货物报关单中的检验检疫相关栏目	□完成 □未完成	
	（6）选中“货物申报”功能，进入“货物申报”界面的“修撤单”，明确修改、撤销报关单的步骤	□完成 □未完成	

训练二　明确“单一窗口”基本要素和运行模式

回答引导问题

（一）把“单一窗口”基本要素和运行模式的具体内容填写完整。

1.“单一窗口”的四要素

（1）一次申报，也就是说贸易经营企业____。

（2）通过一个设施申报，该设施____。

（3）使用标准化的数据元，贸易经营企业____。

（4）能够满足____。

2.“单一窗口”的运行模式

（1）单一机构模式，是指专门成立或者授权一个机构对____________________，然后传递给相关政府部门，并协调____________________。该机构在接受企业____________________后，向其他相关部门传递信息，并统一协调其他部门的工作，处理____________________，____________________，____________________。

（2）单一系统模式，是指由政府部门牵头建立的一个____________________。该系统在保持各监管机构相互独立的前提下，收集、整合、处理并传递与____________________给各监管机构，这些相关机构在处理完业务后，将____________________。

（3）公共平台模式，是指向____________________，通过贸易申报数据的有效收集和反馈，实现____________________。贸易商可以通过一个公共平台，向不同监管机构的电子管理系统____________________，各政府部门的处理结果通过该平台以____________________。

（二）画出“单一窗口”基本要素和运行模式图。

1. 将关键词填写在“单一窗口”的基本要素图中（见图2-10），并对基本要素的具体内容进行熟悉。

2. 将关键词填写在“单一窗口”的运行模式图中（见图2-11），并对运行模式的具体内容进行熟悉。

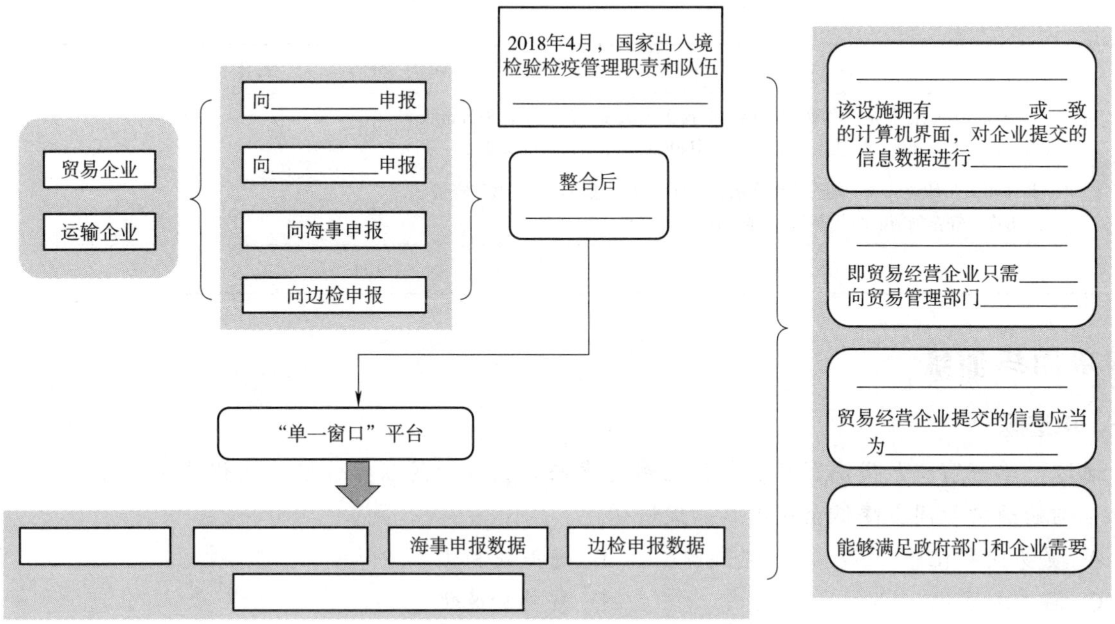

图 2-10　“单一窗口”的基本要素图

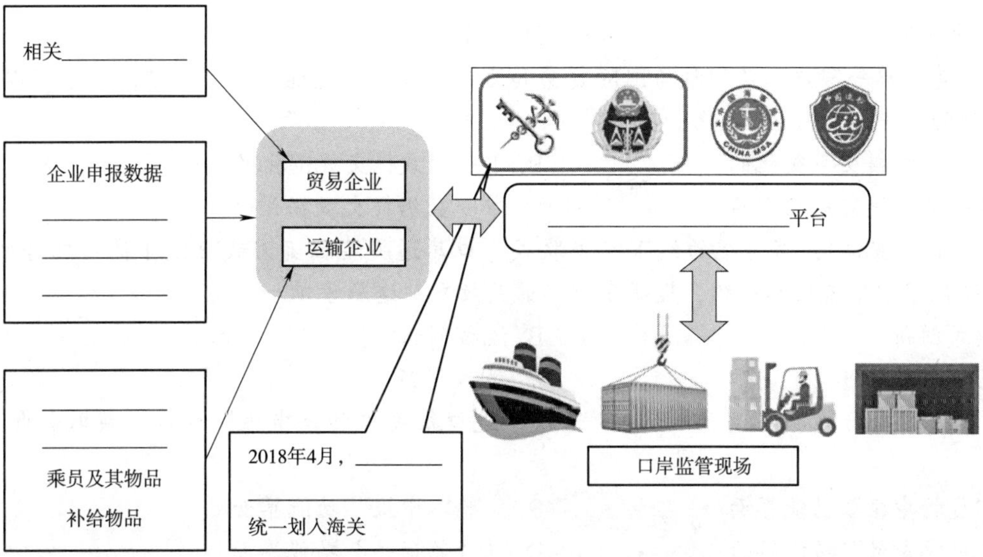

图 2-11　“单一窗口”的运行模式图

任务评价

任务评分表见表2-9。

表 2-9　任务评分表

评价内容		分值	自评	互评	师评
知识评价	能清晰阐述“单一窗口”的概念	10			
	能清晰阐述“单一窗口”的基本功能	10			
	能清晰解释“单一窗口”基本要素	10			
能力评价	登录“单一窗口”，能够小组合作进入“货物申报”功能界面，熟记货物报关单格式内容	20			
	分组登录“单一窗口”，能够小组合作修改和撤销进出口货物报关单	20			

续表

评价内容		分值	自评	互评	师评
素养评价	具备较强信息化素养，不断适应互联网+海关通关模式的改革，刻苦钻研进出口报关的新知识、新技术、新工艺，明确创新、与时俱进的重要性	10			
	具备报关员职业底线，拥有遵纪守法、敬业爱岗、廉洁自律、诚实守信、团结协作、守正创新的职业素养，不断适应改革需求	10			
总　分		100			

巩固与训练

一、单选题

1. 通过“单一窗口”提高国际贸易供应链各参与方系统间的互操作性，优化通关业务流程，提高申报效率，缩短通关时间，降低企业成本，促进（　　）。

A. 贸易便利化　　B. 通关便利化

C. 通关加速化　　D. 贸易加速化

2. “单一窗口”建设的基本原则，（　　）是错误的。

A. 政府主导　　B. 规范安全

C. 协同治理　　D. 规范运营

3. 国际贸易“单一窗口”是指参与国际贸易和运输的各方，通过（　　）信息和单证以满足相关法律法规及管理的要求。

A. 单一系统提交系统化的　　B. 单一模式提交规范化的

C. 单一平台提交标准化的　　D. 单一数据提交数据化的

4. 实施“单一窗口”，将传统的线下“串联式”口岸通关流程变为线上线下高度融合的“并联式”作业，切实简化了申报流程和手续，提高了口岸通关效率，这属于（　　）。

A. 模式创新　　B. 流程创新

C. 服务创新　　D. 技术创新

5. 在“单一窗口标准版”的（　　），选择“进口报关单整合申报”栏目，获取新版进口货物报关单。

A. “货物申报”功能界面　　B. “舱单申报”功能界面

C. “税费支付”功能界面　　D. “货物通关”功能界面

6. 国际贸易“单一窗口”的（　　），就是贸易经营企业提交的信息应为标准化的数据。

A. 一次申报　　B. 通过一个设施申报

C. 使用标准化的数据元　　D. 使用标准化的信息元

7. 登录“单一窗口标准版”界面，界面分别呈现（　　）六大窗口。

A. 首页、信息动态、标准规范、政策法规、标准版应用、我要办事

B. 首页、实时动态、标准规范、政策法规、标准化数据、我要办事

C. 业务应用、服务特色、平台运行、实时讯息、服务支持、我要办事

D. 业务应用、特色专区、开放平台、外贸资讯、服务支持、地方导航

二、简答题

1. 简述单一窗口的含义及四要素。

2. 简述单一窗口的基本功能。

3. 简述单一窗口的具体运行与操作步骤。

任务三　明确全国海关通关一体化“一次申报、分步处置”

情景导入

2017年7月1日，海关总署公告发布《关于推进全国海关通关一体化改革的公告》，即日起，海关总署将启用全国海关风险防控局和税收征管局，全面深化全国海关通关一体化改革势在必行。面对巨大转变，元初物流公司的报关员林梦梦倍感压力，由于业务不熟，所以频繁出错，曹经理了解情况后，安排林梦梦前去海关参加报关员执业培训，要求林梦梦尽快掌握全新海关政策和业务操作。假如你是林梦梦，经过一段时间的培训，敢不敢挑战一下自己呢？

（1）如何办理全国海关通关一体化“一次申报、分步处置”通关业务？

（2）作为一名报关人员，在新型的海关税收征管作业中，应如何配合海关完成税费的征收？

学习目标

知识目标：

（1）掌握风险防控局和税收征管局的负责范围与核心职能，以及货物通关“一次申报、分步处置”内涵和步骤。

（2）熟悉新型的海关税收征管作业流程、实施优化协同监管（隶属海关功能化改造）。

（3）了解全国海关通关一体化“一次申报、分步处置”的改革背景、改革成效。

技能目标：

（1）能画出全国海关通关一体化“一次申报、分步处置”通关作业流程图。

（2）在“一次申报、分步处置”通关模式下，会向海关申请办理货物进出口报关业务。

素养目标：

（1）在海关全面深化业务改革的背景下，拥有迎难而上、刻苦钻研的精神，不断适应改革带来的新变化，并懂得与时俱进、创新改革的重要性。

（2）具备遵纪守法、敬业爱岗、廉洁自律、诚实守信、团结协作等职业素养，在办理“一次申报、分步处置”通关业务中，规范化和标准化地办理进出口报关手续，不断提高报关效率及质量，并能严格遵守报关规则。

任务描述

历经多年的海关监管模式改革和创新，报关员需要明确货物通关“一次申报、分步处置”的通关作业流程、所需通关单证等内容，在对核心知识进行全面深入地学习后，结合上述情景内容尝试在“一次申报、分步处置”通关模式下向海关申请办理报关业务。

核心知识

一、全国海关通关一体化的改革背景

2016年10月，海关总署审议通过了《全国通关一体化改革框架方案》。全国海关通关一体化改革以“两局、三制度”为结构支撑，实现海关监管管理体制改革，确保海关全面深化改革的系统性、整体性、协同性。改革后，归类、估价、原产地确定等税收要素审核由集中在通关现场环节扩展至全过程，同时根据新的作业

流程实现不同海关做不同的事，配不同的机构和人力，从“百关一面”向“百关多面、百关一体”转变，真正实现“全国是一关”。

二、全国海关通关一体化改革的基本内容

（一）风险防控局和税收征管局

建立风险防控局和税收征管局，简称两局。建立两局的目的是实施集约化管理，集中全国海关的监管信息资源，形成风险防控局侧重安全准入风险管理、税收征管局侧重税收安全风险管理，两者联动联控、相互协调的一体化风险防控体系。两局的建设也有利于优化三级事权管理模式，使海关总署、直属海关、隶属海关在决策指挥、运行监控、执行反馈等方面事权划分更加科学，增强海关总署对业务运行的直接指挥，实现扁平化管理。

1. 风险防控局

风险防控局由海关总署一级和直属海关二级风险防控局组成。根据《全国通关一体化改革框架方案》，海关总署在上海、青岛和黄埔设立海关总署直管的一级风险防控局，在北京设立“口岸风险布控局”，在全国46个直属海关设立二级风险防控局。风险防控局的核心职责是安全准入风险防控及管控。

风险防控局所要防控的安全准入风险主要包括毒品、文物、非法出版物、濒危动植物、洋垃圾等走私，侵权商品跨境流动，以及暴力恐怖主义等安全威胁行为，建成并启动四个一级风险防控局：

（1）海关总署风险防控局（北京）：承担口岸风险布控中心具体事务。通过参数、规则和布控指令统筹处置重大、涉密口岸安全准入风险。同时，还承担原检验检疫全国审单布控中心职责。

（2）海关总署风险防控局（上海）：承担空运货物的安全准入风险防控工作；负责空运渠道供应链企业的风险评估；负责报关单安全准入风险参数设置及后续处置；对接各税收征管局，加载风险参数，统一下达放行前货物验估指令。同时，还需要负责口岸公共卫生、进境口岸生物安全及进口食品安全领域安控标准、动态风险布控规则加工加载等工作。

（3）海关总署风险防控局（青岛）：承担水运货物（小型船舶水运货物除外）安全准入风险防控工作；负责水运渠道供应链企业风险评估。同时还需负责出境口岸生物安全及出口食品安全领域安控标准、动态风险布控规则加工加载等。

（4）海关总署风险防控局（黄埔）：承担全国陆运（公路、铁路运输）货物的安全准入风险防控工作；负责陆运供应链企业的风险评估。承担小型船舶水运货物的安全准入风险防控工作；承担专项业务风险分析。同时，还需要负责进出口商品安全领域安控标准、动态风险布控规则加工加载等工作。

图2-12所示为海关总署风险防控局部署。

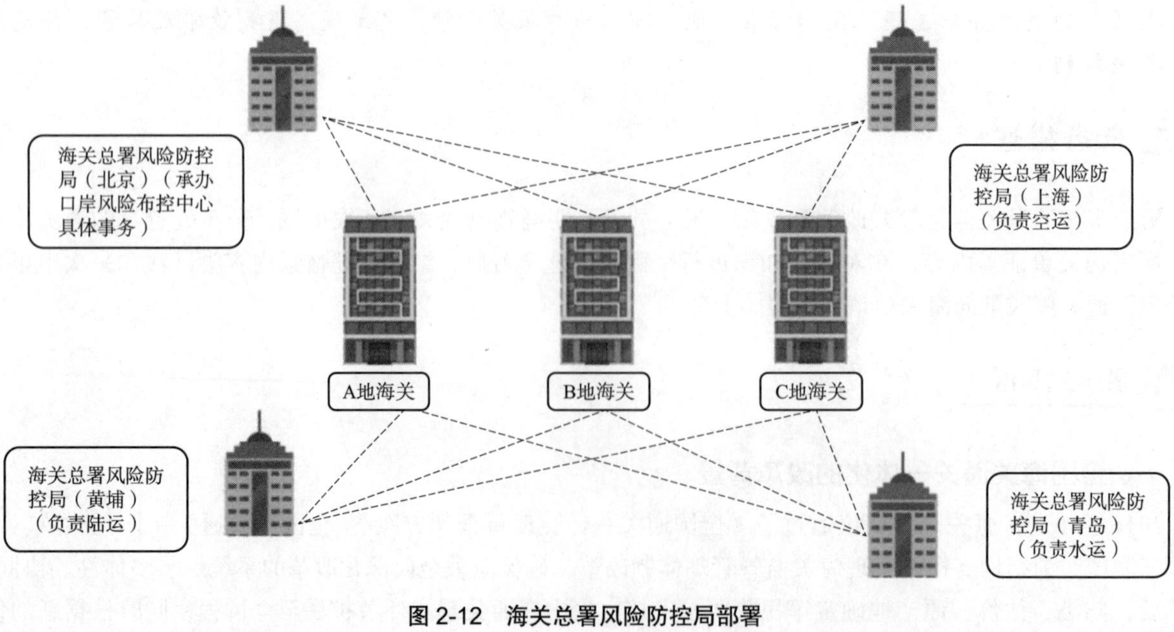

图2-12 海关总署风险防控局部署

2. 税收征管局

海关总署在上海、广州、北京（天津）设立三个税收征管局。税收征管局的核心职责是税收征管，设置专家岗。税收征管局主要按照商品和行业分工，对涉税申报要素的准确性进行验证和处置，重点防控报关数据中的涉及归类、价格、原产地等税收征管要素的税收风险，并根据审核情况对可能存在税收风险的，要求企业补充申报或下达放行后稽查指令。创建税收征管局是为了集约海关税收专业资源，推动税收风险协同治理，从而形成职责清晰、协同联动、差别化监管的税收征管格局。

（1）海关总署税收征管局（上海）：负责机电大类（机电、仪器仪表、交通工具类等）商品，包括税则共8章（第84~87章、89~92章）2 286个税号。

（2）海关总署税收征管局（广州）：负责化工大类（化工原料、高分子、能源、矿产、金属类等）商品，包括税则共31章（第25~29章、31~40章、68~83章）2 800个税号。

（3）海关总署税收征管局（京津）：负责杂项大类（农林、食品、药品、轻工、杂项、纺织类及航空器等）商品，包括税则共58章（第1~24章、30章、41~67章、88章、93~97章）3 461个税号。

图2-13所示为海关总署税收征管局部署。

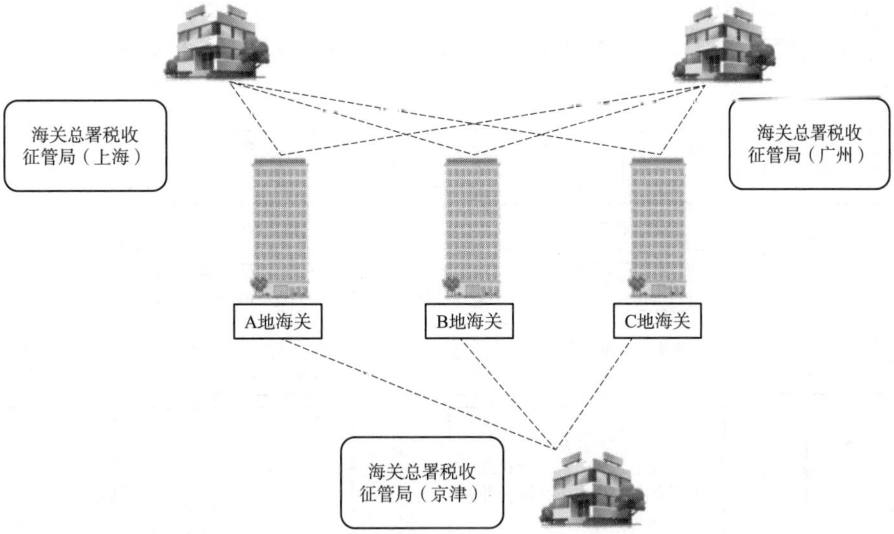

图 2-13　海关总署税收征管局部署

（二）三制度

“三制度”就是实施货物通关“一次申报、分步处置”、改革税收征管方式和实施优化协同监管。

1. 实施货物通关“一次申报、分步处置”的通关管理模式

（1）“一次申报、分步处置”的含义。“一次申报、分步处置”是指改变海关接受申报、审单、查验、征税、放行的“串联式”作业流程，基于舱单提前传输，通过风险防控局、税收征管局对舱单和报关单风险甄别和业务现场处置作业环节的前推后移，在企业完成报关和税款自报自缴后，安全准入风险主要在口岸通关现场处置，税收风险主要在货物放行后处置的新型通关管理模式。

做一做：登录在线学习平台（访问方式见前言），通过拖动的方式完成“海关总署风险防控局”“税收征管局”“一次申报、分步处置”通关管理模式的填空题。

（2）“一次申报、分步处置”的通关作业方式。海关在“分步处置”模式下，具体步骤如下：

①由风险防控局分析货物是否存在违反禁限管制、侵权、逃避检验检疫、品名规格数量伪（瞒）报等安全准入风险并下达布控指令，由口岸海关通关监管力量实施查验。如果货物通过安全准入风险排查，企业自报自缴税款或提供有效担保后即可予以放行。对于存在重大税收风险且放行后难以有效实施海关稽（核）查或追补税的货物，由税收征管局预设放行前验估指令，交由风险防控局统筹下达，实施放行前验估，验估中无法当场做出结论的，通过必要的取样、留像等手段存证后放行货物；对于禁限管制（核生化爆、毒品等）、重大疫情、高风险商品安全等重大紧急或放行后难以管控的风险，以及法律、行政法规有明确要求的，须在

口岸放行前实施“准许入境”监管。

②由税收征管局在货物放行后对报关单税收征管要素实施批量审核，筛选风险目标，统筹实施放行后验估、稽（核）查等作业。由现场海关对非高风险商品检验、风险可控检疫等其他准入风险可口岸放行后“合格入市”监管。

（3）“一次申报、分步处置”的改革成效

①实施“分步处置”高效管理：第一步处置是在口岸解决货物“能不能放”的问题，第二步处置是在更大管理时空，由更多管理力量解决“缴多少税”和“先放后检”的问题，从而避免货物因涉税涉检问题滞留口岸，加快货物通关速度。

②推动税收征管要素：由海关在通关环节审查确定后向全过程抽查审核转变，实现税收征管的前推后移。前推：一是发挥行政裁定、海关预归类预审价的协同作用；二是企业自报、自缴税款，海关受理后，不再开具税单进行缴款告知，由企业缴税后自行打印税单，办理税款缴付、担保。后移：一是归类、审价、原产地的人工专业审单作业后移，改变通关中逐票审核为放行后批量审核；二是放行前需要现场验估的，可通过取样、留像等手段存证后放行；三是税收稽查和其他合规性管理后移。这样有利于提高通关速度，明确征纳双方责任边界，强化企业申报责任。

“一次申报、分步处置”的通关管理模式如图2-14所示。“一次申报、分步处置”通关流程与传统通关流程的差异见表2-10。

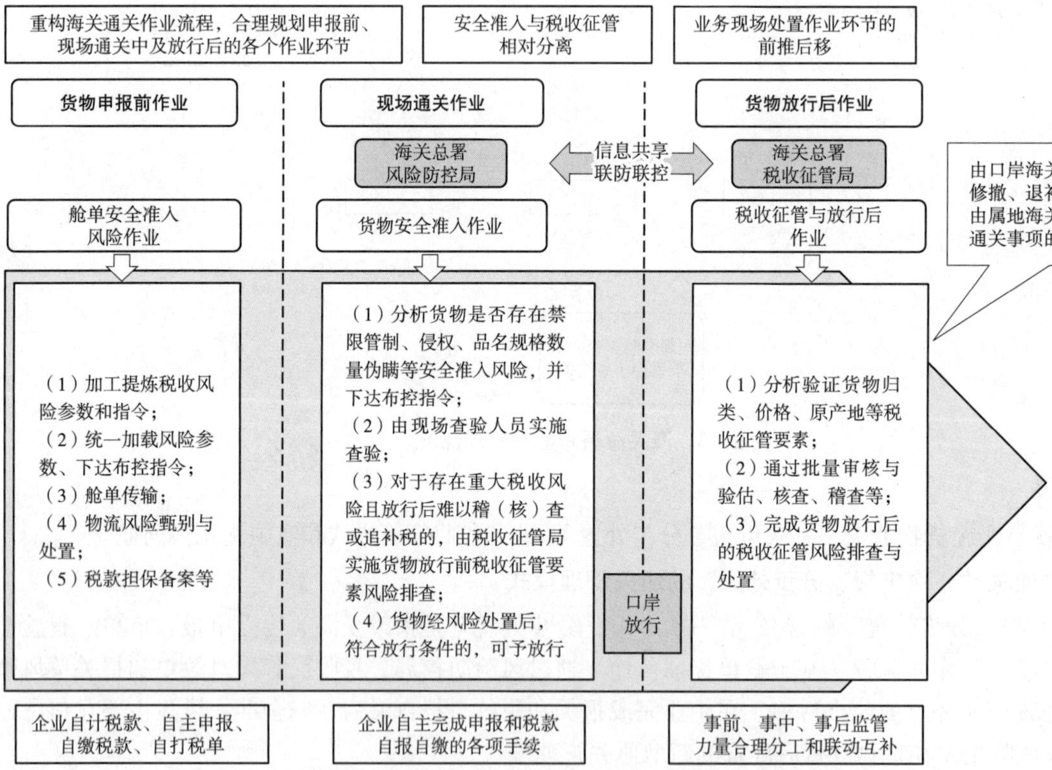

图 2-14 “一次申报、分步处置”的通关管理模式

表 2-10 “一次申报、分步处置”通关流程与传统通关流程的差异

传统通关流程	“一次申报、分步处置”通关流程	改革成效
企业申报后，海关进行归类、审价、原产地、贸易管制审核，核算并计征税款，经查验后才能放行。其中，归类、审价和原产地审核等事宜费时费力，加长了通关的周期	企业申报后，由口岸海关分析验证货物品名、数量、禁限等准入属性，排查准入风险，货物凭企业自缴税款或担保先予放行。需验估的，可通过取样等手段存证，待放行后实施；放行后，由口岸海关通过批量审核及验估，或再由属地海关实施核查、稽查，以分析验证货物归类、价格、原产地等税收属性，完成税收征管作业	通关事务分步处置，使安全准入与税收征管效能提高；税收征管要素审核后移并以批量抽核方式进行，使通关手续进一步简化，货物（特别是涉税货物）的物流速度加快

续表

传统通关流程	“一次申报、分步处置”通关流程	改革成效
企业在申报后，由海关对企业申报的归类、价格、原产地等要素分别依法采取“审核确定”“审查确定”的方式，在“确定”上述要素后核算应缴税款并开具税单，企业凭海关核算确定的税款进行缴税作业	海关征税前不再逐票“确定”企业申报要素是否正确、准确，以及税款有多少，而是在企业以电子报关数据申报的同时，由企业依法自主申报归类、价格、原产地状况，计算应缴税款额并自行缴付税款及打印税单	海关实现对税收征管要素的全过程抽查审核，在“第二步处置”中稽查，并可介入税收属性的分析验证，使税收风险管控更为精准，因税收征管要素审核而滞阻货物放行的因素被排除

2. 改革税收征管方式：企业自报自缴

（1）“自报自缴”的含义。进出口企业、单位遵循海关“一次申报”通关规则，实行进出口货物的“自报自缴”。进出口企业、单位自主向海关申报报关单及随附单证、税费电子数据，并自行缴纳税费的行为。

（2）“自报自缴”的操作步骤：

①进出口企业、单位办理海关预录入时，自行填报报关单。

②利用预录入系统的海关计税（费）服务工具计算应缴纳税费。

③确认系统显示的税费计算结果。

④连同报关单预录入内容一并提交海关。

⑤进出口企业收到海关受理回执后，自行办理税费缴纳手续。

⑥海关受理企业申报后不再开具税单，由企业缴税后自行选择在海关现场打印税单或由商业银行打印完税凭证。自报自缴形式的完税凭证不再具有海关行政决定的属性。

（3）“自报自缴”方式的改革成效。

原有税收征管方式，由企业在货物通关时申报商品归类、完税价格、原产地等征管要素，海关逐票审查确定后开具税款缴款书，企业缴纳税款。这种方式需投入大量人力物力，且征管集中在现场通关环节，成本高、作业效率低。

税收征管方式改革后，海关在货物放行前不再逐票审定进出口企业申报的涉税要素是否准确，而是将更多精力投入到货物安全准入甄别中，从而大幅度提高通关效率，降低企业通关成本，为企业提供智慧海关的高效能服务。

做一做：登录在线学习平台（访问方式见前言），通过拖动的方式完成“新型的海关税收征管方式及其作业流程”的填空题。

图2-15所示为新型的海关税收征管方式及其作业流程

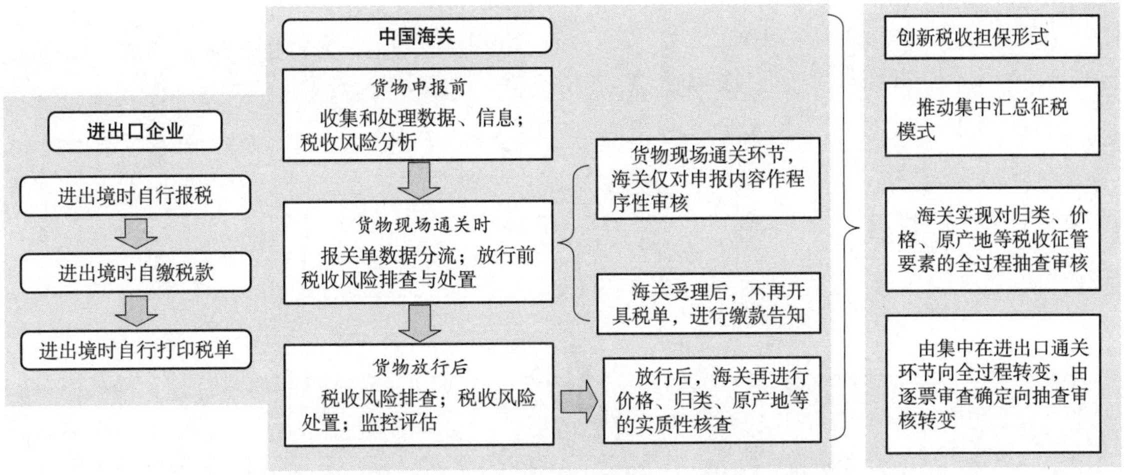

图 2-15　新型的海关税收征管方式及其作业流程

3. 优化协同监管制度：隶属海关功能化改造

（1）隶属海关的类型。

根据隶属海关的业务特点、区位优势等实际情况，按照业务布局和监管链条所处的位置，结合“口岸、属地为主体，综合为例外”的原则，在不增加隶属海关机构数量的前提下，通过对隶属海关功能化建设改革，重新界定隶属海关功能类型及承担的职责，具体划分为口岸型、属地型、综合型三大类。在功能类型划分基础上，相应增加隶属海关的出入境检验检疫等工作职责。

①口岸型海关：处在沿海、沿边出入关境的港口、车站、国界孔道，或国际机场、国际邮件互换局（交换站）、国际多式联运监管点上的海关，管辖范围限定为港口、车站、国界孔道、国际机场、国际邮件互换局（交换站）的海关监管区和海关附近沿海沿边规定地区。口岸型海关主要负责“一次申报、分步处置”第一步处置的执行反馈，具体职责包括运输工具检查、货物查验和物品监管、行邮监管、现场验估（通关）、海关监管作业场所规范管理、口岸应急事务处理等。口岸型海关新增加进出境运输工具、货物、物品，以及人员的口岸检验检疫等功能和职责。

②属地型海关：处在非沿海、沿边及非国际机场、国际邮件互换局（交换站）、国际多式联运监管点上的海关，管辖除口岸型海关管辖范围以外的区域。属地型海关主要负责“一次申报、分步处置”第二步处置的执行反馈，具体职责包括海关稽（核）查、企业信用管理、后续监管、货物“多查合一”、减免税审核等。属地型海关新增加进口目的地检验、出口产地/组货地检验检疫，以及后续监管等功能与职责。

③综合型海关：兼有口岸型海关和属地型海关业务的海关，管辖区域包含口岸型海关和属地型海关的管辖区域。综合型海关分为偏口岸综合型海关和偏属地综合型海关。偏口岸综合型海关一般是口岸型海关兼有属地管理职责，如保税港区海关等。偏属地综合型海关一般是属地型海关兼有口岸通关职责，如特殊监管区域海关等。综合型海关根据实际需要相应增加相关功能和职责。

（2）创新隶属海关的通关运行机制。

为铸就统一、高效和协同的海关通关方式，隶属海关的通关运行机制应全方位改革和创新。改革后，结合现场接单岗位改造，在隶属海关设置综合业务机构，创建海关综合业务服务窗口，该窗口对外受理关区所有海关业务，对内负责海关内部事务协调。综合服务窗口受理业务后，可转交相关业务部门办理，办理结果由综合服务窗口统一反馈。

笔记栏

技能训练

训练一　办理“一次申报、分步处置”通关业务

一、填写“一次申报、分步处置”通关流程图

“一次申报、分步处置”通关流程分为三阶段（通关前、通关中、通关后），每个阶段对应具体操作步骤，结合所学知识和技能，将关键词依次填入图2-16中，熟记整体通关流程图。

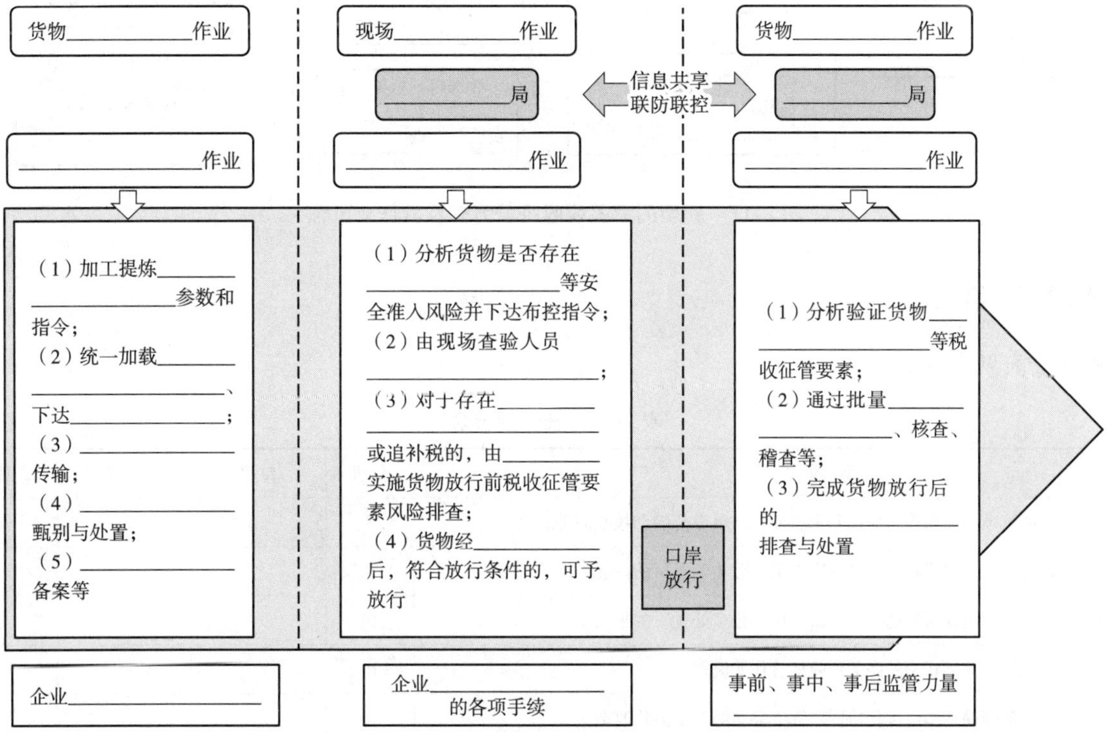

图 2-16　“一次申报、分步处置”的通关管理模式

二、任务实施

学生分组进行实操训练，完成“一次申报、分步处置”通关作业流程图的填写，并填写表2-11，记录完成情况，对尚未掌握的关键步骤，请详细记录在未能正确填写的步骤一栏，以便课后反复训练。

表 2-11　“一次申报、分步处置”通关作业流程图完成情况记录表

学生姓名：__________　班级：__________　学号：__________

工作内容	关键步骤	任务结果	未能正确填写的步骤
填写“一次申报、分步处置”通关作业流程图	前置通关作业阶段（货物申报前）五步骤中的关键词填写	□完成 □未完成	
	现场通关作业阶段（货物通关中）四步骤中的关键词填写	□完成 □未完成	
	放行后通关作业阶段（货物放行后）三步骤中的关键词填写	□完成 □未完成	
	熟记整体的“一次申报、分步处置”通关作业流程图	□完成 □未完成	

训练二　报关员配合海关完成税费征收

分别从进出口企业和中国海关的角度完成“新型的海关税收征管方式及其作业”流程图的填写，结合所学知识和技能，将关键词依次填入图2-17中，并熟记整体的海关税费征收作业流程图。

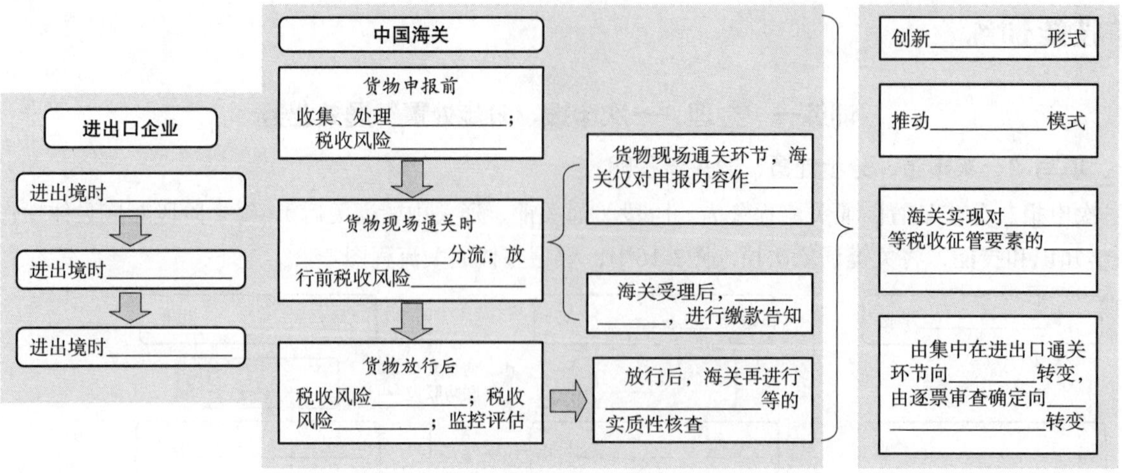

图 2-17　新型的海关税收征管方式及其作业流程

任务评价

任务评分表见表2-12。

表 2-12　任务评分表

评价内容		分值	自评	互评	师评
知识评价	能清晰阐述风险防控局和税收征管局负责范围和核心职能	5			
	能清晰阐述货物通关“一次申报、分步处置”的内涵	5			
	能简单描述货物通关“一次申报、分步处置”的报关步骤	10			
	能清晰简述新型的海关税收征管作业流程	10			
	能清晰简述实施优化协同监管（隶属海关功能化改造）	10			
能力评价	能画出“一次申报、分步处置”通关作业流程图	20			
	在“一次申报、分步处置”通关模式下，会向海关申请办理货物通关业务	20			
素养评价	拥有迎难而上、刻苦钻研的精神，不断适应改革带来的新变化，并懂得与时俱进、创新改革的重要性	10			
	具备遵纪守法、敬业爱岗、廉洁自律、诚实守信、团结协作等职业素养	10			
总　分		100			

巩固与训练

一、单选题

1. 全国海关通关一体化改革，建立了“两局”，分别指（　　）。

A. 风险防范局和税收征管局　　B. 风险防控局和税收征税局

C. 风险防控局和税收征管局　　D. 风险防范局和税收征税局

2. 海关在“分步处置”模式下，对于存在重大税收风险的，由（　　）实施货物放行前的税收征管要素风险排查处置。

A. 税收征收局　　B. 税收征管局　　C. 风险防控局　　D. 风险防范局

3. 风险防控局所要防控的是（　　）。

A. 涉税申报要素的准确性　　B. 偷逃税款目的逃避海关监管的行为

C. 安全准入风险　　D. 报关数据中涉及归类、价格、原产地

4. 海关在“分步处置”模式下，由税收征管局（　　）对报关单税收征管要素实施批量审核，筛选风险目标。

A. 在货物放行前　B. 在货物查验时　C. 在货物放行后　D. 在货物征税时

5. 海关总署风险防控局（上海）承担（　　）。

A. 空运货物的安全准入风险防控工作　B. 水运货物的安全准入风险防控工作

C. 公路货物的安全准入风险防控工作　D. 铁路货物的安全准入风险防控工作

6. 关于风险防控局表述正确的是（　　）。

A. 重点防控偷逃税款目的逃避海关监管的行为

B. 重点防控毒品、濒危动植物、洋垃圾以及暴力恐怖主义等安全威胁行为

C. 重点防控报关数据中涉及归类、价格、原产地等税收征管要素的税收风险

D. 重点防控报关数据中涉及归类、价格、原产地等安全准入风险

7. 海关总署税收征管局（京津）：负责（　　）商品。

A. 农林、食品、药品　　B. 化工原料、能源、矿产

C. 机电、仪器仪表　　D. 交通工具

8. 海关总署税收征管局（上海）负责（　　）。

A. 机电大类　B. 化工大类　C. 杂项大类　D. 食品大类

二、填空题

梳理“一次申报、分步处置”通关流程与传统通关流程的差异，填写表2-13。

表 2-13 “一次申报、分步处置”通关流程与传统通关流程的差异

传统通关流程	“一次申报、分步处置”通关流程	改革成效
企业申报后，海关审核归类、审价、原产地、贸易管制，计征税款，经查验后放行。其中，归类、审价和原产地审核等事宜费时费力，加长了通关周期	企业申报后，由________分析验证货物________等准入属性，排查准入风险，货物凭________或担保先予放行。需验估的，可通过取样等手段存证，待放行后实施	通关事务分步处置，使________提高；________后移并以批量抽核方式进行，简化通关手续，加快物流速度
企业在申报后，由海关对企业申报的归类、价格、原产地等要素依法采取“审核确定”“审查确定”的方式，在“确定”上述要素后核算应缴税款并开具税单，企业凭海关确定的税款完成缴税	海关征税前不再逐票“确定”企业申报要素是否正确、准确，以及税款有多少，而是在企业以电子报关数据申报的同时，由企业依法________，计算应缴税款额并________及打印税单	海关实现对________的全过程抽查审核，在“第二步处置”中稽查，并可介入税收属性的分析验证，使________更为精准，因税收征管要素审核而滞阻货物放行的因素被排除

三、简答题

1. 简述风险防控局的核心职责及各风险防控局承担的具体事务。
2. 简述税收征管局的核心职责及各税收征管局的负责范围。
3. 简述“三制度”的具体内容，分析改革后的优势。
4. 简述“企业自报自缴”的内涵及改革成效。
5. 简述“隶属海关”的类型，及不同类型的隶属海关承担的职责。

任务四　明确“两步申报”和“两段准入”通关作业

情景导入

在海关全面深化业务改革背景下，海关总署提出继续简化一体化通关流程，实施“两步申报”和“两段

准入”通关模式改革，从而大幅压缩通关时间。元初物流公司的报关员林梦梦经过3个月的培训，对通关新模式有了全方位的了解，请帮助林梦梦完成下列训练：

（1）梳理全国海关通关一体化“两步申报”通关操作步骤。

（2）如何完成“两步申报”通关作业？

（3）如何完成“两段准入”通关作业？

（4）登录单一窗口“两步申报”界面，结合下列通关资料尝试填写“进口货物报关单”。

通关资料：广州番禺伟业食品公司（18位社会信用代码：44239130080000××××，10位海关注册编号：442391××××）委托广东华新贸易集团有限公司（18位社会信用代码：44019130080000××××；10位海关注册编号：440191××××）从美国海运进口冷冻食品（属于法定检验检疫货物）一批，该货物需办理“入境货物通关单”（A：3506002003382），运输工具进境，次日由金山报关公司（18位社会信用代码：442398030080000××××；10位海关注册编号：4423980××××）向番禺海关（关区代码5160）申报，该批货物的法定计量单位：千克；包装种类：木制或竹藤等植物性材料制盒/箱（代码：23）；入境口岸：番禺莲花山货运港（代码：442402）；货物存放地点：番禺仓库；报关单类型：M-通关无纸化；商品品名：冷冻大西洋鲑鱼（HS CODE：0302141000102；毛重：1000 KGS；净重：900.8 KGS；成交数量：500箱；总价：USD 4 504.00）；冷冻大眼金枪鱼（HS CODE：0302340000102；毛重：800 KGS；净重：700. 10 KGS；成交数量：400箱；总价：USD 5 635.80）；境内目的地：广州市番禺区（代码：440113）；用途：食用（代码：12）。

学习目标

知识目标：

（1）掌握“两步申报”的含义、适用条件；“两步申报”中“概要申报”“完整申报”的基本流程、基本要求、申报内容；“两段准入”的含义、适用条件。

（2）熟悉“两步申报”的通关作业流程、“两步申报”操作步骤、“两段准入”通关作业方式。

（3）了解“两步申报”通关改革的背景、“两段准入”通关改革的背景、“两段准入”的注意事项及其改革成效。

技能目标：

（1）能够完成“两步申报”中的“概要申报”和“完整申报”。

（2）能够在“两步申报”通关作业中向海关递交正确的报关单据，以及向海关申请办理进口货物报关手续。

（3）能够在“两段准入”通关作业中向海关递交正确的报关单据，以及向海关申请办理进口货物报关手续。

（4）能够登录“单一窗口”平台，完成“两步申报”的操作步骤，向海关申请报关。

素养目标：

（1）具备遵纪守法、敬业爱岗、廉洁自律、诚信报关、团结协作的职业操守，在“两步申报”和“两段准入”通关作业中，规范化和标准化地办理货物进口通关业务。

（2）拥有认真仔细、严于律己、精益求精、一丝不苟、严谨细致的职业素养，向海关递交标准化、数据化的通关单证，对所申报内容的真实性、合法性、准确性、有效性承担法律责任。

任务描述

历经多年的海关监管模式改革和创新，报关员需要明确货物通关“两步申报”和“两段准入”的通关作业流程、所需通关单证等内容，在对核心知识进行全面深入的学习后，结合上述情景内容尝试在“两步申报”和“两段准入”通关模式下向海关申请办理报关业务。

核心知识

一、“两步申报”通关作业

为贯彻落实国务院“放管服”改革要求，进一步优化营商环境，促进贸易便利化，海关总署决定实施以概要申报、完整申报为主要内容的进口货物“两步申报”改革，着力构建高效便捷、灵活开放的申报制度。

（一）“两步申报”的含义

“两步申报”是中国海关为适应国际贸易特点和安全便利需要，在深化海关通关一体化改革及实施“一次申报、分步处置”通关模式基础上的改革延续，是指货物在‘两步申报’新型通关模式下，企业申报由“一次”变为“两步”，具体内容如下：

第一步：企业概要申报后经海关同意即可提离货物，即企业可先凭提单及货物信息进行概要申报，货物符合安全准入条件即可快速提离。

第二步：企业在规定时间内完成完整申报，即在规定时间内企业再进行完整（补充）申报，补充提交满足税收征管、合格评定、海关统计等整体监管需要的全面信息及单证进行完成申报。

（二）“两步申报”的适用条件

适用“两步申报”需要同时满足下列条件：

（1）“境内收发货人”的信用等级是一般信用及以上的。

（2）涉及的监管证件已实现联网核查的。

（3）转关业务暂不适用“两步申报”模式。

（4）用户类别必须是持电子口岸操作员卡，并具有报关单录入/暂存/查询或申报等权限的企业用户。

（三）“两步申报”的通关作业流程

“两步申报”的通关作业流程具体如图2-18所示。

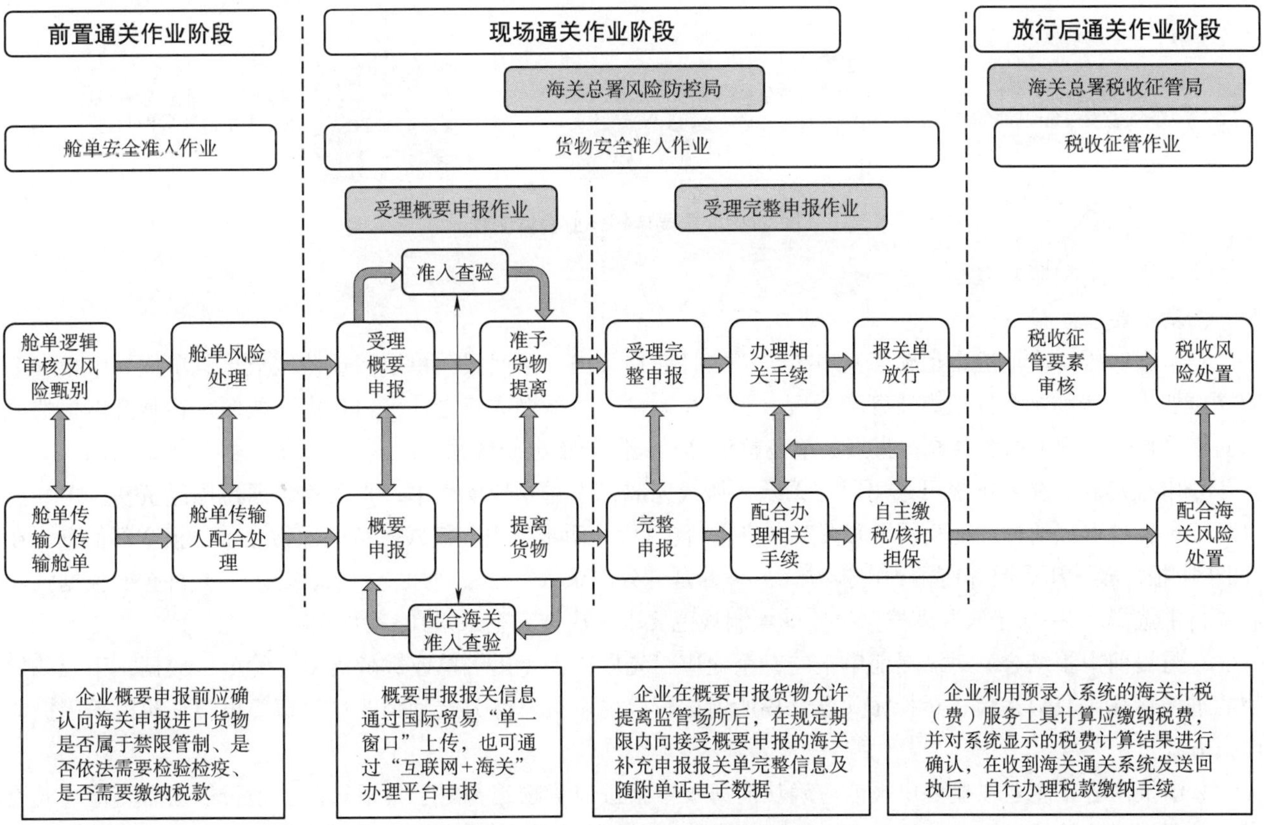

图 2-18 “两步申报”通关作业流程图

1. 前置通关作业阶段的企业准备工作

（1）舱单传输：舱单传输义务人按照规定时限和填制规范要求，向海关传输舱单数据，海关系统进行审核，对不符合舱单填制规范的退回予以修改。

（2）税款担保：对应税货物，须提前向注册地直属海关关税职能部门提交税收担保备案申请，担保额度可根据企业税款缴纳情况循环使用。

（3）证件办理：涉及监管证件管理要求或在申报前实施检疫准入、境外预检、境外装运前检验的，应在申报前根据相关规定办理进口所需监管证件、进口批准文件及证明文件。

（4）检验检疫：进口货物需在申报前实施检疫准入、境外预检、境外装运前检验的，应在申报前根据规定办理相关手续，取得相应的进口批准文件及证明文件。

2. 现场通关作业阶段的通关作业流程

第一步：概要申报。

基本流程：进口货物概要申报→海关风险甄别排查处置→海关监管证件比对→海关通关现场检查（查验）→口岸提离（放行）货物。概要申报作业具体流程如图2-19所示。

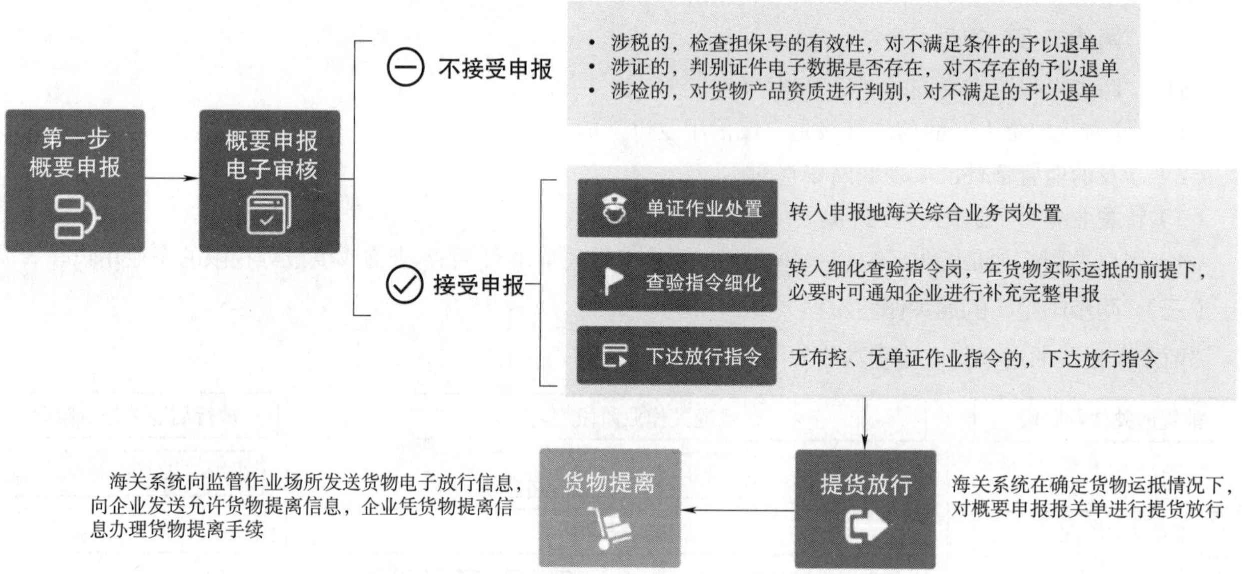

图 2-19　概要申报作业具体流程

（1）进口货物概要申报

①基本要求。

a. 申报时限。企业应自运输工具申报进境之日起14日内，按照报关单填制规范完成报关单概要申报。企业在概要申报货物被允许提离监管场所后，仍需在运输工具申报进境之日起14日内，按照现行整合申报的要求向接受概要申报的海关补充申报报关单完整信息及随附单证电子数据。

b. 申报形式。概要申报可采用通关无纸化形式完成，不需要现场交单，报关信息通过国际贸易“单一窗口”上传，也可以通过“互联网＋海关”办事平台申报。“两步申报”模式支持一次性完整申报全部信息。在“两步申报”模式下，具体有两种申报方式：一种是“分次录入”，另一种是“一次录入”。允许企业根据实际需要自主选择。“一次录入”即按照报关单填制规范要求一次性完整录入105项数据项。

c. 与提前申报结合。对需提前申报的，企业应当先取得提（运）单或载货清单（舱单）数据，于装载货物的进境运输工具启运后、运抵海关监管场所前进行概要申报。海关鼓励企业在“概要申报”阶段采用提前申报方式。

②申报内容。企业在概要申报前应确认向海关申报进口货物是否属于禁限管制、是否依法需要检验或检疫（是否属《法检目录》内商品及法律法规规定需检验或检疫的商品）、是否需要缴纳税款。

对于不属于禁限管制且不属于依法需检验或检疫的货物，只需要申报9个项目，并确认涉及物流的2个项目；应税的货物须选择符合要求的担保备案编号；属于禁限管制的货物需增加申报2个项目；依法需检验或检疫的货物应当增加申报5个项目。简单概括为在“两步申报”模式下，当企业选择“分次录入”申报方式时，会产生两种不同的情形：情形一，符合不涉税、不涉证、不涉检条件的货物，企业仅录入“9+2”项数据项（9—企业必须填报录入的数据项、2—由企业确认涉及物流的数据项）；情形二，符合涉税、涉证、涉检条件的货物，企业需录入“9+6+2”项数据项（9—企业必须填报录入的数据项、6—涉证/涉检必须填报的数据项、2—由企业确认涉及物流的数据项）（见表2-14和表2-15，图2-20和图2-21）。对涉证、涉检货物，概要申报前，企业需要选择是否需要监管证件、是否需要检验检疫、是否需要缴纳税款。对涉税货物，企业需提前向注册地直属海关关税职能部门提交税收担保备案申请；担保额度可根据企业税款缴纳情况循环使用。

表 2-14　概要申报的内容

必须填制的 9 个项目	企业提离货物需确认的 2 个物流项目	属于禁限管理需增加的申报 2 个项目	属于依法需要检验或检疫需增加申报 4 个项目和完善 1 个项目
境内收发货人、运输方式 / 运输工具名称及航次号、提运单号、监管方式、商品编号（6位）、商品名称、数量及单位、总价、原产国（地区）	毛重、集装箱号	许可证号 / 随附证件代码及随附证件编号、集装箱商品项号关系	产品资质（产品许可 / 审批 / 备案）、商品编号（10位）+检验检疫名称、货物属性、用途、集装箱商品项号关系
其中，商品编号（6位）填报《中华人民共和国进出口税则》和《统计商品目录》确定编码的前6位；数量及单位填报成交数量、成交计量单位；总价填报同一项号下进口货物实际成交的商品总价格和币制，如果无法确定实际成交商品总价格则填报预估总价格。其他项目按照《报关单填制规范》要求填写			

表 2-15　概要申报必须填制 9 个基本项目

序　号	申报项目	项目名称	填报方式
1	企业信息	境内收发货人	必填
2	运输信息	运输方式/运输工具名称及航次号	必填
3		提运单号	必填
4	监管方式	监管方式	必填
5	货物属性	商品编码（6位）	必填
6		商品名称	必填
7		数量及单位	必填
8		预估总价	必填
9	国别信息	原产国（地区）	必填

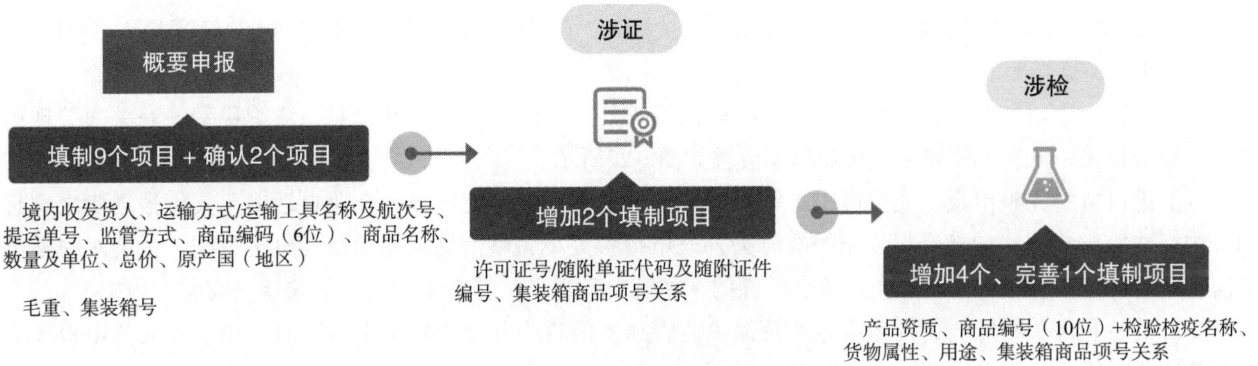

图 2-20　涉证、涉检货物的概要申报内容

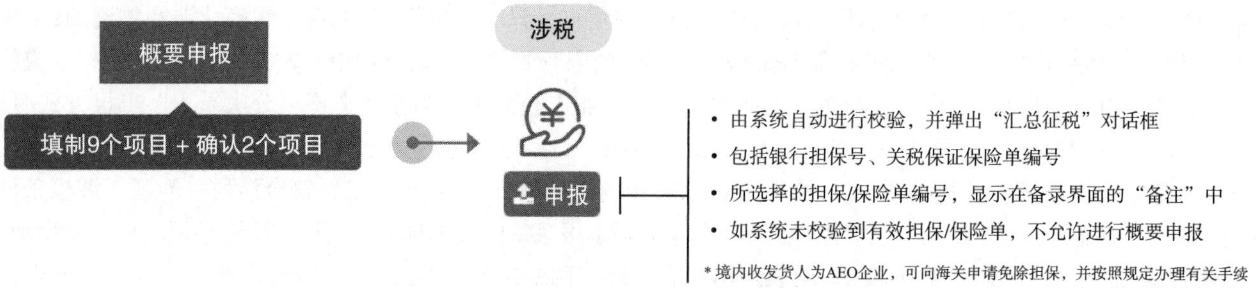

图 2-21　涉税货物的概要申报内容

③申报校验与接受。系统对申报要素进行规范性、逻辑性检查，对舱单、监管证件、担保等进行校验。符合条件的，海关接受申报；不符合条件的，系统自动退单。

加工贸易和海关特殊监管区域内企业及保税监管场所的货物开展“两步申报”时，第一步概要申报环节不使用保税核注清单。

（2）海关风险甄别排查处置。海关对安全准入风险进行甄别，下达货物查验指令并由现场海关实施查验，或下达单证作业指令并由现场海关实施单证作业。被重大税收风险参数捕中的报关单，由税收征管局进行税收风险排查处置。

（3）海关监管证件比对。涉及监管证件且实现联网核查的，系统自动进行电子数据比对。

（4）海关通关现场检查（查验）。

①现场单证核验。申报地海关根据指令要求进行单证作业，进行人工审核；无单证作业指令的，系统自动审核。

②货物检查（查验）与处置。口岸海关按照指令要求对货物进行查验。完成查验且无异常的，人工审核通过；查验异常的，按异常处置流程处置。

（5）口岸提离（放行）货物。对审核通过的报关单，海关允许货物提离，企业可提离相关货物：

①无布控放行。货物未被布控命中，且满足口岸放行条件的，企业货物准予提离，可以销售或使用（涉证或未完成合格评定的除外），并于规定日期之前完成完整申报。

②合规放行。货物被口岸监管区内检查布控命中，检查结果正常，且满足口岸放行条件的，企业货物准予提离，可以销售或使用（涉证或未完成合格评定的除外），并于规定日期之前完成完整申报。

③附条件提离。布控指令要求为检验或检疫目的取样送实验室检测且指令类型为“口岸检查”的进口货物，除《附条件提离商品禁限清单》内商品外，均可以实施附条件提离。准予企业先行提离的货物，实验室反馈检验检测结果合格后，方可销售或使用，并于规定日期之前完成完整申报。

④转场检查。对满足口岸放行条件的，海关向卡口发送“转场检查”指令，企业将货物提离后运至卡口外场地等待海关实施检查。转场检查后的放行，参照“合规放行”的有关程序实施；若属于《可实施附条件提离监管清单》范围的，参照“附条件提离”的有关程序实施。

⑤转目的地检查。货物被目的地检查布控命中，或同时被口岸检查布控命中但已完成口岸检查，且满足口岸放行条件的，准予企业提离货物并运至目的地等待海关检查，在目的地海关完成相关检查前，不得销售或使用。

第二步：完整申报。

基本流程：进口货物完整申报→海关风险甄别排查处置→海关监管证件比对→缴纳税费→海关通关现场处置→获得报关单放行。完整申报作业具体流程如图2-22所示。

（1）进口货物完整申报。完整申报是针对概要申报报关单的补充申报。企业自运输工具申报进境之日起14日内完成完整申报，向接受概要申报的海关补充申报报关单完整信息及随附单证电子数据。系统对完整申报信息进行规范性、逻辑性检查。不符合条件的，系统自动退单；符合条件的，海关接受完整申报。

加工贸易和海关特殊监管区域内企业及保税监管场所的货物开展“两步申报”时，第二步完整申报环节报关单按原有模式，由保税核注清单生成。

（2）海关风险甄别排查处置。对完整申报的报关单，税收征管局、风险防控部门开展税收等风险甄别和排查处置，下达单证验核指令或稽（核）查指令。

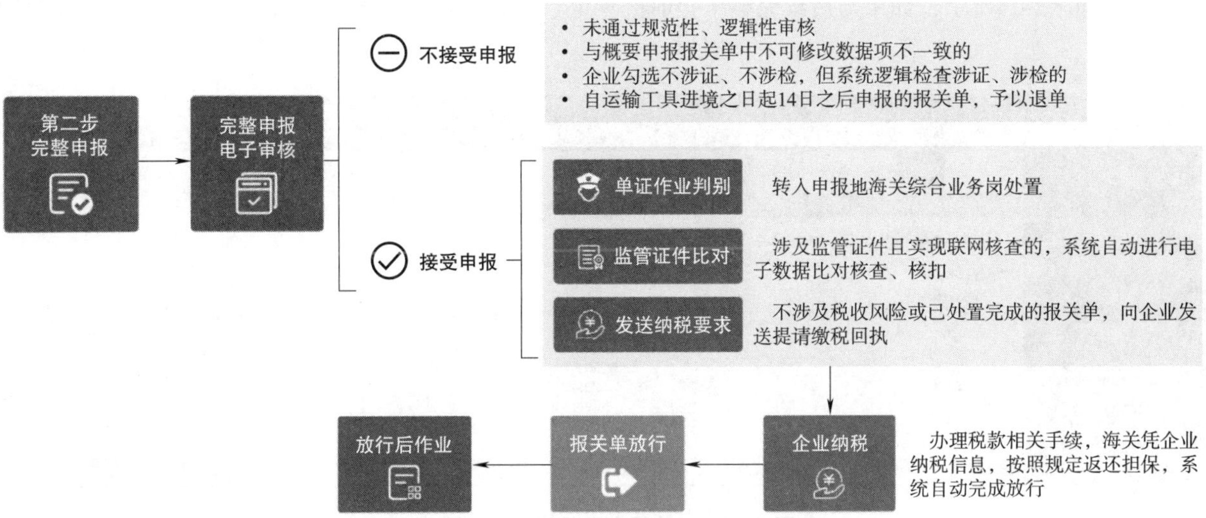

图 2-22　完整申报作业具体流程

如概要申报时选择不需要缴纳税款，完整申报时经确认为需要缴纳税款的，企业应当按照进出口货物报关单撤销的相关规定办理。

（3）海关监管证件比对。涉及监管证件且实现联网核查的，系统自动进行电子数据比对核查、核扣。

（4）缴纳税费。企业利用预录入系统的海关计税（费）服务工具计算应缴纳的相关税费，并对系统显示的税费计算结果进行确认，在收到海关通关系统发送的回执后，自行办理相关税费缴纳手续。税款缴库后，企业担保额度自动恢复。

（5）海关通关现场处置。

①海关单证验核。申报地海关验估岗根据税收征管局指令进行单证验核，留存有关单证、图像等资料，进行人工审核；申报地海关综合业务岗根据指令要求进行单证作业，进行人工审核；无单证审核要求的，系统自动审核。

②海关实施目的地检查。按照“两段准入”监管方式的作业要求，对在“概要申报”完成申报及安全准入监管后可先从口岸提离，须实施“目的地检查”的进口货物，在“完整申报”后，企业应配合海关按照预约时间上门实施目的地检查，在确认合格后方可进入境内消费流通领域。

（6）获得报关单放行。对系统自动审核通过或经人工审核通过的完整申报报关单，系统自动完成放行。

3. 放行后通关作业阶段的海关税收征管及查验工作

在“两步申报”模式的“报关单放行”后，部分报关单在通过系统甄别时被系统预设参数捕中，海关会对抽核的报关单在放行前进行实货验估，单证验核后海关会对报关单加以存证并放行，海关在放行后将再次对报关单进行批量复核。经批量审核、专项审核，对未发现税收风险的报关单数据予以办结，对存在税收风险的，根据审核结果或审核需要下达相关指令，转业务场所验估处置。对复核确认需撤销、退补税、单证验核、实地核查的情形，转相关业务部门处置，对发现涉嫌违法违规风险线索的，移交缉私部门处置等。对于海关使用“两段准入”监管方式实施进口通关作业的，货物须完成准予销售或使用所必需的海关手续。

（四）“两步申报”的操作步骤

登录中国国际贸易单一窗口完成“两步申报”，具体操作步骤如下：

第一步，在“两步申报”操作界面中单击左侧菜单栏，展开业务菜单“货物申报”→“两步申报”→“分次录入”→“进口报关单”，如图2-23所示。

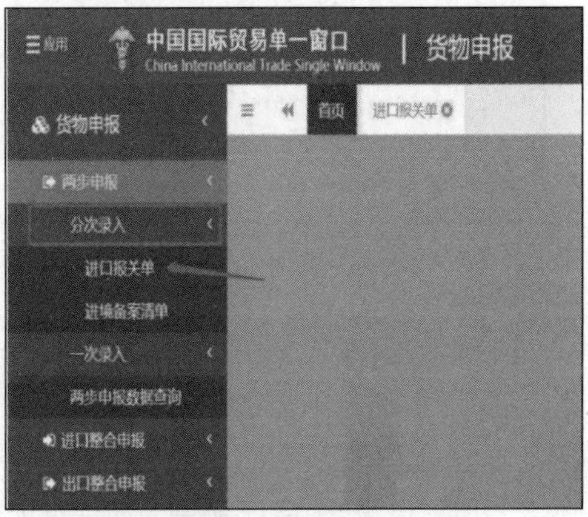

图 2-23　两步申报操作界面

第二步，需要进行两步申报模式的选择。请根据实际情况，在“是否涉证、是否涉检、是否涉税”中如实勾选，如图2-24所示，如果与后续完整申报时的涉证、涉检、涉税情况不一致，会被海关退单导致删单重报。

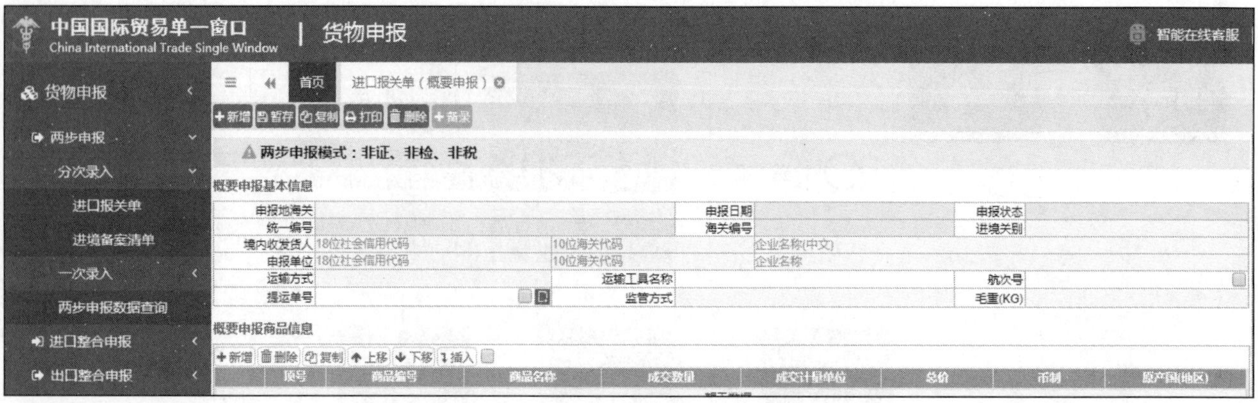

图 2-24　分次录入选择两步申报模式

第三步，在选择两步申报模式中，系统默认全部为“否”。如实勾选后，在以下几种情形中，概要申报（第一步）录入界面不同：①非证+非检+非税；②涉证+非检+非税；③非证+涉检+非税；④涉证+涉检+非税（“涉证+涉检+涉税”时的录入界面与其相同）。下面对上述四种不同的两步申报模式分别进行详细介绍。

（1）非证+非检+非税（“非证+非检+涉税”时的录入界面与其相同）。在选择两步申报模式中“是否涉证、是否涉检、是否涉税”全部勾选了“否”，右侧录入界面如图2-25所示。顶端显示当前两步申报模式为“非证、非检、非税”。录入部分包括基本信息、商品信息、集装箱。企业只需在报关单中填报9个基本项目：境内收发货人、运输方式／运输工具名称及航次号、提运单号、监管方式、6位商品编号、商品名称、数量及单位、总价、原产国或地区，并确认涉及物流的2个项目，即毛重、集装箱号。

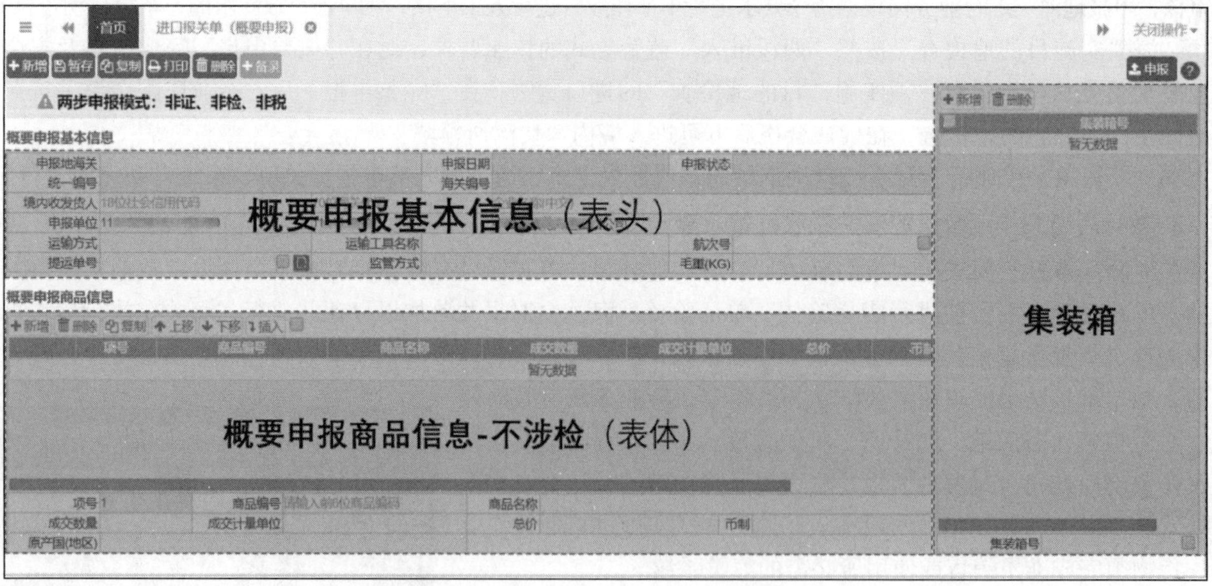

图 2-25　“非证 + 非检 + 非税”时的录入界面

（2）涉证+非检+非税。在选择两步申报模式中“是否涉证”勾选了“是”，“是否涉检、是否涉税”勾选了“否”，右侧录入界面如图2-26所示。顶端显示当前两步申报的模式为“涉证、非检、非税”。录入部分包括基本信息、商品信息、集装箱、随附单证。企业不仅需在报关单中填报9个基本项目和确认2个物流项目，还需要增加申报2个涉证项目，即许可证号／随附证件代码及随附证件编号、集装箱商品项号关系。

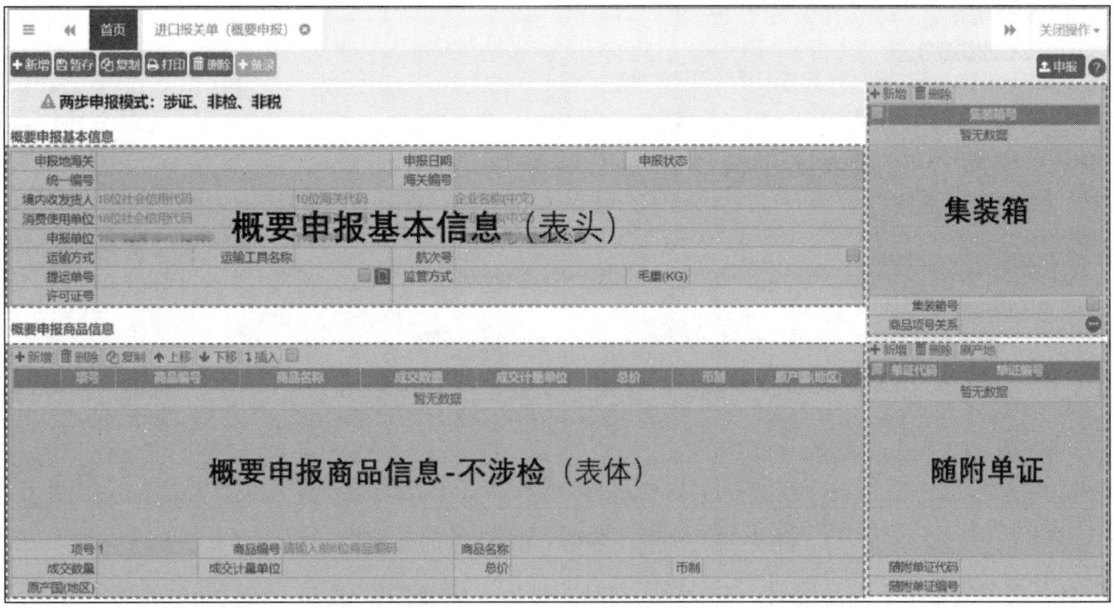

图 2-26　“涉证 + 非检 + 非税”时的录入界面

一份报关单内只允许填报一个许可证号。涉证时，系统将校验“许可证号”字段或“随附单证”部分任意一处是否填写了海关禁限管制所需的证件编号。如果全部为空，则不允许继续申报。

涉证模式下，录入界面右侧下方会出现随附单证部分。界面中会出现监管证件（例如：Y-原产地证明、F-濒危物种允许进口证明书、R-进口兽药通关单、E-濒危物种允许出口证明书、J-黄金及其制品进出口准许证或批件等），在随附单证代码字段，选择或录入以上许可证时，单击“原产地”按钮，在弹出的界面中（见图2-27）录入报关单商品序号与对应随附单证的商品项号。

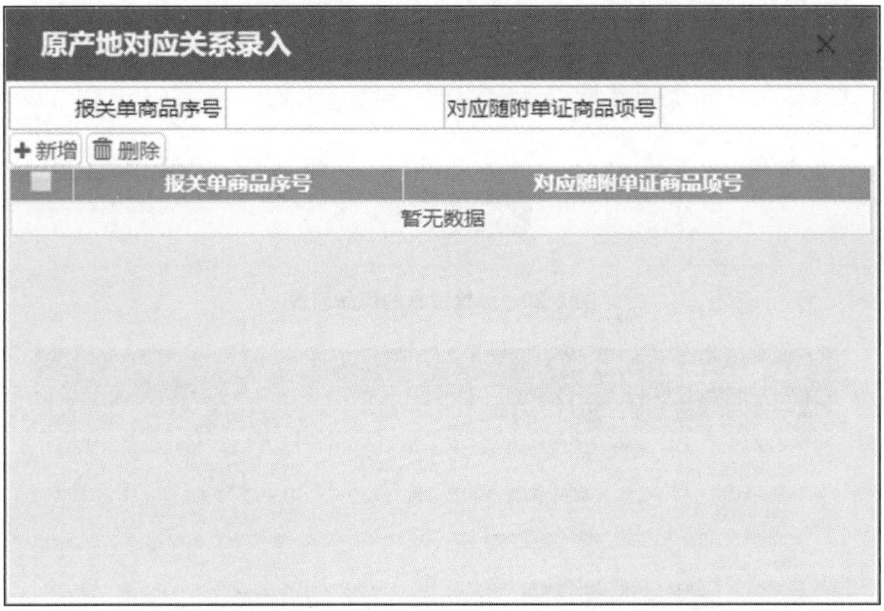

图 2-27　涉证模式下“原产地对应关系录入”

（3）非证+涉检+非税。选择两步申报模式中“是否涉检”勾选了“是”，“是否涉证、是否涉税”勾选了“否”，右侧录入界面如图2-28所示。顶端显示当前两步申报的模式为“非证、涉检、非税”。录入部分包括基本信息、商品信息、集装箱。企业不仅需在报关单中填报9个基本项目、2个物流项目，还需要增加申报4个涉检项目，即产品资质（产品许可／审批／备案）、10位商品编号＋检验检疫名称、货物属性、用途，并完善1个涉检项目，即集装箱商品项号关系。

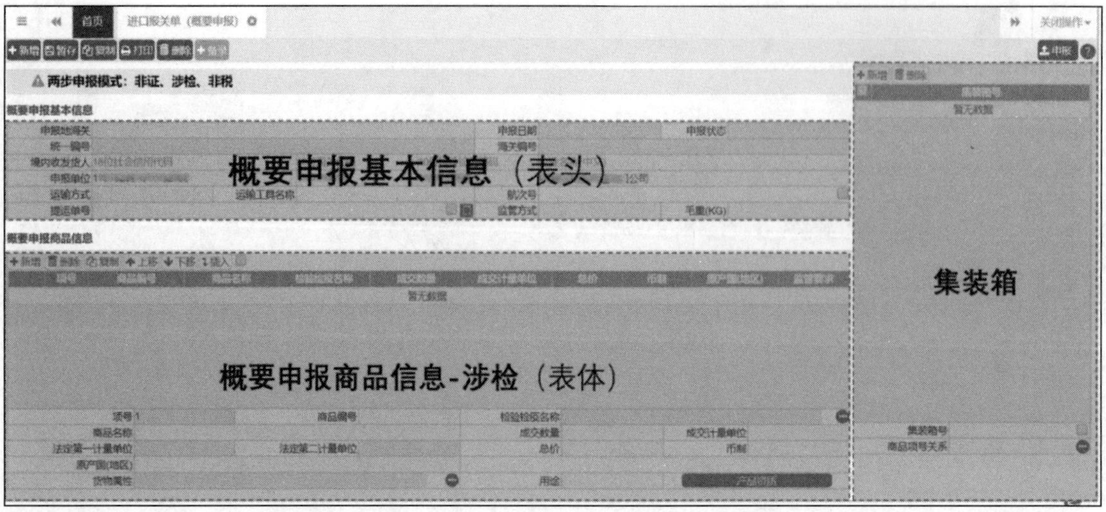

图 2-28 “非证 + 涉检 + 非税”时的录入界面

涉检时，必须完整录入商品编码。至少输入商品编号的前4位数字，或输入10位完整的商品编号，系统会弹出匹配的商品列表框，选择即可（见图2-29）。

录入商品编号后，系统自动显示该商品对应的检验检疫名称（见图2-30），如果一个商品编号对应多个检验检疫名称，选择一个即可。

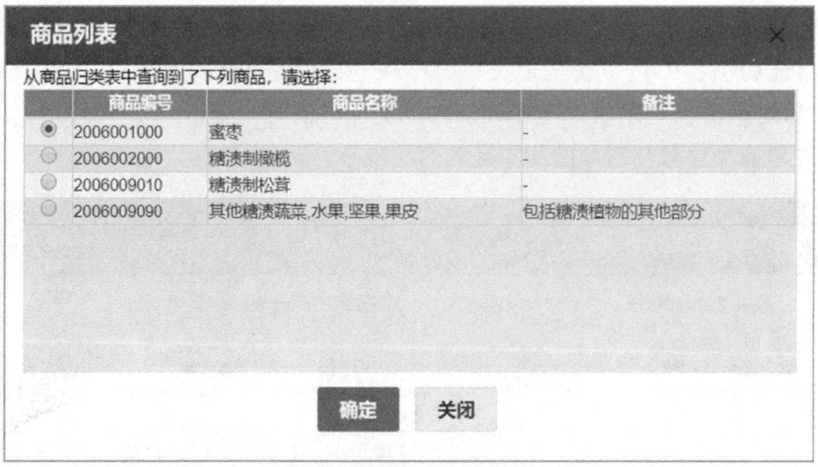

图 2-29 涉检货物的商品列表

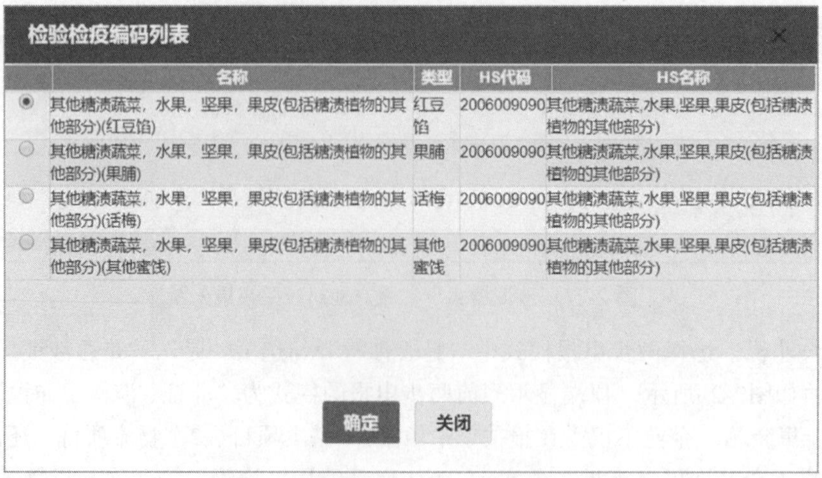

图 2-30 涉检货物的检验检疫编码列表

（4）涉证+涉检+非税（“涉证+涉检+涉税”时的录入界面与其相同）

在选择两步申报模式中“是否涉证、是否涉检”勾选了“是”，“是否涉税”勾选了“否”，右侧录入界面如图2-31所示。顶端显示当前两步申报的模式为“涉证、涉检、非税”。录入部分包括基本信息、商品信息、集装箱、随附单证。企业不仅需在报关单中填报9个基本项目、2个物流项目，还需要增加申报2个涉证项目，即许可证号／随附证件代码及随附证件编号、集装箱商品项号关系，还需要增加申报4个涉检项目，即产品资质（产品许可／审批／备案）、10位商品编号＋检验检疫名称、货物属性、用途，以及完善1个涉检项目，即集装箱商品项号关系。对于涉证和涉检的申报内容，在涉证+非检+非税、非证+涉检+非税中已经详细讲解。

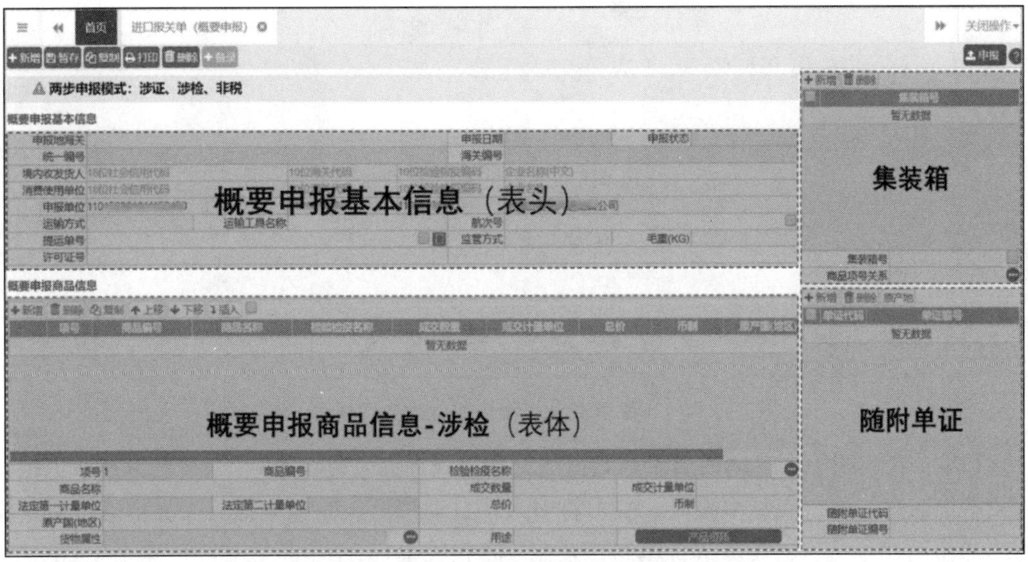

图 2-31　“涉证 + 涉检 + 非税”时的录入界面

海关总署2019年第127号公告中关于应税货物作出明确表示“对应税货物，企业需提前向注册地直属海关关税职能部门提交税收担保备案申请”。对于涉税货物，在选择两步申报模式中“是否涉税”勾选了“是”，录入完毕单击“申报”按钮时，系统将弹出选择担保/保险单编号的对话框（见图2-32）。

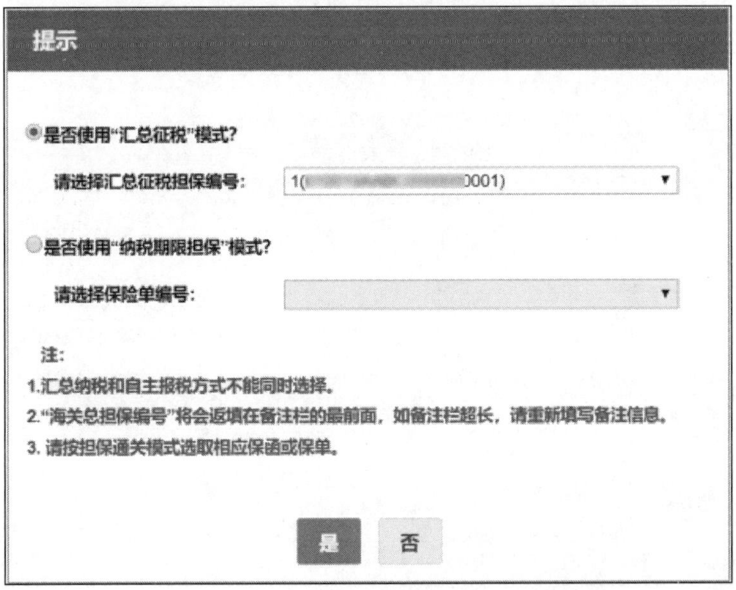

图 2-32　涉税货物的税款申报方式

第四步，在概要申报完成后，企业可在概要申报数据查询界面进行查询，单击带有底色（浅红色）数据的蓝色统一编号字样，系统自动弹出提示“该数据已在第二步申报进行操作，是否跳转完整申报界面”（见图2-33）。

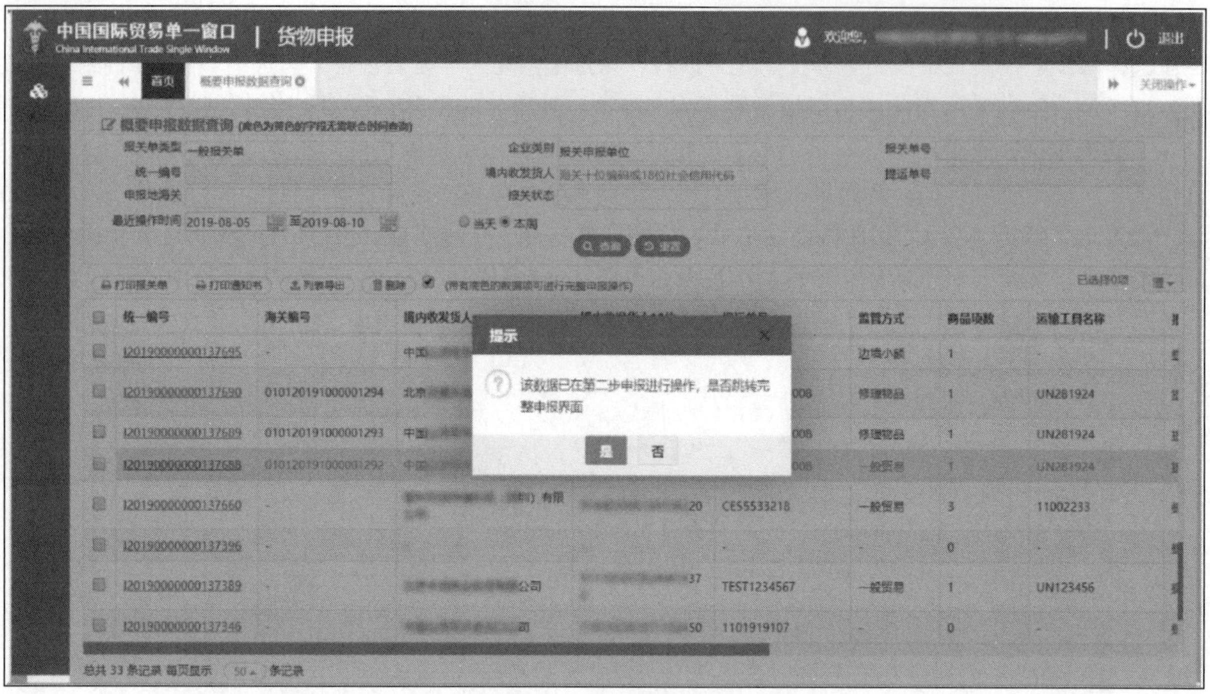

图 2-33　概要申报数据查询界面

知识拓展

"两步申报"改革优化

第五步，在系统中会自动弹出该票数据的完整申报界面（见图2-34），概要申报所申报的数据一旦被海关审批通过，进行完整申报时，数据将由系统自动带出。完整申报界面显示的报关单应按照海关总署2019年第18号公告的要求进行填制，企业应将报关单105项申报数据项的剩余项目全部填写完整，向海关进行完整申报。

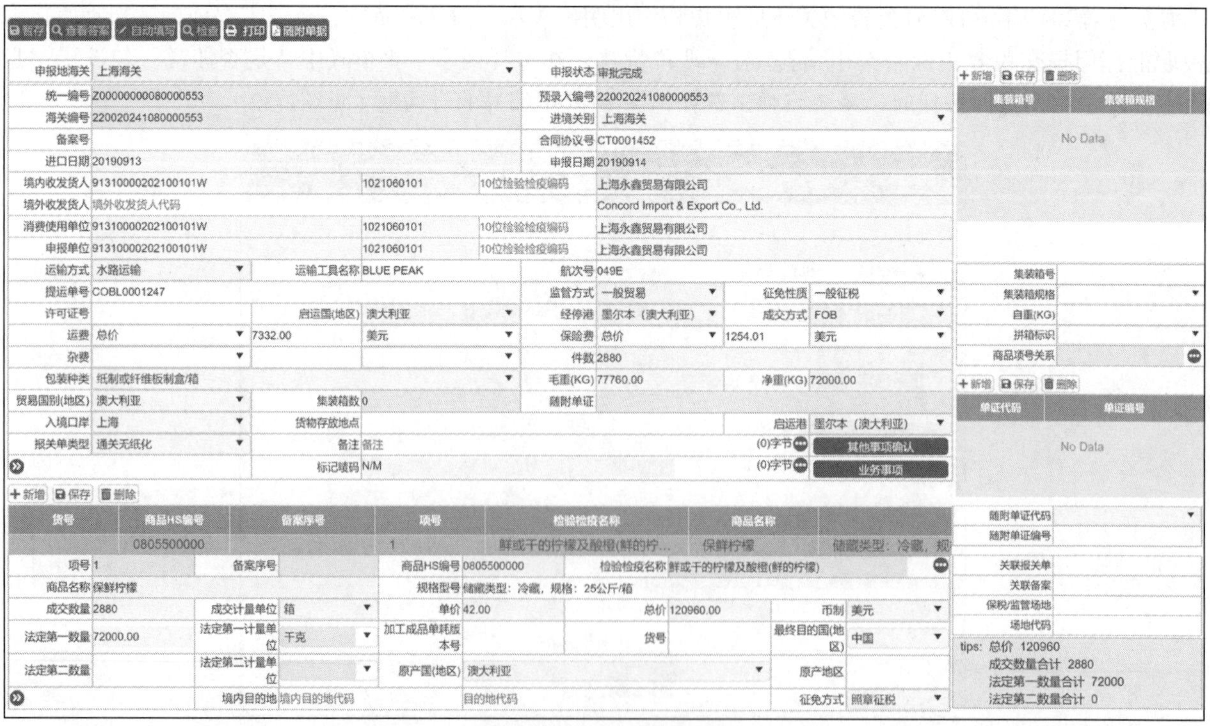

图 2-34　完整申报界面

二、"两段准入"通关作业

为落实国务院"放管服"改革要求、优化营商环境，以《海关全面深化业务改革2020框架方案》为指导，对监管作业方式进行改革。依据《海关总署关于分段实施准入监管 加快口岸验放的公告》(公告〔2019〕160号),为优化营商环境,促进贸易便利化,提升通关整体效能,海关总署决定对进口货物分段实施准入监管,加快口岸验放。

(一)“两段准入”的含义

“两段准入”是指海关以进境货物准予提离口岸海关监管作业场所(场地)为界,对部分涉检货物,分段实施“是否允许货物入境”和“是否允许货物进入国内市场销售或使用”两类准入监管的作业方式。图2-35所示为“两段准入”申请。

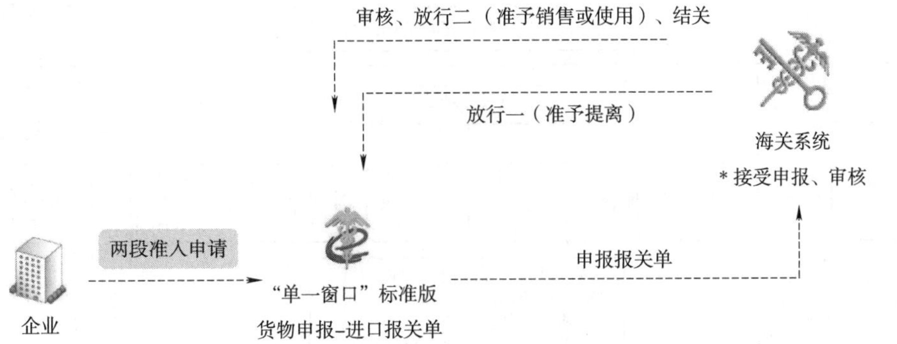

图 2-35 “两段准入”申请

海关总署公告2019年第160号《关于分段实施准入监管　加快口岸验收的公告》明确规定:

(1)收货人销售或使用进口货物依法应当办理其他手续的,按照相关规定办理。

(2)检查,是指海关在进境环节对进口货物依法实施的检疫、查验或商品检验作业。其中,口岸检查由进境地主管海关在进境地口岸实施,目的地检查由目的地主管海关在目的地实施。

(二)“两段准入”的适用情况

(1)普遍使用:符合条件的进口涉检货物均可以结合实际情况,在选用“两步申报”或“一次申报”通关模式的同时,接受海关两段监管。

(2)变通应用:符合条件的进口涉检货物可以在应用“两段准入”时,采取附条件提离、转场检查、目的地检查等方式快速提离口岸,并由企业自行运输和存放,待接到海关放行通知后再予销售或使用。

(三)“两段准入”的作业方式

1. 卡口前实施“准许入境”监管

(1)禁限管制(核生化爆、毒品等)、重大疫情、高风险商品安全等重大紧急或放行后难以管控的风险,以及法律、行政法规有明确要求的,须在口岸放行前实施“准许入境”监管。口岸不具备监管条件的隔离检疫、冷链仓储、粮谷加工、危险化学品及其包装检验等,可在卡口外海关指定场所实施“准许入境”监管。

(2)在“准许入境”监管中,对检查结果符合规定方可提离的口岸检查货物,实施合规提离;对无须等待检查结果可予提离的口岸检查货物,实施附条件提离,检查结果确前不准销售或使用。

进口货物属于下列情形之一的,凭海关通知准予提离进境地口岸海关监管区:

①无海关检查要求的。

②仅有海关口岸检查要求且已完成口岸检查的。其中,进境地口岸海关监管区内不具备检查条件的,收货人可向海关申请在监管区外具备检查条件的特定场所或场地实施转场检查。

③仅有海关目的地检查要求的。

④既有海关口岸检查又有目的地检查要求,已完成口岸检查,或经进口货物收货人或其代理人(简称“收货人”)申请在进境地口岸合并实施且已完成相关检查的。

2. 卡口后实施"合格入市"监管

非高风险商品检验、风险可控的检疫等其他准入风险可在口岸放行后实施"合格入市"监管。"合格入市"监管可在口岸放行前与"准许入境"监管合并实施。

进口货物准予提离后，由企业自行运输和存放，凭海关放行通知准予销售或使用。其中，属于下列情形的，需办结海关相关手续方可放行：①有海关目的地检查要求的，海关已完成检查；②属于监管证件管理的，海关已核销相关监管证件；③需进行合格评定的，海关已完成合格评定程序。"两段准入"监管方式的通关作业实施如图2-36和图2-37所示。

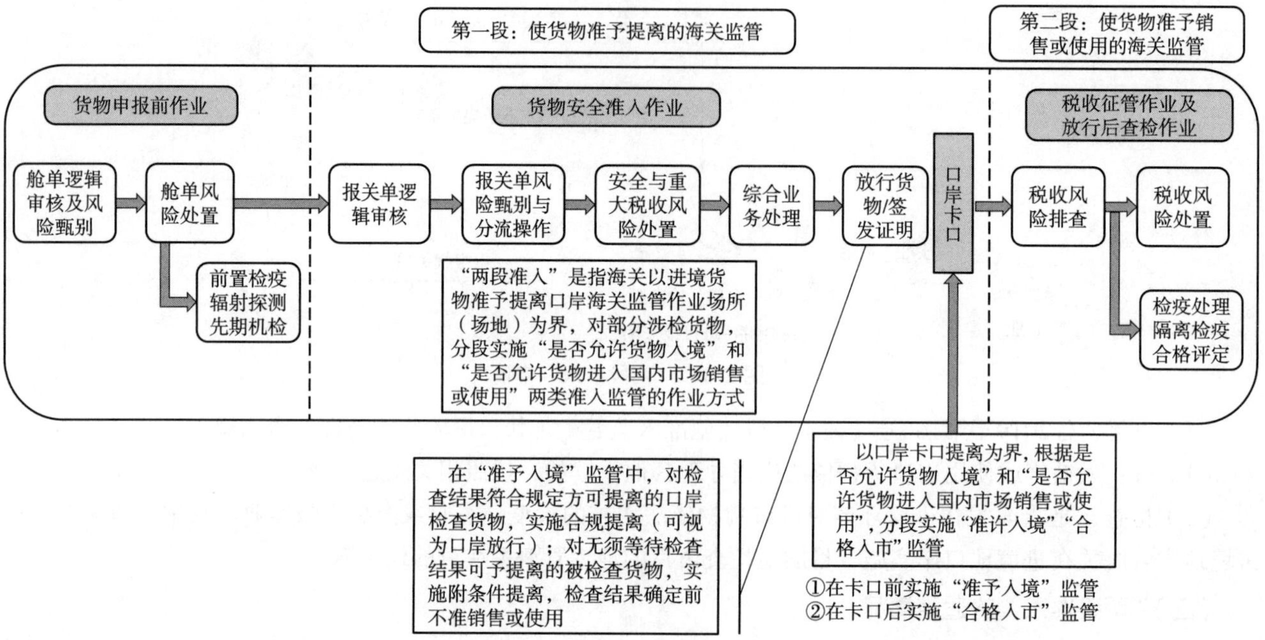

图 2-36 "两段准入"监管方式的通关作业实施（与"一次申报、分步处置"模式结合）

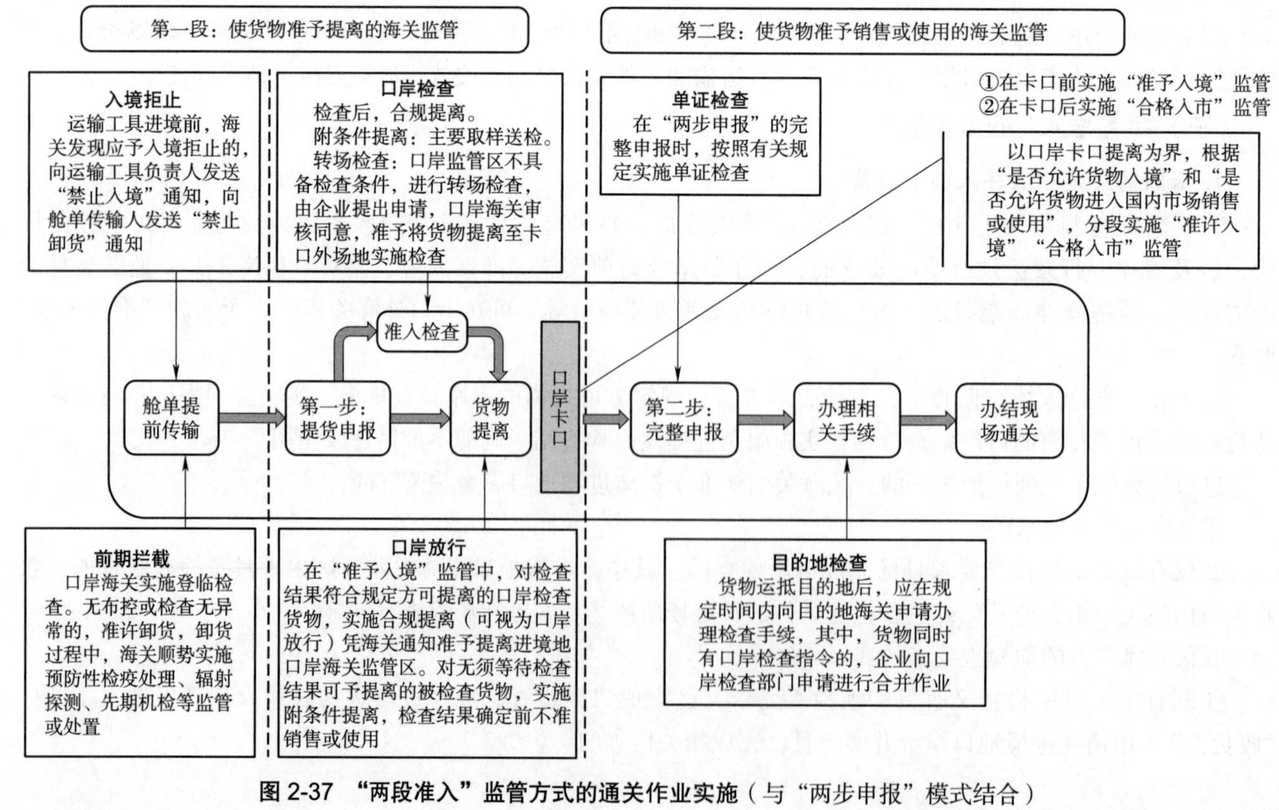

图 2-37 "两段准入"监管方式的通关作业实施（与"两步申报"模式结合）

（四）“两段准入”的注意事项

（1）虽然海关允许企业将完成第一段监管的货物从口岸提离，且由企业自行运输和存放，但此时货物尚未完成全部通关手续，仍需接受海关监管，企业不能随意处置。

（2）已被海关布控要求在口岸海关实施以检验或检疫目的取样送检的货物，在完成口岸检查并检查结果为正常的情况下，符合条件的可以实施附条件提离，即对于符合条件的货物，企业向海关承诺在海关实验室结果确定前不销售或使用商品，可在海关取样后将货物提离口岸。

（3）同一批货物既有海关口岸检查又有目的地检查要求的，企业可申请在进境地口岸合并实施检查。

（4）“目的地海关”是指企业申报进口货物的境内销售或使用地主管海关。如该批进口货物的境内销售或使用所在地的主管海关为进境地口岸海关，则该海关可作为“目的地海关”申报，实施目的地检查。

（五）“两段准入”的效果

适应国际贸易供应链物流特点，以口岸放行为界厘清“两段”的分界点，综合考量风险类型、等级以及紧急状况，通过区分不同通关监管作业环节、不同作业要求实施“两段准入”，最大限度地盘活了口岸通关监管资源，大幅缩减进口货物在港滞留时间，既保障安全准入风险的有效防控，又促进口岸快速通关。

笔记栏

技能训练

训练一 实施"两步申报"通关作业

一、回答引导问题

登录单一窗口，梳理"两步申报"通关操作步骤：

第一步，在"两步申报"操作界面中单击左侧菜单栏，________________________________。

第二步，需要进行两步申报模式的选择。请根据实际情况，在________________________如实勾选，如果与后续完整申报时____不一致，会被海关退单导致删单重报。

第三步，在选择两步申报模式中，系统默认全部为"否"。如实勾选后，在以下几种情形时，概要申报（第一步）录入界面不同：1. ________________________；2. ________________________；3. ________________________；4. ________________________。

第三步，包括四种情形，具体如下：

1. 非证+非检+非税

在选择两步申报模式中"是否涉证、是否涉检、是否涉税"全部勾选了"否"。顶端显示当前两步申报模式为________________________。录入部分包括基本信息、商品信息、集装箱。企业只需在报关单中填报9个基本项目：____，并确认涉及物流的2个项目：________________________________。

2. 涉证+非检+非税

在选择两步申报模式中"是否涉证"勾选了"是""是否涉检、是否涉税"勾选了"否"。顶端显示当前两步申报的模式为________________________。录入部分包括________________________。企业不仅需在报关单中填报9个基本项目和确认2个物流项目，还需要增加申报2个涉证项目：____。

3. 非证+涉检+非税

在选择两步申报模式中"是否涉检"勾选了"是""是否涉证、是否涉税"勾选了"否"。顶端显示当前两步申报的模式为________________________________。录入部分包括基本信息、商品信息、集装箱。企业不仅需在报关单中填报9个基本项目、2个物流项目，还需要增加申报4个涉检项目：________________________________；完善1个涉检项目：________________________。

4. 涉证+涉检+非税

在选择两步申报模式中"是否涉证、是否涉检"勾选了"是""是否涉税"勾选了"否"。顶端显示当前两步申报的模式为____。录入部分包括基本信息、商品信息、集装箱、随附单证。企业不仅需在报关单中填报9个基本项目、2个物流项目，还需要增加申报2个涉证项目：________________________________，还需要增加申报4个涉检项目：________________________，以及完善1个涉检项目：________________________。

第四步，在概要申报完成后，企业可在概要申报数据查询界面进行查询，单击____，系统自动弹出提示________________________。

第五步，在系统中会自动弹出该票数据的完整申报界面，概要申报所申报的数据一旦被海关审批通过，________________________。完整申报界面显示的报关单应按照________________________________进行填制，企业应________________________________，向海关进行完整申报。

二、任务实施

学生分组进行实操训练，完成"两步申报"通关作业，并填写表2-16，记录完成情况，对尚未掌握的关键步骤，请详细记录在未能正确填写的步骤一栏，以便课后反复训练。

表 2-16　“两步申报”通关作业完成情况记录表

学生姓名：__________　班级：__________　学号：__________

工作内容	关键步骤	任务结果	未能正确填写的步骤
实施“两步申报”通关作业	（1）展开业务菜单“货物申报—两步申报—分次录入—进口报关单”	□完成 □未完成	
	（2）根据实际情况，在“是否涉证、是否涉检、是否涉税”中如实勾选	□完成 □未完成	
	（3）如实勾选，本步骤包括四种情形（界面不同），进行申报。 ①非证+非检+非税： • 录入9个基本项目 • 确认2个物流项目 ②涉证+非检+非税： • 录入9个基本项目 • 确认2个物流项目 • 增加申报2个涉证项目 ③非证+涉检+非税： • 录入9个基本项目 • 确认2个物流项目 ④增加申报4个涉检项目 • 涉证+涉检+非税： • 录入9个基本项目 • 确认2个物流项目 • 增加申报2个涉证项目 • 增加申报4个涉检项目 • 完善1个涉检项目	□完成 □未完成 □完成 □未完成 □完成 □未完成 □完成 □未完成	
	（4）单击带有底色（浅红色）数据的蓝色统一编号字样	□完成 □未完成	
	（5）填写完整申报界面显示的报关单	□完成 □未完成	

训练二　实施“两步申报”通关作业

一、填写“两步申报”通关流程图

“两步申报”通关流程分为三阶段（通关前、通关中、通关后），每个阶段对应具体操作步骤，结合所学知识和技能，将关键词依次填入图2-38中，并熟记整体通关作业流程图。

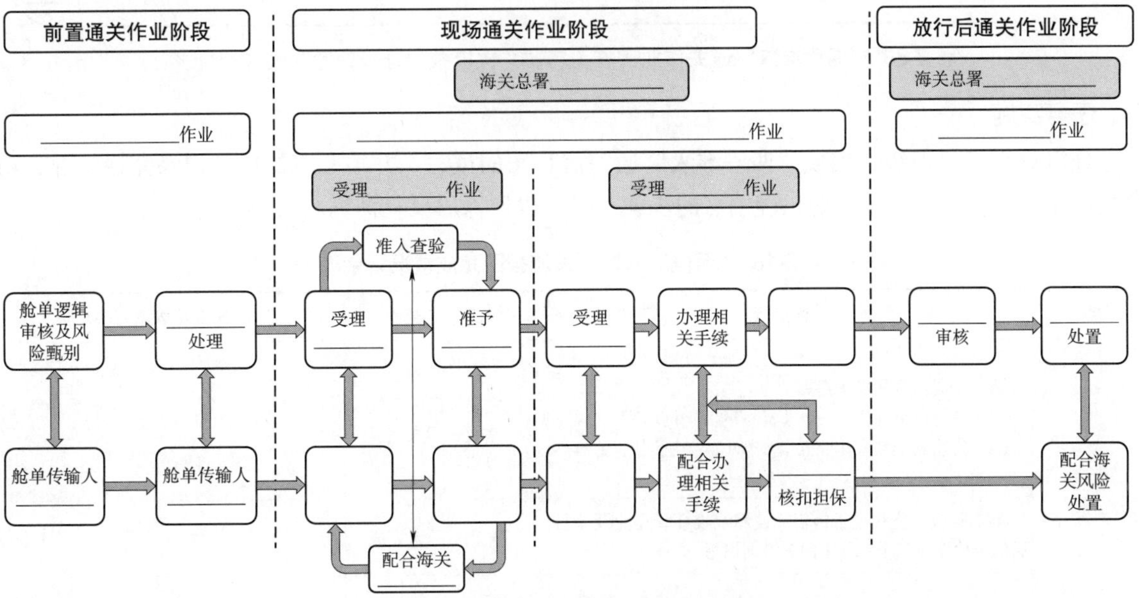

图 2-38　“两步申报”通关作业流程

二、任务实施

学生分组进行实操训练，完成“两步申报”通关流程图的填写，并填写表2-17，记录完成情况，对尚未掌握的关键步骤，请详细记录在未能正确填写的步骤一栏，以便课后反复训练。

表 2-17 “两步申报”通关流程图完成情况记录表

学生姓名：________ 班级：________ 学号：________

工作内容	关键步骤	任务结果	未能正确填写的步骤
填写“两步申报”通关流程图	前置通关作业阶段（货物申报前）四步骤中的关键词填写	□完成 □未完成	
	现场通关作业阶段（货物通关中） （1）受理概要申报作业六步骤中的关键词填写 （2）受理完整申请作业六步骤中的关键词填写	□完成 □未完成 □完成 □未完成	
	放行后通关作业阶段（货物放行后）三步骤中的关键词填写	□完成 □未完成	
	熟记整体“两步申报”通关流程图	□完成 □未完成	

训练三 实施“两段准入”通关作业

一、填写“两段准入”通关流程图

“两段准入”通关流程分为两个阶段（货物准予提离、货物准予销售），每个阶段对应操作步骤，结合所学知识和技能，将关键词依次填入图2-39中，并熟记整体通关流程图。

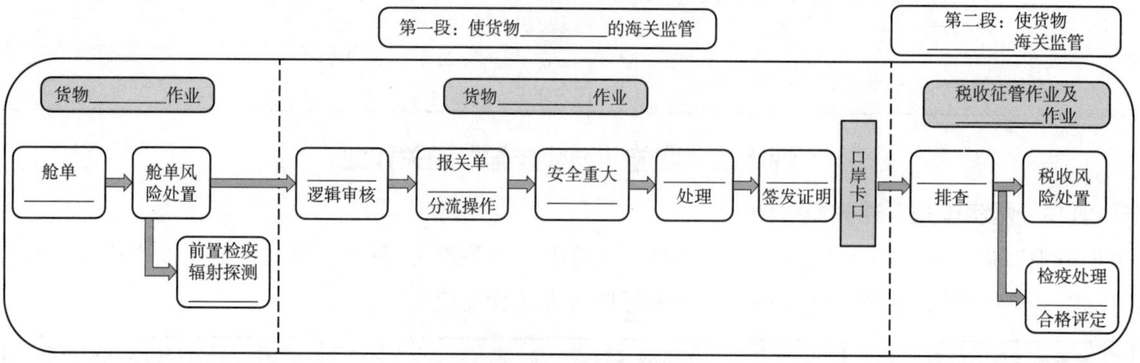

图 2-39 “两段准入”通关作业实施（与“一次申报、分步处置”模式结合）

二、任务实施

学生分组进行实操训练，完成“两段准入”通关流程图的填写，并填写表2-18，记录完成情况，对尚未掌握的关键步骤，请详细记录未能正确填写的步骤一栏，以便课后反复训练。

表 2-18 “两段准入”通关流程图完成情况记录表

工作内容	关键步骤	任务结果	未能正确填写的步骤
填写“两段准入”通关流程图	第一阶段：货物准予提离 （1）货物申报前作业三个步骤中的关键词填写 （2）货物安全准入作业五个步骤中的关键词填写	□完成 □未完成 □完成 □未完成	
	第二阶段：货物准予销售或使用税收征管作业及放行后的查检作业三个步骤中的关键词填写	□完成 □未完成	
	熟记整体“两步申报”通关作业流程图	□完成 □未完成	

训练四　登录“两步申报”界面，填写报关单

一、登录单一窗口“两步申报”界面，结合通关资料填写《进口货物报关单》（见图2-40）。

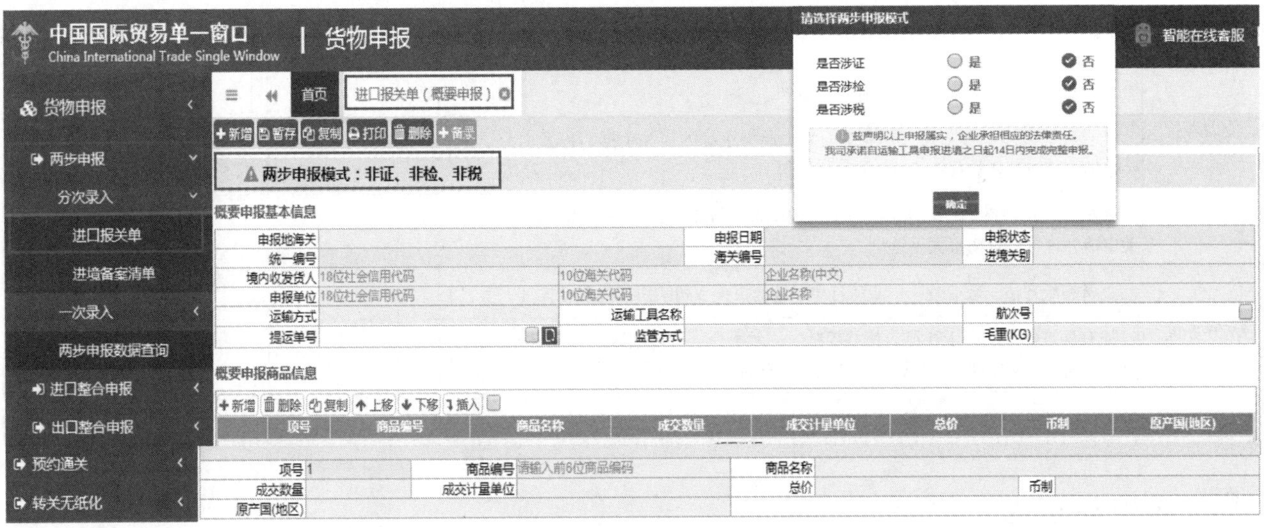

图 2-40　“两步申报”进口货物报关单（概要申报）界面

二、任务实施

学生分组进行实操训练，登录“两步申报”界面完成进口报关单填写，并填写表2-19，记录完成情况，对尚未掌握的内容，请详细记录在未能正确填写的栏目中，以便课后反复训练。

表 2-19　“两步申报”界面报关单填写完成情况记录表

学生姓名：________　班级：________　学号：________

工作内容	关键步骤	任务结果	未能正确填写的栏目
登录“两步申报”界面填写进口货物报关单	登录单一窗口的“两步申报界面”，并选择是否涉证、是否涉检、是否涉税	□完成　□未完成	
	在“两步申报”界面，填写报关单 （1）结合通关资料，填写概要申报基本信息 （2）结合通关资料，填写概要申报商品信息	□完成　□未完成 □完成　□未完成	
	对报关单进行全面审查，确保准确、真实，向海关如实申报	□完成　□未完成	

任务评价

任务评分表见表2-20。

表 2-20　任务评分表

评 价 内 容		分值	自评	互评	师评
知识评价	能够清晰阐述“两步申报”的含义、适用条件	5			
	能够清晰阐述“两段准入”的含义、适用条件	5			
	能够清晰阐述“概要申报”的基本流程、基本要求、申报内容	5			
	能够清晰阐述“完整申报”的基本流程、基本要求、申报内容	5			

续表

评价内容		分值	自评	互评	师评
能力评价	能详细画出“两步申报”通关作业流程图（“概要申报”和“完整申报”）	10			
	能简单画出“两段准入”通关作业流程图	10			
	能够在“两步申报”通关作业中向海关递交正确的报关单据，以及向海关申请办理进口货物报关手续	15			
	能够在“两段准入”通关作业中向海关递交正确的报关单据，以及向海关申请办理进口货物报关手续	15			
素养评价	具备遵纪守法、敬业爱岗、廉洁自律、诚信报关、团结协作的职业操守	15			
	拥有认真仔细、严于律己、精益求精、一丝不苟、严谨细致的职业素养，对申报内容的真实性、合法性、准确性、有效性承担法律责任	15			
总　分		100			

巩固与训练

一、单选题

1. 关于“两步申报”的概念，表述错误的是（　　）。

A. 第一步，企业补充申报后经海关同意即可提离货物

B. 第一步，货物符合安全准入条件即可快速提离

C. 第二步，企业在规定时间内完成完整申报

D. 第二步，企业在规定时间内补充提交全面信息及单证

2. “两步申报”的适用条件，表述正确的是（　　）。

A. “境内收发货人”可以是失信企业

B. 涉及的监管证件未实现联网核查的

C. 转关业务，可以适用“两步申报”模式

D. 用户类别必须是持电子口岸操作员卡，并具有报关单录入/暂存/查询或申报等权限的企业用户

3. 在“两步申报”模式下，涉税、涉证、涉检条件的货物，企业需录入（　　）。

A. “9+6+2”项数据项　　B. “9+6”项数据项

C. “9+2”项数据项　　D. “6+2”项数据项

4. 在“两步申报”通关模式中，企业在概要申报货物被允许提离监管场所后，仍需在运输工具申报进境之日起（　　）内，按照现行整合申报的要求向接受概要申报的海关补充申报报关单完整信息及随附单证电子数据。

A. 24小时　　B. 15日　　C. 14日　　D. 48小时

5. 关于“两步申报”模式的申报形式，表述正确的是（　　）。

A. 不支持一次性完整申报全部信息

B. 概要申报可采用通关无纸化方式完成，报关信息可通过“单一窗口”上传

C. 只有一种申报方式，即“分次录入”

D. 企业不可以一次性完整地录入105项数据项

6. 在两步申报的第一步“概要申报”中，货物被口岸监管区内检查布控命中，检查结果正常，企业货物准予提离，这属于（　　）。

A. 无布控放行　　B. 转场检查　　C. 合规放行　　D. 附条件提离

7. 关于“两步申报”的第二步“完整申报”，表述错误的是（　　）。

A. 完整申报是针对概要申报报关单的补充申报

B. 企业自运输工具申报进境之日起14日内完成完整申报，向接受概要申报的海关补充申报报关单完整信息及随附单证电子数据

C. 企业自概要申报之日起14日内完成完整申报，向接受概要申报的海关补充申报报关单完整信息及随附单证电子数据

D. 系统对完整申报信息进行规范性、逻辑性检查。不符合条件的，系统自动退单；符合条件的，海关接受完整申报。

8. 关于“两段准入”通关模式，表述错误的是（　　）。

A. 对部分涉检货物，分段实施“是否允许货物入境”和“是否允许货物进入国内市场销售或使用”

B. 海关总署公告明确规定：口岸检查由进境地主管海关在进境地口岸实施，目的地检查由目的地主管海关在目的地实施

C. “两段准入”通关模式与“两步申报”或“一次申报”通关模式不可以相结合

D. “两段准入”作业方式，在卡口前实施“准许入境”的监管

9. 登录单一窗口，进行“两步申报”操作，具体步骤正确的是（　　）。

A. 登录单一窗口后，在“两步申报”操作界面中单击左侧菜单栏，展开业务菜单“货物申报”→“两步申报”→“一次录入”→“进口报关单”

B. 在“是否涉证、是否涉检、是否涉税”中如实勾选，会存在两种情形：①非证+非检+非税；②涉证+涉检+涉税

C. 在“是否涉证、是否涉检、是否涉税”中如实勾选，会存在四种不同的情形：①非证+非检+非税；②涉证+涉检+涉税；③涉证+非检+非税；④非证+涉检+非税

D. 在“是否涉证、是否涉检、是否涉税”中如实勾选，如果与后续完整申报情况不一致，会被海关责令退单，并处以罚款

二、简答题

1. 简述“两步申报”的含义，以及企业申报由“一次”变为“两步”的具体内容。
2. 简述“两步申报”中的“概要申报”的基本流程。
3. 简述“两步申报”中的“概要申报”必须填制的9个基本项目。
4. 简述“两步申报”中的“完整申报”的基本流程。
5. 简述“两段准入”的含义，以及具体作业方式

项目三

办理通关业务——办理进出口货物的报关报检业务

项目描述

为进一步优化中国营商环境，提升进出口货物通关时效，降低通关成本，国务院实施了政府机构改革，将出入境检验检疫职责和队伍划入海关，新版报关单改版全面实施。关检融合统一申报改革后，海关将实现一次申报、一次放行的新通关模式，进一步有效压缩通关时间。此次改革从海关政务、通关作业流程、通关申报单据到通关数据系统，都发生了巨大的变革，进出口企业的前沿通关技术发生了革命性的转变。上海元初国际物流有限公司报关员林梦梦跟随报关部曹经理实践了一段时间，积累了一些工作经验，但面对海关此次大幅度的改革，林梦梦在开展工作中还是遇到了很多的难题：通关程序究竟发生了哪些变化？报关单据的填写与以往有何不同？通关系统又发生了哪些变革？

思维导图

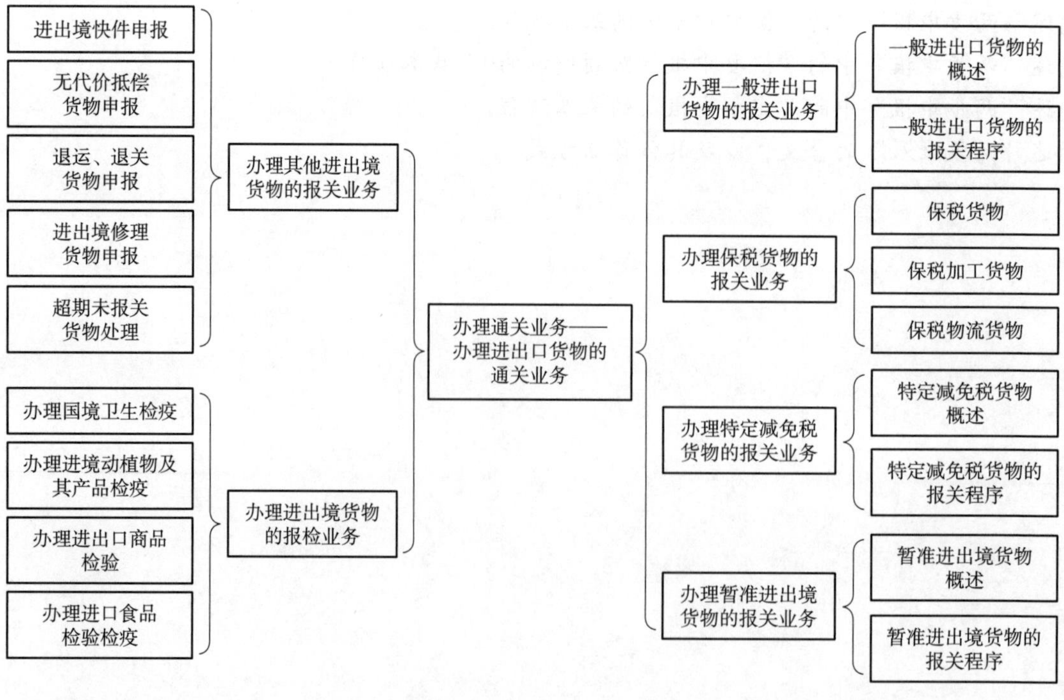

任务一　办理一般进出口货物的报关业务

情景导入

上海中海天华餐饮连锁企业（下面简称“中海天华”）从法国巴黎迅达不锈钢制品公司进口一批原产于马来西亚的一批不锈钢餐刀和其他不锈钢制品（属于法检商品，列入《自动进口许可管理目录》），货物总价值200 000元，进口关税税率为15%，运载该批货物的运输工具2024年3月4日从洋山口岸申报进境。中海天华委托上海元初物流有限公司办理此票货物的进口申报，报关部曹经理安排报关员林梦梦处理，林梦梦于2024年3月12日向洋山海关传送报关单电子数据，海关当天受理。电子申报后，林梦梦发现该批货物有多处申报差错，必须要撤销原电子数据报关单，故向海关申报并经海关审核同意于2024年3月21日重新向海关申报，海关当天受理申报并发出现场交单通知，林梦梦于3月22日向海关递交了纸质单证。请帮助报关员林梦梦完成下列任务：

（1）如何向海关申请办理一般进出口货物的报关手续，应向海关递交哪些通关单据？

（2）该批货物的申报期限如何确定？若存在滞报金，应如何计算？

（3）如果海关查验此批货物，报关员应当如何配合？

学习目标

知识目标：

（1）掌握一般进出口货物的含义、特征、范围、申报含义、申报地点、申报日期、申报形式、申报单证。

（2）熟悉一般进出口货物的报关程序、配合海关查验的注意事项和规范要求。

（3）了解进出口货物报关单的修改和撤销的情形及相关规定。

技能目标：

（1）能整理并向海关递交一般进出口货物的报关单证。

（2）能向海关申请办理一般进出口货物的报关业务。

（3）能计算滞报金金额，并向海关按时缴纳滞报金。

素养目标：

拥有敬业爱岗、严谨细致、一丝不苟、精益求精、团结协作的职业态度，具备遵纪守法、廉洁自律、诚实守信、心存敬畏、守正创新的职业操守，积极配合海关开展一般进出口货物的报关业务。

任务描述

办理进出口货物报关业务是报关员的一项基本技能，因此报关员需要掌握不同类型的海关监管货物的内涵、特征、报关程序。在对核心知识进行全面深入的学习后，结合上述情景尝试向海关申请办理一般进出口货物的报关业务。

核心知识

一、一般进出口货物概述

（一）含义

一般进出口货物指按照海关一般进出口监管制度管理的进出口货物，包括一般进口货物和一般出口货物。

一般进出口货物并不完全等同于一般贸易货物，两者的划分角度不同。一般进出口货物，海关按照基本监管制度进行监管。一般贸易是国际贸易中的一种贸易方式，在我国的对外贸易中，一般贸易是指中国境内有进出口经营权的企业单边进口或单边出口的贸易，按一般贸易方式进出口的货物即为一般贸易货物。

（二）基本特征

1. 进出境时缴纳进出口税费

一般进出口货物的当事人应按照《海关法》和有关法律、行政法规的规定，在货物进出境时向海关申报，并按规定缴纳税费。

2. 进出口时提交相关的许可证件

货物进出口时，受国家法律、行政法规管制并需要申领进出口许可证件的，进出口货物当事人应当向海关提交相关的进出口许可证件。

3. 进出口时应接受检验检疫

货物进出口时，须受国际进出境检验检疫管理的，进出口货物当事人应当向海关报检，提交相关的随附单证。一般进口货物在报关单位办结所有必要的海关进口通关手续，完全履行了法律规定的与进口有关的义务后，可以直接进入生产和消费领域流通。一般出口货物在报关单位完全履行了法律规定的与出口有关的义务后可以运出境外。

（三）范围

海关监管货物按货物进境、出境后是否复运出境、复运进境，可以分为两大类：一类是进境、出境后不再复运出境、复运进境的货物，称为实际进出口的货物；另一类是进境、出境后还将复运出境、复运进境的货物，称为非实际进出口的货物。实际进出口的货物，除特定减免税货物外，都属于一般进出口货物的范围，主要有以下几类：①一般贸易进口货物；②一般贸易出口货物；③转为实际进口的保税货物、暂时进境货物，转为实际出口的暂时出境货物；④易货贸易、补偿贸易进出口货物；⑤不批准保税的寄售代销贸易货物；⑥承包工程项目实际进出口货物；⑦外国驻华商业机构进出口陈列用的样品；⑧外国旅游者小批量订货出口的商品；⑨随展览品进境的小卖品；⑩免费提供的进口货物，例如，外商在经济贸易活动中赠送的进口货物，外商在经济贸易活动中免费提供的试车材料等，我国在境外的企业、机构向国内单位赠送的进口货物。

二、一般进出口货物的报关程序

关检业务全面融合后，此次改革的目标是将检验检疫作业全面融入全国通关一体化整体框架和流程中，在这样的改革背景下，进出口货物的报关程序发生了巨大的变化，改革通过前推后移再造通关流程，实现了进出口货物的“一次申报，分步处置”。“一次申报，分步处置”进出口通关作业流程如图3-1所示。

（一）货物申报前作业（舱单安全准入作业）

1. 舱单申报与审核反馈

（1）舱单传输人的舱单申报。舱单传输人（进出境运输工具负责人、无船承运业务经营人、货运代理企业、船舶代理企业、邮政企业，以及快件经营人等舱单电子数据传输义务人）按照规定向海关传输舱单及相关电子数据。

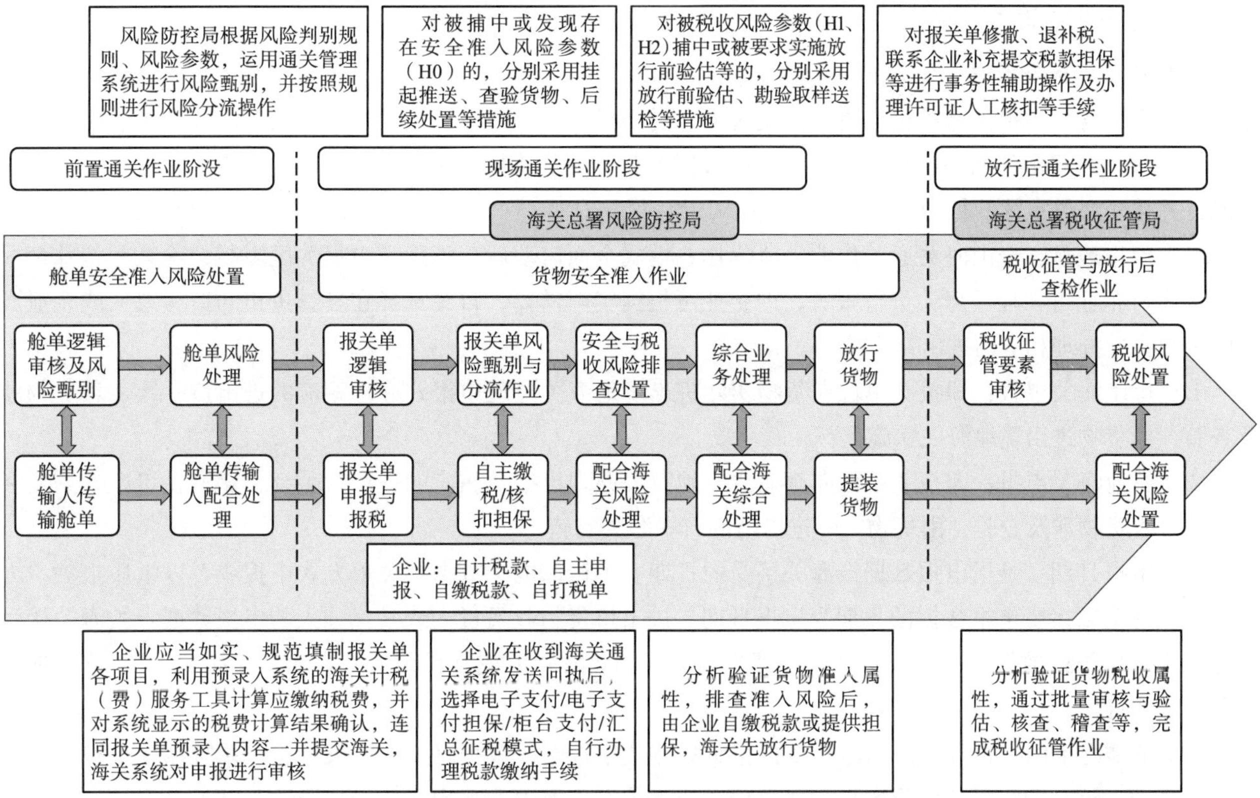

图 3-1　“一次申报，分步处置”进出口通关作业流程

（2）海关的审核反馈。海关舱单管理系统对舱单实施逻辑监控和审核，对不符合舱单填制规范的，退回舱单传输人予以修改；对通过逻辑检控和审核的，海关进行风险甄别。

当海关接收原始舱单及相关数据后，海关以电子数据方式向舱单传输人反馈审核结果。反馈结果包括接受、不接受及原因、不准予装载、不准予卸载、待海关人工审核等审核结果。

2. 配合海关登临检查

对海关确定须登临运输工具检查与实施查验的，出口岸海关运输工具检查岗按指令要求对运输工具进行登临检查，记录检查情况，并将检查结果反馈风险防控局。风险防控局舱单分析岗根据检查结果提出后续处置要求。

海关检查运输工具时，运输工具负责人应当到场，并应当按照海关的要求指派人员开启运输工具的舱室、房间、储存处所。海关检查完毕，运输工具负责人应当在海关检查记录上签注。

3. 配合海关申报前拦截处置

对涉及安全准入等需进行拦截处置的进境货物（含公路口岸承运货物的运输工具），海关在其抵达进境口岸后实施前置预防性检疫处理（含检疫处理监管）、前置辐射探测、先期机检等顺势及非侵入的探测和处置。经过海关检查设施进行，发现检查结果存有异常时，相关场所或场地的负责人或相关企业应配合好海关后续处置。

4. 申报前看货取样

进口货物收货人及其代理人向海关申报前，因确定货物的品名、规格、型号、归类等原因，可以向海关提出查看货物或者提取货样的书面申请。海关审核同意的，派员到场实际监管。查看货物或提取货样时，海关开具取样记录和取样清单；提取货样的货物涉及动植物及其产品，以及其他须依法提供检疫证明的，应当按照国家的有关法律规定，在取得主管部门签发的书面批准证明后提取。提取货样后，到场监管的海关关员与报关人员在取样记录和取样清单上签字确认。

（二）货物安全准入作业

1. 报关单申报与报税

（1）申报含义。申报是进出口货物收发货人、受委托的报关企业，依照《海关法》以及有关法律、行政法规的要求，在规定的期限、地点，采用电子数据报关单或纸质报关单形式，向海关报告实际进出口货物的情况，并接受海关审核的行为。

（2）申报地点。全国海关通关作业一体化作业模式全面启动后，消除了申报关区限制，除某些特殊情况外，进出口企业可在任一海关进行报关，即企业可根据实际需要，自主选择在货物进出的口岸海关或企业属地海关申报并办理相应的进出口手续。

①在口岸海关申报：即报关单位向货物实际进出境地海关办理申报并办理相应的进出口手续，若货物涉及查验，由货物进出境地海关实施。

②在属地海关申报：即报关单位向企业主管地海关办理申报及相应的进出口手续，货物在口岸海关实际进出境。若货物涉及查验，由货物实际进出境的口岸海关实施。

（3）申报日期。是指申报数据被海关接受的日期。不论以电子数据报关单方式申报或者以纸质报关单方式申报，海关以接受申报数据的日期为申报日期。进出口货物收发货人或其代理人的申报数据自被海关接受之日起，其申报的数据就产生法律效力，即进出口货物收发货人或其代理人应当承担“如实申报”“如期申报”的法律责任。

①正常情况下的申报日期。以电子数据报关单方式申报的，申报日期为海关计算机系统接受申报数据时记录的日期，该日期将反馈给原数据发送单位，或者公布于海关业务现场，或者通过公共信息系统发布。以纸质报关单方式申报的，申报日期为海关接受纸质报关单且对报关单进行登记的日期。

②修改退单并重新申报的申报日期。电子数据报关单经过海关计算机检查被退回的，视为海关不接受申报，进出口货物收发货人、受委托的报关企业应按照要求修改后重新申报，申报日期为海关接受重新申报的日期。

海关已接受申报的报关单电子数据，人工审核确认需要退回修改的，进出口货物收发货人、受委托的报关企业应当在10日内完成修改并且重新发送报关单电子数据，申报日期仍为海关接受原报关单电子数据的日期；超过10日的，原报关单无效，进出口货物收发货人、受委托的报关企业应当另行向海关申报，申报日期为海关再次接受申报的日期。

（4）申报形式。申报采用电子数据报关单证申报形式或纸质报关单证申报形式。电子数据报关单证和纸质报关单证均具有法律效力。

①电子数据报关单证申报。电子数据报关单证申报形式是指进出口货物收发货人、受委托的报关企业，通过计算机系统，按照《海关进出口货物报关单填制规范》的要求，向海关传送报关单电子数据及随附单证电子数据的申报方式。

②纸质报关单证申报。纸质报关单证申报形式是指进出口货物收发货人、受委托的报关企业，按照海关的规定填制纸质报关单，备齐随附单证，向海关当面递交的申报方式。

③两种申报形式的使用。进出口货物收发货人、受委托的报关企业应当以电子数据报关单形式向海关申报，与随附单证一并递交的纸质报关单的内容应当与电子数据报关单一致；特殊情况下经海关同意允许先采用纸质报关单形式申报，电子数据事后补报，补报电子数据应当与纸质报关单内容一致。

（5）申报期限。

①进口申报期限。进口货物收货人、受委托的报关企业应当自运输工具申报进境之日起14日内，向海关申报。

进口转关运输货物收货人、受委托的报关企业应当自运输工具申报进境之日起14日内，向进境地海关办理转关运输手续，有关货物应当自运抵指运地之日起14日内向指运地海关申报。

②出口申报期限。出口货物发货人、受委托的报关企业应当在货物运抵海关监管场所后、装货的24小时以前向海关申报。出口货物及过境、转运、通运货物均不征收滞报金。

③进口滞报金。进口货物收货人超过规定期限向海关申报的，由海关征收滞报金。进口货物滞报金按日计征，日征收金额为进口货物完税价格的千分之零点五（0. 5‰）。

滞报时间计算是以自运输工具申报进境之日起第15日为起始日，以海关接受申报之日为截止日。起始日和截止日均计入滞报期限。滞报金起征日遇有休息日或者法定节假日的，则顺延至休息日或法定节假日之后的第一个工作日。进口货物的申报期限和滞报天数的确定，如图3-2和图3-3所示。

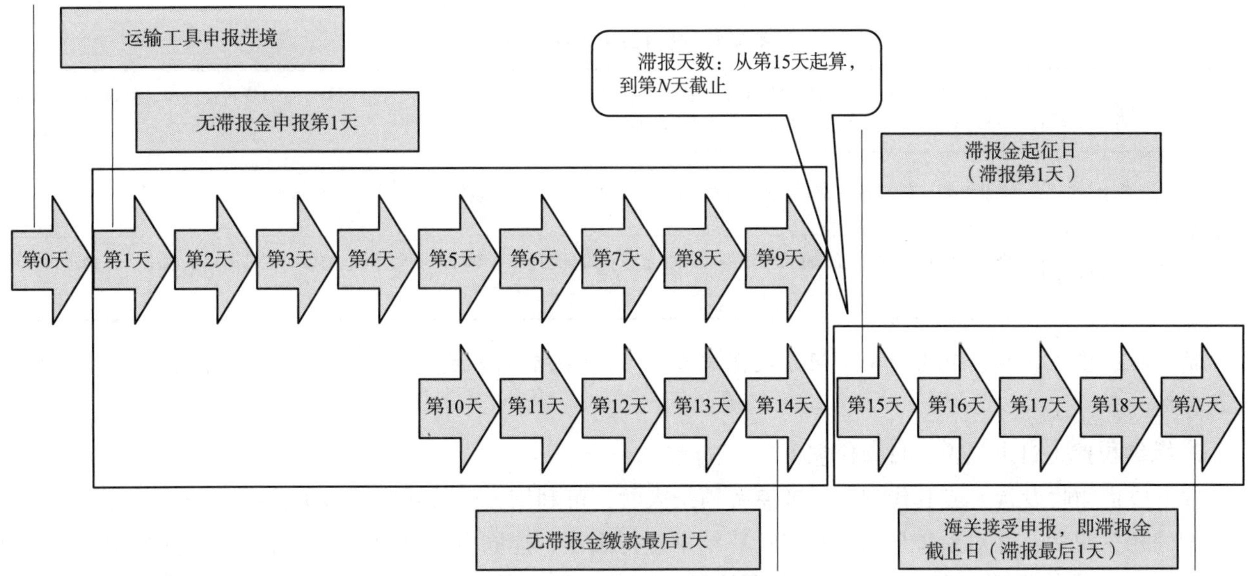

图 3-2　进口货物申报期限和滞报天数的确定

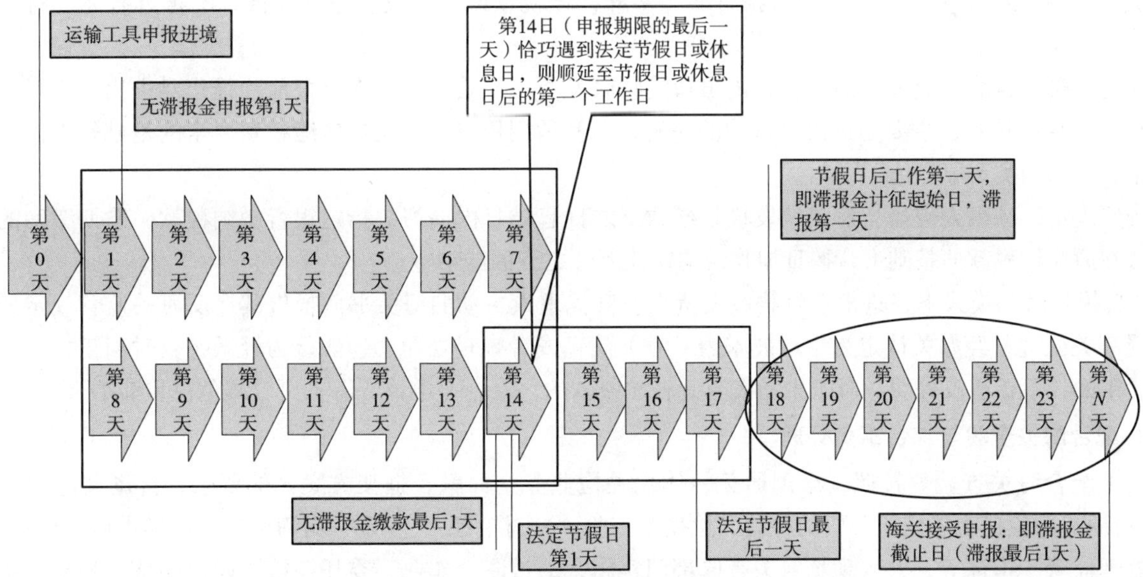

图 3-3　进口货物申报期限和滞报天数的确定（遇法定节假日）

征收滞报金的计算公式：滞报金额＝进口货物完税价格 × 0. 5‰ × 滞报天数

滞报金以人民币“元”为计征单位，不足人民币1元的部分免予计收。滞报金的起征点为人民币50元。

进口货物自装载货物的运输工具申报进境之日起超过3个月仍未向海关申报的，货物由海关提取依法变卖处理。对属于不宜长期保存的货物，海关可以根据实际情况提前处理。

知识拓展

计算滞报金

（6）申报单证。报单证是整个报关工作能否顺利进行的关键一步。按照进出口货物申报单证的法律效力，申报单证可以分为报关单证和随附单证两大类。

其中，随附单证包括基本单证和特殊单证。海关通过整合与简化申报随附单证，对企业原报关、报检所需随附单证中的商业（贸易性）单证、贸易管制许可证件等进行梳理，整理随附单证类别代码及申报要求，整合原报关、报检重复提交的随附单证，形成了统一的随附单证类别及其申报规范。

准备申报单证基本原则：基本单证、特殊单证必须齐全、有效、合法；报关单填制必须真实、准确、完整；报关单与随附单证数据必须一致。进出口申报所需单证见表3-1。

表 3-1　进出口申报所需单证

报关单证		进口货物报关单、出口货物报关单、特殊监管区域进出境备案清单、快件报关单、过境货物报关单、暂准进口单证册（简称ATA单证册）、进出口货物集中申报清单等
随附单证	基本单证	商业发票、装箱单、海运提单、航空运单、进口提货单、出口装货单等
	特殊单证	进出口许可证件、加工贸易登记手册、特定减免税证明、原产地证明书、濒危物种允许进出口证明书、自动进口许可证等

做一做：登录在线学习平台（访问方式见前言），通过拖动的方式完成“一般进出口货物报关所需单证”的选择题。

2. 缴纳税费（自主报税、自缴税款）

进出口货物收发货人或其代理人办理海关预录入时，可利用预录入系统的海关计税（费）服务工具计算应缴纳的相关税费，并对系统显示的税费计算结果进行确认，连同报关单预录入内容一并提交海关。进出口货物收发货人或其代理人在收到海关受理回执后，自行办理相关税费缴纳手续。同时，海关受理企业申报后不再开具税单进行缴款告知，由企业缴税后选择在海关现场打印税单或自行打印完税凭证。自主缴税模式报关单，税款缴款书上将注明“自报自缴”字样，该税款缴款书仅为缴税凭证，不再具有海关行政决定属性。

为适应自报自缴作业方式的实施，进出口货物收发货人或其代理人在申报前须强化对进出口应缴税费的要素核定与税款核算，主要是进出口货物的完税价格和适用税率，而构成应缴税费要素的基础是进出口的商品价格、商品归类和原产地。

按照规定，当事人应当自海关填发税款缴款书之日起15日内向海关指定银行缴纳税款，逾期缴纳的，海关依法在原应纳税款的基础上，按日加收滞纳税款万分之五的滞纳金。

“自报自缴”模式下，进出口货物收发货人及其代理人主动向海关书面报告其违反海关监管规定的行为并接受海关处理，经海关认定为主动披露的，海关从轻或者减轻处罚。违法行为轻微并及时纠正，没有造成危害后果的，不予行政处罚。对于主动披露并补缴税款的，经企业申请，海关可以减免税款滞纳金。

3. 配合海关查验与综合事务处理

（1）配合海关查验。按照《全国通关一体化关检业务全面融合框架方案》的要求，推动实施“查检合一”，将原检验检疫现场施检部门的检验、检疫、查验（核对单证）、鉴定、初筛鉴定、抽样送检、合格评定、检疫处理监管、拟证等，并入现场海关查验部门实施，通过联合作业、委托授权、职责调整等步骤，逐步实现将海关查验作业与上述列名的部分检验检疫外勤作业合并成为新的海关现场监管作业。

①查验的含义。海关查验是海关为确定当事人向海关申报的内容是否与进出口货物的真实情况相符，或者为确定商品的归类、价格、原产地，以及为实施卫生检疫、动植物检疫、食品检验和商品检验，依法对进出口货物进行实际核查的执法行为。

海关并非对每一票查验货物都要实施检查，海关对存在禁限管制、侵权、品名规格数量伪（瞒）报等风险，以及情报反映存在走私违规嫌疑的货物依法进行准入查验；海关对存在归类、价格、原产地等税收风险的货物依法进行验估查验；对列入卫生检疫、动植物检疫、食品检验和商品检验范围的货物实施检验或检疫。

关检融合后，海关现场监管作业范围扩大、单证增加、链条延伸，海关检查的项目也随之增加。因此，《全国通关一体化关检业务全面融合框架方案》将检疫、查验、检验“查检合一”，统称海关检查，以此规范和统筹相关表述。

②查验目的。查验目的如图3-4所示。

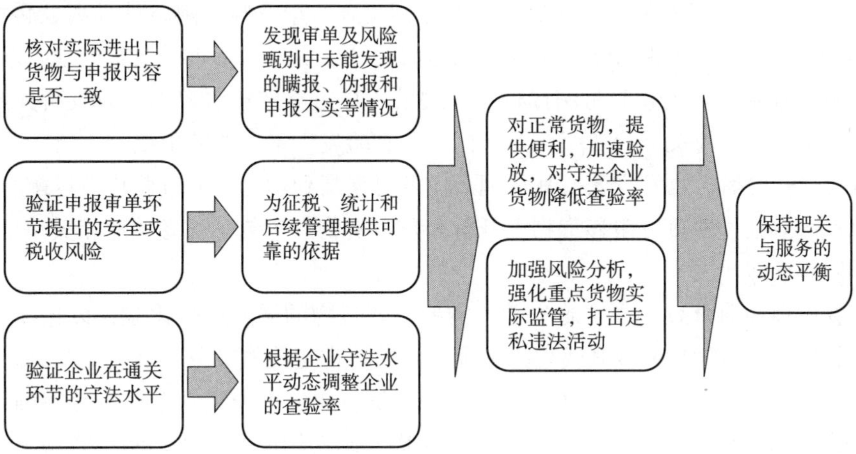

图 3-4　海关查验的目标

③查验方法。查验应当由两名以上着海关制式服装人员共同实施，对货物进行检查时可以彻底查验，也可以抽查。按照操作方式，可以分为人工查验和机检查验。海关可以根据货物情况及实际执法需要，确定具体的查验方式。（见图3-5）

其中，人工查验包括外形查验、开箱查验等方式。目前，海关采用H986大型集装检查系统对进出口货物进行机检检查。其工作原理与大型X光机类似，以辐射成像技术核心，借助X射线的强大穿透力，关员不经过开箱，通过分析系统机检图像就能发现集装箱、车辆等运输设备内的货物、暗格以及违禁品。海关对机检检查结果实施集中审像作业，在全国各海关建立集中审像中心，机检查验正常的，可通过计算机系统直接放行货物，货物放行速度大幅度提升。机检查验与集中审像作业相结合措施使通关速度更快、布控更精准、效率更高，大幅度提升海关智慧监管水平。

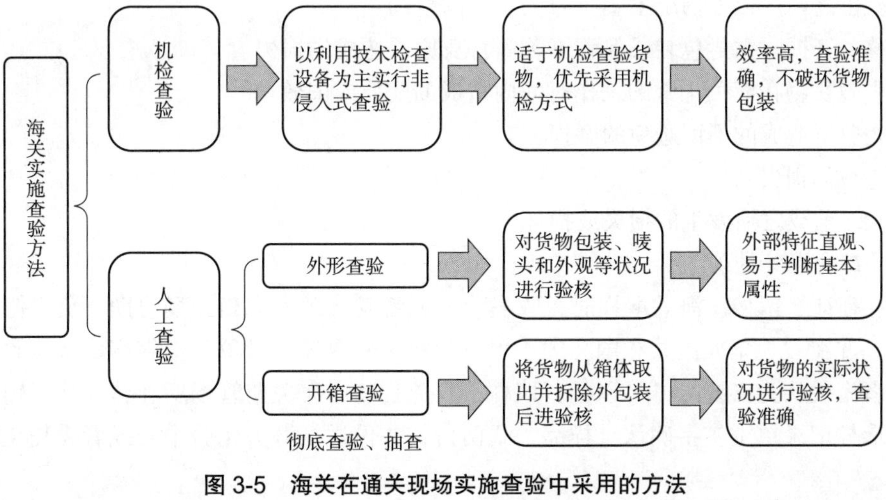

图 3-5　海关在通关现场实施查验中采用的方法

④查验地点。海关查验应当在海关监管区内实施。因货物易受温度、静电、粉尘等自然因素影响，不宜在海关监管区内实施海关检查或者因其他特殊原因，需要在海关监管区外海关检查的，经进出口货物收发货人或者其代理人书面申请，海关可以派员到海关监管区外实施海关查验。

a. 口岸查验。口岸查验是指针对禁限管制（核生化爆产品、毒品等）、重大疫情、高风险商品等重大紧急或放行后难以管控的风险，以及法律、法规有明确要求须在口岸放行前检查，包括检疫、查验及高风险商品的检验。

b. 目的地查验。非高风险商品检验和低风险商品检疫可在口岸放行后由目的地海关实施查验。目的地海关，指收货人或其代理人申报的进口货物境内销售或使用所在地的主管海关。

c. 口岸查验＋目的地查验。进口货物既有口岸查验指令，又有目的地查验指令的，如企业在申报环节申请合并口岸海关实施查验，口岸海关则根据货物情况分别实施口岸查验、附条件提离、转场检等方式的查验作业。如企业未申请合并查验，则由口岸海关和目的地海关分别实施口岸查验及目的地查验。

⑤接受并配合海关查验。海关查验是法律赋予海关的一项重要的执法权力，收发货人或其代理人应配合海关实施查验，这有利于提高海关查验效率，防止因海关查验发生不必要的争议。

海关在确定对货物查验后，收发货人或其代理人应及时派员到达指定的查验作业区配合、协助海关查验，协助查验人员应出示有效证件并负责搬移货物、开拆和重封货物的包装，当海关对相关单证或货物有疑问时，应负责解释说明，回答询问。

如果海关对货物的性质有怀疑，在实施查验时需要提取货物的样品进行化验，以进一步确定或者鉴别货物的品名、规格等属性的，收发货人或其代理人有配合海关取样送检的义务。

海关取样时，收发货人或其代理人应在“海关进出口货物化验取样记录单”上签字确认，并协助海关提取货样，收取海关出具的取样清单；查验结束后，收发货人或其代理人应认真阅读查验人员填写的“海关货物查验记录单”，并对开箱的具体情况、货物残损情况及造成残损的原因等情况、查验结论签名确认。

⑥复验与径行开验。

a. 复验。是指海关对已经查验过的进出口货物实施的再次查验。适用于海关对经初次查验未能查明货物的真实属性，需要对已查验货物的某些性状做进一步确认的；或货物涉嫌走私违规，需要重新查验的；或进出口货物收发货人对海关查验结论有异议，提出复验要求并经海关同意而再次进行查验的。已经参加过查验的查验人员不参加对同一票货物的复验。

b. 径行开验。是指当海关认为必要时，即使收发货人或其代理人没有在场，海关也可以对进出口货物进行查验、复验或者提取货样。

⑦货物损坏赔偿。对于查验过程中由于海关工作人员责任造成的货物损失，报关人可以要求海关就货物损坏的实际情况进行赔偿。根据规定，海关赔偿的范围为进出口货物直接的经济损失，间接的经济损失不包括在海关赔偿的范围之内。以下情况不属于海关赔偿的范围：

a. 报关人搬移、开拆、重封包装或保管不善等自身原因造成的损失。

b. 易腐、易失效货物在海关正常的工作时间内造成的变质或失效。

c. 海关正常查验所造成的不可避免的磨损。

d. 不可抗力造成的损失。

e. 在海关查验之前或之后发生的损失或损坏。

（2）配合海关综合事务处理。

①海关取样、存证、留像。海关取样时，收发货人或者其代理人应当到场协助，负责搬移货物，开拆和重封货物的包装，并在“中华人民共和国海关进出口货物化验取样记录单”上签字确认。收发货人或者其代理人拒不到场或者海关认为必要时，可以径行取样，存放货物的海关监管场所经营人、运输工具负责人应当到场协助，并在取样记录单上签字确认。样品一式两份，一份送抵海关化验中心或者委托化验机构，另一份留存海关备查。

海关对进出口货物取样化验的，收发货人或者其代理人应当按照海关要求及时提供样品的相关单证和技术资料，并对其真实性和有效性负责。因货物取样送检而提供的技术资料涉及商业秘密的，报关人员应事先声明，要求海关保守其商业秘密。货样的化验一般由海关化验中心和委托化验机构负责。

②海关修撤单、退补税。

a. 海关指令要求的修撤单、退补税。经海关对报关单数据的风险甄别，对需修撤相关报关单、退补税等的，将由申报地海关综合业务岗位按照H2018系统提示的指令要求进行操作。对需要进行报关单修撤、退补税的，企业补充提交税款担保等事务性辅助操作以及办理许可证人工核扣等必要手续的无纸报关单，H2018系统将其转入申报地海关综合业务岗进行相应操作，并按照H2018系统提示的指令要求，完成修撤、退补税等事务性辅助操作。

b. 企业向海关申请修撤单、退补税。申请人申请修改或者撤销进出口货物报关单的，应当提交“进出口货物报关单撤销申请表”，并根据实际情况提交可以证明进出口实际情况的合同、发票、装箱单关单证；外汇管理、税务、银行等有关部门出具的单证；应税货物的海关专用缴款书于办理收付汇和出口退税的报关单证明联等海关出具的相关单证。

c. 办理报关单修撤业务的注意事项。进出口货物收发货人及其代理人在办理报关单修撤业务时应注意以下问题：一是须准确填写修改或撤销报关单的理由及需要修改的内容，同时提供书面的情况说明及相关证明资料，减少因填写不规范或资料不齐全导致退单的可能性；二是通过预录入系统留存准确的联系方式，避免由于联系不畅导致审批延误；及时问询预录入系统海关反馈的办理意见，特别对海关发起报关单修改或撤销要求须在5日内及时确认。

4. 海关放行，提离货物

海关接受进出口货物报关报税，对货物进出境安全准入与税收风险实施综合甄别，并结合相关风险参数与布控检查指令完成税费征收（或收取担保）及卡口提离（放行）前后所有检查项目后，由海关信息处理系统自动研判或实施人工系统放行，此时货物获得放行。

海关对进出口货物放行后，进出口货物收发货人或其代理人就可以提离货物。

提取货物是指进口货物收货人或其代理人凭进口提货凭证，前去货物进境地的港区、机场、车站、邮局等地的海关监管仓库办理提取进口货物的手续。

装运货物是指出口货物发货人或其代理人凭出口装货凭证，前去货物出境地的港区、机场、车站、邮局等地的海关监管仓库办理将货物装上运输工具离境的手续。

（三）税收征管作业

1. 海关税收风险排查与处置

进出口货物报关单，在海关接受申报后除正常放行的单据以外，还有部分报关单在通过系统甄别时被系统预设参数捕中并设置了放行后批量审核标志，带有该标志的报关单及其他税收征管局按照相应作业程序规定确定抽核的报关单和放行前实货验估、单证验核后存证放行的报关单，海关在放行后将进行批量复核。

税收征管局复核后的处理主要有：通过涉税风险排查消除疑问；需修撤、退补税的报关单转现场综合岗；需单证验核的，转现场海关验估岗；需实地核查的，转现场海关稽查部门实施；对发现涉嫌违法违规风险线索的，移交缉私部门处置；对发现可能存在安全准入风险的，将有关情况告知风险防控局。

在现场海关综合业务岗、验估岗、稽查部门、缉私部门进行上述处置时，进出口企业应积极予以配合并妥善维护自身权益。在此过程中，报关单位需要及时按照海关要求提供相关材料、说明，做好解释工作。

2. 海关使货物准予销售或使用的监管

对海关使用“两段准入”监管方式实施进口通关作业的，其中需实施“单证检查”或“目的地检查”的，“第一段监管”结束，海关仅允许货物被提离海关监管现场，“第二段监管”完成“单证检查”或“目的地检查”的，海关系统发送放行信息，准予货物销售、使用。

3. 海关综合事务处理

海关综合事务处理主要是货物放行后报关单的修改或撤销。

①进出口货物收发货人或其代理人申请修改或撤销。有以下情形之一的，进出口货物收发货人或其代理人可以填写进（出）口货物报关单修改/撤销表，向原接受申报的海关办理进（出）口货物报关单修改或者撤销手续。进出口货物报关单修改和撤销的情形及相关规定见表3-2。

表 3-2　进出口货物报关单修改和撤销的情形及相关规定

进出口货物报关单修改与撤销情形	所需材料	要　求
出口货物放行后，由于装运、配载等原因造成原申报货物部分或者全部退关、变更运输工具的	应当提交退关、变更运输工具证明材料	当事人向海关提交材料符合本条规定，并且齐全、有效的，海关应当及时进行修改或者撤销
进出口货物在装载、运输、存储过程中发生溢短装，或者由于不可抗力因素造成灭失、短损等，导致原申报数据与实际货物不符的	应当提交海关出具的证明材料	
由于办理退补税、海关事务担保等其他海关手续而需要修改或者撤销报关单数据的	应当提交签注海关意见的相关材料	
根据贸易惯例先行采用暂时价格成交，实际结算时按商检品质认定或者国际市场实际价格付款方式需要修改申报内容的	应当提交全面反映贸易实际状况的发票、合同、提单、装箱单等单证，并如实提供与货物买卖有关的支付凭证及证明申报价格的其他商业单证、书面资料和电子数据	
已申报进口货物办理直接退运手续，需要修改或者撤销原进口货物报关单的	应当提交进口货物直接退运表或责令进口货物直接退运通知书	
由于计算机、网络系统等技术原因导致电子数据申报错误的	应当提交相关运行管理方出具的说明材料	
由于报关人员操作失误造成申报内容需要修改或者撤销的	当事人应当向海关提交修改／撤销表和可以证明进出口货物实际情况的合同、发票、装箱单、提运单或者载货清单等相关单证、证明文书、详细情况说明，以及其他证明材料	海关未发现当事人存在涉嫌逃避海关监管行为的，可以修改或撤销报关单。不予修改或撤销的，海关应及时通知当事人，并说明理由

②海关发现并通知修改或者撤销进（出）口货物报关单。海关发现进（出）口货物报关单需要修改或者撤销，会采取以下方式主动要求进出口货物收发货人或其代理人修改或者撤销，进出口货物收发货人或其代理人应按下列办法对相关内容进行修改或确认：

a. 海关将电子数据报关单退回，并详细说明修改的原因和要求，进出口货物收发货人或其代理人应当按照海关要求进行修改后重新提交，不得对报关单其他内容进行变更。

b. 现场海关统计监督、后续稽查、归类、估价等工作中发现涉及品名、商品编码、数量价格、原产国（地区）等数据方面的问题，需要修改申报内容的。海关向进出口货物收发货人或其代理人制发进（出）口货物报关单修改／撤销确认书，通知其要求修改或者撤销的内容，进出口货物收发货人或其代理人应当在5日内对进（出）口货物报关单修改或者撤销的内容进行确认，确认后海关完成对报关单的修改或者撤销。

③海关直接撤销电子数据报关单。除不可抗力因素外，进出口货物收发货人或其代理人有以下情形之一的，海关会直接撤销相应的电子数据报关单：

a．海关将电子数据报关单退回修改，进出口货物收发货人或其代理人未在10日规定期限内重新发送的。

b．海关审结电子数据报关单后，进出口货物收发货人或其代理人未在10日规定期限内递交纸质报关单的。

c. 出口货物申报后未在规定期限内运抵海关监管场所的。

d. 海关总署规定的其他情形。

④关于修改与撤销的其他规定。海关已经决定布控、查验及涉嫌走私或者违反海关监管规定的进出口货物，在办结相关手续前，进出口货物收发货人或其代理人不得申请修改或撤销报关单及其电子数据；已签发报关单证明联的进出口货物，当事人办理报关单修改或者撤销手续时，应当向海关交回报关单证明联；由于修改或者撤销进（出）口货物报关单导致需要变更、补办进出口许可证件的，进出口货物收发货人或其代理人应当向海关提交相应的进出口许可证件。

⑤修改与撤销两种形式的信息效力。报关单修改与撤销采取无纸化方式，以HP2015系统“报关单修改／撤销处理单”为载体，实现电子数据交互流转和业务操作。必须以纸质形式提交的进（出）口货物报关单修改／撤销表和进（出）口货物报关单修改／撤销确认书与无纸化形式提交的信息效力一致。

4. 海关对通关税收风险的稽（核）查

货物放行后，海关税收征管局若发现通关货物税收风险，且所涉货物已经放行，需开展后续稽（核）查处置的，会向直属海关稽查部门下达稽（核）查指令，对企业的账册、单证、资金以及货物流向、经营状况以及有关进出口货物等进行实地稽（核）查。

进出口货物收发货人或其代理人在配合海关稽（核）查时，应该为海关查阅、复制与进出口货物有关的合同、发票、账册等反映买卖双方关系及交易活动的商业单证、书面资料和电子数据提供方便；接受海关调查与询问；配合海关提取货样进行检验或者化验；配合海关进入纳税义务人的生产经营场所、货物存放场所，对与进出口活动有关的货物和生产经营情况实施检查等。

笔记栏

技能训练

训练一　一般进口货物报关流程

一、填写一般进口货物报关流程图，并梳理所需报关单证

1. 结合所学知识和技能，从海关和货物收发货人的角度，梳理一般进口货物的报关流程，将具体步骤填写在报关流程图中（见图3-6），并对整体的报关流程图加以熟记。

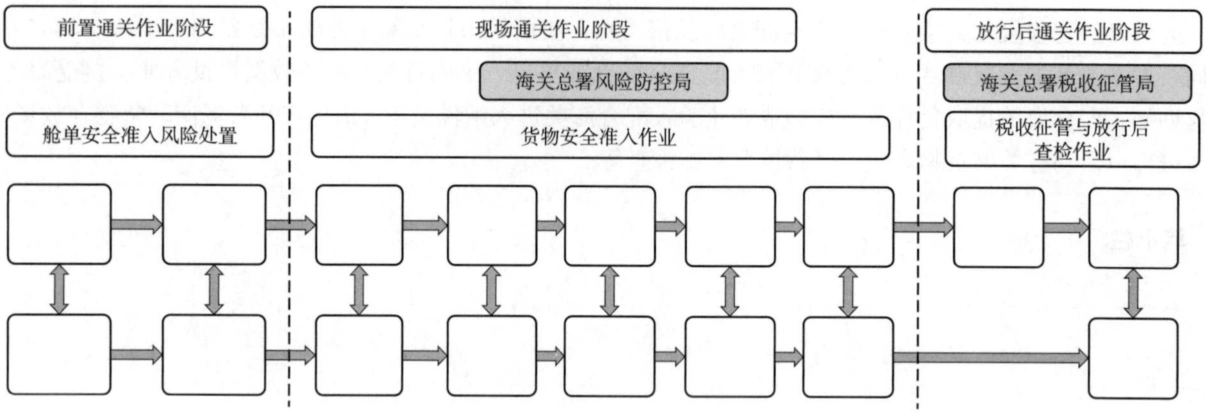

图 3-6　一般进口货物报关流程

2. 一般进口货物向海关申请报关时，需要向海关递交报关单证，结合所学知识和技能，将报关所需单证填写在下面，并对全套单证加以熟记。

报关单证：____；

随附单证中的基本单证：________________________________；

随附单证中的特殊单证：________________________________。

二、任务实施

学生分组进行实操训练，明确一般进口货物报关基本流程，以及梳理报关所需单证，并填写表3-3，记录完成情况，对尚未掌握的内容，请详细记录在未正确填写的内容一栏中，以便课后反复训练。

表 3-3　一般进口货物报关基本流程及所需报关单证完成情况记录表

学生姓名：________　班级：________　学号：________

工作内容	关键步骤	任务结果	未正确填写的内容
一般进口货物报关基本流程及所需报关单证	（1）舱单安全准入处置4个步骤的关键词填写	□完成　□未完成	
	（2）税收征管与放行后查检作业3个步骤的关键词填写	□完成　□未完成	
	（3）货物安全准入作业10个步骤的关键词填写	□完成　□未完成	
	（4）一般进口货物需要向海关递交单证： 在横向上填写向海关递交的报关单证的名称 在横向上填写向海关递交的基本单证的名称 在横向上填写向海关递交的特殊单证的名称	□完成　□未完成 □完成　□未完成 □完成　□未完成	

训练二　确定货物的申报期限，并计算滞报金

一、确认该批进口货物的申报期限，并计算滞报金金额

结合所学知识和技能，确定货物的进口申报期限，并将滞报金金额的计算结果写在下列横线上。

1. 确定该批进口货物的申报期限：

____

2. 计算该批进口货物的滞报金金额：

____

二、任务实施

学生分组进行实操训练，明确该批进口货物的申报期限，并计算滞报金金额，填写表3-4，记录完成情况，对尚未掌握的计算内容，请详细记录在未正确写出和计算的内容一栏中，以便课后反复训练。

表 3-4　确定进口货物申报期限和计算滞报金完成情况记录表

学生姓名：________　班级：________　学号：________

工作内容	关键步骤	任务结果	未正确写出和计算的内容
进口货物申报期限和滞报金计算	（1）确定进口货物的申报期限，将结果写在横线	□完成 □未完成	
	（2）计算滞报金金额（写清楚计算公式和计算步骤），将结果写在横线	□完成 □未完成	

训练三　报关员配合海关查验货物

一、回答引导问题

1. ____________应配合海关实施查验，这有利于提高____________，防止因海关查验发生不必要的争议。

2. 海关在确定对货物查验后，收发货人或其代理人应：（1）____________、（2）____________、（3）____________、（4）____________。

3. 如果海关对货物的性质有怀疑，在实施查验时____________，以进一步确定或者鉴别____________，收发货人或其代理人____________。

4. 海关取样时，收发货人或其代理人应在____________上签字确认，并协助海关____________，收取海关出具的____________；查验结束后，收发货人或其代理人应____________，并对开箱的____________。

二、任务实施

学生分组进行实操训练，完成报关员配合海关查验的步骤填写，并填写表3-5，记录完成情况，对尚未掌握的关键步骤，请详细记录在未正确填写的内容一栏中，以便课后反复训练。

表 3-5　报关员配合海关查验的步骤完成情况记录表

学生姓名：________　班级：________　学号：________

工作内容	关键步骤	任务结果	未正确填写的内容
报关员配合海关查验的步骤	（1）海关查验作用，将关键词填写在横线上	□完成 □未完成	
	（2）当海关确定对货物查验时，报关员应如何配合海关查验货物？将关键词填写在横线上	□完成 □未完成	

续表

工作内容	关键步骤	任务结果	未正确填写的内容
报关员配合海关查验的步骤	（3）当海关对货物的性质有怀疑，报关员应如何配合海关检验货物？将关键词填写在横线上	□完成 □未完成	
	（4）当海关确定对货物取样时，报关员应如何配合海关对货物取样？将关键词填写在横线上	□完成 □未完成	

任务评价

任务评分表见表3-6。

表 3-6 任务评分表

评价内容		分值	自评	互评	师评
知识评价	能清晰表述一般进出口货物的含义、特征、范围	5			
	能清晰阐述申报含义、申报地点、申报日期、申报形式、申报单证	5			
	能清晰阐述配合海关查验注意事项和规范要求	5			
能力评价	能画出一般进出口货物的报关程序图	10			
	模拟海关通关现场，通过角色扮演，能够分组整理并向海关递交一般进出口货物的通关单证	15			
	模拟海关通关现场，通过角色扮演，能够分组向海关申请办理一般进出口货物报关业务	15			
	模拟海关通关现场，通过角色扮演，能够分组计算滞报金金额，并向海关按时缴纳滞报金	15			
素养评价	拥有敬业爱岗、严谨细致、一丝不苟、精益求精、团结协作的职业态度	15			
	具备遵纪守法、廉洁自律、诚实守信、守正创新、心存敬畏的职业操守	15			
总　　分		100			

巩固与训练

一、单选题

1. 一般进出口货物的基本特征表述错误的是（　　）。

A. 进出境时缴纳进出口税费

B. 进出口时提交相关的许可证件

C. 进口货物海关放行即办结海关手续，出口货物海关放行后离境即办结海关手续

D. 特殊情况下，经海关同意，可免税进出口

2. 下列属于一般进出口货物的是（　　）。

A. 上海云翔服装加工企业委托达运企业从境外购买生产外销所需的原料

B. 境外商品展览会期间，国内参观者购买的小卖品。

C. 上海某学校组织教师前去美国加州大学学术交流，其间出境的教学用具、仪器等在学习交流结束后，按原状复运进境。

D. 上海永祥进出口有限公司从美国进口残疾人专用品，向主管海关递交“征免税证明表”。

3. 出口货物的申报期限为货物运抵海关监管区后（　　）。

A. 装货前的24小时　　B. 装货的24小时前

C. 装货前的48小时　　D. 装货的48小时前

4. 关于进出口申报期限规定错误的是（　　）。

A. 出口货物的申报期限为货物运抵海关监管区后、装货24小时以前

B. 经电缆、管道或其他特殊方式进出境的货物，进出口货物收发货人或其代理人按照海关的规定定期申报

C. 进口货物申报期限为自装载货物运输工具申报进境之日起14日内

D. 出口货物申报期限为货物运抵海关监管区后、装货的48小时以前

5. 下列关于申报地点的表述，错误的是（　　）。

A. 进口货物应当在进境地海关申报

B. 出口货物应当在出境地海关申报

C. 经海关同意，进口货物可以在指运地海关申报，出口货物可以在起运地海关申报

D. 特定减免税货物改变性质转为一般进口时，应当在货物原进境地海关申报

6. 下列关于海关征收滞报金的表述，正确的是（　　）。

A. 计征起始日为运输工具申报进境之日起第15日，截止日为海关接受申报之日（即申报日期），起始日计入滞报期间，但截止日不计入滞报期间

B. 滞报金的日征收金额为进口货物完税价格的5‰

C. 滞报金计算至人民币“分”

D. 滞报金的起征点为人民币50元

7. 下列（　　）属于海关赔偿范围。

A. 在海关查验货物的过程中，由于报关单位陪同查验人员搬移货物时造成货物的损坏

B. 易腐、易失效货物在海关工作程序所需时间内发生货物变质或失效

C. 海关查验后，货物在入库时收货人发现被查验货物损坏

D. 海关查验人员在查验货物过程中造成的货物损坏，并在查验记录上签注

8. 下列关于海关查验表述正确的是（　　）。

A. 现场验估，是指将货物从集装箱、货柜车箱等箱体中取出并拆除外包装后对货物实际状况进行验核

B. 所有的进出口货物都必须经过海关彻底查验后，才能放行提货

C. 海关取样时，收发货人或其代理人应当负责搬移货物、开拆和重封货物的包装，并在“中华人民共和国海关进出口货物查验单”上签字确认

D. 海关查验是指海关在接受报关单位的申报后，依法为确定进出境货物的性质、原产地、货物状况、数量和价值是否与货物申报单上已填报的详细内容相符，对货物进行实际检查的行政执法行为

二、计算题

1. 装载货物的运输工具于6月2日（周四）申报进境，进出口货物收发货人于6月20申报，海关于当天接受申报。该批货物的完税价格为人民币80 000元，计算滞报金。

2. 运载进口货物运输工具5月9日申报进境，收货人5月15日向海关传送电子数据，海关当天发出现场交单通知，收货人于5月27日提交纸质报关单时，发现海关已于5月26日撤销电子报关单，遂于5月30日重新向海关申报，海关当天受理并发出现场交单通知，收货人5月31日提交纸质报关单，以上日期不涉及法定节假日，确定滞报天数。

三、简答题

1. 简述一般进出口货物的内涵及其基本特征。
2. 简述申报的含义，以及申报形式的类型。
3. 简述进口申报日期的确定，以及滞报金计算的规定。
4. 简述如实申报所需递交给海关的报关单证。
5. 简述海关查验的含义，以及报关人员配合海关查验的规范要求。

任务二　办理保税货物的报关业务

情景导入

经过一段时间的学习，“元初物流”的报关员林梦梦业务能力得到很大提升，曹经理安排她处理以下两票通关业务：

（1）上海亚星橡胶制品有限公司（下面简称“亚星公司”）与新加坡丽华公司签订合同，进口天然橡胶，加工出口橡胶围裙，成品由亚星公司组织外售。亚星公司委托上海元初物流有限公司（下面简称“元初物流”）向上海海关申领加工贸易手册，并办理进出口申报手续。在加工过程中，由于没有印花设备，公司报主管海关同意后，将半成品交上海意康胶印有限公司（下面简称“意康公司”）印花后运回，在合同执行过程中产生了部分残次品。报关员林梦梦在申报加工贸易货物时遇到了难题，曹经理告诉她保税加工货物报关与一般进出口货物报关是有很大区别的。

（2）韩国欧凯贸易公司（下面简称“欧凯贸易”）有一批塑料粒销售给上海十几家工厂，货柜到达上海后直接拖至元初物流公司的保税仓库存放，林梦梦处理该票保税物流货物的报关业务。

请帮助林梦梦完成下列任务：

（1）“亚星公司”将橡胶半成品委托“意康公司”加工，这种海关监管货物属于“保税加工货物”，请帮助林梦梦明确“保税加工货物”的内涵、基本特征、形式、海关管理，以及其与一般进口货物报关的区别。

（2）“欧凯贸易”将塑料粒销售给上海工厂，这种海关监管货物属于“保税物流货物”，请帮助林梦梦明确“保税物流货物”的内涵、基本特征、海关监管制度、监管模式、监管要点。

学习目标

知识目标：

（1）掌握保税货物的含义、特征、分类、报关通用程序，以及保税加工货物的含义、特征、海关监管规定。

（2）熟悉保税加工货物的报关流程、来料加工与进料加工的异同、保税货物与一般进出口货物的区别。

（3）了解保税物流货物的含义、基本特征、海关监管的相关规定。

技能目标：

（1）能够整理并向海关递交保税货物所需报关单证。

（2）能向海关申请办理保税加工货物的报关业务。

素养目标：

拥有敬业爱岗、严谨细致、一丝不苟、精益求精、团结协作的职业态度，具备遵纪守法、廉洁自律、诚实守信、心存敬畏、守正创新的职业操守，积极配合海关开展保税货物的通关业务。

任务描述

办理进出口货物报关业务是报关员的一项基本技能，因此报关员需要掌握不同类型的海关监管货物的内涵、特征、报关程序。在对核心知识进行全面深入的学习后，结合上述情景尝试向海关申请办理保税货物的报关业务。

核心知识

一、保税货物

（一）保税货物的含义

保税货物是指经海关批准，货物进境时未办理纳税手续，在境内按规定储存或加工后复运出境或办理进口报关纳税手续后，经核销办结海关手续的货物。

（二）基本特征

1．特定目的

我国《海关法》将保税货物限定为两种特定目的而进口的货物，即进行贸易活动（储存）和加工制造活动（加工、装配），将保税货物与为其他目的暂时进口的货物（如工程施工、科学实验、文化体育活动等）区别开来。

2．暂免纳税

《海关法》第五十九条规定："经海关批准暂时进口或暂时出口的货物，以及特准进口的保税货物，在货物收、发货人向海关缴纳相当于税款的保证金或者提供担保后，将予暂时免纳关税。"保税货物未办理纳税手续进境，属于暂时免纳，而不是免税，待货物最终流向确定后，海关再决定征税或免税。

3．最终应复运出境

复运出境是构成保税货物的重要前提。从法律上讲，保税货物未按一般货物办理进口和纳税手续，因此，保税货物必须以原状或加工后产品复运出境，这既是海关对保税货物的监管原则，也是经营者必须履行的法律义务。

保税货物的通关与一般进出口货物不同，它不是在某一个时间上办理进口或出口手续后即完成了通关，而是从进境、储存或加工到复运出境的全过程，只有办理了这一整个过程的各种海关手续后，才真正完成了保税货物的通关。

（三）分类

保税货物分为保税加工货物和保税物流货物。保税货物的分类如图3-7所示。

做一做：登录在线学习平台（访问方式见前言），通过拖动的方式完成"保税货物通关流程，及单据整理和审核"的选择题。

（四）保税货物的报关通用程序

一般进出口货物的报关程序主要集中在进出境报关阶段。保税货物的报关程序要比一般进出口货物复杂，在进出境报关前后分别包括前期备案保税申请阶段和后期核销结关阶段。

（1）备案保税申请阶段：备案保税申请阶段实质上是经海关批准货物保税进境资格的过程。对于不同的保税货物，其具体保税进口资格获得形式可能不同，但内涵均是一致的。

（2）进出境报关阶段：经海关批准的保税货物只要通过关境，就必须经过进出境报关阶段，与一般进出口货物的报关阶段不同的是，保税货物暂缓纳税，不进入纳税阶段。

（3）核销结关阶段：在完成保税进出境目的后，保税货物的经营者都必须向其主管海关申请核销，海关受理后，根据保税货物不同情况进行核销，最终予以结关销案。

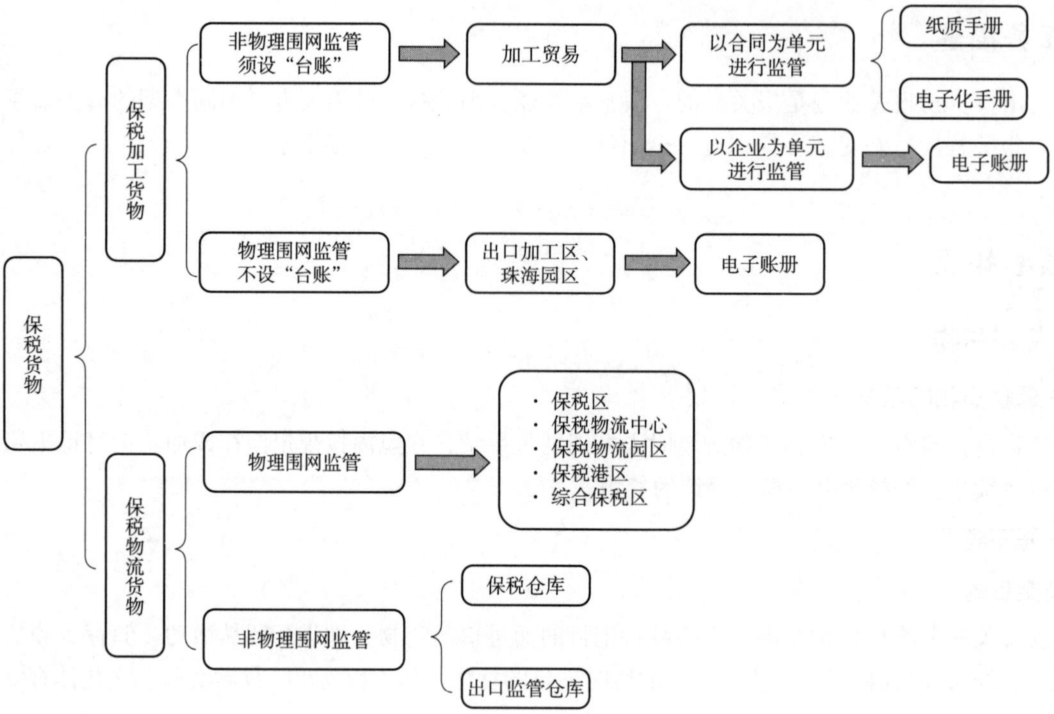

图3-7 保税货物的分类

二、保税加工货物

（一）含义

保税加工货物是经海关批准保税，即未办理纳税手续进境（暂时免纳税），在境内加工、装配后复运出境的货物，具体包括加工贸易货物、出口加工区货物和珠海园区货物等。加工贸易俗称“两头在外”的贸易，分为来料加工和进料加工两种形式。

（二）基本特征

保税加工货物，料件进口时暂缓缴纳进口关税及进口环节海关代征税，成品出口时除另有规定外无须缴纳关税；料件进口时除国家另有规定外免予交验进口许可证件，成品出口时凡属许可证件管理的，必须交验出口许可证件；进出境海关现场放行并未结关。基本特征如下：①最终应复运出境；②经海关批准，暂缓纳税（缓税）；③经海关批准，暂缓交证（缓证）；④按最终流向办理相应的海关手续；⑤放行未结关，核销即结关。

（三）保税加工货物的形式

保税加工货物又被称为加工贸易保税货物，通常有来料加工和进料加工两种形式。

1. 加工贸易的含义

加工贸易俗称“两头在外”的贸易，即原材料、辅料、零部件、元器件、配套件和包装物料（以下简称料件）从境外进口。在境内加工装配后，成品运到境外的贸易。

2. 加工贸易的形式

加工贸易可以分为来料加工和进料加工。

（1）来料加工，是指进口料件由境外企业提供，经营企业不需要付汇进口，按照境外企业的要求进行加工或者装配，只收取加工费，制成品由境外企业销售的经营活动。

（2）进料加工，是指进口料件由经营企业付汇进口，制成品由经营企业外销出口的经营活动。

来料加工与进料加工的异同见表3-7。

表 3-7　来料加工与进料加工的异同

<table>
<tr><th colspan="2">区　别</th></tr>
<tr><th>来料加工</th><th>进料加工</th></tr>
<tr><td>• 料件由外商免费提供
• 我方按照外商的要求进行加工、装配
• 成品由外商负责销售
• 我方收取劳务费和加工费
• 不承担风险</td><td>• 料件由国内企业自己出资购买
• 我方根据市场要求进行加工、装配
• 成品或半成品由我方自己负责对外销售
• 我方赚取材料成本价与成品销售价之间的差价
• 我方承担所有的风险</td></tr>
<tr><th colspan="2">联　系</th></tr>
<tr><th>来料加工</th><th>进料加工</th></tr>
<tr><td colspan="2">• 料件来自国外，成品在国外销售
• 料件都属于保税货物
• 料件进口都免交许可证件
• 都要办理核销手续</td></tr>
</table>

3. 加工贸易货物的特点

（1）加工贸易货物的进口必须事先在海关设立手册或账册。

（2）加工贸易货物进口时无须缴纳进口关税和进口环节税。

（3）加工贸易货物在境内经加工装配后复运出境，若保税加工货物转内销，须经批准并交验许可证件，缴纳税费。

（4）加工贸易货物一般须复运出境，成品出口时除另有规定外无须缴纳关税，提交许可证件。

4. 加工贸易货物的范围

加工贸易货物的范围为专为加工、装配出口产品而从国外进口且海关准予保税的原材料、零部件、元器件、包装物料、辅助材料，以及在加工贸易生产过程中产生的边角料、残次品和副产品，用进口保税料件生产的半成品、成品。

（四）保税加工货物的监管模式

海关对保税加工货物采取两类监管模式：一是物理围网的监管，包括出口加工区和珠海园区，采用电子账册管理；二是非物理围网的监管，采用纸质手册管理和计算机联网管理。

（1）物理围网监管：经国家批准，在境内或边境线上划出一块地方，让企业在围网内专门从事保税加工业务，由海关进行封闭式监管，如出口加工区、珠海园区。保税区和保税港区也有保税加工功能。

（2）非物理围网：海关通过电子数据与加工区的保税工厂进行联网，对保税工厂的货物进行管理，包括纸质手册和联网监管两种方式。

①纸质手册管理一种传统的监管模式，主要用加工贸易纸制手册进行加工贸易合同内容的备案，凭以进出口，并记录进口料件及出口成品的实际情况，最终办理核销结案手续。

②计算机联网监管是一种高科技的监管方式，主要是应用计算机手段实现海关对加工贸易企业实施监管，建立电子账册或电子化手册，备案、进口、出口、核销，全部通过计算机进行。这种监管方式分为两种：一种是针对大型企业的，以建立电子账册为主要标志，以企业为单元进行管理；另一种是针对中小企业的，以建立电子化手册为主要标志，继续以合同为单元进行管理。

（五）保税加工货物的报关程序

1. 保税加工货物的管理（见图 3-8）

（1）商务审批。加工贸易业务必须经过商务主管部门审批才能进入海关备案程序，去办理联网监管、纸质手册或电子化手册、电子账册。经审批后，凭商务主管部门出具的“加工贸易业务批准证书或经营范围批准证书”与“加工贸易企业经营状况和生产能力证明”以及商务主管部门审批同意的加工贸易合同到海关备案。

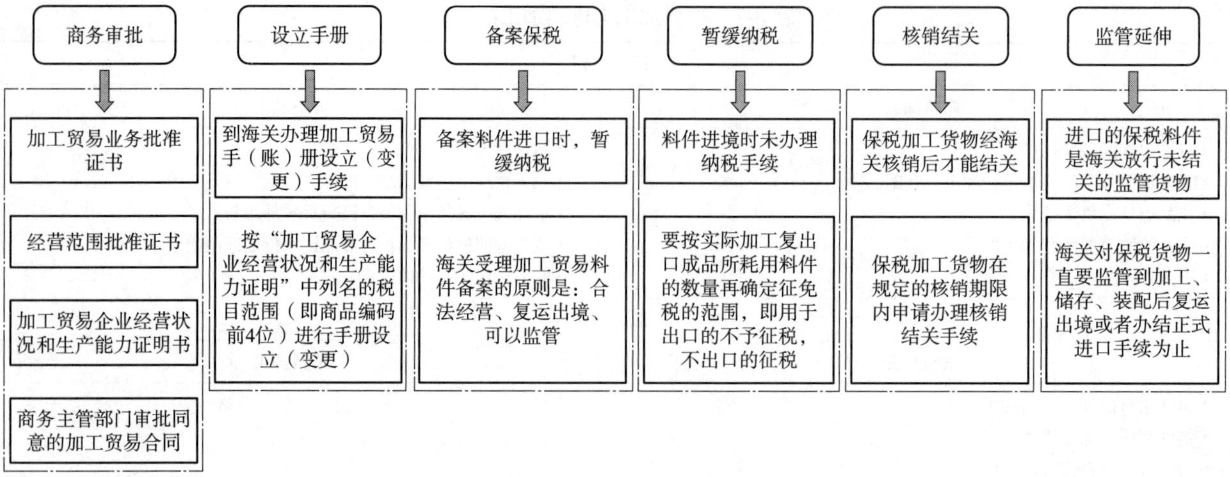

图3-8 保税加工货物的管理

（2）手册设立。根据商务部和海关总署有关规定，开展加工贸易业务的企业须凭商务主管部门或海关特殊监管区域管委会出具的有效期内的"加工贸易企业经营状况和生产能力证明"到海关办理加工贸易手（账）册设立（变更）手续，并按"加工贸易企业经营状况和生产能力证明"中列明的税目范围（即商品编码前4位）进行手册设立（变更）。

（3）备案保税。海关批准保税加工是通过受理备案来实现的。凡是准予备案的加工贸易料件，进口时可以暂不办理纳税手续，即保税进口。海关受理加工贸易料件备案的原则：合法经营、复运出境、可以监管。

（4）暂缓纳税。料件进境时未办理纳税手续，要按实际加工复出口成品所耗用料件的数量再确定征免税的范围，即用于出口的不予征税，不出口的征税。

（5）核销结关。保税加工货物经过海关核销后才能结关。纸质手册或电子化手册有效期为到期之日起或最后一批成品出运后30天内；电子账册报核期限，以180天为1个报核周期，满180天后的30天内报核；出口加工区加工企业每180天向海关申报1次保税加工货物的进出境、进出区的实际情况；珠海园区内经营保税加工企业每年向海关报核手续1次。核销结关见表3-8。

表 3-8 核销结关

类 型	保税期限	经批准可延期	核销期限
纸质手册	1 年	1 年	到期之日或最后一批成品出运后30天
电子化手册			
电子账册	第一批至撤销止	—	满180天后的30天内
出口加工区	进区至办结手续止	—	每180天申报1次
珠海园区		—	每年报核1次

（6）监管延伸。进口的保税料件是海关放行未结关的监管货物，无论在时间上还是空间上，都处在海关的监管之下。从时间上看，海关对保税货物有监管期限；从空间而言，海关对保税货物一直要监管到加工、储存、装配后复运出境或者办结正式进口手续为止。纸质手册和电子化手册管理的保税加工期限，原则上不超过1年，经批准可延长1年；电子账册管理的料件保税期限，以企业的电子账册记录第一批料件进口之日起到该电子账册被撤销止；出口加工区和珠海园区保税加工的期限，从加工贸易料件进区到加工贸易成品出区办结海关手续止。

2. 纸质手册管理下的保税加工货物报关程序

目前海关对加工贸易货物的监管有两种模式：一是联网监管，二是常规监管。目前海关对加工贸易货物的监管仍以常规监管模式为主，这种模式以合同为载体，适用于管理来料加工、进料加工、外资企业履行产品出口合同、保税工厂、保税集团等形式下进出口的保税货物。常规监管模式基本程序主要包括合同备案、进出口报关、合同报核三个步骤。

（1）合同备案（报关前期阶段）。加工贸易合同备案是指加工贸易企业持合法的加工贸易合同到主管海关备案，申请保税并领取“加工贸易登记手册”或其他准予备案凭证的行为。合同备案的步骤：

①企业办理加工贸易合同备案前需要报商务主管部门审批合同。

②领取“加工贸易业务批准证”和“加工贸易企业经营状况和生产能力证明”；需要领取其他许可证件的还要向有关主管部门申领许可证件。

③将合同相关内容预录入与主管海关联网的计算机。

④由海关审核确定是否准予备案，准予备案的，签发“海关注册登记证明”，由海关确定是否需要开设加工贸易银行保证金台账。不需要开设台账的，直接向海关领取“加工贸易登记手册”或其他备案凭证。

⑤需办理开设台账手续的，应向银行（中国银行、工商银行）办理台账保证金专用账户设立手续，并且凭“海关注册登记证明”向银行进行一次性备案登记。

⑥企业开设台账后，银行签发电子“银行保证金台账登记通知单”。

⑦企业凭银行签发“银行保证金台账登记通知单”向海关办理加工贸易备案手续，海关签发“加工贸易登记手册”或其他备案凭证。加工贸易合同备案步骤如图3-9所示。

知识拓展

保证金台账制度

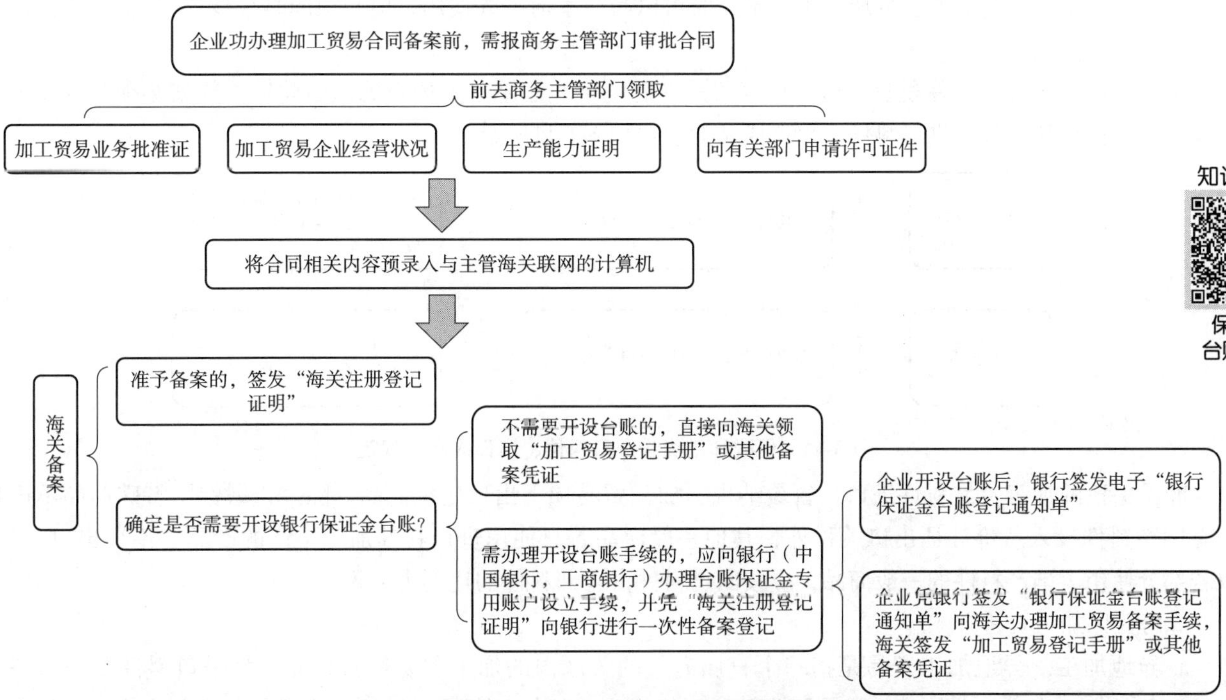

图3-9　加工贸易合同备案步骤

银行与海关目前采用台账电子化联网管理模式。企业可在网上开立账户，在预录入端收到回执后，直接凭银行签发的电子“银行保证金台账登记通知单”向海关办理加工贸易备案手续，无须再往返于海关与银行之间传递单证，有关单证的电子数据均可实现网上传输。合同备案的内容如图3-10所示，以及加工贸易备案需提供许可证件的商品。此类商品及其对应的许可证见表3-9。

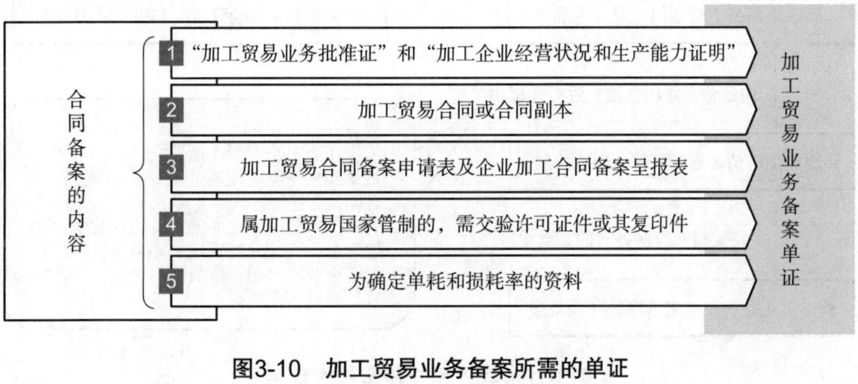

图3-10　加工贸易业务备案所需的单证

表 3-9　加工贸易备案需提供许可证件的商品

商品名称	许可证件
消耗臭氧层物质	进出口许可证
易制毒化学品	进出口许可证件或两用物项进出口许可证件
监控化学品	
音像制品	新闻出版部署批文
印刷品	
地图产品	自然资源部（测绘地理信息管理）批文
工业再生废料	生态环境部的废物进口许可证

企业在领取“加工贸易登记手册”的基础上，在企业多口岸报关周转困难或异地深加工结转需要的情况下，申领“登记手册”分册。分册进出口报关时可以与原手册分开使用，但必须同时报核。

（2）进出口报关。

①进出境货物报关。保税货物进出境报关是在有电子底账基础上的报关，因此报关数据必须与备案数据完全一致。保税加工货物进口料件、出口成品的规定如图3-11所示。

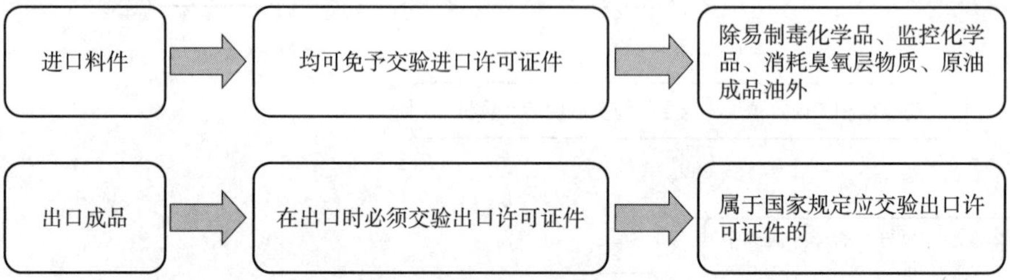

图3-11　保税加工货物进口料件、出口成品的规定

准予保税的加工贸易料件进口，暂缓纳税。加工贸易项下出口应税商品，除“未锻铝”特殊商品不论是否有国产料件投入从价计征出口关税外，其他一般商品若只使用进口料件加工生产的产品，不征出口关税；但若部分使用了国产料件的一般商品，应按国产料件占全部料件的比例来征税。

②跨关区加工贸易方式。

a. 异地加工。异地加工贸易是指一个直属海关的关区内的加工贸易经营企业，将进口料件委托另一个直属海关的加工生产企业加工，成品回收后，再组织出口的加工贸易。异地加工贸易备案基本程序如图3-12所示。

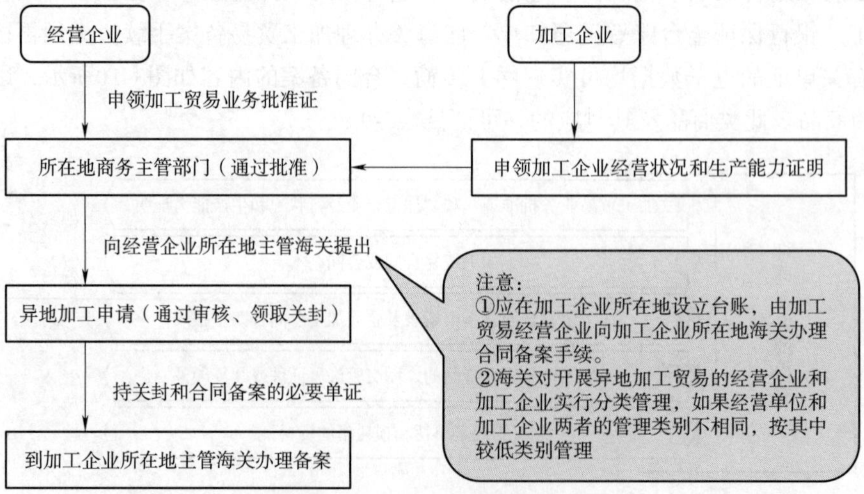

图3-12　异地加工备案基本程序

b. 外发加工。是指经营企业因受自身生产特点和条件限制，经海关批准并办理有关手续，委托承揽企业对加工贸易货物进行加工，在规定期限内将加工后的产品运回本企业并最终复出口的行为。

应注意的是，外发加工的成品、剩余料件及生产过程中的边角料、残次品、副产品等，原则上须运回经营企业，但若经营企业所在地主管海关批准，也可以不运回，直接出口至境外、海关特定监管区，或者以深加工结转方式出口。由经营单位向所在地海关办理外发加工合同备案手续，应向海关提交单证：

- 经营企业签章的“加工贸易货物外发加工申请表”。
- 经营企业与承揽企业签订的加工合同或协议。
- 承揽企业营业执照复印件。
- 经营企业签章的“承揽企业经营状况和生产能力证明”。
- 海关需要收取的其他单证和材料。

经营企业申请开展外发加工业务，应当如实填写“加工贸易货物外发加工申请审批表”和“加工贸易外发加工货物外发清单”，经海关审核批准后，方可进行外发加工。

（3）合同报核（报关后续阶段）。报核和核销流程如图3-13所示。

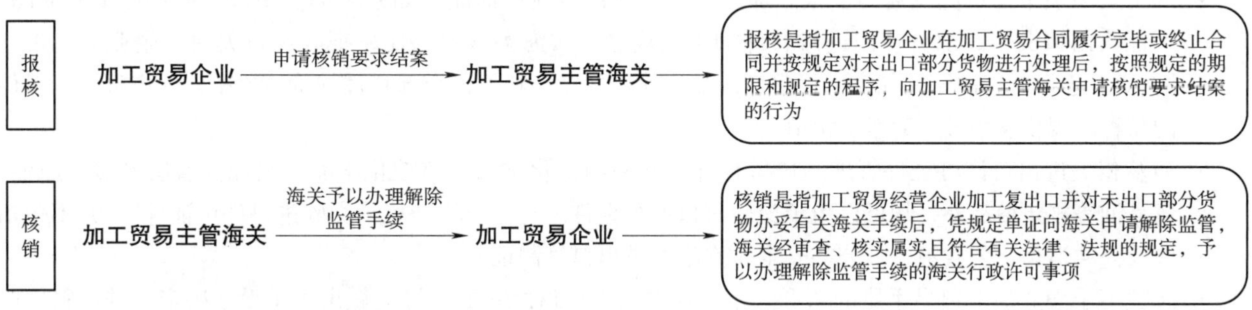

图3-13　报核和核销流程

经营企业应该在规定的期限内将进口料件加工复出口，并自加工贸易手册项下最后一批成品出口或者加工贸易手册到期之日起30日内向海关报核。一般情况下的报核，应递交的主要报核单证具体包括：合同核销申请表（预录入）、加工贸易登记手册（包括分册、续册）、进出口货物报关单、核销核算表、其他海关需要的资料。

3. 计算机联网监管下的保税加工货物报关程序

联网监管：海关通过计算机网络实行全过程计算机管理的加工贸易企业提取监管必需的物流、生产经营等数据，与海关计算机管理系统相连接，从而实施对保税货物监管的一种模式。目前有电子化手册管理和电子账册管理两种监管模式。

（1）电子化手册管理。

①电子化手册概述：

a. 电子化手册含义。电子化手册是以加工贸易合同为管理对象，在手册设立、通关、核销等环节采用“电子手册＋自动核算”的模式取代纸质手册，并实现“电子申报、网上备案、无纸通关、无纸报核”的监管模式。

b. 电子化手册功能。企业凭电子化手册，通过国际贸易“单一窗口”申报加工贸易货物进出境、深加工结转、外发加工、保税货物内销、核销等电子数据。系统对电子化手册数据自动对碰、自动审核、自动放行、自动核扣。

c. 电子化手册编码规则。手册编号由12位阿拉伯数字和大写英文字母组成。第1位为英文字母，其中B表示来料加工，C表示进料加工，D表示不作价设备；第2～5位表示海关关区代码；第6、7位表示年份；第8～12是手册顺序号，手册顺序号首位为大写字母A。

②电子化手册前期设立监管。电子化手册设立，是指企业凭加工贸易合同，向所在地主管海关办理电子化手册，海关对申报内容予以审核后建立电子化手册的过程。

a. 手册设立的基本流程。企业通过金关二期加贸管理系统直接发送手册设立（变更）数据，上传加工贸易合同或协议，以及海关按规定需要收取的其他单证和资料。海关按规定对企业申报的手册设立（变更）数据进行审核并反馈，相关处置完成后，系统生成（变更）电子化手册。

b. 手册设立需申报的单证资料：

- 首次办理的企业，登录“加工贸易企业经营状况及生产能力信息系统”，自主填报相关信息表并对信息真实性做出承诺。信息表有效期为自填报（更新）之日起1年，到期后或相关信息发生变化，企业应及时更新信息表。
- 办理加工贸易货物的手册设立手续时，企业应向海关如实申报贸易方式、单耗、进出口口岸，以及进口料件和出口成品的商品名称、商品编号、规格型号、价格和原产地等情况，并且提交下列单证：经营企业对外签订的合同，经营企业委托加工的，应当提交经营企业与加工企业签订的委托加工合同，海关认为需要提交的其他证明文件和材料。
- 加工贸易项下出口应税商品申报。加工贸易项下出口应税商品，如系全部使用进口料件加工的成品，不征收出口关税；部分使用进口料件加工的成品，按海关核定的比率征收出口关税。企业应在设立（变更）手册时，向海关如实申报出口成品中使用的国产料件占全部料件的价值比率，并申报国产料件的品种、规格、型号、数量、价值。
- 涉及相关进出口许可证件管理。进口料件，除易制毒化学品、监控化学品、消耗臭氧层物质、原油、成品油等规定商品外，均可以免予交验进口许可证件。这里所称“免予交验进口许可证件”，并不包括涉及公共道德、公共卫生、公共安全所实施的进出口管制证件。
- 海关不予设立加工贸易手册的情形。企业存在以下情形之一的，海关做出不予设立决定：进口料件或者出口成品属于国家禁止进出口的；加工产品属于国家禁止在我国境内加工生产的；进口料件不宜实行保税监管的；经营企业或者加工企业属于不允许开展加工贸易的；经营企业未在规定期限内向海关报核已到期手册，又重新申报设立手册的。

③电子化手册中期监管。

a. 深加工结转。加工贸易企业将保税进口料件加工的产品转至另一加工贸易企业进一步加工后复出口的经营活动。

企业通过金关二期加贸管理系统办理加工贸易深加工结转业务时，应在规定的时间内直接向海关申报保税核注清单及报关单办理结转手续。企业应于每月15日前对上月深加工结转情况进行保税核注清单及报关单的集中申报。

b. 外发加工。是指经营企业因受自身生产特点和条件限制，经海关备案并办理有关手续，委托承揽企业对加工贸易货物进行加工，在规定期限内将加工后的产品运回本企业并最终复出口的行为。

企业通过金关二期加贸管理系统办理加工贸易外发加工业务，应按外发加工的相关管理规定，自外发之日起3个工作日内向海关申报“外发加工申报表”及报备经营企业与承揽企业签订的加工合同或协议、承揽企业营业执照复印件等。

c. 加工贸易料件串换。经营企业应向海关提交加工贸易料件串换的书面申请，详细说明加工出口产品急需的有关情况，随附相关出口合同，以及串换料件涉及的加工贸易手册，列明串换保税料件的品名、规格、数量的清单。

料件串换仅限于进料加工，来料加工进口料件不得串换；料件串换应为同一经营企业、同一加工企业的保税料件和保税料件之间、保税料件和非保税料件之间，且必须同品种、同规格、同数量；串换应在加工贸易手册有效期或核销周期内，企业备案进口保税料件有余额且为加工出口产品急需，已核销的加工贸易手册不得申请串换。

d. 加工贸易货物内销。是指经营企业申请将加工贸易料件或加工过程中的成品、半成品、残次品、边角料、副产品及受灾保税货物转为国内销售，不再加工复出口的行为。

加工贸易货物因故转为内销的，海关对内销货物依法征收进口关税和进口环节税并加征缓税利息。内销货物属于国家对进口有限制性规定的，经营企业应向海关提交进口许可证件。

企业通过金关二期加贸管理系统办理加工贸易货物内销业务时，直接通过保税核注清单生成内销征税报关单，申报办理内销征税手续，不再向海关申报“加工贸易货物内销征税联系单”，加工贸易内销货物属于许可证件或配额管理的，须提交相关证件。

④电子化手册后期核销监管。核销，是指加工贸易经营企业在进口料件加工成品复出口，或者办理内销等海关手续后，向海关申请解除加工贸易手册监管，经海关审核属实且符合监管规定的，海关予以办理解除监管手续的行为。

经营企业应自加工贸易手册项下最后一批成品出口后，或者加工贸易手册到期之日起30日内向海关报核。加工贸易合同因故提前终止的，经营企业应当自合同终止之日起30日内向海关报核。企业通过金关二期加贸管理系统报核加工贸易进口料件、出口成品、单耗及剩余料件、边角料、残次品等相关数据信息。

（2）电子账册管理概述。

①加工贸易电子账册管理，是指海关以企业为管理单元并实施计算机联网，企业通过数交换平台或其他计算机网络方式向海关报送能满足海关监管要求的物流、生产经营等据，海关对数据进行核对、核算，并结合实物进行核查的一种监管模式。

②联网监管企业应当具备的条件。属于加工贸易生产型企业；企业管理机制、内控机制完备，内部ERP管理系统对物的采购、物流、仓储、生产、销售、单证的管理符合海关保税监管要求。

③申请联网监管应提交的单证。企业内部管理系统简介及内部管理情况说明、企业上年度财务审计报告、“企业加工贸易联网监管申报表”、《海关与企业加工贸易联网监管合作备忘录》，以及海关认为需要出具的其他证明文件和材料。

电子账册是海关以企业为单元，为联网企业建立的电子底账。实施电子账册管理的，联网企业原则上只设立一个电子账册。海关应根据联网企业的生产情况和海关监管需确定核销周期，按照周期对电子账册管理联网企业进行核销管理。

④电子账册前期设立监管。联网监管企业向主管海关申请办理经营范围电子账册（简称IE账册）设立手续，获得审核通过后再办理便捷通关电子账册（简称E账册）设立手续。其中，IE账册编码为“IE＋四位关区号＋两位年号＋四位流水号”；E账册编码为“E＋四位关区号＋两位年号＋五位流水号”，流水号首位为大写字母A；以企业为单位管理的E账册编码为“E＋四位关区号＋核销类型B＋0＋五位流水号”，流水号首位为大写字母A；以工单管理的E账册编码为“E＋四位关区号＋核销类型G＋0＋五位流水号”，流水号首位为大写字母A。

a. IE账册的设立。企业向主管海关申请办理IE账册设立手续时，应提交以下单证：工商经营执照复印件、企业加工贸易进口料件及出口成品清单。经审核，符合海关有关规定的，予以建立企业IE账册。

b. E账册的设立。企业通过金关二期加贸管理系统办理加工贸易账册设立（变更）。由企业根据自身管理实际，在满足海关规范申报和有关监管要求的前提下，自主向海关申报有关商品信息。企业内部管理商品与电子底账之间不是一一对应的，归并关系由企业自行留存备查，不再向海关申报归并关系。海关不予设立账册、不予变更账册的情形，参照电子化手册相关规定。

⑤电子账册中期监管。联网监管企业加工贸易料件串换、外发加工、深加工结转，加工贸易剩余料件、边角料、残次品、副产品、受灾保税货物处理，加工贸易货物销毁处置、内销集中纳税、抵押等，比照电子化手册管理的相关手续办理。

联网企业缴纳缓税利息的起始日期为内销料件或者制成品对应的电子账册最近一次核销之日。没有核销日期的，起始日期为内销料件或者制成品对应的电子账册首批料件进口之日。缴纳缓税利息的终止日期为海关签发税款缴款书之日。

⑥电子账册后期核销监管。联网监管企业加工贸易货物核销，是指加工贸易经营企业加工复出口或者办

结内销等海关手续后，凭相关单证向海关申请解除监管，海关经审查、核查属实且符合有关法律、行政法规、规章的规定，予以办理解除监管手续的行为。

知识拓展

保税核注清单

电子账册实行阶段性核销，核销周期不超过1年。海关完成电子账册核销的时限为下一个核销日期前，但最长不得超过180天。企业原则上应当在海关确定的核销期结束之日起30日内完成报核。

三、保税物流货物

（一）含义

保税物流货物是指经海关批准未办理纳税手续进境，在境内分拨、配送或储存后复运出境的货物，也称作保税仓储货物。已办结海关出口手续尚未离境，经海关批准存放在海关监管场所或特殊监管区域的货物，带有保税物流货物性质。

（二）基本特征

保税物流货物海关监管的基本特征如下：

（1）暂缓纳税：进境时，暂缓缴纳进口关税和进口环节海关代征税，复运出境免税，内销应当缴纳税费，不征收缓税利息。

（2）免许可证件：除国家另有规定外，进出境免予交验进出口许可证件。

（3）放行未结关：进境时，海关的现场放行不等于结关，进境后必须进入海关保税监管场所或特殊监管区域，运离这些场所或区域必须办理结关手续。

（三）保税物流货物的海关监管制度

保税物流货物监管制度具有“设立审批、准入保税、纳税暂缓、监管延伸、运离结关”的特点。

1. 设立审批

保税物流货物必须存放在经过法定程序审批设立的保税监管场所或者特殊监管区域。保税仓库、出口监管仓库、保税物流中心A型、保税物流中心B型，要经海关审批并核发批准证书，凭批准证设立及存放保税物流货物；保税物流园区、保税区、保税港区要经过国务院审批，凭国务院同意设立的批复设立，并经海关等部门验收合格才能进行保税物流货物的运作。未经法定程序审批同意设立的任何场所或区域都不得存放保税物流货物。

2. 准入保税

保税物流货物通过准予进入监管场所或监管区域来实现批准保税。这样，“准入保税”就成为海关保税物流货物监管的特点之一。海关对于保税物流货物的监管通过对保税监管场所或者特殊监管区域的监管来实现。以保税监管场所或者特殊监管区域实施监管成为海关对保税物流货物监管的重要职责，海关应当依法监管场所或者区域，按批准存放范围准予货物进入保税监管场所或者区域，不符合规定存放范围的货物不准进入。

3. 纳税暂缓

凡是进境进入保税物流监管场所或特殊监管区域的保税物流货物，在进境时都可以暂不办理进口纳税手续，等到运离海关保税监管场所或特殊监管区域时才办理纳税手续，或者征税，或者免税。在这一点上，保税物流监管制度与保税加工监管制度是一致的，但是保税物流货物在运离海关保税监管场所或特殊监管区域征税时不需同时征收缓税利息，而保税加工货物内销征税（除出口加工区、珠海园区和边角料外）时要征收缓税利息。

4. 监管延伸

（1）监管地点延伸：进境货物从进境地海关监管现场，已办结海关出口手续尚未离境的货物从出口申报地海关现场，延伸到保税监管场所或者特殊监管区域。

（2）监管时间延伸：

①保税仓库存放保税物流货物的时间是1年，可以申请延长，延长的时间最长1年。

②出口监管仓库，存放保税物流货物时间是6个月，可以申请延长，延长的时间最长6个月。

③保税物流中心A型存放保税物流货物的时间是1年，可以申请延长，延长的时间最长1年。

④保税物流中心B型存放保税物流货物的时间是2年，可以申请延长，延长的时间最长1年。

⑤保税物流园区、保税区存放保税物流货物的时间没有限制。

5. 运离结关

根据规定，保税物流货物报关具有报核程序，有关单位应定期以电子数据和纸质单证向海关申报规定时段保税物流货物的进、出、存、销等情况。实际结关的时间，除外发加工和暂准运离（维修、测试、展览等）需要继续监管以外，每一批货物运离保税监管场所或特殊监管区域，必须根据货物实际流向办结海关手续；办结海关手续后，该批货物就不再是运离的保税监管场所或特殊监管区域范围的保税物流货物。规定时间的报核已不具备最终办结海关手续的必要程序。

（四）保税物流货物的监管模式

保税物流货物的监管模式有两类：一类是非物理围网的监管模式，包括保税仓库、出口监管仓库、保税物流中心A型；另一类是物理围网的监管模式，包括保税物流中心B型、保税物流园区、保税区、保税港区。

（五）保税物流货物的管理要点

保税物流货物的监管要点见表3-10。

表 3-10　保税物流货物的监管要点

监管场所、区域名称	存货范围	储存期限	服务功能	审批权限	入区退税	备注
保税仓库	进口	1 年 +1 年	储存	直属海关	否	按月报核
出口监管仓库	出口①	半年 + 半年	储存/出口配送/国内结转	直属海关	否②	退换货物先入后出
保税物流中心	进出口	2 年 +1 年	储存/全球采购配送/国内结转/转口/中转③	海关总署	是	
保税物流园区	进出口	无限期	储存/贸易/全球采购配送/中转/展示	国务院	是	按年报核
保税区	进出口	无限期	物流园区功能+维修/加工	国务院	否	离境退税
保税港区	进出口	无限期	保税区功能/港口功能	国务院	是	

注：①出口配送型仓库可存放为拼装出口货物而进口的货物；②经批准享受入仓即退税政策的除外；③保税物流中心B型经营者不得开展物流业务。

笔记栏

技能训练

训练一　明确“保税加工货物”报关规定

回答引导问题

明确“保税加工货物”的内涵、基本特征、形式、海关管理，以及其与一般进口货物报关的区别：

1. “保税加工货物”内涵是____________________。

2. “保税加工货物”基本特征归纳如下：

（1）________________；（2）________________；

（3）________________；（4）________________；

（5）________________。

3. 保税加工货物的形式归纳如下：

保税加工货物又被称为加工贸易保税货物，通常有____________和____________两种形式。

（1）加工贸易的含义：

加工贸易俗称“两头在外”的贸易，即____________从境外进口。在____________后，____________的贸易。

（2）加工贸易的形式：

①来料加工，是指____________________。

②进料加工，是指____________________。

（3）将来料加工与进料加工的异同填写在表3-11中。

表 3-11　来料加工与进料加工的异同

类　别	联　系	区　别
来料加工	• ____________ • ____________ • ____________ • ____________	• ____________ • ____________ • ____________ • ____________ • ____________
进料加工		• ____________ • ____________ • ____________ • ____________ • ____________

4. “保税加工货物”的海关管理归纳如下：

（1）__________。经审批后，凭商务主管部门出具的____________与____________以及商务主管部门审批同意的加工贸易合同到海关备案。

（2）__________。开展加工贸易业务的企业须凭商务主管部门或海关特殊监管区域管委会出具的有效期内的“加工贸易企业经营状况和生产能力证明”到海关办理________________。

（3）__________。凡是准予备案的加工贸易料件，进口时可以____________，即保税进口。

海关受理加工贸易料件备案的原则：________________。

（4）________。料件进境时____________，要按____________________的范围，即________________________。

（5）________。保税加工货物________________________________。

（6）________。进口的保税料件是________________________。

5. 将保税加工货物与一般进口货物报关的区别填写在表3-12中。

表 3-12　保税加工货物与一般进口货物报关的区别

项目	一般进口货物	保税加工货物
税费缴纳		
证件交付		
特定目的		
最终去向		
报关阶段		
报关单证		
结关标志		

训练二　明确“保税物流货物”的报关规定

回答引导问题

明确“保税物流货物”的内涵、基本特征、海关监管制度、具体分类、监管模式、监管要点等。

1. 保税物流货物的内涵是指________________，在境内________________的货物，也称作保税仓储货物。

2. 保税物流货物的基本特征归纳如下：

（1）________，进境时，________________________，复运出境________，内销应当________________，不征收缓税利息。

（2）免许可证件，除国家另有规定外，进出境________________________。

（3）________，进境时，海关的现场____________，进境后必须____________，远离这些场所或区域必须________________。

3. 保税物流货物的海关监管制度归纳如下：

（1）设立审批，保税物流货物必须存放在________________________。

（2）准入保税，保税物流货物通过准予________________________。这样，________就成为海关保税物流货物监管的特点之一。

（3）纳税暂缓，凡是进境________________________保税物流货物在进境时都可以________________，等到________________________时才办

理________手续，或者__________，或者__________。

（4）监管延伸：

- 监管地点延伸：进境货物从进境地海关监管现场，已办结海关出口手续尚未离境的货物从____________，延伸到______________________________。
- 监管时间延伸：

①保税仓库存放保税物流货物的时间是______________________________。

②出口监管仓库，存放保税物流货物时间是______________________________。

③保税物流中心A型存放保税物流货物的时间是______________________________。

④保税物流中心B型存放保税物流货物的时间是______________________________。

⑤保税物流园区、保税区存放保税物流货物的时间______________________________。

（5）运离结关：

根据规定，保税物流货物报关具有____________，有关单位应______________________________向海关______________________________。实际结关的时间，除外发加工和暂准运离（维修、测试、展览等）需要继续监管以外，______________________________。

4. 画出保税物流货物的分类图，将关键词填写在图3-14中。

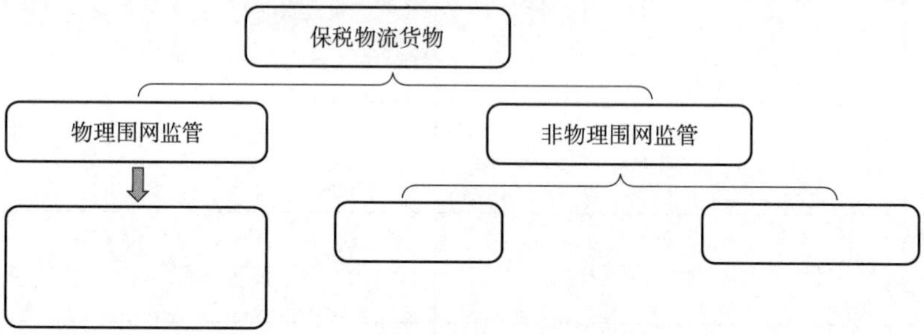

图3-14　保税物流货物的分类图

5. 保税物流货物的监管模式：

一类是______________________，包括______________________________；

另一类是____________________，包括______________________________。

6. 保税物流货物的管理要点，将关键词填写在表3-13中。

表3-13　保税物流货物的监管要点

监管场所、区域名称	存货范围	储存期限	服务功能	审批权限	入区退税	备注
					否	
	出口	半年+半年		直属海关	否	退换货物先入后出
					是	
				国务院	是	
	进出口	无限期			否	
				国务院	是	

任务评价

任务评分表见表3-14。

表 3-14 任务评分表

评价内容		分值	自评	互评	师评
知识评价	能够清晰表述保税货物含义、特征、分类、报关通用程序	10			
	能够清晰表述保税加工货物含义、特征、海关监管规定	10			
	能够清晰阐述保税加工货物报关流程	10			
	能够以表格形式整理来料加工与进料加工的异同	10			
	能够以表格形式整理保税货物与一般进出口货物的区别	10			
能力评价	模拟海关通关现场，通过角色扮演，能够分组整理并向海关递交保税货物所需报关单证	10			
	模拟海关通关现场，通过角色扮演，能够分组向海关申请办理保税加工货物的报关业务	10			
素养评价	拥有敬业爱岗、严谨细致、一丝不苟、精益求精、团结协作的职业态度	15			
	具备遵纪守法、廉洁自律、诚实守信、心存敬畏、守正创新的职业操守	15			
总分		100			

巩固与训练

一、单选题

1.（　　）是指经海关批准，未办理纳税手续进境，在境内储存、加工、装配后复运出境的货物，是一种海关监管货物。

A. 保税货物　　B. 暂准进境货物　　C. 特定减免税货物　　D. 一般进口货物

2. 保税加工货物的报关程序，具体包括（　　）。

A. 商务审批—设立手册—备案保税—暂缓纳税—监管延伸—核销结关

B. 商务审批—建立账簿—登记保税—缴纳税款—监管延伸—核销结关

C. 商务审批—设立手册—备案保税—暂缓纳税—监管延伸—放行结关

D. 商务审批—建立账簿—登记保税—免纳税费—监管延伸—放行结关

3. 保税货物的基本特征，错误的是（　　）。

A. 特定目的　　B. 暂免纳税　　C. 不复运出境　　D. 复运出境

4. 保税加工货物经过（　　）才能结关。

A. 海关报核后　　B. 海关放行后　　C. 海关核销后　　D. 海关验核后

5.（　　）是指进口料件由经营企业付汇进口，制成品由经营企业外销出口的经营活动。

A. 来料加工　　B. 进料加工　　C. 保税加工　　D. 出料加工

6. 下列（　　）从境外进口的货物照章征税。

A. 出口加工区从境外进口的区内企业自用的生产管理设备

B. 保税区企业从境外进口的仓储设备

C. 保税物流园区进口的仓储设施、管理设备

D. 出口加工区从境外进口的自用交通工具、生活消费品

7.（　　）是指经海关批准未办理纳税手续进境，在境内进行分拨、配送或储存后复运出境的货物。

A. 保税物流货物　B. 保税加工货物　C. 特定减免税货物　D. 暂准进境货物

8.（　　）是指已办结海关出口手续尚未离境，经海关批准存放在海关专用监管场所或特殊监管区域的货物。

A. 保税物流货物　B. 保税加工货物　C. 特定减免税货物　D. 暂准进境货物

二、简答题

1. 简述保税货物的含义及其基本特征。
2. 简述保税加工货物的含义及其基本特征。
3. 简述保税物流货物的含义及其基本特征。
4. 简述保税货物的具体分类及其报关通用程序。
5. 简述来料加工与进料加工的异同。
6. 简述保税加工货物的海关管理。

任务三　办理特定减免税货物的报关业务

情景导入

上海市红十字会某一直属单位进口一批英国赠与的残疾人专用仪器，经海关审批后，认定此批货物为特定减免税货物，获免税进口。载运该批货物的运输工具抵达洋山港，收货人委托上海元初物流有限公司办理此批货物的进口，报关员林梦梦持“进出口货物征免税证明”及全套通关单据向洋山海关进行了申报，洋山海关在审核申报后免税放行。两年后，该单位在未经过海关许可的情况下，将此批专用仪器租赁给其他单位使用，双方签订租赁协议，协议中约定：租赁期为2年，年租金为10万元。假如你是报关员林梦梦，你会如何处理下列任务？

（1）报关员处理上述货物时，应向海关申请办理哪些手续？递交哪些通关单证？

（2）向海关申领“进出口货物征免税证明”，报关员应明确哪些规定？

学习目标

知识目标：

（1）掌握特定减免税货物的含义、特征、分类、海关管理。

（2）熟悉特定减免税货物的报关程序、“进出口货物征免税证明”的规定。

技能目标：

（1）能整理并向海关递交特定减免税货物的报关单证。

（2）能向海关申请办理特定减免税货物的报关业务。

素养目标：

拥有敬业爱岗、严谨细致、一丝不苟、精益求精、团结协作的职业态度，具备遵纪守法、廉洁自律、诚实守信、心存敬畏、守正创新的职业操守，积极配合海关开展特定减免税货物的报关业务。

任务描述

办理特定减免税货物报关业务是报关员的一项基本技能，因此报关员需要掌握不同类型的海关监管货物的内涵、特征、报关程序。在对核心知识进行全面深入的学习后，结合上述情景尝试向海关申请办理特定减免税货物的报关业务。

核心知识

一、特定减免税货物概述

（一）特定减免税货物的含义

特定减免税货物是指海关根据国家的政策规定准予货物在进口时减纳或免纳进口各税，进口后必须在特定的条件和规定的范围内使用，直至监管时限到期经核销后（或自行）解除监管的进出口货物，属于海关监管货物。其中，“特定的条件和规定的范围”是指“特定地区”“特定企业”“特定用途”。

（1）“特定地区”是指我国关境内，由国家规定的某一特别限定区域，享受减免税的货物只能在这一专门规定的区域内使用。特定地区进口减免税货物主要包括保税区、出口加工区、保税物流园区、保税港区、自由贸易试验区等特定区域进口的区内生产性基础设施项目所需的机器、设备和基建物资等，区内企业进口企业自用的生产、管理设备等，以及区内管理机构自用合理数量的管理设备和办公用品等。

（2）“特定企业”是指国家专门规定的企业，享受减免税优惠的货物只能由这些规定的企业使用。特定企业减免税进口货物主要包括外商投资项目属于《外商投资产业指导目录》中鼓励类项目等产业条目项下的如下货物：投资额度内进口自用设备及随设备进口的配套技术、配件、备件，国家重点鼓励发展产业的国内投资项目在投资总额内进口的自用设备，外国政府贷款和国际金融组织贷款项目进口的自用设备等。

（3）“特定用途”是指货物用于国家规定的用途，如残疾人康复用的训练设备等。特定用途减免税进口货物主要包括具备资格的科研机构和大专院校进口的国内不能生产或者性能不能满足需要的科学研究和教学用品、残疾人专用品及残疾人组织和单位进口的货物等。

（二）特定减免税货物的基本特征

特定减免税货物的基本特征：①监管期限届满后方可解除海关监管；②进口后在特定的海关监管期限内必须接受海关监管；③除另有规定外，应提交进口许可证件；④特定条件下减免进口关税、进口环节增值税、不免进口消费税。

（三）分类

特定减免税货物的分类如表3-15所示。

表 3-15　特定减免税货物分类表

特定减免税货物的分类			免征税种
外商投资企业进口物资	属于国家鼓励发展产业中的外商投资项目	在投资额内进口的自用设备除《外商投资项目不予免税的进口商品目录》所列商品以外	免征进口关税和进口环节增值税
		按照合同随设备进口的技术及配套件、备件	
	属于国家鼓励发展产业的外商投资企业、外商研究开发中心、先进技术型、产品出口型的外商投资企业	在企业投资额以外的自有资金（指企业储备基金、发展基金、折旧、税后利润）内，对原有设备更新和维修、进口国内不能生产或性能不能满足需要的设备，以及上述设备配套的技术、配件、备件	
国内投资项目进口设备		属国家重点鼓励发展产业的国内投资项目，在投资额内进口的自用设备，除《国内投资项目不予免税的进口商品目录》所列商品外	
		按照合同随设备进口的技术及配套件、备件	
贷款项目进口物资		按照合同随设备进口的技术及配套件、备件	
特定区域物资		保税区、出口加工区等特定区域进口的区内生产性基础项目所需的机器、设备和基建物资	免征关税、增值税、消费税

续表

特定减免税货物的分类		免征税种
特定区域物资	区内企业进口企业自用的生产、管理设备和自用合理数量的办公用品及其所需的维修零配件，生产用燃料，建设生产厂房、仓储所需的物资、设备	免征关税、增值税、消费税
	行政管理机构自用合理数量的管理设备和办公用品及其所需的维修零配件	
科教用品	从事科学研究开发的机构和国家教育部承认学历的全日制大专院校，不以营利为目的，在合理数量范围内进口国内不能生产的科学研究和教学用品，且直接用于科学研究或者教学的	
残疾人专用品	民政部直属企事业单位和省、自治区、直辖市民政部门所属福利机构和康复机构进口的残疾人专用物品	
救灾捐赠物资	对外国民间团体、企业、友好人士和华侨、港澳居民和台湾同胞无偿向我国境内受灾地区（限于新华社对外发布和民政部《中国灾情信息》公布的受灾地区）捐赠的直接用于救灾的物资，在合理数量范围内	
扶贫慈善捐赠物资	对境外捐赠人无偿向受赠人捐赠的直接用于扶贫、慈善事业的物资	免征进口关税和进口环节增值税

（四）海关管理

1. 申请人及主管海关

（1）申请人。特定减免税须经符合资格的申请人向主管地海关申请才可享受减免税。进出口货物减免税申请人，是指根据有关进出口税收优惠政策和相关法律、行政法规的规定，可以享受进出口税收优惠，并依照规定向海关申请办理减免税相关业务的具有独立法人资格的企事业单位、社会团体、民办非企业单位、基金会、国家机关。

（2）主管海关。

①减免税申请人为企业法人的，主管海关是指其办理企业法人登记注册地的海关。

②减免税申请人为事业单位、社会团体、民办非企业单位、基金会、国家机关等非企业法人组织的，主管海关是指其住所地海关。

③减免税申请人为投资项目单位所属非法人分支机构的，主管海关是指其办理营业登记地的海关。

④对于投资项目所在地海关与减免税申请人办理企业法人登记注册地海关或者办理营业登记地海关不是同一海关的，投资项目所在地海关为主管海关。

⑤投资项目所在地涉及多个海关的，有关海关的共同上级海关或者共同上级海指定的海关为主管海关。

2. 特定减免税的申请与审核确认

减免税申请人按照有关进出口税收优惠政策的规定申请减免税进出口相关货物，应在货物申报进出口前，取得相关政策规定的享受进出口税收优惠政策资格的证明材料，并凭“进出口货物征免税证明表”，事业单位法人证书或者国家机关设立文件、社会团体法人登记证书、民办非企业单位法人登记证书、基金会法人登记证书等证明材料，进出口合同、发票及相关货物的产品情况资料等，向主管海关申请办理减免税审核确认手续。除有关进出口税收优惠政策或者其实施措施另有规定外，进出口货物征税放行后，减免税申请人申请补办减免税审核确认手续的，海关不予受理。

主管海关应当自受理减免税审核确认申请之日起10个工作日内，对减免税申请人主体资格、投资项目和进出口货物相关情况是否符合有关进出口税收优惠政策规定等情况进行审核，并出具进出口货物征税、减税或者免税的确认意见，制发“中华人民共和国海关进出口货物征免税证明”。

3. 特定减免税货物的通关

进口货物申报时，进口单位应按规定将征免税证明编号填写在进口货物报关单“备案号”栏目中。对有下列情形之一的，减免税申请人可以向海关申请办理有关货物凭税款担保先予放行手续：

（1）有关进出口税收优惠政策或者其实施措施明确规定的。

（2）主管海关已经受理减免税审核确认申请，尚未办理完毕的。

（3）有关进出口税收优惠政策已经国务院批准，具体实施措施尚未明确，主管海关能够确认减免税申请人属于享受该政策范围的。

（4）其他经海关总署核准的情形。

减免税申请人需要办理税款担保手续的，应当在货物申报进口前向主管海关提出申请，并按照有关税收优惠政策的规定向海关提交相关材料。主管海关在受理申请之日起5个工作日内，做出是否准予担保的决定。准予担保的，进出口地海关凭主管海关出具的“准予办理税款担保证明”办理货物的税款担保和验放手续。国家对进出口货物有限制性规定，应当提供许可证件而不能提供的，以及法律、行政法规规定不得担保的其他情形，进出口地海关不予办理减免税货物凭税款担保放行手续。减免税申请人在减免税货物税款担保期限届满前取得征免税证明，并已向海关办理征税、减税或者免税相关手续的，申报地海关应当解除税款担保。

4. 特定减免税进口货物的后续管理

除海关总署另有规定外，进口特定减免税货物的海关监管年限为：船舶、飞机为8年，机动车辆为6年，其他货物为3年。监管年限自货物进口放行之日起计算。

在海关监管年限内，减免税申请人应当于每年6月30日（含当日）以前向主管海关提交“减免税货物使用状况报告书”，报告减免税货物使用状况。超过规定期限未提交的，海关按照有关规定将其列入信用信息异常名录。在海关监管年限内，减免税货物应当在主管海关审核同意的地点使用。除有关进口税收优惠政策实施措施另有规定外，减免税货物需要变更使用地点的，减免税申请人应当向主管海关提出申请，并说明理由；经主管海关审核同意的，可以变更使用地点。

对海关监管年限内的减免税货物，减免税申请人要求提前解除监管的，应当向主管海关提出申请，并办理补缴税款手续。进口时免予提交许可证件的减免税货物，按照国家有关规定需要补办许可证件的，减免税申请人在办理补缴税款手续时还应当补交有关许可证件。有关减免税货物自办结上述手续之日起，解除海关监管。减免税货物海关监管年限届满的，自动解除监管。在海关监管年限内及其后3年内，海关依照《海关法》《中华人民共和国海关稽查条例》等有关规定，对有关企业、单位进口和使用减免税货物情况实施稽查。

二、特定减免税货物的报关程序

减免税货物的报关程序具体包括减免税备案和审批、进口报关、减免税货物的处置（包括使用期间核查、解除海关监管）三个阶段（见图3-15）。

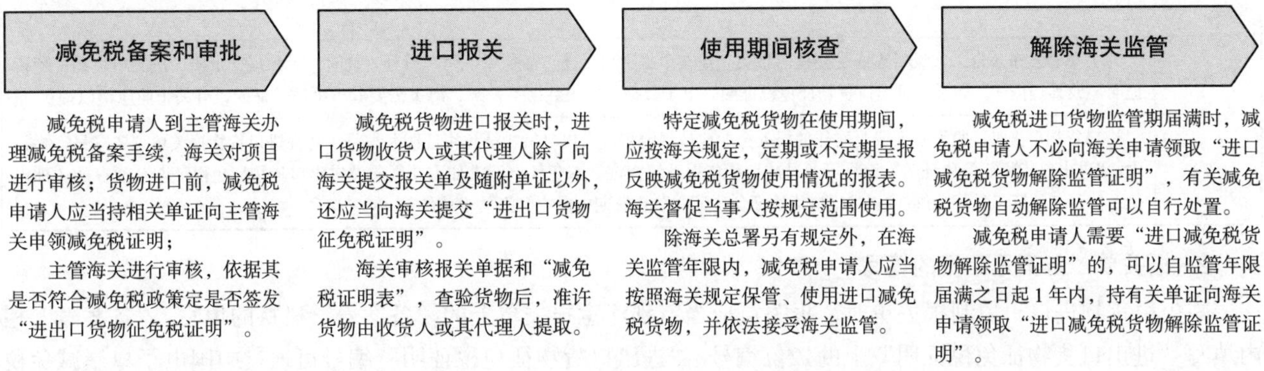

图3-15　特定减免税货物的报关程序

做一做：登录在线学习平台（访问方式见前言），通过拖动方式完成“小茂报关记——特定减免税进口货物报关流程”的填空题。

（一）减免税备案和审批

1. 减免税备案

减免税申请人到主管海关办理减免税备案手续，海关对申请享受减免税优惠政策的减免税申请人进行资格确认，对项目是否符合减免税政策要求进行审核，确定项目的减免税额度等事项。

2. 减免税审批

减免税备案后，货物进口前，减免税申请人应当持以下单证向主管海关申领减免税证明：

（1）进出口货物征免税申请表。

（2）企业营业执照或者事业单位法人证书、国家机关设立文件、社团登记证书、民办非企业单位登记证书、基金会登记证书等证明材料。

（3）进出口合同、发票及相关货物的产品情况资料。

（4）相关政策规定的享受进出口税收优惠政策资格的证明材料。

（5）海关认为需要提供的其他材料。

3. “进出口货物征免税证明”的申领

主管海关进行审核，确定其所申请货物的免税方式，依据其是否符合减免税政策要求决定是否签发“进出口货物征免税证明”；“进出口货物征免税证明”的有效期一般为6个月，如情况特殊，可以向海关申请延长一次，延长的最长期限为6个月；实行“一批一证”“一证一关”。

（二）进口报关

减免税货物进口报关程序，可参见一般进出口货物的报关程序中的有关内容。但是减免税货物进口报关的有些具体手续与一般进出口货物的报关有所不同：

1. 递交“进出口货物征免税证明”

减免税货物进口报关时，进口货物收货人或其代理人除了向海关提交报关单及随附单证以外，还应当向海关提交“进出口货物征免税证明”，海关对“进出口货物征免税证明”的规定见表3-16。

表 3-16　海关对“进出口货物征免税证明”的规定

序号	相关规定
（1）	“进出口货物征免税证明”的有效期为6个月，持证人应当在自海关签发该征免税证明的6个月内，进口经批准的特定减免税货物
（2）	“进出口货物征免税证明”实行“一批一证”的原则，即一份征免税证明上的货物只能在一个进口口岸一次性进口。如果一批特定减免税货物需要分两个口岸进口，或者分两次进口的，持证人应当事先分别申领征免税证明
（3）	海关总署发布第19号公告，为进一步便利减免税申请和货物通关，海关总署决定，通过减免税申报系统申请办理减免税手续并通过了海关审核的，收发货人或受委托的报关企业在进口通关环节无须提交纸质“进出口货物征免税证明”第二联（即送海关凭以减免税联）
（4）	海关总署发布公告，收发货人或受委托的报关企业在申报进口上述“征免税证明”所列货物时，无须提交纸质“进出口货物征免税证明”或其扫描件。如果“进出口货物征免税证明”电子数据与申报数据不一致，海关需要验核纸质单证的，有关企业应予以提供
（5）	进口货物申报时，收发货人或受委托的报关企业应按规定将“进出口货物征免税证明”编号填写在进口货物报关单“备案号”栏目中。“进出口货物征免税证明”编号可通过减免税申报系统查询。减免税申请人如需要纸质“进出口货物征免税证明”留存的（即申请单位留存的第三联），可在该“进出口货物征免税证明”有效期内向主管海关申请领取

2. 报关单“备案号”栏的填写

减免税货物进口，填制报关单时，报关员应当特别注意报关单上的“备案号”栏目的填写。“备案号”栏内填写“进出口货物征免税证明”上的12位编号。“进出口货物征免税证明”编号可通过中国电子口岸减免税申报系统查询。

3. “进出口货物征免税证明”的有效期

减免税申请人应当在“进出口货物征免税证明”有效期内办理有关货物通关手续。不能在有效期内办理，需要延期的，应当在“进出口货物征免税证明”有效期内向海关提出延期申请。“进出口货物征免税证明”可延期一次，延期时间自有效期届满之日起算，延长期限不得超过6个月。海关总署批准的特殊情况除外。

（三）减免税货物的处置

1. 后续处置

在海关监管年限内，减免税申请人往往改变当初使用用途，这样就存在后续处置问题，后续处置内容见表3-17。

表 3-17　减免税货物的处置

改变情形	后续处置
变更使用地点	向主管海关申请办理异地监管手续，经主管海关审核同意并通知转入地海关后，才可将减免税货物运至转入地海关管辖地，并由其进行异地监管
结转	转出、转入减免税货物的申请人应当分别向各自的主管海关申请办理减免税货物的出口、进口报关手续；先转出，再转入
转让	应当事先向减免税申请人主管海关申请办理减免税货物补缴税款和解除监管手续
移作他用	应当事先向主管海关提出申请，经海关批准方可。改变申报时用途的，减免税申请人应当按照移作他用的时间补缴相应税款
变更	减免税申请人发生分立、合并、股东变更、改制等变更情形的，须自营业执照颁发之日起30日内向主管海关汇报。可能补征税款，可能继续享受减免税待遇，视情形而定
终止	因破产、改制或者其他情形导致减免税申请人终止，没有承受人的，应当自资产清算之日起30日内向主管海关申请办理减免税货物的补缴税款和解除监管手续
退运境外	须退运出境，应当报主管海关核准；退运出境后，持出口报关单向主管海关办理原进口减免税货物的解除监管手续，但不补征税款
贷款抵押	只能向金融机构抵押贷款，须向海关提供担保，并经主管海关同意

2. 解除海关监管

（1）监管期限届满解除海关监管。减免税进口货物监管期届满时，减免税申请人需要“进口减免税货物解除监管证明”的，可以自监管年限届满之日起 1 年内，持有关单证向海关申请领取“进口减免税货物解除监管证明”，海关审核同意后出具“进口减免税货物解除监管证明”。

（2）在监管期限内解除海关监管。减免税货物在海关监管期限以内，因特殊原因出售、转让、放弃，或者企业破产清算的，原“进出口货物征免税证明”的申请人依实际情况办结手续，可能补缴税款，也可能补交许可证件，主管海关经审核批准后，签发“进口减免税货物解除监管证明”。

（3）自动解除监管。减免税进口货物监管期届满时，减免税申请人不必向海关申请领取“进口减免税货物解除监管证明”，有关减免税货物自动解除监管，可以自行处置。

做一做：登录在线学习平台（访问方式见前言），通过拖动的方式完成“海关对于进出口货物征免税证明规定”的填空题。

笔记栏

技能训练

训练一　货物通关流程、通关单证

一、回答引导问题

报关员处理上述货物时，应向海关申请办理哪些手续？递交哪些通关单证？

1. 上述货物属于________________________________；

2. 这种性质的海关监管货物的内涵是________________________________；

（1）“特定地区”：________________________________；

（2）“特定企业”：________________________________；

（3）“特定用途”：________________________________。

3. 这种性质的海关监管货物的基本特征归纳如下：

（1）________________________________；

（2）________________________________；

（3）________________________________；

（4）________________________________。

4. 这种性质的海关监管货物应向海关递交通关单证归纳如下：

（1）报关单证：________________________________；

（2）基本单证：________________________________；

（3）特殊单证：________________________________。

5. 这种性质的海关监管货物的分类归纳如下，将关键词填写在表3-18中。

表 3-18　货物分类表

<table>
<tr><th>货物分类</th><th>免征税种</th></tr>
<tr><td></td><td rowspan="3">免征 ________________</td></tr>
<tr><td></td></tr>
<tr><td>贷款项目进口物资</td></tr>
<tr><td></td><td rowspan="4">免征 ________________</td></tr>
<tr><td></td></tr>
<tr><td></td></tr>
<tr><td>救灾捐赠物资</td></tr>
<tr><td>扶贫慈善捐赠物资</td><td>免征 ________________</td></tr>
</table>

6. 这种性质的海关监管货物的报关程序归纳如下，将关键词填写在图3-16中。

减免税备案和审批	进口报关	使用期间核查	解除海关监管
减免税申请人到主管海关办理__________手续，海关对项目进行审核；货物进口前，减免税申请人应当持相关单证向主管海关__________； 主管海关进行审核，依据其是否符合减免税政策定是否签发__________。	减免税货物进口报关时，进口货物收货人或其代理人除了向海关提交报关单及随附单证以外，还应当向海关提交__________。 海关审核报关单据和__________，查验货物后，准许货物由收货人或其代理人提取。	特定减免税货物在使用期间，应按海关规定，定期或不定期呈报__________。海关督促当事人按规定范围使用。 除海关总署另有规定外，在__________，减免税申请人应当按照海关规定保管、使用进口减免税货物，并依法接受海关监管。	减免税进口货物监管期届满时，减免税申请人不必向海关申请领取__________，有关减免税货物__________，可以自行处置。 减免税申请人需要__________，可以自__________，持有关单证向海关申请领取__________。

图3-16　特定减免税货物的报关程序

二、任务实施

学生分组进行实操训练，从报关程序、通关单证种类等角度完成特定减免税货物内容的填写，并填写表3-19，记录完成情况，对尚未掌握的关键内容，请详细记录在未正确填写的内容一栏内，以便课后反复训练。

表 3-19　特定减免税货物内容完成情况记录表

学生姓名：________　班级：________　学号：________

工作内容	关键步骤	任务结果	未正确填写的内容
特定减免税货物的内容	（1）特定减免税货物的通关单证，将关键词填写在横线上： ①将报关单证的名称填写在横线上； ②将随附基本单证的名称填写在横线上； ③将随附特殊单证的名称填写在横线上	 □完成　□未完成 □完成　□未完成 □完成　□未完成	
	（2）特定减免税货物的报关程序，将关键词填写在流程图中： ①阶段一：减免税备案和审批，将关键词填写在流程图中的横线上； ②阶段二：进口报关，将关键词填写在流程图中的横线上； ③阶段三：使用期间核查，将关键词填写在流程图中的横线上； ④阶段四：解除海关监管，将关键词填写在流程图中的横线上	 □完成　□未完成 □完成　□未完成 □完成　□未完成 □完成　□未完成	

训练二　明确“进出口货物征免税证明”

回答引导问题

向海关申领“进出口货物征免税证明”，报关员应明确哪些规定？

1. “进出口货物征免税证明”的申领：

主管海关进行审核，确定其所申请货物的免税方式，依据其是否符合减免税政策要求决定是否签发__________________；“进出口货物征免税证明”的有效期一般为__________，如情况特殊，可以向海关__________，延长的最长期限为__________；实行__________。

2. “进出口货物征免税证明”的相关规定，将关键词填写在表3-20中。

表 3-20　“进出口货物征免税证明”的相关规定

序号	相关规定
（1）	减免税货物进口报关时，进口货物收货人或其代理人除了向海关提交__________以外，还应当向海关提交__________
（2）	减免税货物进口，填制报关单时，报关员应当特别注意报关单上的__________的填写。__________填写__________
（3）	减免税申请人应当在__________办理有关货物通关手续。不能在有效期内办理，需要延期的，应当在__________向海关提出__________。“进出口货物征免税证明”可__________，延期时间自有效期届满之日起算，延长期限__________

续表

序号	相关规定
（4）	“进出口货物征免税证明”的有效期为__________，持证人应当在__________，进口经批准的特定减免税货物
（5）	“进出口货物征免税证明”实行__________的原则，即一份征免税证明上的货物只能在一个进口口岸__________进口。如果一批特定减免税货物需要分两个口岸进口，或者分两次进口的，持证人应当事先分别申领__________
（6）	__________发布公告，为进一步便利减免税申请和货物通关，海关总署决定，收发货人或__________在进口通关环节无须提交纸质__________第二联
（7）	如果“进出口货物征免税证明”__________不一致，海关需要验核纸质单证的，有关企业应予以提供
（8）	进口货物申报时，收发货人或受__________应按规定将“进出口货物征免税证明”编号填写在进口货物报关单__________栏目中

任务评价

任务评分表如表3-21所示。

表3-21　任务评分表

评价内容		分值	自评	互评	师评
知识评价	能够清晰表述特定减免税货物的含义、特征	10			
	能够清晰表述特定减免税货物的分类、海关管理	10			
	能以表格整理海关对“进出口货物征免税证明”的规定	10			
能力评价	能够画出特定减免税货物的报关程序图	10			
	模拟海关报关现场，通过角色扮演，能够分组整理并向海关递交特定减免税货物的通关单证	15			
	模拟海关报关现场，通过角色扮演，能够分组向海关申请办理特定减免税货物的报关业务	15			
素养评价	拥有敬业爱岗、严谨细致、一丝不苟、精益求精、团结协作的职业态度	15			
	具备遵纪守法、廉洁自律、诚实守信、心存敬畏、守正创新的职业操守	15			
总　分		100			

巩固与训练

一、单选题

1. 特定减免税进口货物海关监管期限按照货物的种类各有不同，以下正确的海关监管期限是（　　）。

A. 船舶、飞机，8年；机动车辆，6年；其他货物，3年

B. 船舶、飞机，8年；机动车辆，6年；其他货物，5年

C. 船舶、飞机，6年；机动车辆，8年；其他货物，3年

D. 船舶、飞机，6年；机动车辆，8年；其他货物，5年

2. 下列选项中，（　　）进口货物不属于海关减免税的优惠范围。

A. 保税区内自用的生产设备

B. 沿海经济开发区基建项目所需进口机械

C. 外商投资企业进口物资（国家鼓励发展产业项目）

D. 残疾人组织和单位进口的货物

3. 外商投资企业进口物资，属于国家鼓励发展产业中的外商投资项目，免征（　　）。

A. 进口关税、进口环节增值税　　B. 进口关税、进口环节增值税、消费税

C. 进口关税、进口环节消费税　　D. 进口环节增值税、消费税

4. 特定减免税货物进口报关时，进口货物收货人或其代理人除了向海关提交报关单及随附单证以外，还应当向海关提交（　　）。

A. 检验检疫证明　B. 原产地证明书　C. 登记手册　D. 进出口货物征免税证明

5. 根据现行海关规定，下列进口货物不属于海关减免税优惠范围的是（　　）。

A. 保税区内自用的生产设备　　B. 残疾人组织进口的残疾人用品

C. 外商在经济贸易活动中赠送我方的进口货物

D. 科学研究机构进口的国内不能生产的自用的科技开发用品

6. 关于特定减免税货物的基本特征，不包括（　　）。

A. 应递交进口许可证件

B. 在进口环节，减免关税、增值税，有些货物减免消费税

C. 进口后在特定的海关监管期限内必须接受海关监管

D. 原则上免予交验进口许可证件

7. 下列关于特定减免税货物管理的表述错误的是（　　）。

A. 特定减免税的申请，首先是减免税的资格确认，然后是“进出口货物征免税证明”的申领

B. “进出口货物征免税证明”的有效期为6个月，且不得延期

C. 一般不能豁免进口许可证件，前期须办理减免税备案，获取“进出口货物征免税证明”，后续须办理销案

D. 在海关监管年限内，减免税申请人应当按照海关规定保管、使用进口减免税货物，并依法接受海关监管

8. 享受特定减免税待遇进口的货物，在货物进口时须出示“进出口货物征免税证明”，下面关于“进出口货物征免税证明”的说法，正确的有（　　）。

A. “进出口货物征免税证明”的有效期为1年

B. “进出口货物征免税证明”实行“非一证一批”的原则

C. 进口报关时，必须向海关递交纸质的“进出口货物征免税证明”

D. “进出口货物征免税证明”的有效期为6个月

二、简答题

1. 简述特定减免税货物的含义，及其基本特征。

2. 简述特定减免税货物的报关程序。

3. 简述特定减免税货物的具体分类。

4. 简述向海关申请领取“进出口货物征免税证明”的相关规定。

5. 简述特定减免税货物与一般进口货物的区别。

任务四 办理暂准进出境货物的报关业务

情景导入

中国进博会在上海举办，意大利米兰（国际）时装有限公司（以下简称“米兰时装”）应邀参展，展览的货物包括高档面料、优雅裙套、摩登皮衣、宣传印刷品、说明书等。米兰时装在参加进博会前，向意大利国内相关机构申领了“ATA单证册”，装运货物的运输工具由集装箱装运进境，该批货物收货人委托“元初物流”办理进口手续，报关员林梦梦持“ATA单证册”向洋山海关办理了货物的进口申报手续。展览期间，米兰时装向观众分发了许多免费的宣传印刷品和说明书等资料，时装模特还展示了各种款式的服装，公司免费分发给观众各种口味的酒精饮料（荔枝味、苹果味、菠萝味）。应深圳某公司邀请，米兰时装赴深圳展出，在这期间，服装展品一直保存在国内，服装展品按时转关运输至深圳参展，其间部分镂空花纹旗袍被深圳某公司购买，展出结束后，当事方向海关办理相关手续。请帮助林梦梦完成下列任务：

（1）进境参展的服装属于何种性质货物？报关员应向海关申请办理哪些手续？应向海关递交哪些通关单证？

（2）由于该批货物的存储期限超过了6个月，报关员应如何处理？

（3）部分镂空花纹旗袍被深圳某公司购买，报关员应如何配合海关处置？

（4）在展会期间，向观众散发的宣传印刷品、免费酒精饮料，报关员应如何配合海关处理？

学习目标

知识目标：

（1）掌握暂准进出境货物的含义、特征、分类、范围。

（2）熟悉使用ATA单证册的暂准进出境货物的报关程序。

（3）了解展览品的暂准进出境期限、海关进出境监管，集装箱箱体、其他暂准进出境货物的报关。

技能目标：

（1）能整理并向海关递交暂准进出境货物的报关单证。

（2）能向海关申请办理暂准进出境货物的报关业务。

素养目标：

拥有敬业爱岗、严谨细致、一丝不苟、精益求精、团结协作的职业态度，具备遵纪守法、廉洁自律、诚实守信、心存敬畏、守正创新的职业操守，积极配合海关开展暂准进出境货物的报关业务。

任务描述

办理暂准进出境货物报关业务是报关员的一项基本技能，因此报关员需要掌握不同类型的海关监管货物的内涵、特征、报关程序。在对核心知识进行全面深入的学习后，结合上述情景尝试向海关申请办理暂准进出境货物的报关业务。

核心知识

一、暂准进出境货物概述

（一）暂准进出境货物的含义

暂准进出境货物是指为了特定的目的经海关批准后暂时进境或暂时出境并在规定的期限内按原状复运出

境或复运进境（除因使用而产生的正常损耗外），因而可暂予免纳或部分免纳进出口各种税的海关监管货物，包括暂准进境货物和暂准出境货物。

（二）基本特征

1. 在提供担保的条件下，暂时免纳进（出）口税

有条件暂时免予缴纳税费。暂准进出境货物在向海关申报进出境时，可不必缴纳税费，但须向海关提供担保。

ATA单证册项下暂时出境货物，由中国国际贸易促进委员会（中国国际商会）向海关总署提供总担保。除另有规定外，非ATA单证册项下暂时进出境货物收发货人应当按照有关规定向主管地海关提供担保。

2. 原则上免予交验进出口许可证件

ATA单证册持证人、非ATA单证册项下暂时进出境货物收发货人可以在申报前向主管地海关提交“暂时进出境货物确认申请书”，申请对货物是否属于暂时进出境货物审核确认，并办理相关手续，也可以在申报环节直接向主管地海关办理暂时进出境货物的有关手续。除另有规定外，暂时进出境货物免予交验许可证件。但海关需要时，可要求持证人提供担保。某些仍需受国家进出境管制物品，进出口时仍应交验证件。例如：无线电器材、应检疫动植物、药品、食品。

3. 为特定目的进出口，在规定时间内按原状复运进出境

每种暂准进出口货物都有其特定的使用目的，不得移作他用。同时，货物又必须在事先规定的期限内，保持原有状态复运进出境。暂准进出境货物应当自进境或出境起6个月内复运出境或复运进境；因特殊情况需要延长期限的，持证人、收发货人应当向主管地海关办理延期手续，当事人申请延期最多不超过3次，每次延期不超过6个月。延期届满应当复运出境、复运进境或者办理进出口手续。国家重点工程、国家科研项目使用的暂时进出境货物，以及参加展期在24个月以上展览会的展览品，延期届满后仍需要延期的，由主管地直属海关批准。

货物复运出境、复运进境后，当事人应当向主管地海关办理结案手续。从境外暂时进境的货物（ATA单证册项下暂时进境货物除外）转入海关特殊监管区域（场所）的，主管地海关凭出口报关单对暂时进境货物予以核销结案。暂时进出境货物需要进出口的，当事人应当在货物复运出境、复运进境期限届满前向主管地海关办理进出口手续。

4. 现场监管未结关放行

暂准进出口货物经海关查验，签注放行后，仍须受海关后续管理，既要监督货物合法正常地使用，又要监管货物按规定复运进出境。

5. 按货物使用后的实际去向办理相应的手续

按货物实际流向办结海关手续。暂准进出境货物都必须在规定期限内，由货物的收发货人根据货物不同的情况向海关办理核销结关手续。

（三）分类

暂准进出境货物的分类见表3-22。

表 3-22 暂准进出境货物的分类

分　类	解　释
第一类暂准进出境货物	在进境或出境时向海关缴纳相当于应纳税款的保证金或提供其他担保的，可以暂不缴纳税款
第二类是指第一类以外的暂准进出境货物	如工程施工中使用的设备、仪器及用品，应当按照该货物的完税价格和其在境内滞留时间与折旧时间的比例计算征收进口关税

下面将要展开讲解的暂准进出境货物主要是第一类货物，其范围如图3-17所示。

第一类9项暂准进出境货物按照我国的监管方式可以归类为以下4类（见表3-23）。

（1）使用ATA单证册报关的暂准进出境货物：主要是指使用ATA单证册的上述第①项货物。

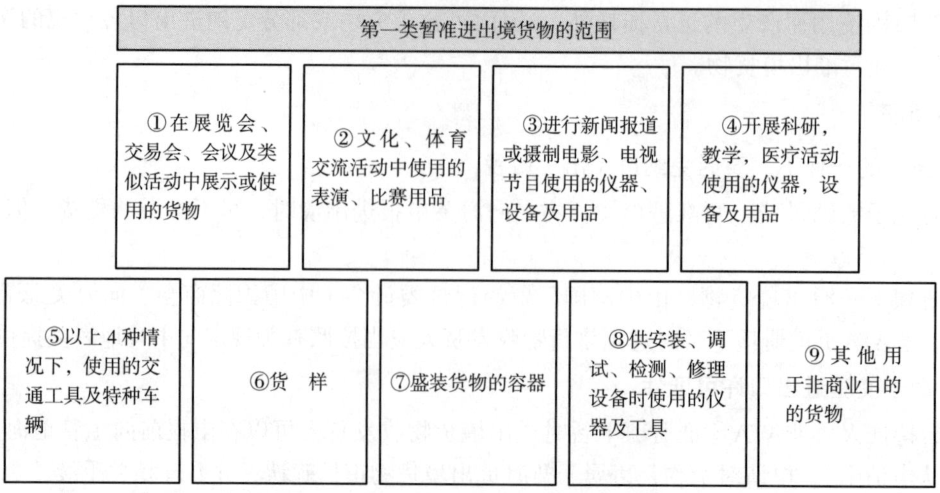

图3-17 第一类暂准进出境货物的范围

（2）不使用ATA单证册报关的进出境展览品：主要是指不使用ATA单证册的上述第①项货物。

（3）集装箱箱体：主要指上述第⑦项货物中的暂准进出境集装箱箱体。

（4）其他暂准进出境货物：主要指上述9项货物中除以上两项监管方式外的其他货物。

表3-23 第一类9项暂准进出境货物按照我国的监管方式的归类

类 别		对 象
使用ATA单证册报关的暂准进出境货物		适用在展览会、交易会、会议及类似活动项下的货物
不使用ATA单证册报关的进出境展览品	进境展览品	在展览会中展示或示范用的货物、物品、为示范展出的机器或器具所需用的物品、展览者设置临时展台的建筑材料及装饰材料、供展览品做示范宣传用的电影片、幻灯片、录像带、说明书、广告等
不使用ATA单证册报关的进出境展览品	出境展览品	展览品以及与展览活动有关的宣传品、布置品、招待品及其他办公用物品
集装箱箱体	箱体无须单独报关	境内生产及境内经营人购买进口的集装箱
集装箱箱体	箱体需单独报关	境外集装箱箱体暂时进口
其他暂准进出境货物		主要指上述9项货物中除以上两项监管方式外的其他货物

二、暂准进出境货物的报关程序

下面分别介绍使用ATA单证册进出境货物报关和不使用ATA单证册进出境展览品的报关程序。

（一）使用ATA单证册的暂准进出境货物

ATA单证有效期，我国为6个月，超过6个月的可以向海关申请延期，延期最多不超过3次，每次延长期限不超过6个月。18个月延长期限届满后仍需延期的，由主管直属海关报海关总署审批，我国海关接受中文或英文填写的ATA单证册。

1. 进出口申报（以暂准进境为例，流程见图3-18）

（1）持证人向出证协会提出申请，缴纳一定的手续费，并按出证协会的规定提供担保。

（2）出证协会审核后签发ATA单证册。

（3）持证人凭ATA单证册将货物在出境国暂时出境，又暂时进境到进境国，进境国海关经查验签章放行。

（4）货物完成暂时进境的特定使用目的后，从进境国（地区）复运出境，又复运进境到原出境国（地区）。

（5）持证人将使用过的、经各海关签注的ATA单证册交还给原出证协会。

2. 结关

持证人在规定期限内将进境展览品和出境展览品复运出境或复运进境，海关在白色复出口单证和黄色复进口单证上分别签注，留存单证（正联），将存根联和ATA单证册其他各联退还给持证人，正式核销结关。

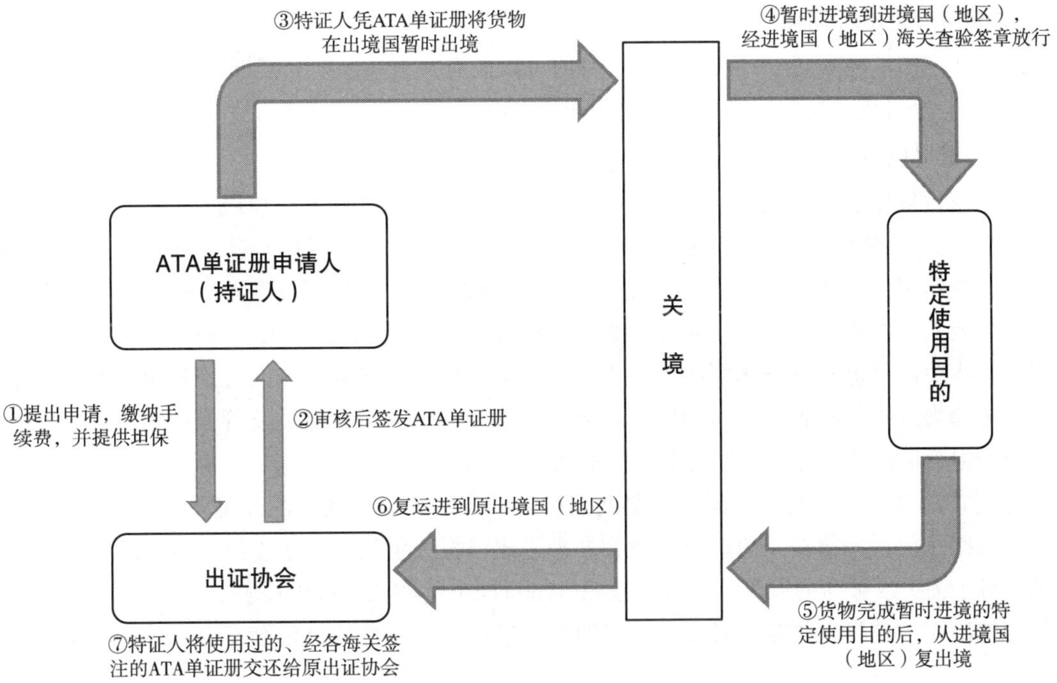

图3-18　使用ATA单证册正常暂准进境的详细流程

知识拓展

ATA单证册的海关管理

3. 无法按原状复运进出境的处理

（1）使用ATA单证册的暂准进出境货物因不可抗力的原因受损，无法按原状复运进出境的，暂准进出境货物的收发货人应当及时向主管地海关报告，可以凭有关部门出具的证明材料办理复运进出境手续。

（2）因不可抗力的原因灭失或者失去使用价值，经海关核实后可以视为该货物已经复运进出境。

（3）使用ATA单证册暂准进出境货物因不可抗力以外的原因灭失或者受损的，ATA单证册持证人应当按照货物进出口的有关规定办理海关手续。

知识拓展

不可抗力的含义

做一做：登录在线学习平台（访问方式见前言），通过拖动的方式完成“使用ATA单证册正常暂准进境的报关流程”的填空题。

（二）不使用 ATA 单证册报关的进出境展览品

1. 进出境展览品的范围（见表 3-24）

表 3-24　进出境展览品的范围

进境展览品的范围	
①展示或示范用的货物、物品，为示范展出的机器或器具所需用的物品，展览者设置临时展台和建筑材料及装饰材料，供展览品做示范宣传用的电影片、幻灯片、录像带、录音带、说明书、广告、光盘、显示器材等	
②在境内展览会期间供消耗、散发的用品，由海关对其数量和总值进行核定，在合理范围内的，按照有关规定免征进口关税和进口环节税	在展览活动中的小件样品，包括原装进口的或者在展览期间用进口的散装原料制成的食品或者饮料的样品
	为展出的机器或器件进行操作示范被消耗或损坏的物料
	布置或装饰临时展台消耗的低值货物
	展览期间免费向观众散发的有关宣传品
	供展览会使用的档案、表格及其他文件
③展览会中使用，但视为一般进口货物，不适用有关免税规定	展览会期间出售的小卖品，进口时应缴纳进口关税和进口环节税并提交相关许可证件
	展览会期间使用的酒精饮料、烟草制品及燃料
出境展览品的范围	
①国内单位赴国外举办展览会或参加外国博览会、展览会而运出境的展览品，以及与展览活动有关的宣传品、布置品、招待品及其他公用物品	
②与展览活动有关小卖品、展卖品，可以按展览品报关出境；不按规定期限复运进境的办理一般出口手续，缴纳出口关税并交验相关出口许可证件	

2. 展览品的暂准进出境期限

展览品的暂准进出境期限为6个月，超过6个月的可以向海关申请延期，延期最多不超过3次，每次延长期限不超过6个月。18个月延长期限届满后仍需要延期的，由主管直属海关报海关总署审批。

3. 展览品的进出境监管

（1）备案。境内展览会的办展人及出境举办或者参加展览会的办展人、参展人（以下简称办展人、参展人）可以在展览品进境或者出境20个工作日前向主管地海关报告，并且提交展览品清单和展览会证明材料，也可以在展览品进境或者出境时，向主管地海关提交上述材料，办理登记备案手续；对于申请海关派员监管的境内展览会办展人、参展人，应在展览品进境前向主管地海关提交有关材料，办理海关手续。

（2）担保。海关派员进驻展览场所的，经主管地海关同意，展览会办展人可以就参展的展览品免予向海关提交担保。未向海关提供担保的进境展览品在非展出期间应当存放在海关监管作业场所。因特殊原因需要移出的，应当经主管地海关同意，并且提供相应担保。

（3）转为正式进出口。进境展览品在展览期间被人购买的，出口展览品在境外参加展览会后被销售的，或展览品放弃或赠送的，一律按一般进出口货物办理进出口报关手续。对于损毁的展览品，海关根据毁坏程度估价征税，对于丢失或被窃的展览品，海关按照进出口同类货物征收进出口税。

（4）复运进出境。进出境展览品必须在规定期限复运进出境，海关分别签发报关单证明联，凭以向主管海关办理核销“结关”手续。

（三）集装箱箱体

1. 含义

这里的集装箱箱体、是指作为运输设备而非货物的暂时进出境集装箱箱体。

2. 暂准进出境集装箱箱体的报关

（1）境内生产集装箱及我国营运人购买进口集装箱，在投入国际运输前，营运人应向所在地海关办理登记手续。

（2）海关准予登记并符合规定的集装箱箱体，无论是否装载货物，海关准予暂时进境和异地出境，营运人或者其代理人无须对箱体单独向海关办理报关手续，进出境时也不受规定的期限限制。

（3）境外集装箱箱体暂准进境，无论是否装载货物，承运人或者其代理人应当对箱体单独向海关申报，并应当于入境之日起6个月内复运出境。

（4）如因特殊情况不能按期复运出境的，营运人应当向“暂准进境地海关”提出延期申请，经海关核准后可以延期，但延长期最长不得超过3个月，逾期应按规定向海关办理进口及纳税手续。

（四）其他暂准进出境货物

可暂不缴纳税款的9项暂准进出境货物，除上述三种按各自的监管方式由海关进行监管外，即使用ATA单证册报关的暂准进出境货物、不使用ATA单证册报关的进出境展览品、集装箱箱体之外，均按其他暂准进出境货物进行监管。

其他暂准进出境货物进出境属海关行政许可项目，海关审核许可的，原则上暂缓缴纳进出口税费，不需交验许可证件，但必须向海关提供担保。

应当自进出境之日起6个月内复运进出境，超过6个月的可以向海关申请延期，延期最多不超过3次，每次延长期限不超过6个月。18个月延长期限届满后仍需要延期的，由主管直属海关报海关总署审批；其他暂准进出境货物在报关后续阶段均应按货物的实际去向，提供有关单据、单证核销，海关退还保证金等，办理核销结关手续或相关手续。复运进出境的凭复运进出境报关单核销结关；转为正式进出口的提交相关许可证件，缴纳税费；放弃的，按放弃货物处理。

技能训练

训练一　进境参展的服装报关的相关规定

一、回答引导问题

进境参展的服装属于何种性质货物？报关员应向海关申请办理哪些手续？应向海关递交哪些通关单证？

1. 进境参展的服装属于：________________；

2. 这种性质的海关监管货物的内涵：____。

3. 这种性质的海关监管货物的基本特征归纳如下：

（1）________________；

（2）________________；

（3）________________；

（4）________________；

（5）________________

（6）________________；

（7）________________。

4. 这种性质的海关监管货物在进口报关时应向海关递交哪些通关单证？

（1）报关单证：________________；

（2）随附基础单证：________________；

（3）随附特殊单证：________________。

5. 这种性质的海关监管货物的报关程序归纳如下：

（1）进口申报（以暂准进境为例）：

①持证人向________提出申请，缴纳一定的________，并按出证协会的规定________；

②出证协会审核后签发________；

③持证人凭________将货物在出境国________，又________进境国，________经查验________；

④货物完成________后，从进境国（地区）________，又复运进境到________；

⑤持证人将________交还给原________。

（2）结关：

持证人________将进境展览品和出境展览品________，海关在白色复出口单证和黄色复进口单证上分别签注，留存单证（正联），将存根联和ATA单证册其他各联退还给持证人，正式________。

（3）无法按原状复运进出境的处理：

①使用________的暂准进出境货物因________，________，暂准进出境货物的收发货人应当及时________，可以凭有关部门________。

②因________，经海关核实后可以________。

③使用________暂准进出境货物________，________应当按照货物进出口的有关规定办理海关手续。

④将使用ATA单证册正常暂准进境的详细流程填写在图3-19中。

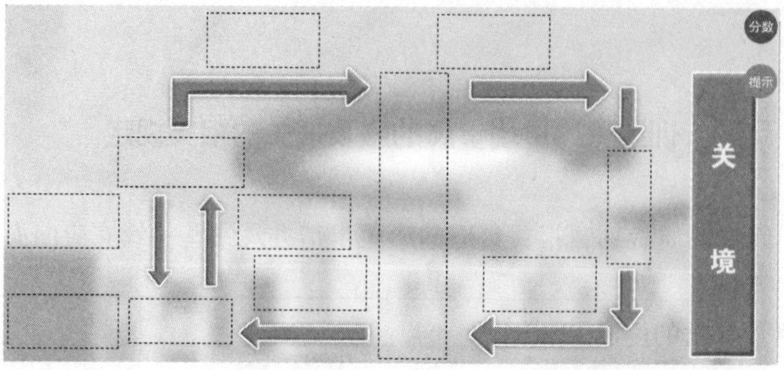

图3-19　使用ATA单证册正常暂准进境的详细流程

6. 暂准进境货物与一般进口货物报关的区别填写在表3-25中。

表 3-25　暂准进境货物与一般进口货物报关的区别

项目	一般进口货物	暂准进境货物
税费缴纳		
证件交付		
特定目的		
最终去向		
报关阶段		
报关单证		
结关标志		

二、任务实施

学生分组进行实操训练，从通关单证、报关程序等角度完成暂准进境货物具体内容的填写，并填写表3-26，记录完成情况，对尚未掌握的关键内容，请详细记录在未正确填写的内容一栏中，以便课后反复训练。

表 3-26　暂准进境货物报关的具体内容完成情况记录表

学生姓名：__________　班级：__________　学号：__________

工作内容	关键步骤	任务结果	未正确填写的内容
暂准进境货物报关的具体内容	（1）暂准进境货物的通关单证，将关键词填写在横线上 ①将报关单证名称填写在横线上； ②将随附基本单证名称填写在横线上； ③将随附特殊单证名称填写在横线上	 □完成　□未完成 □完成　□未完成 □完成　□未完成	
	（2）暂准进境货物的报关程序 ①进口申报，将关键词填写在横线上； ②结关，将关键词填写在横线上； ③无法按原状复运进出境的处理，将关键词填写在横线上； ④将关键词填写在暂准进境的流程图中。	 □完成　□未完成 □完成　□未完成 □完成　□未完成 □完成　□未完成	

训练二　暂准进境货物报关的相关规定

回答引导问题

（一）该批货物的存储期限超过了6个月，报关员应如何处理？

1. 关于暂准进境货物的ATA单证册的相关规定：

ATA单证册的有效期，我国为__________，超过______的可以________________，延期______________，

每次______________________。______________________后仍需延期的，由主管直属海关报______________________审批，我国海关接受______________________。

2. 该批货物的存储期限超过了6个月，米兰时装公司的处理方法：

米兰时装公司应向意大利国内相关机构办理______________________手续，同时展会主办方应向我国海关______________________。

（二）部分镂空花纹旗袍被深圳某公司购买，报关员应如何配合海关处置？

1. 部分镂空花纹旗袍被深圳某公司购买，此时货物性质发生了改变，由原来的______________________变为______________________。此时应______________进行______________。

2. 涉及许可证件管理的，购买方还应负责向海关提供______________________。另外，若上述延期手续未获得海关同意，则该批服装留购还需要向海关______________________。

（三）在展会期间，向观众散发的宣传印刷品、免费酒精饮料，报关员应如何配合海关处理？

1. 在境内展览会期间供消耗、散发的用品（展览期间免费向观众散发的有关宣传印刷品和说明书等资料），由海关对其______________________，在______________内的，按照有关规定______________________。

2. 展览会期间使用的酒精饮料、烟草制品及燃料，视为______________________，不适用有关______________规定。

任务评价

任务评分表见表3-27。

表 3-27 任务评分表

评 价 内 容		分值	自评	互评	师评
知识评价	能清晰表述暂准进出境货物的含义	5			
	能清晰表述暂准进出境货物的特征	5			
	能清晰表述暂准进出境货物的分类	5			
	能清晰表述暂准进出境货物的范围	5			
能力评价	能画出使用ATA单证册进出境货物的报关程序图	10			
	模拟海关通关现场，通过角色扮演，能够分组整理并向海关递交暂准进出境货物的通关单证	20			
	模拟海关通关现场，通过角色扮演，能够分组向海关申请办理暂准进出境货物的报关业务	20			
素养评价	拥有敬业爱岗、严谨细致、一丝不苟、精益求精、团结协作的职业态度	15			
	具备遵纪守法、廉洁自律、诚实守信、心存敬畏、守正创新的职业操守	15			
总 分		100			

巩固与训练

一、单选题

1. 下列（ ）货物或物品不适用暂准进出口通关制度。

A. 展览会期间出售的小卖品

B. 在展览会中展示或示范用的进口货物、物品

C. 承装一般进口货物进境的外国集装箱

D. 进行新闻报道使用的设备、仪器

2. 我国ATA单证册的签发机构是（　　）。

A. 海关总署　　B. 中国国际商会　　C. 国务院　　D. 外经贸部

3. 我国规定暂准进出境货物应当自进境或者出境之日起（　　）内，复运出境或复运进境。

A. 6个月　　B. 1年内　　C. 3个月　　D. 1个月

4. 关于暂准进出境货物，下列表述正确的是（　　）。

A. 经海关批准，未办理纳税手续进境，在境内加工、装配后复运出境的货物是暂时进境货物

B. 工程施工中使用的设备不属于暂准进出境货物

C. 暂准进境货物在进口之前，进口货物收发货人应当办理加工贸易登记手册的手续

D. 暂准进出境货物，核销后结关

5. 以下（　　）属于暂准进出境货物。

A. 保税区内企业进口自用合理数量的办公用品等物资

B. 上海世博会期间，国外记者来华新闻报道所用的设备，规定期间内复运出境

C. 某外资企业从德国进口精密仪器，向海关申请了"进口货物征免税证明"，凭该证明办理此批货物的免税进口

D. 上海优方食品进出口公司委托上海元初物流公司从法国进口一批布拉尔妈妈饼干，进口后在国内销售

6. 暂准进口的施工机械、工程车辆、安装用仪器应在规定的期限内复运出境，超过规定期限，应从（　　）开始按月征收进口关税和进口环节税。

A. 第6个月　　B. 第7个月　　C. 第8个月　　D. 第12个月

7. 使用ATA单证册的暂准进出境货物，持证人将使用过的、经各海关签注的ATA单证册交还给（　　）。

A. 海关总署　　B. 直属海关或其授权的隶属海关

C. 原出证协会　　D. 检验检疫机构

8. 某电影制片厂与境外影视公司合作拍摄电影。因在华拍摄，需要从境外暂时进口一批由境外影视公司提供的摄影器材以及车辆，报关时间向海关提交了保证函。按海关规定其担保期为（　　）。

A. 进口之日起的6个月　　B. 一般情况下不超过30天

C. 与滞报期限一致，为14天　　D. 与滞纳期限一致，为7天

二、简答题

1. 简述暂准进出境货物的含义及其基本特征。

2. 简述第一类暂准进出境货物的范围。

3. 简述暂准进出境货物与一般进口货物的区别。

4. 简述使用ATA单证册的暂准进境货物的报关流程。

任务五　办理其他进出境货物的报关业务

情景导入

上海元初物流有限公司报关员林梦梦这几天陆续接到了以下两位客户通关资料和信息：

（1）上海开源食品进出口有限公司（以下简称"开源食品公司"）以FOB价格向海关申报进口日本生产的"食品生产设备"2台（该设备属于自动许可证管理及法定检验检疫商品）。近日，开源公司委托上海元初

物流有限公司代理报关此批设备的进口，报关员林梦梦处理此票货物的通关，并及时向洋山深水港海关报关，海关放行后，收货人发现其中一台存在质量问题，经该公司与供货人协商，同意另外免费补偿一台同型号的食品生产设备。于是该补偿货物向海关申报进口。在正常使用半年后，其中一台出现故障，运到境外修理后，再向海关申报复运进口。

（2）上海远航进出口公司（以下简称“远航公司”）以CIF价格向美国出口500 t热轧无缝钢管（规格：通径为DN40，外径43 mm），出口合同规定了数量装载的机动幅度为正负5%。该批货物由上海外港海运出口到美国西雅图港，远航公司委托上海元初物流有限公司代理出口报关，货物抵达美国西雅图港后，境外收货人申请到港验货，发现实际到货的数量为535 t，且多出来的10 t钢管规格：通径为DN50，外径57 mm，国外进口公司业务员立即与远航公司交涉，经同意更换。

请帮助林梦梦完成下列任务：

（1）免费补偿的食品生产设备属于何种性质的货物？这种性质的海关监管货物应向海关递交哪些报关单证？这种货物的报关注意事项包括哪些？

（2）运到境外修理的食品生产设备，属于何种性质的海关监管货物？这种性质的海关监管货物的报关程序是怎样的？

（3）错发的10 t钢管，如退运到中国境内，报关员应如何处理？

学习目标

知识目标：

（1）熟悉无代价抵偿货物、进出境修理货物的含义、特征；退运货物的含义、情形；进出境快件申报的含义、分类；超期未报关货物的含义。

（2）了解无代价抵偿货物、退运货物的报关程序、报关单证；进出境修理货物、进出境快件申报的报关程序；超期未报关货物的海关处理。

素养目标：

（1）拥有敬业爱岗、严谨细致、一丝不苟、精益求精、团结协作的职业素养，为客户提供高质量的代理报关服务。

（2）具备遵纪守法、廉洁自律、诚实守信、真诚服务、敬畏守正的职业操守，积极配合海关处理其他进出境货物报关业务。

任务描述

报关员需要掌握不同类型的海关监管货物的内涵、特征、报关程序。在对核心知识进行全面深入的学习后，结合上述情景尝试向海关申请办理无代价抵偿货物、退运货物、进出境修理货物的报关业务。

核心知识

一、进出境快件申报

（一）含义

（1）进出境快件是指进出境快件运营人，以向客户承诺的快速商业运作方式承揽、承运的进出境的货物、物品。

（2）进出境专差快件是指运营人以专差押运方式承运进出境的空运快件。

（3）进出境快件运营人是指在我国境内依法注册，在海关登记备案的从事进出境快件运营业务的国际货物运输代理企业。

（二）分类

（1）文件类：根据规定予以免税的无商业价值的文件、单证、单据及资料。

（2）个人物品类：法律法规规定自用、合理数量范围内的进出境旅客分离运输的行李物品。

（3）货物类：除前两类物品以外的进出境快件。

（三）报关程序

1. 报关期限

进境快件应当自运输工具申报进境之日起14日内，向海关如实申报；出境快件应当在运输工具出境3小时之前，向海关如实申报。

2. 报关单证

不同的进出境快件申报时，需要递交不同的报关单证，具体适用情况见表3-28。

表3-28　不同进出境快件申报所需单证

类别	适用情况	适用报关单
文件类	法律、行政法规规定予以免税且无商业价值的文件、单证、单据及资料	KJ1报关单
个人物品类	自用、合理数量范围内的进出境旅客分离运输行李物品，馈赠亲友物品和其他个人物品	进出境快件个人物品报关单
货物类	关税税额在人民币50元以下的货物和海关准予免税进境的货样、广告品以及出境货样、广告品（属许可证件管理的、应征出口关税的、出口收汇的、需出口退税的除外）	KJ2报关单
货物类	应予征税的货样、广告品（属许可证件管理的、需进口付汇的除外）	KJ3报关单
其他物品类	一律按一般进出口货物的报关程序报关	

二、无代价抵偿货物申报

（一）含义

无代价抵偿货物是指进出口货物在海关放行后，因残损、短少、品质不良或者规格不符，由进出口货物的发货人、承运人或者保险公司免费补偿或者更换的与原货物相同或者与合同规定相符的货物。无代价抵偿与退运出境或退运进境的原货物“税则号列”应一致，否则按一般进出口货物办理。

（二）基本特征

无代价抵偿货物的基本特征如下：

（1）进出口无代价抵偿货物免予交验进出口许可证件。

（2）进口无代价抵偿货物，不征收进口关税和进口环节海关代征税；出口无代价抵偿货物，不征收出口关税。

（3）只能抵偿原进口货物的直接损失部分，不赔偿间接损失。

（4）现场放行后，海关不再进行监管。

（三）报关程序

无代价抵偿大体上可以分为两种：一种是短少抵偿；另一种是残损、品质不良或规格不符抵偿。

因为短少抵偿无须将货物退运进出境，直接将短少部分货物再运出境或运进境，由于前面都已申报过，故无须征税，也无须交验许可证件；因残损、品质不良或规格不符引起的无代价抵偿货物，进出口前应当先办理被更换的原进出口货物中残损、品质不良或规格不符货物的有关海关手续；如果不放弃也不退运，则按一般进出口货物办理相关手续。无代价抵偿货物的具体报关程序如下：

（1）应办理被更换的原进出口货物中残损、品质不良或规格不符货物的退运进出境的报关手续。

（2）被更换的原进口货物中残损、品质不良或规格不符货物不退运出境，但愿意放弃交由海关处理的，凭海关提供的依据申报进口无代价抵偿货物。

（3）不退运出境，也不放弃，按一般进出口货物办理，并缴纳进出口税费，交验相应的许可证件。

应向海关提交的报关单据如下：

（1）原进出口货物报关单。

（2）原货物退运进出境的报关单或海关处理证明。

（3）原税款缴款书/原货物征免税证明。

（4）原货物经商检后的检验证书。

（5）双方索赔协议。

无代价抵偿货物的实质如下：

（1）免费补偿或更换与原货物必须相同或相符的货物。

（2）实质是直接赔偿。

（3）被更换货物必须退运进出境或放弃交海关处理，否则视为一般进出口。

无代价抵偿货物应在原进出口合同规定的索赔期内且不超过原货物进出口之日起3年内进行索偿。由于当时进口时原进口货物已经向海关交纳了相关的税费和许可证件，所以免费更换或免费补偿的货物进口时就不用再向海关第二次缴纳相关税费和许可证件了。

三、退运、退关货物申报

（一）退运退货

1. 含义

退运进出口货物是指货物因质量不良或交货时间延误等原因，被国外买方拒收造成退运的货物，或因错发、错运、溢装、漏卸造成退运的货物。

2. 分类

（1）一般退运货物。一般退运货物是指已办理进出口申报手续且海关已放行的退运货物。一般退运货物的报关程序见表3-29。

表 3-29　一般退运货物的报关程序

分类	报关程序		免退税情况
一般退运进口货物	原出口货物已收汇，已核销	填写进口报关单，向进境地海关申报，提供原出口报关单、已盖核销章的外汇核销单出口退税联或已补税证明、保险公司证明或溢、漏卸证明	因品质或规格原因，出口货物自出口之日起1年内原状退货复运进境的，不征进口税，只要重新缴纳因出口而退还的国内环节税，在1年内退原缴纳的出口税
一般退运进口货物	原出口货物未收汇	填进口报关单申报进口，提交原出口报关单、外汇核销单、报关单退税联	因品质或规格原因，出口货物自出口之日起1年内原状退货复运进境的，不征进口税，只要重新缴纳因出口而退还的国内环节税，在1年内退原缴纳的出口税
	原出口货物部分退运进口	海关在原出口报关单批注退运的实际数量、金额，核实后放行	
一般退运出口货物	填写出口报关单申报出境，并提供原货物进口时的进口报关单、保险公司证明或承运人溢装、漏卸证明，海关核实无误后，验放有关货物出境		因品质、规格原因退运出口的，免出口税，并在1年内退还已征的进口税

（2）直接退运货物

①含义。直接退运货物是指在进境后、办结海关放行手续前，进口货物收发货人、原运输工具负责人或者其代理人申请直接退运境外，或者海关根据国家有关规定责令直接退运境外的全部或部分货物。

②范围。

a. 海关按国家规定责令直接退运的货物，主要是违反规定进境的货物，海关会向当事人制发“中华人民共和国海关责令进口货物直接退运通知书”。

b. 在货物进境后，办结海关放行手续前，有下列情形之一的，当事人可以向海关申请办理直接退运手续：

- 因国家贸易管理政策调整，收货人无法提供相关证件的。
- 属于错发、误卸或溢卸货物，能提供发货人或承运人书面证明文书的。
- 收发货人双方协商一致同意退运，能够提供双方同意退运的书面证明文书的。

• 有关贸易发生纠纷，能提供法院判决书、仲裁机构仲裁决定书或无争议的有效货物所有权凭证的。

• 货物残损或国家检验检疫不合格，能提供国家检验检疫部门根据收货人申请而出具的检验证明文书的。

当事人填写“进口货物直接退运申请书”，向海关申请直接退运，海关批准后，制发“准予直接退运决定书”。

c. 需提交许可证件进口的货物，属无证到货的，除海关按国家规定责令直接退运的货物外，不得办理直接退运。

③报关程序如下：

a. 办理进口货物直接退运手续，应当按照报关单填制规范填制进出口货物报关单。

b. 直接退运一般先申报出口，再申报进口；在填进口货物报关单时，报关单的“标记唛码及备注”栏还应填关联报关单（出口报关单）号。

c. 直接退运的货物不需要交验进出口许可证或者其他监管证件，免予征收各种税费及滞报金，不列入海关统计。

d. 进口货物直接退运应当从原进境地口岸退运出境。需改变运输路线的，须由原进境地海关批准后，以转关运输方式出境。

e. 报关期限：直接退运货物应当自载运的运输工具申报进境之日起或自运输工具卸货之日起3个月内，由货物所有人或其代理人向进境地海关提交“进口货物直接退运申请书”。

（二）退关货物

1. 含义

退关货物，又称为出口退关货物，是指向海关申报出口并获准放行，但因故未能装上运输工具，经发货单位请求，将货物退运出海关监管区域、不再出口的货物。

2. 报关手续

（1）出口货物发货人及其代理人应在得知出口货物未装上运输工具并决定不再出口之日起3天内，向海关申请退关。

（2）经海关核准且撤销出口申报后方能将货物运出海关监管场所。

（3）已缴纳出口税的退关货物，可以在缴纳税款之日起1年内，提出书面申请，向海关申请退税。

（4）出口货物发货人及其代理人办理出口货物退关手续后，海关应对所有单证予以注销，并删除有关报关电子数据。

（三）一般退运货物、直接退运货物和退关货物的区别

一般退运货物、直接退运货物与退关货物的区别见表3-30。

表 3-30 一般退运货物、直接退运货物和退关货物的区别

	一般退运货物	直接退运货物	退关货物
退运时限	进口：因品质或规格不符原因，出口货物自出口之日起1年内原状退货复运进境的，经海关核实后不予征收进口税	在载运货物的运输工具申报进境之日起或自运输工具卸货之日起3个月内，由货物所有人或其代理人向进境地海关提出正式书面申请，并填写“直接退运货物审批表”	出口货物的发货人及其代理人应当在得知出口货物未装上运输工具，并决定不再出口之日起3天内，向海关申请退关
	出口：因品质或规格不符原因，自进口货物进口之日起1年内原状退货复运出境的，经海关核实后不予征收出口税		
注意事项	原进口货物被退运出境向海关申报时，应当递交的单据：出口货物报关单、出口货物的随附单据、原进口货物报关单、原进口货物的随附单据、原进口货物经海关检验后的检验证明书	经海关审核情况后真实无讹且无走私违规嫌疑后，可予批准直接退运	已缴纳出口税的退关货物，可以在缴纳税款之日起1年内，提出书面申请，向海关申请退税
	原出口货物被退运进境向海关申报时，应当递交的单据：进口货物报关单、进口货物的随附单据、原出口货物报关单、原出口货物的随附单据、原出口货物经海关检验后的检验证明书	需提交各类许可证件进口的货物，属于无证到货的，除海关按国家规定责令直接退运的货物外，不得办理直接退运	出口货物的发货人及其代理人办理出口货物退关手续后，海关应对所有单证予以注销，并删除有关报关单子数据

四、进出境修理货物申报

（一）进出境修理货物的含义

进境修理货物是指运进境进行维护修理后复运出境的机械器具运输工具或者其他货物，以及为维修这些货物需要进口的原材料、零部件。出境修理货物是指运出境进行维护修理后复运进境的机械器具、运输工具或者其他货物，以及为维修这些货物需要出口的原材料、零部件。

进境修理包括原出口货物运进境修理和其他货物运进境修理；出境修理包括原进口货物运出境修理和其他货物运出境修理；原进口货物出境修理包括原进口货物在保修期内运出境修理和原进口货物在保修期外运出境修理。

（二）基本特征

进出境修理货物的基本特征如下：

（1）进境维修货物免予缴纳进口关税和进口环节海关代征税，但要向海关提供担保，并接受海关后续监管。

（2）出境修理货物进境时，在保修期内并由境外免费维修的，可以免征进口关税和进口环节海关代征税。

（3）出境修理货物进境时，在保修期外或者在保修期内境外收取维修费用的，应当按照境外修理费和材料费审定完税价格计征进口关税和进口环节海关代征税。

（4）进出境修理货物免予交验许可证件。

（三）报关程序

1. 进境修理货物的报关程序

进境修理货物报关程序如下：

（1）货物进境后，收货人或其代理人持维修合同或含有保修条款的原出口合同及申报进口需要的所有单证办理货物进口申报手续并提供进口税款担保。

（2）进境修理货物需要进口原材料、零部件的，纳税义务人在办理原材料、零部件进口申报手续时，应递交的单据。

①进境修理货物的维修合同（或者含有保修条款的原出口合同）。

②进境修理货物的进口报关单（与进境修理货物同时申报进口的除外）。

③向海关提供进口税款担保或者由海关按照保税货物实施管理。

（3）进口原材料、零序部件只限用于进境修理货物的修理，修理剩余的原材料、零序部件应随进境修理货物一同复运出境。

（4）货物进境后，在境内维修的期限为进境之日起6个月，可以申请延长，延长期限最长不超过6个月，在境内维修期间受海关监管。

（5）修理货物复运出境后应当申请销案，正常销案的，海关应当退还保证金或撤销担保。未复出境的部分货物应当办理进口申报纳税手续。

2. 出境修理货物的报关程序

出境修理货物报关程序如下：

（1）发货人在货物出境时，向海关提交维修合同或含有保修条款的原进口合同及申报出口需要的所有单证，办理出境申报手续。

（2）货物出境后，在境外维修的期限为出境之日起6个月，可以申请延长，延长的期限最长不超过6个月。

（3）货物复运进境时应当向海关申报在境外实际支付的修理费和材料费，由海关审查确定完税价格，计征进口关税和进口环节海关代征税。

（4）超过海关规定期限复运进境的，海关按一般进口货物计征进口关税和进口环节海关代征税。

五、超期未报关货物处理

（一）含义

超期未报关货物是指在规定的期限内未办结海关手续的海关监管货物。超期未报关货物的范围如下：

（1）自运输工具申报进境之日起，超过3个月未向海关申报的进口货物。

（2）在海关批准的延长期满仍未办结海关手续的溢卸货物、误卸货物。

（3）超过规定期限3个月未向海关办理复运出境或者其他海关手续的保税货物。

（4）超过规定期限3个月未向海关办理复运出境或者其他海关手续的暂准进境货物。

（5）超过规定期限3个月未运输出境的过境、转运和通运货物。

（二）处理

超期未报关进口货物由海关提取，依法变卖处理。变卖所得价款，在优先拨付变卖处理实际支出的费用后，按照以下顺序扣除相关费用和税款，所得价款不足以支付同一顺序的相关费用的，按照比例支付：①运输、装卸、储存等费用；②进口关税；③进口环节海关代征税；④滞报金。按照规定扣除相关费用和税款后，尚有余款的，自货物依法变卖之日起1年内，经进口货物收货人申请，予以发还。

笔记栏

技能训练

训练一　免费补偿的食品生产设备报关规定

回答引导问题

免费补偿的食品生产设备属于何种性质的海关监管货物？报关员在向海关申请报关时，应向海关递交哪些报关单证？这种性质的海关监管货物有哪些报关注意事项？

1. 该设备属于__________，其含义是：____。

2. 这种性质的海关监管货物的基本特征归纳如下：

（1）____；

（2）____；

（3）____；

（4）____。

3. 报关员在向海关申请报关时，应当递交哪些报关单证？

（1）____；

（2）____；

（3）____；

（4）____。

4. 报关员在向海关申请报关时，有哪些报关注意事项？

这种性质的海关监管货物大体上可以分为两种：一种是________；另一种是________________。因为______，无须将货物________，直接将__________________，由于前面都已申报过，故________________________；因______________________________，进出口前应当先办理____________________________________的有关海关手续；如果____________，则按__________________办理相关手续。

这种性质的海关监管货物的实质如下：

（1）____；

（2）____；

（3）____。

这种性质的海关监管货物应在____进行索偿。由于当时进口时原进口货物已经向海关________________________，所以________________的货物进口时就____了。

训练二　运到境外修理的食品生产设备的报关规定

回答引导问题

运到境外修理的食品生产设备，属于何种性质的海关监管货物？这种性质的海关监管货物的报关程序是怎样的？

1. 该设备属于__________，其含义是：____。

2. 这种性质的海关监管货物的基本特征归纳如下：

（1）____；

（2）____；

(3)____。

3. 这种性质的海关监管货物的报关程序是：

(1)____；

(2)____；

(3)____；

(4)____。

训练三　错发 10 吨钢管，退运境内的报关规定

回答引导问题

错发的10吨钢管，如退运到中国境内，报关员应如何处理？

1. 错发的10吨钢管，如退运到中国境内，应当按____________处理；

2. 其含义是指____

____。

3. 这种性质的海关监管货物的报关程序归纳如下，完成表3-31的填写。

表 3-31　退运货物的报关程序

<table>
<tr><th>分类</th><th colspan="2">报关程序</th><th>免退税情况</th></tr>
<tr><td rowspan="3"></td><td></td><td>填写__________向进境地海关申报，提供______________、已盖核销章的外汇核销单出口退税联或__________或__________</td><td rowspan="3">因__________原因，出口货物自______________，不征进口税，只要____________________，在____________退原缴纳的出口税</td></tr>
<tr><td></td><td>填__________申报进口，提交______________、外汇核销单、报关单退税联</td></tr>
<tr><td></td><td>海关在______________批注退运的实际数量、金额，核实后放行</td></tr>
</table>

任务评价

任务评分表见表3-32。

表 3-32　任务评分表

评价内容		分值	自评	互评	师评
知识评价	能够简单阐述无代价抵偿货物的含义、特征	10			
	能够简单阐述退运货物的含义、情形	10			
	能够简单阐述进出境修理货物的含义、特征	10			
	能够简单阐述进出境快件申报的含义、分类	10			
	能够简单阐述超期未报关货物的含义	10			
素养评价	拥有敬业爱岗、严谨细致、一丝不苟、精益求精、团结协作职业素养	25			
	具备遵纪守法、廉洁自律、诚实守信、真诚服务、敬畏守正职业操守	25			
总　分		100			

巩固与训练

一、单选题

1. 运输工具负责人要求以溢卸货物抵补短卸货物的，应由按照______的______报关程序办理进口手续。（　　）

A. 短卸货物原收货人；一般进口货物　　B. 溢卸货物所有人；一般进口货物

C. 短卸货物原收货人；无代价抵偿货物　　D. 溢卸货物所有人；无代价抵偿货物

2. 无代价抵偿货物的基本特征，下列表述错误的是（　　）。

A. 免予交验进出口许可证件

B. 不征收进口关税和进口环节海关代征税

C. 抵偿原进口货物的间接损失部分

D. 现场放行后，海关还要进行后续的监督和管理

3 . 下列不属于无代价抵偿货物，应当向海关递交的通关单据是（　　）。

A. 原进出口货物报关单

B. 原货物退运进出境的报关单或海关处理证明

C. 原税款缴款书/原货物征免税证明

D. 中国商务部出具的无代价抵偿货物确认通知书

4. 进境快件应当自运输工具申报进境之日起______日内，向海关如实申报。出境快件应当在运输工具出境______小时之前，向海关如实申报。（　　）

A. 14，3　　B. 7，3　　C. 14，24　　D. 7，24

5. （　　）是指运营人以专差押运方式承运进出境的空运快件。

A. 进出境快件　　B. 进出境专差快件

C. 进出境快件运营人　　D. 进出境专差快件运营人

6. 直接退运货物应当自载运的运输工具申报进境之日起或自运输工具卸货之日起______内，由货物所有人或其代理人向进境地海关提交______。（　　）

A. 3个月，《进口货物直接退运申请书》　　B. 3个月，《进口货物直接退运决定书》

C. 2个月，《进口货物直接退运申请书》　　D. 2个月，《进口货物直接退运决定书》

7. 进口货物的收货人自运输工具申报进境之日起超过（　　）未向海关申报的，其进口货物由海关提，取依法变卖处理。

A. 半年　　B. 1年　　C. 3个月　　D. 9个月

8. 下列关于进出境修理货物的表述，错误的是（　　）。

A. 进境修理货物免予交验许可证件

B. 进境修理货物复出境申报时应当提供原修理货物进口报关单

C. 出境修理货物不得申请延期

D. 出境修理货物复运进境，按境外修理费和材料费审查确定完税价格计征进口税

二、简答题

1. 简述无代价抵偿货物的含义及基本特征。

2. 简述退运货物的含义及具体情形。

3. 简述进出境修理货物的含义及基本特征。

4. 简述进出境快件申报的含义及分类。

5. 简述超期未报关货物的含义及海关管理的内容。

任务六 办理进出境货物的报检业务

情景导入

按照海关总署统一安排，出入境检验检疫局管理职责和队伍划入海关，统一以海关名义开展工作，实现统一上岗、统一着海关制服、统一佩戴关衔。机构改革后，海关职责更宽广，口岸通关更便捷。在通关环节，统一通过“单一窗口”实现报关报检，实施一次查验，实现一次放行。在运输工具登临检查方面，优化整合为检疫处置、登临检查两个环节，由海关根据对运输工具开展卫生检疫、动植物检疫、登临检查等不同检查要求。林梦梦经过一段时间学习，对出入境检验检疫相关知识和技能有了进一步了解，请和林梦梦一起完成下列任务：

（1）关于国境卫生检疫，海关对进出境货物、集装箱实施动态风险管理，具体如何规定？

（2）关于进境动植物及其产品检疫，海关的检疫审批范围具体包括哪些内容？

（3）关于进出口商品检验，海关检验的范围是如何规定的、主要包括哪些方式？

（4）关于进口食品检验检疫，进口商依法向海关申报哪些内容？海关对进口食品现场查验哪些内容？

学习目标

知识目标：

（1）掌握国境卫生检疫的含义，进境动植物及其产品的范围，进出口商品检验的范围、实施主体，进出口食品安全监管的含义。

（2）熟悉国境卫生检疫的申报内容，进境动植物及其产品的检疫准入、检疫审批，进出口商品检验的技术依据、主要方式、检验地点，进出口食品安全监管的检验检疫申报内容、口岸检验检疫实施、后续监管。

（3）了解国境卫生检疫的检疫实施和处置，进境动植物及其产品的检疫申请、检疫批准，进出口食品安全监管的合格评定内容、检验检疫准入。

素养目标：

（1）拥有敬业爱岗、严谨细致、精益求精、团结协作、守正创新的职业态度，积极配合海关处理各项检验检疫业务。

（2）具备遵纪守法、廉洁自律、诚实守信、心存敬畏、真诚服务的职业操守，对检验检疫业务处理中存在的问题用专业知识和技能积极应对。

任务描述

关检合并以来，海关从不同商品、监管区域、贸易方式等角度改革检验检疫监管方式，配合海关检验检疫对报关员来说是一项全新挑战，报关员需要掌握进出境检验检疫内涵、申报内容、检验检疫实施和准入等。在对核心知识进行全面深入学习后，结合上述情景内容尝试梳理国境卫生检疫、进境动植物及其产品检疫、进出口商品检验、进出口食品安全监管的内容、规定、方式等。

核心知识

一、办理国境卫生检疫

国境卫生检疫是指为了防止传染病由国外传入或者由国内传出，保护人体健康，在中华人民共和国国际通航的港口、机场及陆地边境和国界江河的口岸，海关依法实施传染病检疫、监测和卫生监督。国境卫生检疫防控的传染病指检疫传染病和监测传染病。

（1）检疫传染病，是指鼠疫、霍乱、黄热病，以及国务院确定和公布的其他传染病。

（2）监测传染病，由国务院卫生行政部门确定和公布。入境、出境的人员、交通工具、运输设备，以及可能传播检疫传染病的行李、货物、邮包等物品，都应当接受检疫，经海关许可，方准入境或者出境。在国外或者国内有检疫传染病大流行的时候，国务院可以下令封锁有关的国境或者采取其他紧急措施。

（一）申报

1. 入境申报

入境、出境的集装箱、货物、废旧物等物品在到达口岸的时候，承运人、代理人或者货主，必须向海关申报并接受卫生检疫。

2. 舱单申报

承载集装箱或者集装箱式货车车厢的运输工具在进出境时，承运人、营运人或者其代理人应当向海关如实申报并递交载货清单（舱单）。营运人或者其代理人应当按照海关规定向海关传输相关载货清单（舱单）的电子数据。载货清单（舱单）上应列明的内容具体见表3-33。

表 3-33 载货清单（舱单）上应列明的内容

序号	列明内容
（1）	运输工具名称、航（班）次号或者集装箱式货车车牌号、国籍、卸货港口
（2）	集装箱箱号或者集装箱式货车车厢号、尺寸、总重、自重
（3）	箱（厢）体内装载货物的商品名称、件数、重量，经营人、收发货人、提（运）单或者装货单号

3. 调运空箱

国际集装箱班轮公司或者其代理人凭交通主管部门的批准文件和自制的集装箱调运清单，向调出地海关申报。

调运清单内容应当包括：承运集装箱原进境船舶名称、航（班）次号、日期，承运调运空箱的船舶名称，航（班）次号，集装箱箱号、尺寸，目的口岸，箱体数量等，并向调出地和调入地海关传输相关的电子数据。其他运输方式在境内调拨或者运输的空集装箱，不需办理海关手续。

（二）审核

1. 动态风险管理

进出境货物、集装箱实施动态风险管理，根据风险评估，将风险划分为高风险、中风险、低风险等级，具体见表3-34。

表 3-34 动态风险管理规定

<table>
<tr><th>序号</th><th>不同情形</th><th>动态风险管理</th></tr>
<tr><td>（1）</td><td>来自海关总署发布的检疫传染病或参照检疫传染病管理疾病的疫情公告、警示通报、疫情防控通知所列国家（地区）的货物</td><td rowspan="2">高风险类别管理</td></tr>
<tr><td>（2）</td><td>海关总署明确列入高风险监管目录的货物</td></tr>
<tr><td>（3）</td><td>来自海关总署发布的重点关注传染病（检疫传染病除外）疫情公告、警示通报、疫情防控通知所列国家（地区）的货物</td><td rowspan="3">中风险类别管理</td></tr>
<tr><td>（4）</td><td>上一年度卫生检疫查验不合格率达20%以上的企业名下的货物</td></tr>
<tr><td>（5）</td><td>关区内连续3批次被查出卫生检疫不合格企业名下的货物</td></tr>
<tr><td>（6）</td><td>不属于高风险和中风险的货物</td><td>低风险类别管理</td></tr>
</table>

2. 分类监管

对高风险和中风险类别实施重点监管，对低风险类别实施一般监管。对不同风险类别的货物、集装箱、物品，分别按规定抽批、抽箱。

3. 行李物品监管

入境、出境旅客、员工个人携带或托运可能传播传染病的行李和物品，应当接受卫生检查。

（三）检疫实施

1. 等候检疫

未经海关许可，任何人不得擅自开启或者损毁集装箱和集装箱式货车车厢上的海关封志，更改、涂抹箱（厢）号，取出或者装入货物，将集装箱或者集装箱式货车车厢及其所载货物移离海关监管场所。

2. 查验前卫生处理

对需实施查验前卫生处理的进出境货物、集装箱、物品，货主或代理人按照相关规定实施卫生处理。

3. 配合施检

货主或其代理人应配合海关开展病媒生物监测、卫生状况检查、病原体检测等工作。

（四）检疫不合格判定

发现有下列情形之一的，判定为检疫不合格：①被传染病病原体污染或有污染嫌疑；②携带病媒生物；③夹带禁止进口废旧物品；④有腐败变质物品；⑤有垃圾、动物尸体、粪便等；⑥有其他公共卫生学问题。

（五）检疫处置

1. 追加查验

被判定为检疫不合格的，海关增加开箱率进行检疫查验，仍发现上述情形的继续扩大查验范围和比率，必要时采样送检。

2. 卫生处理

有下列情形之一的，实施卫生处理：①来自疫区的、被检疫传染病污染的；②可能成为检疫传染病传播媒介的；③发现啮齿动物和病媒昆虫的；④废旧物品；⑤曾行驶于境外港口的废旧交通工具；⑥发现有腐烂变质物品、生活垃圾、动物尸体、粪便的；⑦国家法律、行政法规或国际条约规定必须作卫生处理的。

3. 退运或销毁

对检疫查验不合格，且经过卫生处理后无法达到卫生处理效果的货物，实施退运或销毁。对发现禁止进口的废旧物品的，实施退运。

知识拓展

出入境尸体骸骨卫生检疫

二、办理进境动植物及其产品检疫

进出境动植物检疫是国家主权的象征，通过对外行使国家主权、履行国际义务，执行动植物检疫法律法规，防止动物疫病和危险性植物有害生物传入、传出国境，保护农林牧渔业生产安全、生态安全、人和动物生命健康安全，所采取的强制性检查和处理措施。实施强制性的动植物检疫已成为世界各国的普遍制度。下面重点讲解进境动植物及其产品的动植物检验检疫工作。

进境动植物及其产品的动植物检疫主要包括检疫准入、检疫审批、境外预检、指定监管场地（指定口岸）、口岸查验、隔离检疫、实验室检测、检疫处理（包括指定监管加工）、后续监管等过程。

（一）检疫准入

检疫准入制度是中国海关根据中国法律法规，依据国内外动植物疫情疫病和安全卫生风险评估结果，结合拟申请国（地区）出口农产品官方监管体系的有效性评估，做出是否准许申请国（地区）某类动植物、动植物产品进入中国决定的制度。检疫准入制度是WTO/SPS的重要措施，是降低检疫性有害生物传入我国的第一道防线。

（二）检疫审批

检疫审批制度是国家为防止境外动植物传染病、有毒有害生物的传入，对进境（过境）动物及其产品、植物及其产品采取的一种行政管理程序，具体检疫审批范围见表3-35。

表 3-35　检疫审批范围

动物及其产品检疫审批范围	
活动物	指饲养、野生活动物，如畜、禽、兽、蛇、龟、虾、蟹、贝、鱼、蚕、蜂等
动物繁殖材料	包括胚胎、精液、受精卵、种蛋及其他动物遗传物质
食用性动物产品（动物源性食品）	包括动物肉类及其产品（含脏器），鲜蛋，鲜奶，动物源性中药材，特殊营养食品（如燕窝），动物源性化妆品原料，两栖类、爬行类、水生哺乳类动物及其他养殖水产品
	不包括海捕水产品、蜂产品、蛋制品、奶制品、熟制肉类产品（如香肠、火腿、肉类罐头、食用高温炼制动物油脂）
非食用性动物产品	包括原毛（包括羽毛），原皮，生的骨、角、蹄，明胶，蚕茧，动物源性饲料及饲料添加剂，鱼粉、肉粉、骨粉、肉骨粉、油脂、血粉、血液等，含有动物成分的有机肥料
植物及其产品检疫审批范围	
果蔬类	包括新鲜水果、番茄、茄子、辣椒果实
烟草类	包括烟叶及烟草薄片
粮谷类	包括小麦、玉米、稻谷、大麦、黑麦、高粱等
豆类	包括大豆、绿豆、豌豆、赤豆、蚕豆、鹰嘴豆等
薯类	包括马铃薯、木薯、甘薯等
饲料类	包括麦麸、豆饼、豆粕等
植物繁殖材料	包括植物种子、种苗及其他繁殖材料
植物栽培介质	包括除土壤外的所有由一种或几种混合的具有储存养分、保存水分、透气良好和固定植物等作用的人工或天然固体物质组成的栽培介质
特许审批范围	
动植物病原体（包括菌种、毒种等）、害虫及其他有害生物	动植物疫情流行的国家和地区的有关动植物、动植物产品和其他检疫物
动物尸体	土壤

1. 申请

（1）申请办理检疫审批手续的单位应当是具有独立法人资格并直接对外签订贸易合同或者协议的单位。

（2）过境动物的申请单位应当是具有独立法人资格并直接对外签订贸易合同或者协议的单位或者其代理人。

（3）申请单位应当在签订贸易合同或者协议前，向审批机构提出申请并取得“进境动植物检疫许可证”。过境动物在过境前，申请单位应当向海关总署提出申请并取得“进境动植物检疫许可证”。

（4）申请单位应当按照规定如实填写并提交“中华人民共和国进境动植物检疫许可申请表”（以下简称“检疫许可证申请表”），需要初审的，由进境口岸初审机构进行审；加工、使用地不在进境口岸初审机构所辖地区内的货物，必要时还需由使用地初审机构初审。

2. 审核批准

初审机构对申请单位检疫审批申请进行初审的内容包括：

（1）申请单位提交的材料是否齐全，是否符合申请条件。

（2）输出和途经国家或者地区有无相关的动植物疫情。

（3）是否符合中国有关动植物检疫法律法规和部门规章的规定。

（4）是否符合中国与输出国家或者地区签订的双边检疫协定（包括检疫协议、议定书、备忘录等）。

（5）进境后需要对生产、加工过程实施检疫监督的动植物及其产品，审查其运输、生产、加工、存放及

知识拓展

进境木材检验检疫

处理等环节是否符合检疫防疫及监管条件，根据生产、加工企业的加工能力核定其进境数量。

（6）可以核销的进境动植物产品，应当按照有关规定审核其上一次审批的“进境动植物检疫许可证”的使用、核销情况。初审合格的，由初审机构签署初审意见。同时对考核合格的动物临时隔离检疫场出具“进境动物临时隔离检疫场许可证”。对需要实施检疫监管的进境动植物产品，必要时出具对其生产加工存放单位的考核报告。由初审机构将所有材料上报海关总署审核。初审不合格的，将申请材料退回申请单位。

知识拓展

出境货物木质包装检疫处理

三、办理进出口商品检验

（一）商品检验范围

商品检验的范围为列入《法检目录》的商品，以及其他法律法规规定需要实施商品检验的商品，也包括对法定检验以外的进出口商品根据国家规定实施的抽查检验。

（二）商品检验实施主体

根据《中华人民共和国进出口商品检验法》，国务院设立进出口商品检验部门（以下简称国家商检部门，指海关总署），主管全国进出口商品检验工作。国家商检部门设在各地的进出口商品检验机构（以下简称商检机构，指各地主管海关）管理所辖地区的进出口商品检验工作。商检机构和依法设立的检验机构（以下称其他检验机构），依法对进出口商品实施检验。

（三）商品检验的技术依据

对列入《法检目录》的进出口商品，按照国家技术规范的强制性要求进行检验；尚未制定国家技术规范的强制性要求的，应当依法及时制定，未制定之前，可以参照国家商检部门指定的国外有关标准进行检验。

（四）商品检验的主要方式

商品检验是指确定列入《法检目录》的进出口商品是否符合国家技术规范的强制要求的合格评定活动，包括是否符合安全、卫生、健康、环境保护、防止欺诈等要求以及相关的品质、数量、重量等项目。合格评定程序包括：抽样、检验和检查；评估、验证和合格保证；注册、认可和批准以及各项的组合。

（五）商品检验的地点

法定检验的一般进口商品原则上应当在目的地检验，大宗散装商品、易腐烂变质商品及已发生残损、短缺的商品，应当在卸货口岸检验。法定检验的出口商品应当在商品的生产地检验；在商品生产地检验的出口商品需要在口岸报关提供电子底账的，由商品生产地海关按照规定签发电子底账。实施商品检验的地点，具体是关境、国境，还是在目的地实施检验，主要是统筹考虑风险控制和贸易便利需要做出的决定；海关总署也可以根据便利对外贸易和进出口商品检验工作的需要，指定在其他地点检验。

视 频

出口危险货物及其包装检验监管

四、办理进口食品检验检疫

进出口食品安全监管，是指海关为保证进出口食品安全，保障公众身体健康和生命安全，根据法律法规的规定，对进出口食品生产经营活动、进出口食品生产经营者和输华食品国家（地区）食品安全管理体系等实施的行政监督管理，督促检查进出口食品相关方执行食品法律法规的情况，并对其违法行为进行约束的过程。

视 频

进出口食品、化妆品检验检疫的监管依据

（一）进口食品实施合格评定

海关依据进出口商品检验相关法律、行政法规的规定对进口食品实施合格评定。

进口食品合格评定活动包括：向中国境内出口食品的境外国家（地区）[以下简称境外国家（地区）]食品安全管理体系评估和审查；向中国输出食品的境外生产、加工、储存企业（以下统称境外生产企业）注册；向中国出口食品的境外出口商或者代理商、食品进口商（以下统称进出口商）备案和合格保证；进境动植物检疫审批、随附合格证明检查、单证审核、现场查验、监督抽检、进口和销售记录检查以及各项的组合。

（二）检验检疫准入

1. 输华食品国家或地区食品安全管理体系审查

此项制度由《中华人民共和国食品安全法》（以下简称《食品安全法》）确立，是向输华食品的国家或地区政府传导食品安全责任、保障输华食品安全的根本性、起点性制度，也是国际通行做法。有下列情形之一的，海关总署可以对境外国家（地区）启动评估和审查，具体见表3-36。海关总署组织专家通过资料审查、视频检查、现场检查等形式及其组合，实施评估和审查。评估和审查完成后，海关总署向接受评估和审查的国家（地区）主管部门通报评估和审查结果。

表 3-36　输华食品国家或地区食品安全管理体系审查

序号	不同情形	海关启动评估和调查
（1）	境外国家（地区）申请向中国首次输出某类（种）食品的	海关总署可以对境外国家（地区）启动评估和审查
（2）	境外国家（地区）食品安全、动植物检疫法律法规、组织机构等发生重大调整的	
（3）	境外国家（地区）主管部门申请对其输往中国某类（种）食品的检验检疫要求发生重大调整的	
（4）	境外国家（地区）发生重大动植物疫情或者食品安全事件的	
（5）	海关在输华食品中发现严重问题，认为存在动植物疫情或者食品安全隐患的	
（6）	其他需要开展评估和审查的情形	

2. 输华食品生产企业注册管理

此项制度由《食品安全法》确立，是同时向输华国家（地区）政府及输华食品生产企业传导食品安全责任的基本制度。由输华食品国家（地区）主管部门向海关总署推荐注册或进口食品境外生产企业自行申请，提交相关材料。海关总署组织专家通过书面检查、视频检查、现场检查等形式及其组合，对申请注册的输华食品生产企业是否符合注册条件进行审查。符合注册条件的，准予注册，并在网站上对外予以公布。此项制度已发布实施，并扩展至《食品安全法》规定的全类别食品生产企业。

3. 输华食品境外出口商备案管理

此项制度由《食品安全法》确立，是向输华食品境外出口商或代理商传导食品安全责任的基本制度。由输华食品境外出口商或代理商通过因特网向海关总署进行备案，备案信息主要包括：出口商或者代理商名称，所在国家或者地区、地址，联系人姓名、电话，输华食品种类，填表人姓名、电话等信息。由海关总署在官方网站上对外公布输华食品境外出口商或代理商名单。

4. 输华食品进口商备案管理

此项制度由《食品安全法》确立，是向输华食品进口商或代理商传导食品安全责任的基本制度。由输华食品进口商或代理商通过因特网向所在地检验检疫机构进行备案，备案内容主要包括：进口商或代理商名称、地址，联系人姓名、电话，经营食品种类，填表人姓名、电话，以及承诺书等信息。由海关总署在官方网站上对外公布输华食品进口商名单。

5. 输华食品进口商对境外食品生产企业审核

此项制度由《食品安全法》确立，是向输华食品进口商或代理商传导食品安全责任的基本制度。由输华食品进口商或代理商对向其供货的境外出口商、生产企业进行审核。审核内容包括制定和执行食品安全风险控制措施情况和保证食品符合中国法律法规和食品安全国家标准的情况。海关依法对食品进口商实施审核活动的情况进行监督检查。食品进口商或代理商应当积极配合，如实提供相关情况和材料。

6. 进境动植物源性食品检疫审批

此项制度由《中华人民共和国进出境动植物检疫法》确立，是保障每批次输华食品符合动植物检疫要求的制度。由输华食品进口商或代理商在签署贸易合同前向检验检疫机构申请检疫审批，并提交规定的材料。

检验检疫机构对提交材料进行初审，海关总署进行终审。符合规定要求的，海关总署签发“进境动植物检疫许可证”。

7. 指定口岸要求

海关可以根据风险管理需要，对进口食品实施指定口岸进口，指定监管场地检查。指定口岸、指定监管场地名单由海关总署公布。

（三）检验检疫申报

食品进口商或者其代理人进口食品时应当依法向海关如实申报下列内容：

（1）监管证件，如保健食品的注册证书或者备案凭证、特殊医学用途配方食品注册证书和婴幼儿配方乳粉产品配方注册证书等特殊食品需要的监管证件、转基因食品农业转基因生物安全证书、食品进口应当获得的其他监管证件等。

（2）进境动植物检疫许可证等批准文件。

（3）合格证明材料，如符合性声明或者合格保证、实验室检验报告、出口国家（地区）主管部门签发的检验检疫证书、出口国家（地区）主管部门或者其授权机构出具的证明文件、食品进口应当持有的其他合格证明材料等。

（4）进口食品境外出口商或者代理商备案、进口食品的进口商备案、进口食品境外生产企业注册等备案号、注册号相关材料。

申报要求和随附单证的提交方式由海关总署确定并公布。

（四）口岸检验检疫实施

1. 进口现场查验

海关根据监督管理需要，对进口食品实施现场查验，现场查验包括但不限于以下内容，具体见表3-37。

表 3-37 进口现场查验内容

序号	查验内容	
（1）	运输工具、存放场所	是否符合安全卫生要求
（2）	集装箱号、封识号、内外包装上的标识内容、货物的实际状况	是否与申报信息及随附单证相符
（3）	动植物源性食品、包装物及铺垫材料	是否存在《中华人民共和国进出境动植物检疫法实施条例》第二十二条规定的情况
（4）	内外包装是否符合食品安全国家标准	是否存在污染、破损、湿浸、渗透
（5）	内外包装的标签、标识及说明书	是否符合法律、行政法规、食品安全国家标准以及海关总署规定的要求
（6）	食品感官性状	是否符合该食品应有性状
（7）	冷冻冷藏食品的新鲜程度、中心温度	是否符合要求、是否有病变、冷冻冷藏环境温度是否符合相关标准要求、冷链控温设备设施运作是否正常、温度记录是否符合要求，必要时可以进行蒸煮试验

2. 监督抽检

海关根据监督抽检计划等相关要求对进口食品实施监督抽检，对进口食品开展抽样、检验和处置。其中，取样应根据食品的不同种类、数量、包装形式和检验要求确定抽采样方案，实施抽采样，抽采样要有充分的代表性。实验室检测则由海关技术机构按照食品安全国家标准对进口食品进行检验。

进口食品的包装和标签、标识应当符合中国法律法规和食品安全国家标准；依法应当有说明书的，还应当有中文说明书。

3. 检验检疫处置

进口食品经海关合格评定合格的，准予进口。进口食品经海关合格评定不合格的，由海关出具不合格证明；涉及安全、健康、环境保护项目不合格的，由海关书面通知食品进口商，责令其销毁或者退运；其他项目不合格的，经技术处理符合合格评定要求的，方准进口。相关进口食品不能在规定时间内完成技术处理或者经技术处理仍不合格的，由海关责令食品进口商销毁或者退运。

（五）后续监管

1. 进口和销售记录

食品进口商应当建立食品进口和销售记录制度，如实记录食品名称、净含量／规格、数量、生产日期、生产或者进口批号、保质期、境外出口商和购货者名称、地址及联系式、交货日期等内容，并保存相关凭证。记录和凭证保存期限不得少于食品保质期满后6个月；没有明确保质期的，保存期限为销售后2年以上。

2. 风险预警

境内外发生食品安全事件或者疫情疫病可能影响到进出口食品安全的，或者在进出口食品中发现严重食品安全问题的，直属海关应当及时上报海关总署；海关总署根据情况进行风险预警，在海关系统内发布风险警示通报，并向国务院食品安全监督管理、卫生行政、农业行政部门通报，必要时向消费者发布风险警示通告。海关总署发布风险警示通报的，应当根据风险警示通报要求对进出口食品采取加严控制措施。

3. 召回

食品进口商发现进口食品不符合法律、行政法规和食品安全国家标准，或者有证据证明可能危害人体健康，应当按照《食品安全法》相关规定，立即停止进口、销售和使用相关食品，实施召回，通知相关生产经营者和消费者，记录召回和通知情况，并将食品召回、通知和处理情况向所在地海关报告。

知识拓展

出口食品检验检疫

知识拓展

出口化妆品检验检疫

笔记栏

技能训练

训练一　办理国境卫生检疫的具体规定

回答引导问题

1. 国境卫生检疫的内涵：________________。
2. 关于国境卫生检疫，海关对于进出境货物、集装箱实施动态风险管理，具体是如何规定的？填写表3-38。

表 3-38　动态风险管理规定

序号	不同情形	动态风险管理
(1)	来自________或参照检疫传染病管理疾病的疫情公告、警示通报、疫情防控通知所列国家（地区）的货物	高风险类别管理
(2)	海关总署明确________的货物	
(3)	来自________公告、警示通报、疫情防控通知所列国家（地区）的货物	中风险类别管理
(4)	上一年度________的企业名下的货物	
(5)	关区内________企业名下的货物	
(6)	不属于________的货物	低风险类别管理

训练二　进境动植物及其产品的动植物检疫的具体规定

回答引导问题

1. 进境动植物及其产品的动植物检疫主要包括：________________。
2. 检疫准入制度：________________。
3. 检疫审批制度：________________。
4. 关于办理进境动植物及其产品检疫，海关的检疫审批范围具体包括哪些内容？填写表3-39中。

表 3-39　检疫审批范围

动物及其产品检疫审批范围	
活动物	指________，如畜、禽、兽、蛇、龟、虾、蟹、贝、鱼、蚕、蜂等
动物繁殖材料	包括________及其他动物遗传物质
	包括动物肉类及其产品（含脏器），鲜蛋，鲜奶，动物源性中药材，特殊营养食品（如燕窝），动物源性化妆品原料，两栖类、爬行类、水生哺乳类动物及其他养殖水产品
	不包括海捕水产品、蜂产品、蛋制品、奶制品、熟制肉类产品（如香肠、火腿、肉类罐头、食用高温炼制动物油脂）
	包括原毛（包括羽毛），原皮，生的骨、角、蹄，明胶，蚕茧，动物源性饲料及饲料添加剂，鱼粉、肉粉、骨粉、肉骨粉、油脂、血粉、血液等，含有动物成分的有机肥料
植物及其产品检疫审批范围	
果蔬类	包括________________
	包括烟叶及烟草薄片
	包括小麦、玉米、稻谷、大麦、黑麦、高粱等
豆类	包括________________
薯类	包括________________
	包括麦麸、豆饼、豆粕等

续表

植物及其产品检疫审批范围	
植物繁殖材料	包括＿＿＿＿＿＿＿＿
	包括除土壤外的所有由一种或几种混合的具有储存养分、保存水分、透气良好和固定植物等作用的人工或天然固体物质组成的栽培介质
特许审批范围	
害虫及其他有害生物	＿＿＿＿的有关动植物、动植物产品和其他检疫物
	＿＿＿＿＿＿＿＿

训练三　进出口商品检验的具体规定

回答引导问题

1. 商品检验范围：＿＿＿＿＿＿＿＿。
2. 商品检验实施主体：＿＿＿＿＿＿＿＿。
3. 商品检验的技术依据：＿＿＿＿＿＿＿＿。
4. 商品检验的主要方式：＿＿＿＿＿＿＿＿。
5. 商品检验的地点：＿＿＿＿＿＿＿＿。

训练四　进口食品的检验检疫申报的具体规定

回答引导问题

1. 进出口食品安全监管：＿＿＿＿＿＿＿＿。
2. 检验检疫准入制度具体包括，归纳如下：

（1）＿＿＿＿＿＿＿＿；

（2）＿＿＿＿＿＿＿＿；

（3）＿＿＿＿＿＿＿＿；

（4）＿＿＿＿＿＿＿＿；

（5）＿＿＿＿＿＿＿＿；

（6）＿＿＿＿＿＿＿＿；

（7）＿＿＿＿＿＿＿＿。

3. 检验检疫申报内容归纳如下：

（1）＿＿＿＿＿＿；（2）＿＿＿＿＿＿；

（3）＿＿＿＿＿＿；（4）＿＿＿＿＿＿。

4. 海关对进口食品实施现场查验，具体查验哪些内容？填写表3-40。

表 3-40　进口现场查验内容

序号	查验内容	
（1）	运输工具、存放场所	是否＿＿＿＿＿＿＿＿
（2）	集装箱号、封识号、内外包装上的标识内容、货物的实际状况	是否＿＿＿＿＿＿＿＿
（3）	动植物源性食品、包装物及铺垫材料	是否＿＿＿＿第二十二条规定的情况
（4）	内外包装是否符合食品安全国家标准	是否＿＿＿＿＿＿＿＿
（5）		是否符合法律、行政法规、食品安全国家标准以及海关总署规定的要求

续表

序号	查验内容	
（6）		是否符合该食品应有性状
（7）		是否符合要求、是否有病变、冷冻冷藏环境温度是否符合相关标准要求、冷链控温设备设施运作是否正常、温度记录是否符合要求，必要时可以进行蒸煮试验

任务评价

任务评分表如表3-41所示。

表3-41　任务评分表

评价内容		分值	自评	互评	师评
知识评价	能够简单阐述国境卫生检疫的含义、申报内容	15			
	能够简单阐述进境动植物及其产品的范围、检疫准入、检疫审批	15			
	能够简单阐述进出口商品检验的范围、实施主体、技术依据、主要方式、检验地点	15			
	能够简单阐述进出口食品安全监管的含义、检验检疫申报内容、口岸检验检疫实施、后续监管	15			
素养评价	拥有敬业爱岗、严谨细致、精益求精、团结协作、守正创新的职业态度	20			
	具备遵纪守法、廉洁自律、诚实守信、心存敬畏、真诚服务的职业操守	20			
总　分		100			

巩固与训练

一、单选题

1. 关于国境卫生检疫，发现有下列情形之一，判定为检疫不合格，错误的选项是（　　）。
   A. 被传染病病原体污染或有污染嫌疑　　B. 有垃圾、动物尸体、粪便等
   C. 有腐败变质物品　　D. 法定检验检疫货物
2. 关于进出口商品检验的相关规定，表述正确的是（　　）。
   A. 商品检验的范围为列入《非法检目录》的商品，以及其他法律法规规定需要实施商品检验的商品
   B. 对法定检验以外的进出口商品根据国家规定实施的逐票检验
   C. 根据《中华人民共和国进出口商品检验法》，国务院设立各省、自治区或直辖市的直属海关主管全国进出口商品检验工作
   D. 国家商检部门设在各地的进出口商品检验机构（简称商检机构，指各地主管海关）管理所辖地区的进出口商品检验工作
3. 关于申请进出境动植物及其产品检疫的相关规定，错误的是（　　）。
   A. 申请办理检疫审批手续的单位应当是具有独立法人资格并直接对外签订贸易合同或者协议的单位
   B. 过境动物的申请单位应当是具有独立法人资格并直接对外签订贸易合同或者协议的单位或者其代理人
   C. 过境动物在过境前，申请单位应当向直属海关或其授权的隶属海关提出申请并取得“进境动植

物检疫许可证”

D. 申请单位应当按照规定如实填写并提交“中华人民共和国进境动植物检疫许可申请表”

4. 关于国境卫生检疫的实施，具体规定如下（　　）。

A. 货主或其代理人可以开启或损毁集装箱和集装箱式货车车厢上的海关封志

B. 货主或其代理人应配合海关开展病媒生物监测、卫生状况检查、病原体检测等工作

C. 货主或其代理人可以将集装箱或集装箱式货车车厢及其所载货物移离海关监管场所

D. 对需实施查验前卫生处理的进出境货物、集装箱、物品，直属海关或其授权的隶属海关按照相关规定实施卫生处理

5. 关于国境卫生检疫，需要实施卫生处理的情形，错误选项是（　　）。

A. 来自疫区的；被检疫传染病污染的　　B. 发现啮齿动物和病媒昆虫的

C. 发现有腐烂变质物品、生活垃圾、动物尸体、粪便的　　D. 发现加盖有IPCC标志的原木

6. 关于进出口商品检验地点的规定，表述正确的是（　　）。

A. 法定检验的一般进口商品原则上应当在口岸检验

B. 大宗散装商品、易腐烂变质商品及已发生残损、短缺的商品，应当在目的地检验

C. 大宗散装商品、易腐烂变质商品及已发生残损、短缺的商品，应当在卸货口岸检验

D. 法定检验的出口商品应当在商品的目的地检验

7. 关于办理进口食品检验检疫的相关内容，正确的是（　　）。

A. 直属海关或其授权的隶属海关可以对输华食品国家（地区）食品安全管理体系开展启动评估和审查

B. 进出口食品安全监管，是指海关为保证进出口食品安全，保障公众身体健康和生命安全，依法依规对进出口食品生产经营活动等实施监管的过程

C. 海关只是对进出口食品生产经营活动实施监管，但对于进出口食品生产经营者不予监管，由企业自觉管理

D. 海关还需要督促检查进出口食品相关方执行食品法律法规的情况，但对其违法行为由司法机关进行约束

8. 关于进口食品的海关后续监管的相关规定，正确的选项是（　　）。

A. 食品进口商应当建立食品进口和销售记录制度，记录和凭证保存期限不得少于食品保质期满后3个月，没有明确保质期的，保存期限为销售1年以上

B. 境内外发生食品安全事件或者疫情疫病可能影响到进出口食品安全的，直属海关应当及时上报国务院

C. 食品进口商发现进口食品不符合法律、行政法规和食品安全国家标准，应立即停止进口、销售和使用相关食品，实施召回

D. 海关总署根据情况进行风险预警，在海关系统内发布风险警示通报，并向国务院食品安全监督管理、卫生行政、农业行政部门通报，但无须向消费者发布风险警示通告

二、简答题

1. 简述国境卫生检疫的内涵，及其入境申报的内容。
2. 简述进境动植物及其产品检疫具体包括的内容。
3. 简述进出口商品检验的范围、实施主体、技术依据、主要方式、检验地点。
4. 简述进出口食品安全监管的内涵，以及检验检疫申报的内容。

项目四

遵守通关秩序——办理海关特殊区域和场所的货物报关

项目描述

海关特殊监管区域是我国开放型经济发展的先行区，是加工贸易转型升级的集聚区，为承接国际产业转移、推进区域经济协调发展、促进对外贸易和扩大就业等作出了积极贡献。当前，深化改革对海关特殊监管区域发展提出了新的更高要求。上海元初物流有限公司报关业务部曹经理派报关员林梦梦去外高桥保税区仓库和张经理学习，不断提升自己各方面的业务能力，林梦梦从未处理过海关特殊监管区域和场所的货物进出口报关业务，有很多需要学习的地方：海关保税监管场所和特殊监管区域的报关程序是怎样的？对于保税监管场所和特殊监管区域，海关是如何管理的？

思维导图

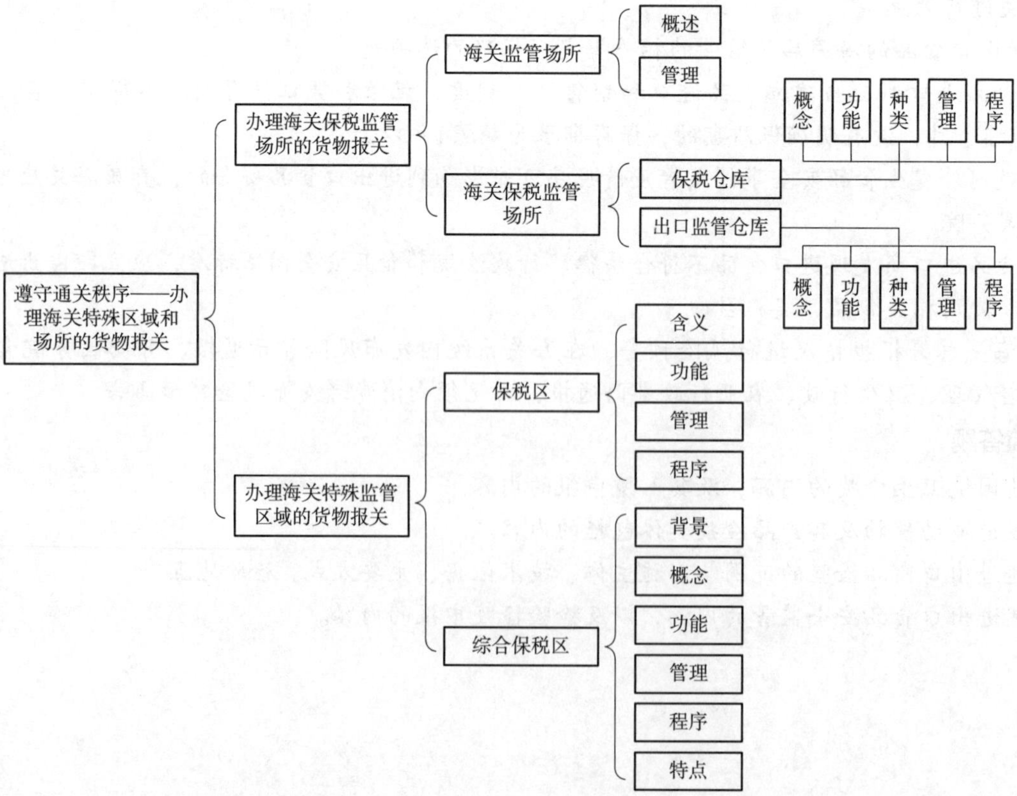

任务一　办理海关保税监管场所的货物报关

情景导入

上海袁弘服装加工有限公司（下面简称“袁弘公司”）从保税仓库出仓报关（进口报关）一批服装原料及辅料进行加工贸易，袁弘公司委托“元初物流”向海关申报，报关员林梦梦第一次处理保税仓库出仓货物（正式进口到国内），在处理此票货物的过程中她遇到了很多疑惑，什么是保税仓呢？保税仓库有哪些功能？保税仓库的出仓申报的报关流程是怎样的？请帮助报关员林梦梦完成下列任务：

（1）向海关申请办理保税仓库货物的进仓报关、出仓报关手续。

（2）保税仓库货物报关程序与出口监管仓库货物报关程序有何区别？

学习目标

知识目标：

1. 掌握海关保税监管场所的含义、分类；以及保税仓库、出口监管仓库的含义、功能、分类。
2. 熟悉保税仓库货物的报关程序、出口监管仓库货物的报关程序。
3. 了解保税仓库的海关管理、出口监管仓库的海关管理。

技能目标：

1. 能向海关申请办理保税仓库的货物出入仓和流转报关手续。
2. 能向海关申请办理出口监管仓库的货物出入仓和流转报关手续。

素养目标：

在海关全面深化改革的背景下，拥有敬业爱岗、细致入微、精益求精的职业态度，具备遵纪守法、廉洁自律、诚实守信的职业操守，严格遵守报关秩序，按照海关的管理要求积极配合海关处理保税监管场所的货物报关业务。

任务描述

海关特殊监管场所的货物申报是报关员的一项特殊技能，报关员必须掌握海关保税监管场所的报关程序，所需通关单证，了解特殊监管场所的海关管理，以及海关对于监管证件和税费的规定等内容。在对核心知识进行全面学习后，结合上述情景内容完成特殊监管场所的货物进仓报关、出仓报关。

核心知识

一、海关监管场所的概述及监督管理

（一）海关监管场所概述

海关监管场所是指进出境运输工具或者境内承运海关监管货物的运输工具进出、停靠，以及从事进出境货物装卸、储存、交付、发运等活动，办理海关监管业务，符合海关设置标准的特定区域。海关监管场所内只能存放海关监管货物。对海关监管场所实行统一编码、计算机联网和分类管理。

（二）海关监管场所的监督管理

（1）海关采取视频监控、实地核查等方式对进出海关监管场所的运输工具、货物等实施监管。经营企业应当在海关监管场所显著位置按照海关规定的样式制作、悬挂监管场所标志牌。

（2）海关监管场所内只能存放海关监管货物。海关监管场所内的气体化工品、易燃易爆危险品、有毒及

放射性货物应当带有明显标志，并不得与其他类货物一起存放。经营油气液体化工品进出口业务的海关监管场所经营人及相关加工生产企业应向所在地海关申请办理油气液体化工品物流监控系统。

（3）经营企业应当按照海关要求发送和接收电子数据。海关有权查阅海关监管场所的货物进出和存储等情况的纸质单证或者电子账册。

（4）海关根据需要，可派员实施卡口监管，核实、放行海关监管运输工具、货物。海关检查运输工具或者查验货物、提取货样时，经营企业应当按照海关要求进行必要的协助。

（5）经营企业应当凭海关纸质放行凭证和电子放行信息放行海关监管的运输工具、货物。

（6）经营企业应当及时将海关监管场所内存放超过3个月的货物情况向海关报告，并协助海关办理相关手续。

二、海关保税监管场所的内涵及报关流程

海关保税监管场所，是指经海关批准设立的，准予在保税状态下存储货物的仓库、场所。海关保税监管场所属于海关保税物流监管的基本形态之一，目前包括保税仓库、出口监管仓库、保税物流中心（A型）、保税物流中心（B型）四种形态。下面对前两种进行介绍。

（一）保税仓库

1. 保税仓库的概念

保税仓库是指经海关批准设立的专门存放保税货物及其他未办结海关手续货物的仓库。保税仓库应当设立在设有海关机构、便于海关监管的区域。申请设立保税仓库的企业应当是已在海关办理进出口收发货人注册登记的，不同时拥有报关企业身份的企业。注册资本最低限额为300万元。经营备料保税仓库的加工贸易企业，年出口额最低为1 000万美元。企业申请设立保税仓库的，应向仓库所在地主管海关提交书面申请，提供证明文件，由主管海关受理并报直属海关审批。

2. 保税仓库的功能

保税仓库具有保税仓储、转口、简单加工和流通性增值服务、物流配送等功能。下列货物，经海关批准可以存入保税仓库：

- 供加工贸易加工成品复出口的进口料件。
- 国际转运货物。
- 供应国际航行船舶和航天器的油料、物料和维修用零部件。
- 供维修外国产品所进口寄售的零配件。
- 外商进境暂存货物。
- 未办结海关手续的一般贸易货物。
- 经海关批准的其他未办结海关手续的进境货物。

3. 保税仓库的种类

保税仓库按照使用对象不同分为公用型保税仓库、自用型保税仓库、专用型保税仓库。

（1）公用型保税仓库由主营仓储业务的中国境内独立企业法人经营，专门向社会提供保税仓储服务。公用保税仓库面积最低为2 000 m^2。

（2）自用型保税仓库由特定的中国境内独立企业法人经营，仅存储供本企业自用的保税货物。

（3）保税仓库中专门用来存储具有特定用途或特殊种类商品的称为专用型保税仓库，包括液体危险品（如石油、成品油或者其他散装液体危险化学品）保税仓库、备料保税仓库、寄售维修保税仓库及其他专用型保税仓库。液体危险品保税仓库容积最低为5 000 m^3，寄售维修保税仓库面积最低为2 000 m^2。

4. 保税仓库的管理

（1）保税仓库的日常监管。企业申请设立保税仓库的，应向仓库所在地主管海关提交书面申请，由主管海关受理并报直属海关审批。保税仓库不得转租、转借给他人经营，不得下设分库。保税仓库不得存放货物

的范围如下：①不得存放国家禁止进境货物；②不得存放未经批准的影响公共安全、公共卫生或健康、公共道德或秩序的国家限制进境货物；③其他不得存放入保税仓库的货物。

（2）保税仓库货物的管理

①保税仓库所存货物的储存期限。保税仓库所存货物的储存期限为1年。需要延长储存期限，应向主管海关申请延期，经海关批准可以延长，无特殊情形，延长的期限最长不超过1年。特殊情况下，延期后货物存储期超过2年的，由直属海关审批。

保税仓库货物超出规定的存储期限未申请延期或海关不批准延期申请的，经营企业应当办理超期货物的复运出境、征税、销毁等手续。

②保税仓库所存货物的辅助性简单作业。保税仓库货物可以进行分级分类、分拆分拣、分装、计量、组合包装、打膜、加刷唛码、刷贴标志、改换包装、拼装等辅助性简单作业。在保税仓库内从事上述作业必须事先向主管海关提出申请，经主管海关同意后方可进行。

③保税仓库所存货物处置的相关规定。保税仓库所存货物是海关监管货物，未经海关批准不得擅自出售、转让、抵押、质押、留置、移作他用或其他处置。

④保税仓库所存货物损毁或灭失的相关规定。货物在仓库储存期间发生损毁或者灭失，除不可抗力原因外，保税仓库应当依法向海关缴纳损毁、灭失货物的税款，并承担相应的法律责任。

5. 保税仓库货物的出入仓及流转报关

保税仓库货物的出入仓及流转报关如图4-1所示。

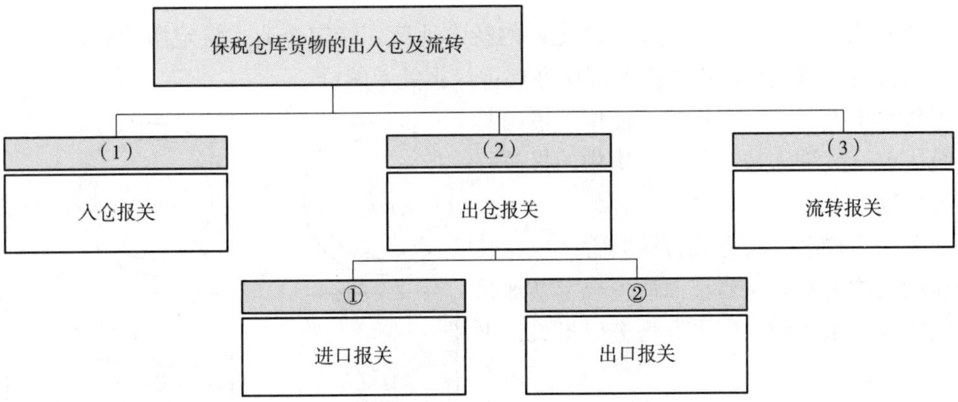

图4-1　保税仓库货物的出入仓及流转报关

入仓报关（进口报关）、出仓报关（出口报关+进口报关）示意图，如图4-2和图4-3所示。

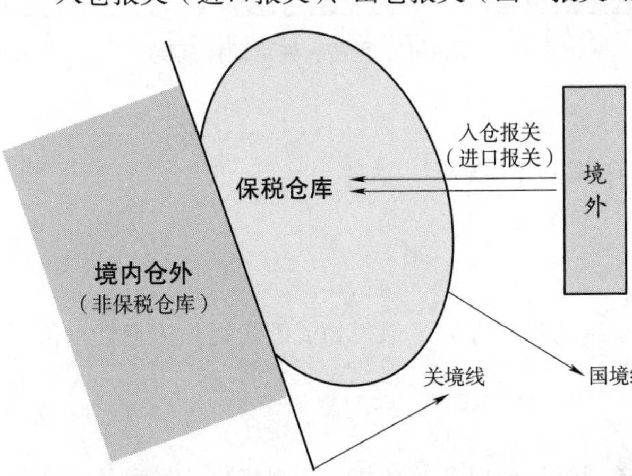

图4-2　入仓报关（进口报关）**示意图**

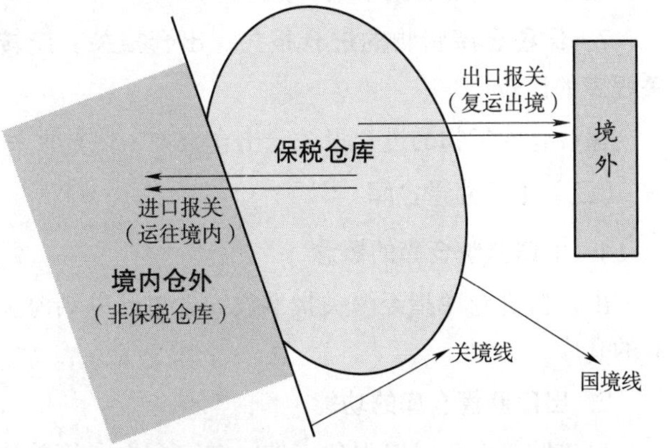

图4-3　出仓报关（出口报关+进口报关）**示意图**

（1）入仓报关。货物在保税仓库所在地进境时，除国家另有规定的外，免领进口许可证件，由收货人或其代理人办理进口报关手续，海关进境现场放行后存入保税仓库。

如果仓库主管海关与进境口岸海关不是同一直属海关的，经营企业可以按照“提前报关转关”的方式，先到仓库主管海关申报，再到口岸海关办理转关手续，货物运到仓库，由主管海关验放入仓；或者按照“直接转关”的方式，先到口岸海关转关，货物运到仓库，向主管海关申报，验放入仓。

如果仓库主管海关与进境口岸海关是同一直属海关的，经直属海关批准，可不按照转关运输方式办理，由经营企业直接在口岸海关办理报关手续，口岸海关放行后，企业自行提取货物入仓。

（2）出仓报关。保税仓库货物出仓可能出现进口报关和出口报关（复运出境）两种情况，可以逐一报关，也可以集中报关。

①出口报关（复运出境）。保税仓库货物为转口或退运到境外而出库的，保税仓库经营企业或其代理人按一般出口货物的报关程序办理出口报关手续，但可免缴纳出口关税，免交验出口许可证件。

②进口报关。保税仓库货物出仓转为正式进口的，须由仓库主管海关审核同意后，方可按海关规定办理出仓报关手续，进口报关单按实际进口监管方式填报。经仓库主管海关同意，企业向海关办理货物出仓报关手续。属于许可证件管理的商品，应当取得有效的进口许可证件，海关对有关进口许可证件电子数据进行系统自动比对验核。

转为正式进口的同一批货物，要填制两种报关单：一张办结出仓报关手续，填制出口货物报关单，监管方式填写“1200”（保税间货物）；另一张办理进口申报手续，按照实际进口监管方式，填制进口货物报关单。进口手续大体分为：

a. 保税仓库货物出库用于加工贸易的，由加工贸易企业或其代理人按加工贸易货物的报关程序办理进口报关手续。

b. 保税仓库货物出库用于可以享受特定减免税的特定地区、特定企业、特定用途的，由享受特定减免税的企业或其代理人按特定减免税货物的报关程序办理进口报关手续。

c. 保税仓库货物出库进入国内市场或使用于境内其他方面，由收货人或其代理人按一般进口货物的报关程序办理进口报关手续。

（3）流转报关。保税仓库与海关特殊监管区域、其他保税监管场所的货物流转，应当按照海关规定办理相关手续。流转货物需要报关的，应先办理进口报关，再办理出口报关。

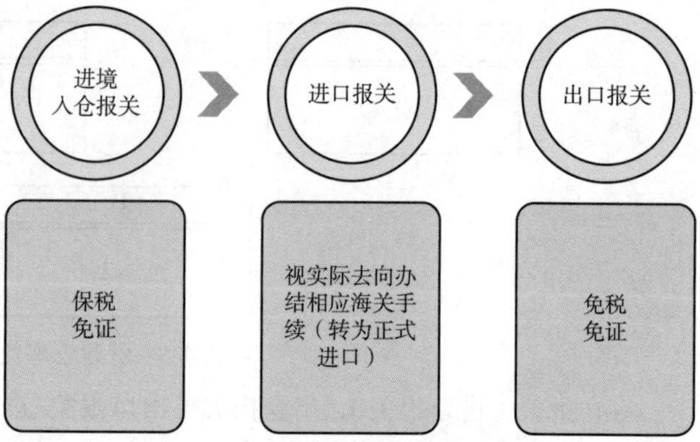

图4-4 税费、许可证件规定

6. 保税仓库货物出入仓及流转的税费、许可证件的规定

税费、许可证件的规定如图4-5所示。

7. 保税仓库货物的进仓报关、出仓报关、流转报关程序的比较

保税仓库货物的进仓报关、出仓报关、流转报关程序的比较图4-6所示。

（二）出口监管仓库

1. 出口监管仓库的概念

出口监管仓库指经海关批准设立，对已办结海关出口手续的货物存储、保税物流配送提供流通性增值服务的仓库。

2. 出口监管仓库的功能

出口监管仓库具有保税存储、转口配送、简单加工和流通性增值服务等功能。下列货物，经海关批准可存入出口监管仓库：

（1）一般贸易出口货物。

（2）加工贸易出口货物。

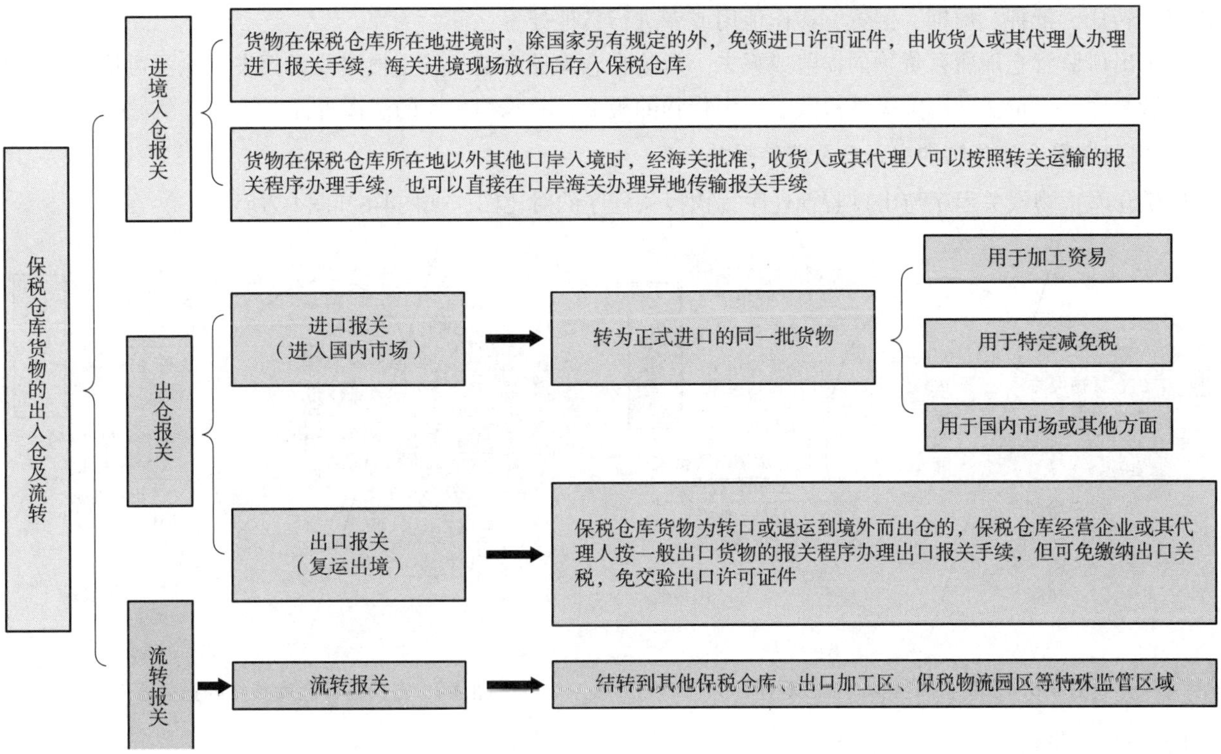

图4-5　保税仓库货物的进仓报关、出仓报关程序的比较

（3）从其他海关特殊监管区域、场所转入的出口货物。

（4）出口配送型仓库可以存放为拼装出口货物而进口的货物，以及为改换出口监管仓库货物包装而进口的包装物料。

（5）其他已办结海关出口手续的货物。

3. 出口监管仓库的种类

（1）国内结转型仓库是指存储用于国内结转的出口货物的仓库。

（2）出口配送型仓库是指存储以实际离境为目的的出口货物的仓库。出口配送型仓库，符合上一年度入仓货物的实际出仓离境率不低于99%等条件的，可以进一步申请享受国内货物入仓退税政策。

4. 出口监管仓库的管理

1）出口监管仓库的日常管理

企业申请设立出口监管仓库的，应向仓库所在地主管海关提交书面申请，由主管海关受理并报直属海关审批。出口监管仓库不得存放国家禁止进出境货物、未经批准的国家限制进出境货物，以及海关规定不得存放的其他货物。出口监管仓库必须专库专用，不得转租、转借给他人经营，不得下设分库。出口监管仓库经营企业应当如实填写有关单证、仓库账册，真实记录并全面反映其业务活动和财务状况，编制仓库月度进、出、转、存情况表，并定期报送主管海关。

2）出口监管仓库货物的管理

（1）出口监管仓库所存货物的存储期限。出口监管仓库所存货物存储期限为6个月。经主管海关同意可以延期，但延期不得超过6个月。货物存储期满前，仓库经营企业应当通知发货人或者其代理人办理货物的出境或者进口手续。

（2）出口监管仓库所存货物的辅助性简单加工。存入出口监管仓库的货物不得进行实质性加工。经主管海关同意可以在仓库内进行品质检验、分级分类、分拣分装、加刷唛码、刷贴标志、打膜、改换包装等流通性增值服务。

（3）出口监管仓库所存货物的处置。出口监管仓库所存货物，是海关监管货物，未经海关批准，不得擅自出售、转让、抵押、质押、留置、移作他用或者进行其他处置。

（4）出口监管仓库所存货物的损毁或灭失。货物在仓库储存期间发生损毁或者灭失，除不可抗力原因外，出口监管仓库应当依法向海关缴纳损毁、灭失货物的税款，并承担相应的法律责任。

5. 出口监管仓库货物的出入仓及流转报关

保税仓库货物报关程序与出口监管仓库货物报关程序的对比图，如图4-6和图4-7所示。

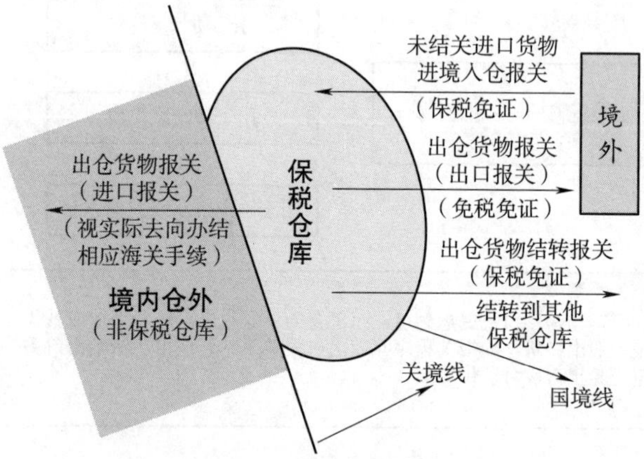

图 4-6 保税仓库货物的报关程序

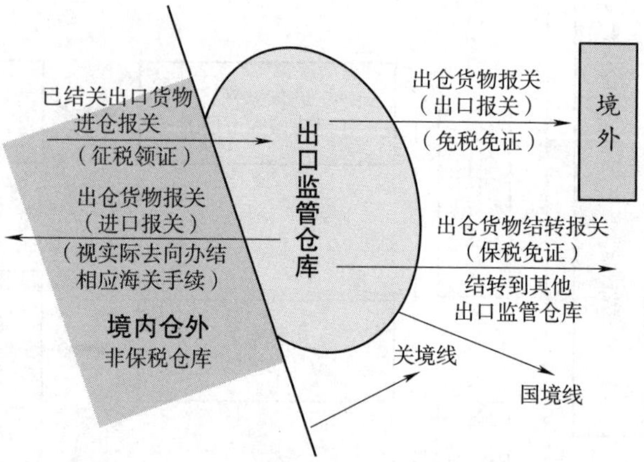

图 4-7 出口监管仓库货物的报关程序

1）进仓报关

保税仓库货物进仓报关可以保税、免证，因为它是从国外进来，进入保税仓库这一特殊海关监管场所，并没进入国内市场。而出口监管仓库货物进仓报关，却要征税、领证，因为它视同出口。出口货物存入出口监管仓库时，发货人或其代理人应当向主管海关办理出口报关手续，填制出口货物报关单。属于许可证件管理的商品，应当取得有效的出口许可证件，海关对有关出口许可证件电子数据进行系统自动比对验核。属于应当征收出口关税的出口商品，须缴纳出口关税。

发货人或其代理人按照海关规定提交报关必需单证和仓库经营企业填制的出口监管仓库货物入仓清单。

对经批准享受入仓即予退税政策的出口监管仓库，海关在货物入仓结关后予以办理出口货物退税证明手续。对不享受入仓即予退税政策的出口监管仓库，海关在货物实际离境后办理出口货物退税证明手续。

经主管海关批准，对批量少、批次频繁的入仓货物，可以办理集中报关手续。集中申报的期限不得超过1个月，且不得跨年度办理。

2）出仓报关

（1）出口报关。出口监管仓库货物出仓实际离境，仓库主管海关应要求仓库经营企业提交出口监管仓库货物出仓清单，经仓库主管海关审核，办理出口报关手续。入仓没有签发出口货物退税证明联的，出仓离境后可签发。

（2）进口报关。仓库主管海关应要求仓库经营企业提交申请报告及"海关出口监管仓库申请事项审批表"。经审核同意后，按照实际贸易方式和货物实际状态办理进口报关手续。这个同保税仓库货物。

3）流转报关

出口监管仓库与海关特殊监管区域或其他保税监管场所往来流转的货物，应当符合出口监管仓库货物管理要求，主管海关应要求货物转出和转入企业提交"海关出口监管仓库货物流转申请表"。主管海关审核同意后，企业按有关规定办理货物流转出入仓海关手续。

笔记栏

技能训练

训练一 保税仓库货物的进仓报关、出仓报关、流转报关手续

一、完成保税仓库货物的出入仓及流转报关流程图的填写

结合所学知识和技能，梳理保税仓库货物的进仓、出仓、流转报关流程，将具体步骤填写在报关流程图中，并对整体的报关流程图加以熟记，将关键词填写在图4-8中。

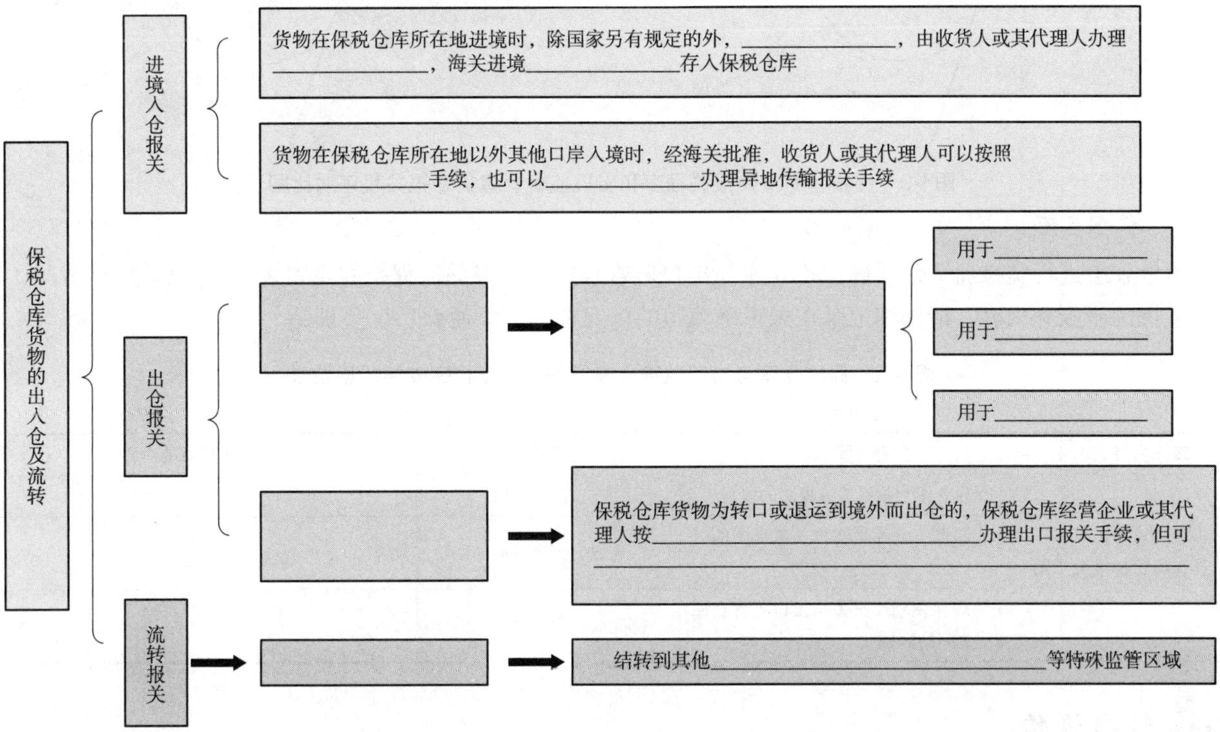

图4-8 保税仓库货物的进仓报关、出仓报关、流转报关

二、任务实施

学生分组进行实操训练，明确保税仓库货物的进仓、出仓、流转报关流程，并填写表4-1，记录完成情况，对尚未掌握的内容和步骤，请详细记录在未正确填写的内容栏内，以便课后反复训练。

表 4-1 保税仓库货物的进仓、出仓、流转报关流程完成情况记录表

学生姓名：__________ 班级：__________ 学号：__________

工作内容	关键步骤	任务结果	未正确填写的内容
保税仓库货物的进仓、出仓、流转报关流程	（1）保税仓库货物进境入仓报关的关键步骤填写	□完成 □未完成	
	（2）保税仓库货物出仓报关的关键步骤填写	□完成 □未完成	
	（3）保税仓库货物流转报关的关键步骤填写	□完成 □未完成	

训练二 保税仓库货物与出口监管仓库货物报关程序

一、保税仓库与出口监管仓库货物报关流程图的填写

结合所学知识和技能，画出保税仓库和出口监管仓库货物报关流程图，将具体步骤填写在报关流程图中（见图4-9），并整理两者之间的区别。

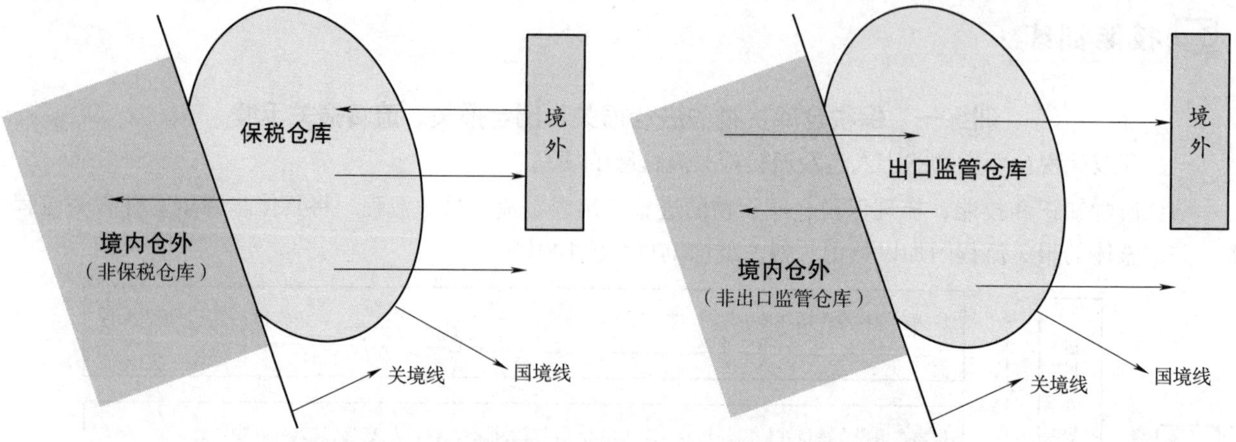

图4-9 保税仓库货物报关程序和出口监管仓库货物报关程序对比图

二、任务实施

学生分组进行实操训练，明确保税仓库与出口监管仓库货物报关流程，并填写表4-2，记录完成情况，对尚未掌握的步骤和内容，请详细记录在未正确填写的内容栏内，以便课后反复训练。

表 4-2 保税仓库与出口监管仓库货物报关流程完成情况记录表

学生姓名：__________ 班级：__________ 学号：__________

工作内容	关键步骤	任务结果	未正确填写的内容
保税仓库与出口监管仓库货物报关流程	（1）保税仓库货物报关流程图的填写	□完成 □未完成	
	（2）出口监管仓库货物报关流程图的填写	□完成 □未完成	
	（3）整理保税仓库报关与出口监管仓库报关流程之间的区别	□完成 □未完成	

任务评价

任务评分表如表4-3所示。

表 4-3 任务评分表

评价内容		分值	自评	互评	师评
知识评价	能够清晰表述海关保税监管场所的含义、分类	10			
	能够清晰阐述保税仓库、出口监管仓库的含义、功能、分类	10			
	能够熟悉并梳理保税仓库货物、出口监管仓库的报关程序	10			
能力评价	模拟海关报关现场，通过角色扮演，能向海关申请办理保税仓库的货物出入仓和流转报关手续	20			
	模拟海关报关现场，通过角色扮演，能向海关申请办理出口监管仓库的货物出入仓和流转报关手续	20			
素养评价	拥有敬业爱岗、细致入微、精益求精的职业态度	15			
	具备遵纪守法、廉洁自律、诚实守信的职业操守	15			
总分		100			

巩固与训练

一、单选题

1. 保税仓库由（   ）批准设立。

A. 海关总署　　B. 直属海关　　C. 隶属海关　　D. 国务院

2. 保税仓库所存货物的储存期限为______，特殊情况经批准延长期限最长不超过______。(　　)

A. 1年；1年　　B. 6个月；6个月　　C. 6个月；1年　　D. 1年；6个月

3. 保税仓库的报关程序为（　　）。

A. 进仓报关和出仓报关　　B. 进口报关与出口报关

C. 出境报关与进境报关　　D. 集中报关与分批报关

4. 海关保税监管场所属于海关保税物流监管的基本形态之一，目前包括（　　）四种形态。

A. 保税仓库、出口监管仓库、保税物流中心（A型）、保税物流中心（B型）

B. 保税区、保税物流中心、自贸试验区、出口加工区

C. 保税仓库、出口监管仓库、保税区、出口加工区

D. 保税区、出口监管仓库、保税物流中心（A型）、保税物流中心（B型）

5. 保税仓库货物出仓可能出现______两种情况，可以______。

A. 入仓报关和出仓报关；逐一报关，也可以集中报关

B. 进口报关和出口报关；逐一报关，也可以集中报关

C. 进境报关和出境报关；拼箱报关，也可以整箱报关

D. 入仓报关和出仓报关；拼箱报关，也可以整箱报关

6. 保税仓库进出境货物包括（　　）。

A. 出口加工区仓储货物　　B. 保税区仓储转口货物

C. 保税物流中心与境外之间进出仓储货物　　D. 加工贸易备料保税仓库所存货物

7. 出口监管仓库的种类，分类（　　）。

A. 国内结转型仓库和出口配送型仓库　　B. 加工贸易型仓库和出口配送型仓库

C. 国内结转型仓库和加工贸易型仓库　　D. 存储配送型仓库和海关监管型仓库

8. 保税物流中心不能开展的业务是（　　）。

A. 转口贸易和国际中转业务

B. 对所存货物开展流通性的简单加工和增值服务

C. 维修、翻新和拆解

D. 保税存储进出口货物及其他未办结海关手续的货物

二、简答题

1. 简述海关监管场所的含义及海关的监督管理。
2. 简述保税仓库的内涵及功能。
3. 简述保税仓库的类型。
4. 简述保税仓库货物出入仓及流转的税费、许可证件的规定。
5. 简述出口监管仓库的内涵及功能。
6. 简述出口监管仓库的类型。

任务二　办理海关特殊监管区域的货物报关

情景导入

依科（上海）电缆有限公司［以下简称“依科（上海）”］是一家上海保税区内的外资企业，主要生产电线电缆产品，产品100%外销，外商公司为依科（德国）电缆有限公司。近日，依科（德国）电缆有限公司［以下简称“依科（德国）”］接到美国客户霍尼韦尔公司的一批订单，订单内容为LGJ50/8型号的钢芯铝绞线。依科

（德国）将此订单安排给依科（上海）负责生产及出口事宜。依科（上海）立刻委托上海元初物流有限公司代理报关，将此批货物从保税区出境运往美国，报关员林梦梦处理此票货物的申报，请帮助林梦梦完成下列任务：

（1）报关员应如何向海关申请办理保税区货物的报关手续？

（2）海关对于综合保税区是如何管理的？

（3）海关对于综合保税区与区外非特殊监管区域或场所之间进出货物的具体规定包括哪些？

学习目标

知识目标：

（1）掌握保税区的含义、功能、海关管理；以及综合保税区的含义、功能、海关管理。

（2）熟悉保税区进出货物的报关程序，以及综合保税区进出货物的报关程序。

（3）了解综合保税区的改革特点。

技能目标：

（1）能向海关申请办理保税区的货物报关业务。

（2）能向海关申请办理综合保税区的货物报关业务。

素养目标：

在海关全面深化改革的背景下，拥有敬业爱岗、细致入微、精益求精的职业态度，具备遵纪守法、廉洁自律、诚实守信的职业操守，严格遵守报关秩序，按照海关的管理要求积极配合海关处理特殊监管区域的货物报关业务。

任务描述

海关特殊监管区域的货物申报是报关员的一项特殊技能，报关员必须掌握特殊监管区域进出货物的报关程序，所需通关单证，了解特殊监管区域的海关管理，以及海关对于监管证件和税费的规定等内容。在对核心知识进行全面学习后，结合上述情景完成特殊监管区域的货物报关业务。

核心知识

海关特殊监管区域包括保税区、出口加工区、保税物流园区、保税港区、综合保税区，以及珠澳跨境工业区珠海园区、中哈霍尔果斯国际边境合作中心中方配套区等。

一、保税区的概述及报关程序

（一）保税区的含义及功能

保税区，是指经国务院批准设立的，具备保税加工、保税仓储、进出口贸易和进出口商品展示等功能的海关特殊监管区域，是我国最早出现的海关特殊监管区域类型。保税区具有出口加工、转口贸易、商品展示、仓储运输等功能，也就是说既有保税加工功能，又有保税物流的功能。

（二）保税区的管理

（1）保税区与境内其他地区之间，应设置符合海关监管要求的隔离设施。

（2）在保税区内设立的企业，必须向海关办理注册手续。区内企业必须依照国家法律、行政法规的规定设置账簿、编制报表，记录有关进出保税区货物和物品的库存、转移、销售、加工、使用等情况。区内企业必须与海关实行电子计算机联网，进行电子数据交换。

（3）从非保税区进入保税区的货物，按照出口货物办理手续。在办理出口手续时，不办理出口退税手续。可享受出口退税的货物应当在货物实际离境后办理。

（4）保税区内的转口货物可以在区内仓库或者区内其他场所进行分级、挑选、印刷运输标志、改换包装等简单加工；海关对进出保税区的货物、物品、运输工具、人员及区内有关场所进行检查、查验。

（三）保税区进出货物的报关程序（见图 4-10）

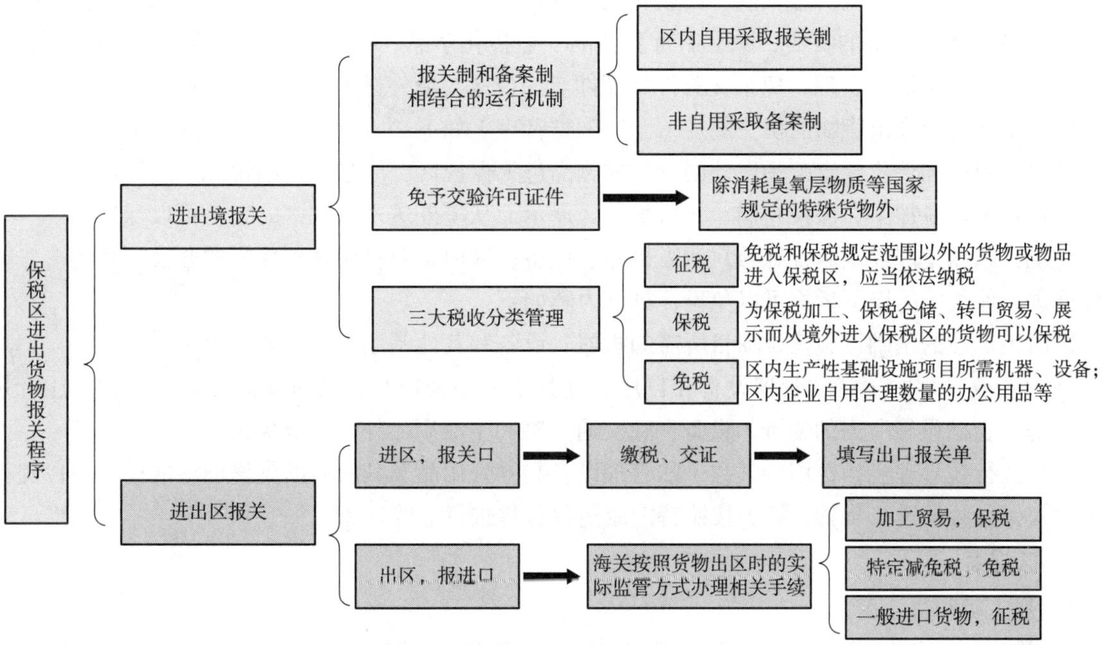

图4-10　保税区进出货物报关程序的汇总图

保税区进出货物的报关程序：进出境报关、进出区报关。保税区进出货物报关程序的示意图如图4-11所示。

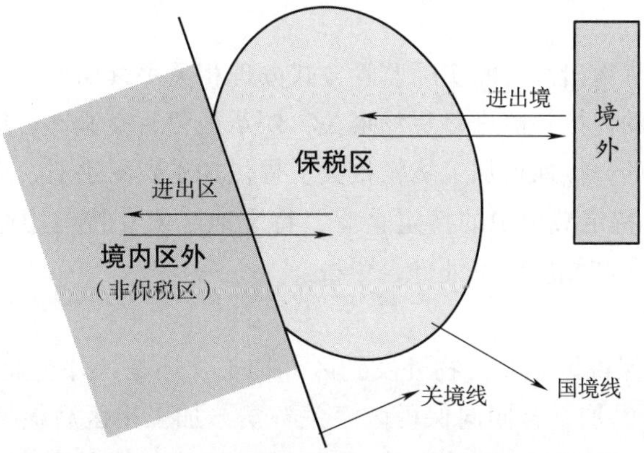

图4-11　保税区进出货物报关程序的示意图

1. 进出境报关

进出境报关规定如下：

（1）备案制和报关制相结合的运行机制。

（2）原则上免证，敏感商品凭证通关。

（3）进口税收分类管理（三大分类管理）。

进出境报关采用报关制和备案制相结合的运行机制，即保税区与境外之间进出境货物，属自用的，采取报关制，填写进出口货物报关单；属非自用的，包括加工出口、转口、仓储和展示，采取备案制，填写进出境货物备案清单或保税核注清单。也就是说，保税区内企业的加工贸易料件、转口贸易货物、仓储货物进出境，由收货人或其代理人填写进出境货物备案清单或保税核注清单向海关报关报备；对保税区内企业进口自用合理数量的机器设备、管理设备、办公用品及工作人员所需自用合理数量的应税物品及货样，由收货人或其代理人填写进口货物报关单向海关报关。进出境报关采用报关制和备案制相结合的运行机制如下：

（1）备案制。对保税区内企业所需料件和货物的进境以及保税区运往境外的出境货物，进出境时实行备案制。由货主或代理人填写“中华人民共和国海关保税区进出境货物备案清单”向保税区海关备案。

（2）报关制。对保税区内企业所需进口自用合理数量的机器设备、管理设备、办公用品及工作人员所需自用合理数量的应税物品，实行报关制，由收货人或其代理人填写“进口货物报关单”向海关报关。

保税区与境外之间进出的货物，除易制毒化学品、监控化学品、消耗臭氧层物质等国家规定的特殊货物外，不实行进出口许可证件管理，免予交验许可证件。保税区与境外进出货物免交许可证。

保税区与境外之间进出货物的税费规定（三大分类管理）如下：

（1）征税：免税和保税规定范围以外的货物或物品进入保税区，应当依法纳税。

（2）保税：为保税加工、保税仓储、转口贸易、展示而从境外进入保税区的货物可以保税。

（3）免税：区内生产性基础设施项目所需机器、设备；区内企业自用合理数量的办公用品等。

从境外进入保税区的以下货物可以免税，具体内容如下：

（1）区内生产性的基础设施建设项目所需的机器、设备和其他基建物资，予以免税。

（2）区内企业自用的生产、管理设备和自用合理数量的办公用品及其所需的维修零配件、生产用燃料、建设生产厂房、仓储设施所需的物资、设备，除交通车辆和生活用品外，予以免税。

（3）保税区行政管理机构自用合理数量的管理设备和办公用品及其所需的维修堆零配件，予以免税。

免税进入保税区的进口货物，海关按照特定减免税货物进行监管。

2. 进出区报关

1）保税加工货物进出区

进区，报出口，要有加工贸易电子化手册或者电子账册编号，填写出口货物报关单。属于许可证件管理的商品，应当取得有效的出口许可证件，海关对有关出口许可证件电子数据进行系统自动比对验核。出口应当征收出口关税的商品，须缴纳出口关税，海关不予办理出口货物退税证明手续，待货物实际离境后办理出口货物退税证明手续。

出区，报进口，海关按照货物出区时的实际监管方式办理相关手续如下：

（1）征税，进入国内市场的，按一般进口货物报关，照章征税，交验许可证件。

（2）保税，用于加工贸易的，按保税加工货物报关，提供加工贸易手册，继续保税。

（3）免税，用于可以享受特定减免税的特定企业、特定地区或有特定用途的，按特定减免税货物报关，提供“进出口货物征免税证明”和相应许可证件，免税。

2）进出区外发加工

进出区外发加工，不管是保税区企业货物外发到区外加工，还是区外企业货物外发到保税区加工，均需经主管海关核准。进区提交外发加工合同向保税区海关备案，加工出区后核销，不填写进出口货物报关单，不缴纳税费。出区外发加工，须由区外加工企业在加工企业所在地海关办理加工贸易备案手续，需要建立“银行保证金台账”的应当设立台账，加工期限最长6个月，情况特殊，经海关批准可以延长，延长的最长期限是6个月。备案后按加工货物出区进行报关。

3）设备进出区

知识拓展

关于保税区与出口加工区的异同

不管是施工设备还是投资设备，进出区均需向保税区海关备案，设备进区不填写报关单，不缴纳出口税，海关不予办理出口货物退税证明手续，设备从国外进口已征进口税的，不退进口税；设备退出区外，也不必填写报关单进行申报，但要报主管海关销案。进出区报关（进出保税区）规定如下：

（1）保税区和非保税区之间进出货物，视同进出口。

（2）按照进口货物或出口货物办理海关手续。

（3）属领证、应税货物，须交验许可证件、缴纳进出口税费。

二、综合保税区的概述及报关程序

（一）综合保税区的设立背景

我国设立的第一个海关特殊监管区域是上海外高桥保税区。此后，根据外向型经济发展需要，又先后设立了出口加工区、保税物流园区、跨境工业区、保税港区和综合保税区五种类型的海关特殊监管区域。

国务院印发《国务院关于促进综合保税区高水平开放高质量发展的若干意见》(以下简称国发3号文件),赋予了综合保税区要加快创新升级、打造对外开放新高地的历史使命，提出了推动综合保税区发展成为具有全球影响力和竞争力的加工制造中心、研发设计中心、物流分拨中心、检测维修中心、销售服务中心的发展目标，推出了综合保税区高水平开放、高质量发展的21项政策措施。

海关总署积极推动海关特殊监管区域整合优化成综合保税区，推动综合保税区高水平开放高质量发展。截至目前，全国共有167个海关特殊监管区域，其中综合保税区155个，占比92.8%。

(二)综合保税区的概念

知识拓展

综保区21项措施

综合保税区(以下简称“综保区”)是指经国务院批准，具有口岸、物流、加工等功能的海关特殊监管区域，它集保税区、出口加工区、保税物流园区、港口的功能于一身，可以发展国际中转、配送、采购、转口贸易和出口加工等业务，是国内功能最全的海关特殊监管区域。

(三)综合保税区的功能

综合保税区可以开展下列业务：①研发、加工、制造、再制造；②检测、维修；③货物存储；④物流分拨；⑤融资租赁；⑥跨境电商；⑦商品展示；⑧国际转口贸易；⑨国际中转；⑩港口作业；⑪期货保税交割；⑫国家规定可以在区内开展的其他业务。

(四)综合保税区的管理

(1)综合保税区实行封闭式管理。综合保税区与中华人民共和国关境内的其他地区之间设置符合海关监管要求的卡口、围网、视频监控系统及海关监管所需的其他设施。

(2)综合保税区享受的税收和外汇管理政策：①国外货物入区保税；②货物出区进入境内销售按货物进口的有关规定办理报关手续，并按货物实际状态征税；③区外货物入区视同出口，实行退税。

(3)除安全保卫人员外，综合保税区内不得居住人员。

(4)国家禁止进出口的货物、物品不得进出综合保税区。

(5)区内企业的生产经营活动应当符合国家产业发展要求，不得开展高耗能、高污染和资源性产品及列入《加工贸易禁止类商品目录》商品的加工贸易业务。

(6)区内企业设立电子账册，电子账册的备案、变更、核销等作业按有关规定执行。

(7)区内企业应当自开展业务之日起，定期向海关报送货物的进区、出区和储存情况。

关于综保区的海关管理内容具体见表4-4。

表4-4　综保区的海关管理

物理管理	1. 海关对进出综合保税区的交通运输工具及其外包装、集装箱、物品及综合保税区内企业进行监管
	2. 申请在综合保税区内开展维修业务的企业应当具有企业法人资格，并在综合保税区主管海关登记备案
	3. 经综合保税区主管海关批准，区内企业可以在综合保税区综合办公区专用的展示场所举办商品展示活动。展示的货物应当在海关备案，并接受海关监管
	4. 综合保税区内货物可以自由流转。区内企业转让、转移货物的，双方企业应当及时向海关报送转让、转移货物的品名、数量、金额等电子数据信息
	5. 综合保税区货物不设存储期限
	6. 经海关核准，区内企业可以办理集中申报手续。实行集中申报的区内企业在不超过账册核销日期的前提下，最迟可在季度结束后15天内填制进出口货物报关单，向海关办理集中申报手续。集中申报适用报关单集中申报之日实施的税率、汇率。集中申报不得跨年度办理
销毁货物处置	1. 区内企业依法对区内货物采取销毁处置的，应当办理相关手续，销毁处置费用由区内企业承担
	2. 销毁产生的固体废物出区时，按照国内固体废物相关规定进行管理
放弃损毁灭失货物处理	1. 区内企业申请放弃的货物，经海关及有关主管部门核准后，由综合保税区主管海关依法提取变卖，变卖收入由海关按照有关规定处理，但法律法规规定不得放弃的货物除外

续表

<table>
<tr><td rowspan="5">放弃损毁灭失货物处理</td><td rowspan="3">2. 因不可抗力造成综合保税区内货物损毁、灭失的，区内企业应当及时报告海关。经海关核实后，区内企业可以按照下列规定办理</td><td>（1）货物灭失，或者虽未灭失但完全失去使用价值的，办理核销和免税手续</td></tr>
<tr><td>（2）境外进入综合保税区或者区外进入综合保税区且已办理出口退税手续的货物损毁，失去部分使用价值的，办理出区内销或者退运手续</td></tr>
<tr><td>（3）区外进入综合保税区且未办理出口退税手续的货物损毁，失去部分使用价值，需要向出口企业进行退换的，办理退运手续</td></tr>
<tr><td rowspan="2">3. 因保管不善等非不可抗力因素造成区内货物损毁、灭失的，区内企业应当及时报告海关并说明情况。经海关核实后，区内企业可以按照下列规定办理</td><td>（1）境外进入综合保税区的货物，按照一般贸易进口货物的规定办理相关手续，并按照海关审定的货物损毁或灭失前的完税价格，以货物损毁或灭失之日适用的税率、汇率缴纳关税、进口环节税</td></tr>
<tr><td>（2）区外进入综合保税区的货物，重新缴纳因出口而退还的国内环节有关税收，已缴纳出口关税的，不予退还</td></tr>
</table>

（五）综合保税区货物的进出报关

1. 综合保税区与境外之间进出货物

海关对综合保税区与境外之间进出的货物实行备案制管理，对从境外进入综合保税区的货物予以保税。货物的收发货人或者代理人应当如实填写“中华人民共和国海关进出境货物备案清单”，并办理相关手续。

下列货物从境外进入综合保税区，海关免征进口关税和进口环节海关代征税：

（1）区内生产性的基础设施建设项目所需的机器、设备和建设生产厂房、仓储设施所需的基建物资。

（2）区内企业生产所需的机器、设备、模具及其维修用零配件。

（3）区内企业和行政管理机构自用合理数量的办公用品。

以上货物参照进口减免税货物的监管年限管理，监管年限届满的自动解除监管；监管年限未满企业申请提前解除监管的，参照进口减免税货物补缴税款的有关规定办理，属于许可证件管理的应当取得有关许可证件。

从综合保税区运往境外的货物免征出口关税。综合保税区与境外之间进出的货物，除法律法规另有规定的外，不实行进出口配额、许可证件管理。对于同一配额、许可证件项下的货物，海关在进区环节已经验核配额、许可证件的，在出境环节不再要求企业出具配额、许可证件原件。

境外进入综合保税区的货物及其外包装、集装箱，应当由海关依法在进境口岸实施检疫。因口岸条件限制等原因，海关可以在区内符合条件的场所（场地）实施检疫；综合保税区运往境外的货物及其外包装、集装箱，应当由海关依法实施检疫；综合保税区与境外之间进出的交通运输工具，由海关按照进出境交通运输工具有关规定实施检疫。

2. 综合保税区与区外非特殊监管区域或场所之间进出货物

综合保税区与区外之间进出的货物，区内企业或者区外收发货人按照进出口货物的有关规定向综合保税区主管海关办理申报手续。

需要征税的，区内企业或者区外收发货人按照货物进出区时的实际状态缴纳税款。

属于配额、许可证件管理商品的，区内企业或者区外收货人还应当向海关出具配额、许可证件。海关对有关许可证件电子数据进行系统自动比对验核。对于同一配额、许可证件项下的货物，海关在进境环节已经验核配额、许可证件的，在出区环节不再要求企业出具配额、许可证件原件。具体规定见表4-5。

表 4-5　综保区与区外非特殊监管区域或场所之间进出货物的规定

<table>
<tr><th>序号</th><th colspan="2">不同情形</th><th>具体规定</th></tr>
<tr><td>（1）</td><td colspan="2">区内货物出区直接进入生产或消费领域流通的</td><td>按进口货物办理进口手续</td></tr>
<tr><td>（2）</td><td colspan="2">区内货物出区属于优惠贸易协定项下货物，符合海关总署相关原产地管理规定的</td><td>按协定税率或者特惠税率办理海关征税手续</td></tr>
<tr><td>（3）</td><td colspan="2">区内货物出区符合保税或者特定减免税条件的</td><td>可以按保税货物或者特定减免税货物办理海关手续</td></tr>
<tr><td>（4）</td><td>区内企业生产的加工贸易成品及在加工生产过程中</td><td>产生的残次品、副产品出区内销</td><td>按进口货物办理进口手续，海关按内销时的实际状态征税</td></tr>
</table>

续表

<table>
<tr><th>序号</th><th colspan="2">不同情形</th><th>具体规定</th></tr>
<tr><td rowspan="2">（4）</td><td rowspan="2">区内企业生产的加工贸易成品及在加工生产过程中</td><td>属于进口配额、许可证件管理的</td><td>区内企业或者区外收货人应当向海关出具配额、许可证件</td></tr>
<tr><td>有关许可证件电子数据</td><td>海关进行系统自动比对验核</td></tr>
<tr><td>（5）</td><td colspan="2">区内企业在区外其他地方举办商品展示活动的</td><td>比照海关对暂时进境货物的管理规定办理有关手续</td></tr>
<tr><td rowspan="5">（6）</td><td colspan="2">区内企业按照海关规定将自用机器、设备及其零部件、模具或者办公用品运往区外进行检测、维修的，在检测、维修期间</td><td>不得在区外用于加工生产和使用，并且应当自运出之日起60日内运回综合保税区</td></tr>
<tr><td colspan="2">因故不能如期运回的</td><td>区内企业应当在期限届满前7日内书面向海关申请延期，延长期限不得超过30日</td></tr>
<tr><td colspan="2">因特殊情况无法在上述规定时间内完成检测、维修并运回综合保税区的</td><td>经海关同意，可以在检测、维修合同期限内运回综合保税区</td></tr>
<tr><td colspan="2" rowspan="2">更换零配件的，原零配件应当一并运回综合保税区</td><td>确需在区外处置的，海关应当按照原零配件的实际状态征税</td></tr>
<tr><td>在区外更换的国产零配件，需要退税的，企业应当按照有关规定办理手续</td></tr>
<tr><td>（7）</td><td colspan="2">区内企业按照海关规定将模具、原材料、半成品等运往区外进行外发加工的</td><td>外发加工期限不得超过合同有效期，加工完毕的货物应当按期运回综合保税区</td></tr>
<tr><td>（8）</td><td colspan="2">海关监管货物从综合保税区与区外之间进出的</td><td>综合保税区主管海关可以要求提供相应的担保</td></tr>
<tr><td rowspan="3">（9）</td><td colspan="2" rowspan="3">以出口报关方式进入综合保税区的货物予以保税</td><td>区内企业从区外采购的机器、设备监管年限届满的自动解除监管，免于提交许可证件</td></tr>
<tr><td>监管年限未满企业申请提前解除监管的，应当补缴税款，免于提交许可证件</td></tr>
<tr><td>货物的出口退税按照国家有关规定办理</td></tr>
<tr><td>（10）</td><td colspan="2">除法律法规另有规定外，对于综合保税区与区外之间进出的货物及其外包装、集装箱</td><td>海关不实施检疫</td></tr>
</table>

3. 综合保税区与其他海关特殊监管区域或者保税监管场所之间往来的货物

海关对于综合保税区与其他海关特殊监管区域或者保税监管场所之间往来的货物，实行保税监管。但货物从未实行国内货物入区（仓）环节出口退税制度的海关特殊监管区域或者保税监管场所转入综合保税区的，视同货物实际离境。

综合保税区与其他海关特殊监管区域或者保税监管场所之间的流转货物，不征收进出口环节的有关税收。

（六）《中华人民共和国海关综合保税区管理办法》的特点

海关总署以第256号署令公布了《中华人民共和国海关综合保税区管理办法》。该办法共六章四十七条具有五个方面的特点：

（1）继承《中华人民共和国海关保税港区管理暂行办法》的核心内容。该办法核心内容与《中华人民共和国海关保税港区管理暂行办法》（以下简称《保税港区管理办法》）保持一致。例如：

①第三条明确综合保税区实施封闭式管理。除安全保卫人员外，区内不得居住人员。

②第四条明确综合保税区的基础和监管设施应当符合设置规范，并经海关会同有关部门验收合格。

③第七条规定除法律法规另有规定外，国家禁止进口、出口的货物、物品不得在综合保税区与境外之间进出。

④第八条明确综合保税区与境外之间进出的货物不实行关税配额、许可证件管理，但法律法规、我国缔结或参加的国际条约、协定另有规定的除外。

⑤第十六条明确综合保税区与中华人民共和国境内的其他地区之间进出的货物，属于关税配额、许可证件管理的，区内企业或者区外收发货人应当取得关税配额、许可证件。

（2）固化综合保税区的政策措施。该办法集中体现了散落在各规范性文件中的监管政策措施。例如：

①第五条在《保税港区管理办法》规定的业务范围基础上，又根据国发3号文件新增了融资租赁、跨境电商、期货保税交割等新兴业务。

②第十八条明确了选择性征收关税政策下，相关货物进出区时企业向海关申报的要求。

③第二十七条明确了区内企业承接区外委托加工业务的海关管理要求。

④第二十二、二十三和二十七条根据生态环境部、商务部、国家发展改革委、海关总署联合签发的《关于全面禁止进口固体废物有关事项的公告》，明确了区内企业产生的固体废物出区，按照国内固体废物相关规定执行并办理海关手续。

（3）体现机构改革后海关新职能。例如：

①该办法第一条增加检验检疫相关法律作为立法依据。

②第十、十七条明确检疫原则上在进出境环节实施，严守国门安全，对综保区与区外之间进出的货物不实施检疫。

③第三十八条对检验作了原则性规定。

（4）预留创新发展空间。例如：该办法不再保留《保税港区管理办法》“除保障保税港区内人员正常工作、生活需要的非营利性设施外，保税港区内不得建立商业性生活消费设施和开展商业零售业务”的限制性规定，主要是考虑到有的综合保税区规划面积大、企业多、就业人员数以万计，区内生产经营活动对不涉及免税、保税、退税货物及物品的餐饮、日用消费品和充电桩等配套的消费服务设施等有实际需求，为下一步有实际需求的区域预留创新发展空间。

（5）强调协同治理。例如，该办法第四十条明确海关在综合保税区依法实施监管，不影响地方政府和其他部门依法履行其相应职责，如食品生产许可等。

知识拓展

洋浦保税港区

知识拓展

洋山特殊综合保税区

笔记栏

技能训练

训练一　办理保税区货物的报关手续

一、完成保税区进出货物的报关流程图的填写

结合所学知识和技能，梳理保税区进出货物的报关流程，将具体步骤填写在报关流程图中（见图4-12），并对整体的报关流程图加以熟记。

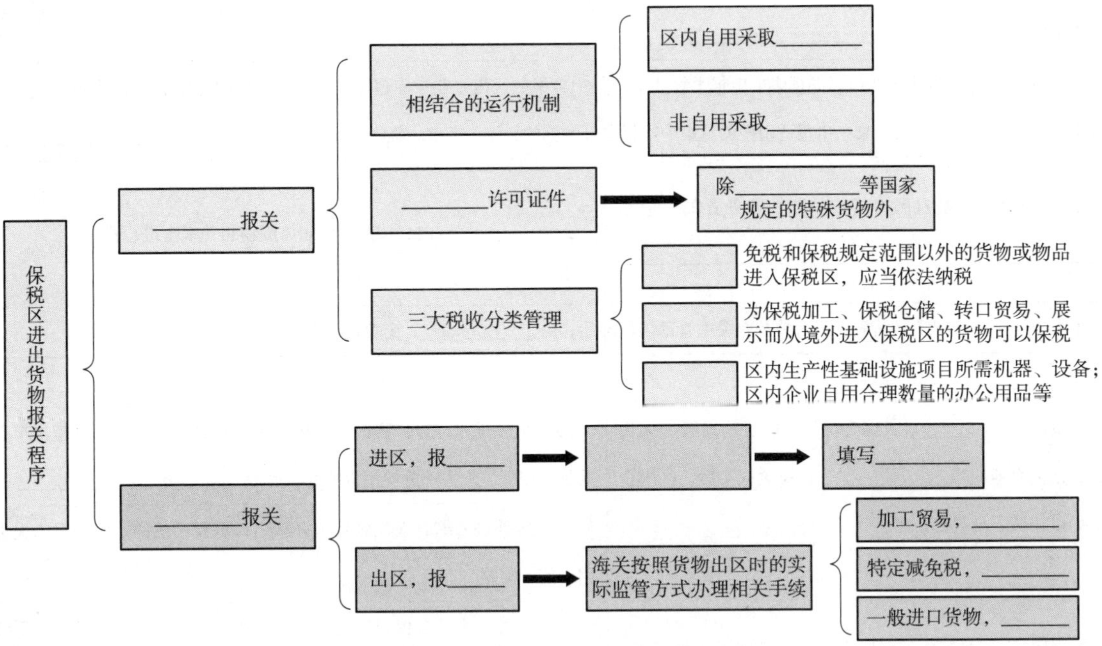

图4-12　保税区的进出口报关程序图

二、任务实施

学生分组进行实操训练，明确保税区进出货物的报关流程，并填写表4-6，记录完成情况，对尚未掌握的内容，请详细记录在未正确填写的内容栏中，以便课后反复训练。

表 4-6　保税区进出货物的报关流程完成情况记录表

学生姓名：________　班级：________　学号：________

工作内容	关键步骤	任务结果	未正确填写的内容
保税区进出货物的报关流程	（1）保税区进出境报关的关键词填写	□完成 □未完成	
	（2）保税区进出境货物三大税收分类管理的关键词填写	□完成 □未完成	
	（3）保税区进出区报关的关键词填写	□完成 □未完成	
	（4）熟记保税区进出货物的整体报关流程图	□完成 □未完成	

训练二　综合保税区的海关管理

结合所学知识和技能，从物流管理、销毁货物处置、放弃损毁灭失货物的角度完成海关对于综合保税区管理的填写，将关键词填写在表4-7中。

表 4-7　综保区的海关管理

物理管理	1. 海关对进出综合保税区的______及综合保税区内企业进行监管	
	2. 申请在综合保税区内开展维修业务的企业应当具有企业法人资格，并在______	
	3. 经综合保税区主管海关批准，区内企业可以在综合保税区综合办公区专用的展示场所______。展示的货物应当______。	
	4. 综合保税区内货物可以自由流转。区内企业转让、转移货物的，双方企业应当______。	
	5. 综合保税区货物______。	
	6. 经海关核准，区内企业可以办理集中申报手续。实行集中申报的区内企业在不超过账册核销日期的前提下，最迟______，向海关办理集中申报手续。集中申报适用报关单集中申报之日实施的税率、汇率。集中申报不得______。	
销毁货物处置	1. 区内企业依法对区内货物采取销毁处置的，应当______	2. ______时，按照国内固体废物相关规定进行管理
放弃损毁灭失货物处理	1. 区内企业申请放弃的货物，经海关及有关主管部门核准后，由______，变卖收入由______。	
	2. 因______造成综合保税区内货物损毁、灭失的，区内企业应当______。经海关核实后，区内企业可以按照下列规定办理	（1）______，办理核销和免税手续；
		（2）境外进入综合保税区或者区外进入综合保税区且已办理出口退税手续的货物损毁，失去部分使用价值的，办理______；
		（3）区外进入综合保税区且未办理出口退税手续的货物损毁，失去部分使用价值，需要______。
	3. 因保管不善等非不可抗力因素造成区内货物损毁、灭失，区内企业应当及时报告海关并说明情况。经海关核实后，区内企业可以按照下列规定办理	（1）境外进入综合保税区的货物，按照______办理相关手续，并按照______，以货物损毁或灭失之日适用的税率、汇率缴纳关税、进口环节税
		（2）区外进入综合保税区的货物，______。

训练三　综保区与区外非特殊监管区域或场所进出货物的规定

结合所学知识和技能，从综保区内货物出区、区内企业生产加工成品、综保区内外维修物品等完成海关对综保区与区外非特殊监管区域或场所之间进出货物具体规定的填写（将关键词填写在表4-8中）。

表 4-8　综保区与区外非特殊监管区域或场所之间进出货物的规定

序号	不同情形		具体规定
（1）	区内货物出区直接进入生产或消费领域流通		按______
（2）	区内货物出区属于优惠贸易协定项下货物，符合海关总署相关原产地管理规定的		按______
（3）	区内货物出区符合保税或者特定减免税条件		按______
（4）	区内企业生产的加工贸易成品及在加工生产过程中	产生的残次品、副产品出区内销	按______
		属于进口配额、许可证件管理的	区内企业或者区外收货人还应当______
		有关许可证件电子数据	海关进行______
（5）	区内企业在区外其他地方举办商品展示活动		比照海关______
（6）	综保区内外检测、维修物品等	区内企业按照海关规定将自用机器、设备及其零部件、模具或者办公用品运往区外进行检测、维修的，在检测、维修期间	不得______
		因故不能如期运回的	区内企业应当______

续表

<table>
<tr><th>序号</th><th colspan="2">不同情形</th><th>具体规定</th></tr>
<tr><td rowspan="3">（6）</td><td rowspan="3">综保区内外检测、维修物品等</td><td>因特殊情况无法在上述规定时间内完成检测、维修并运回综合保税区的</td><td>经海关同意，可以________</td></tr>
<tr><td rowspan="2">更换零配件的，原零配件应当一并运回综合保税区</td><td>确需在区外处置的，海关应当按照原零配件的实际状态征税</td></tr>
<tr><td>在区外更换的国产零配件，需要退税的，企业应当按照有关规定办理手续</td></tr>
<tr><td>（7）</td><td colspan="2">区内企业按照海关规定将模具、原材料、半成品等运往区外进行外发加工的</td><td>外发加工期限不得超过合同有效期，加工完毕的货物应当按期运回综合保税区</td></tr>
<tr><td>（8）</td><td colspan="2">海关监管货物从综保区与区外之间进出的</td><td>综保区主管海关可以________</td></tr>
<tr><td rowspan="3">（9）</td><td colspan="2" rowspan="3">以出口报关方式进入综合保税区的货物予以保税</td><td>区内企业从区外采购的机器、设备________</td></tr>
<tr><td>监管年限未满企业申请提前解除监管的，应当________
________</td></tr>
<tr><td>货物的出口退税________</td></tr>
<tr><td>（10）</td><td colspan="2">除法律法规另有规定外，对于综合保税区与区外之间进出的货物及其外包装、集装箱</td><td>海关________</td></tr>
</table>

任务评价

任务评分表见表4-9。

表 4-9　任务评分表

<table>
<tr><th colspan="2">评 价 内 容</th><th>分值</th><th>自评</th><th>互评</th><th>师评</th></tr>
<tr><td rowspan="4">知识评价</td><td>能清晰表述保税区的含义、功能、海关管理</td><td>10</td><td></td><td></td><td></td></tr>
<tr><td>能清晰表述综合保税区的含义、功能、海关管理</td><td>10</td><td></td><td></td><td></td></tr>
<tr><td>能够整理保税区进出货物的报关程序</td><td>10</td><td></td><td></td><td></td></tr>
<tr><td>能够整理综合保税区进出货物的报关程序</td><td>10</td><td></td><td></td><td></td></tr>
<tr><td rowspan="2">能力评价</td><td>模拟海关报关现场，通过角色扮演，能以小组形式向海关申请办理保税区的货物报关业务</td><td>20</td><td></td><td></td><td></td></tr>
<tr><td>模拟海关报关现场，通过角色扮演，能以小组形式向海关申请办理综合保税区的货物报关业务</td><td>20</td><td></td><td></td><td></td></tr>
<tr><td rowspan="2">素养评价</td><td>拥有敬业爱岗、细致入微、精益求精职业态度</td><td>10</td><td></td><td></td><td></td></tr>
<tr><td>具备遵纪守法、廉洁自律、诚实守信职业操守</td><td>10</td><td></td><td></td><td></td></tr>
<tr><td colspan="2">总　　分</td><td>100</td><td></td><td></td><td></td></tr>
</table>

巩固与训练

一、单选题

1.（　　）是指经国务院批准设立的，具备保税加工、保税仓储、进出口贸易和进出口商品展示等功能的海关特殊监管区域，是我国最早出现的海关特殊监管区域类型。

A. 保税区　　B. 出口加工区　　C. 综合保税区　　D. 保税港区

2. 关于保税区的海关监管，表述正确的是（　　）。

A. 在保税区内设立的企业，必须向海关总署申请办理注册手续

B. 保税区内企业必须依法依规设置账簿、编制报表，记录有关进出保税区货物和物品的库存、转移、销售、加工、使用等情况

C. 从非保税区进入保税区的货物，按照进口货物办理手续

D. 区内企业可选择与海关实行电子计算机联网，进行电子数据交换，也可选择传统报关方式，向海关申请书面报关

3. 保税区的进出境报关采用（　　）的运行机制。

A. 报关制　　B. 报关制和备案制相结合

C. 备案制　　D. 监管制

4. 从非保税区进入保税区的货物，按照（　　）办理手续。

A. 出口货物　　B. 出境货物　　C. 出区货物　　D. 进口货物

5. 保税区与境外之间进出的货物，属自用的，采用____，填写____。（　　）

A. 备案制，“进出境备案清单”　　B. 报关制，“进出口货物报关单”

C. 备案制，“进出口货物报关单”　　D. 以上答案都不对

6. （　　）具备目前中国海关所有特殊监管区域具备的全部功能。

A. 保税区　　B. 保税物流园区　　C. 出口加工区　　D. 综合保税区

7. 保税加工货物出区，报进口，海关按照货物出区时的实际监管方式办理相关手续，下列表述正确的是（　　）。

A. 进入国内市场的，按一般进口货物报关，交验许可证件，照章征税

B. 用于加工贸易的，按保税加工货物报关，提供加工贸易手册，予以免税

C. 用于特定企业、特定地区或特定用途的，按特定减免税货物报关，提供“进出口货物征免税证明”，予以减税或缓税

D. 用于特定企业、特定地区或特定用途的，按法定减免税货物报关，提供“进出口货物征免税证明”，予以减税或缓税

8. 关于综合保税区的概述，表述正确的是（　　）。

A. 综合保税区是指经海关总署批准，具有口岸、物流、加工等功能的海关特殊监管区域

B. 综合保税区，集保税区、出口加工区、保税物流园区、港口的功能于一身，是国内功能最全的海关特殊监管区域

C. 综合保税区与中国关境内的其他地区之间设置符合海关监管要求的卡口、围网、视频监控系统及海关监管所需的其他设施，实行半封闭式管理

D. 除期货保税交割外，综合保税区可以开展研发、加工、制造、检测、维修、货物存储、跨境电商、国际转口贸易等各项业务

二、简答题

1. 简述保税区的含义及功能。
2. 简述保税区与境外之间进出货物的税费规定。
3. 简述保税区与区外之间进出货物的税费规定。
4. 简述综合保税区的内涵及功能。
5. 简述综合保税区与境外之间进出货物的相关规定。

项目五
便捷化的征税管理——缴纳进出口货物税费

项目描述

作为全球最大的大豆进口国，中国进口的大豆占到美国出口量的超过一半，大豆的任何长期政策都将影响中国的所有人。与此同时，中国海关正加紧改革税收征管方式，简化税费支付流程，加快通关速度，为进出口收发货人提供通关的便利。上海元初物流有限公司的报关员林梦梦最近就接到一票从美国进口黄大豆的单子，在税费征管方式改革的背景下，林梦梦将如何处理申报、税费计算和缴纳的相关事务呢？而新型的税费缴纳方式，电子支付税费的流程又是怎样的呢？

思维导图

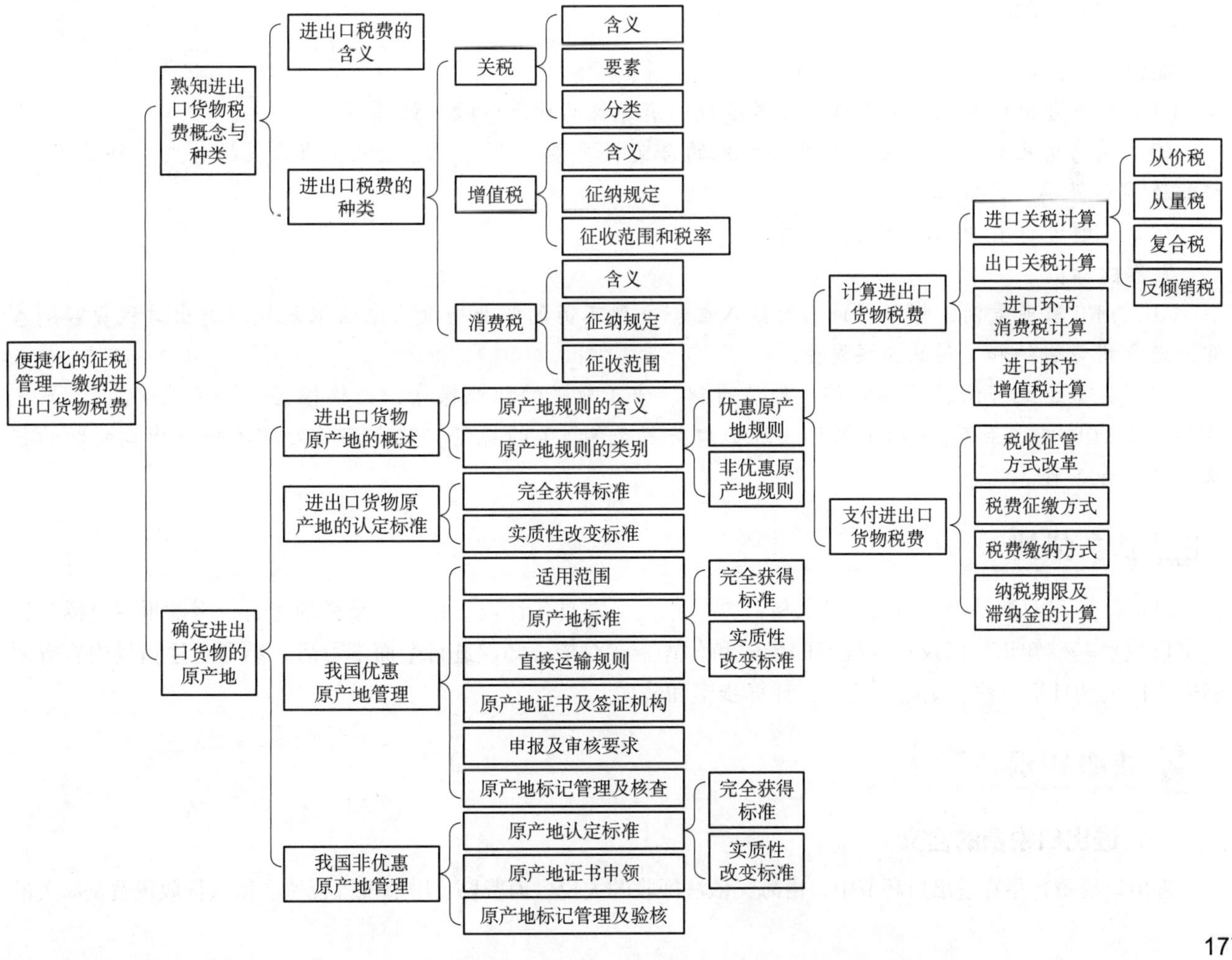

任务一　熟知进出口货物税费的概念与种类

情景导入

这几日，上海元初物流有限公司报关员林梦梦跟随报关部曹经理处理一票缴税事务：上海金阳食品公司从美国进口1吨黄大豆（自动进口许可证管理，法定检验检疫商品），商品信息见表5-1。林梦梦立刻查询了《中华人民共和国海关税则手册》（以下简称《税则》），发现该商品所适用的最惠国关税税率是28%，进口环节增值税税率是10%，曹经理让林梦梦在报关之前将此票货物应纳税额计算出来，并告知收货人准备税款，一旦税单出来就及时登录“单一窗口”平台电子支付税款。林梦梦不禁产生了困惑：进出口税费应如何计算？请帮助林梦梦完成以下任务：

（1）作为一名报关员，应明确进出口关税、进口环节海关代征税、附加税的计征方法、计征规则及征收范围；

（2）明确进出口关税、进口环节海关代征税的计算公式。

表 5-1　商品信息一览表

商品名称	商品编码	规格型号	用途	所需许可证件
黄大豆	1201901000103	非种用黄大豆，不论是否破碎（食品加工用）|蛋白含量：35.2% |油含量：20.2% |升贴水：1.38美元/蒲式耳|转基因	食品加工	7：自动进口许可证 A：进口法定检验检疫商品 B：出口法定检验检疫商品

学习目标

知识目标：

（1）掌握进出口关税、进出口环节增值税和消费税的计算步骤、计算公式。

（2）熟悉进出口税费含义、种类；关税的含义、要素、分类；增值税和消费税的含义、征纳规定、征收范围和税率、计征标准。

（3）了解进口附加税的含义、不同的种类。

素养目标：

（1）拥有敬业爱岗、仔细严谨、细致入微、一丝不苟的职业态度，依法依规处理进出口税费缴纳事宜，避免税费缴纳和支付的错误发生。

（2）具备遵纪守法、诚实守信、廉洁自律、守正敬畏的职业操守，严格根据《海关法》《中华人民共和国进出口关税条例》（以下简称《进出口关税条例》）的规定，配合海关处理各项进出口税费的征收、退补等工作。

任务描述

税费计算和缴纳是报关员的一项关键技能，报关员需具备计税、报税、缴税的能力，因此报关员需掌握进出口税费基础知识，以及计算税费的步骤和公式。在对核心知识进行全面学习后，结合上述情景内容等明确进出口税费计征方法、规则、范围，计算步骤和公式。

核心知识

一、进出口税费的含义

进出口税费是指在进出口环节中，由海关依法征收的关税、消费税、增值税等税费。依法征收税费是海关的基本任务之一。依法缴纳税费是有关纳税义务人的基本义务。学会如何缴纳进出口税费是报关人员应该具备的报关技能之一。进出口税费征收的法律依据主要是《海关法》《进出口关税条例》及其他有关法律、行政法规。

二、进出口税费的种类

进出口税款核算主要涉及正税及附加税。按照《税则》公布的税率计算得出税额，称为正税计算，有从量、从价、复合等不同计算方法。正税计算中，从价计征是最主要的方法，也是目前我国绝大多数进出口货物征纳进出口税所使用的方法。针对某种特殊情况临时加征计算得出税额，称为附加税计算，适用包括反倾销、反补贴、特别关税、报复性关税的计算。正税计算是进出口税核算的主要方面，附加税的计算仅在某些特殊情况下进行。

（一）关税

1. 关税的含义

关税是由海关代表国家，按照国家制定的关税政策和公布实施的税法及进出口税则，对进出关境的货物和物品征收的一种流转税。海关征收关税的依据是国家制定的法律和行政法规。关税是国家税收的重要组成部分，是国家中央财政收入的重要来源，也是世界贸易组织允许缔约方保护其境内经济的一种手段，其基本作用在于体现国家主权，推动国家的经济建设。

关税的起征点为人民币50元，低于50元的免征。

2. 关税的要素

（1）关税征税主体。关税征税主体，亦称关税征收主体。根据《海关法》的规定，行使征收关税职能的国家机关是中华人民共和国海关，征收关税是海关的一项主要任务。未经法律的授权，其他任何单位和个人均无权征收关税。

（2）关税征收对象。关税征收对象，亦称关税征收客体。法律规定，作为征收关税的标的物，是进出一国关境的货物或物品，它是区别关税和其他税种的重要标志。

（3）关税纳税义务人。关税纳税义务人，亦称关税纳税人或关税纳税主体，是指依法负有直接向国家缴纳关税义务的法人或自然人。

我国关税的纳税义务人是进口货物的收货人、出口货物的发货人、进出境物品的所有人。

3. 关税的分类

（1）按照货物的流向，可分为进口关税、出口关税和过境关税。

①进口关税是指一国（地区）海关以进入其境内的货物和物品为课税对象所征收的关税，这是关税中最主要的一种。我国征收的关税主要是进口关税。

②出口关税是指一国（地区）海关以出境货物、物品为课税对象所征收的关税。为鼓励出口，世界各国一般不征收出口关税或仅对少数商品征收出口关税。征收出口关税的主要目的是防止本国一些重要自然资源和原材料的过度、无序出口，如鳗鱼苗、铅矿砂、锌矿砂等。

③过境关税亦称通过税，指一国（地区）海关对通过其关境的外国货物所征收的一种关税。

（2）按照计征标准或计税方法，可分为从价税、从量税、复合税、滑准税。

①从价税。从价税是以货物、物品的价格作为计税标准，以应征税额占货物价格的百分比为税率，价格和税额成正比例关系的关税。我国对进出口货物征收关税主要采用从价税计税标准。

从价税计征公式：

应纳关税税额=完税价格×进口关税税率

其中，对出口货物征收关税时，货物完税价格=FOB（中国境内口岸）÷（1+出口关税税率）。

②从量税。从量税是以货物和物品的计量单位（如重量、数量、容量等）作为计税标准，按每一计量单位的应征税额计征的征收关税方式。我国目前对冻整鸡及鸡产品、啤酒、石油原油、胶卷等进口商品，对尿素、硫酸钾等出口化肥，征收从量税。

从量税计征公式：

应纳关税税额=完税数（重）量×进（出）口从量关税税率

③复合税。复合税是在《税则》中，一个税目中的商品同时使用从价、从量两种标准计税，计税时按两者之和作为应征税额的征收关税方式。目前，我国仅对进口货物采用该种计税方式。

我国目前对录像机、放像机、摄像机、非家用型摄录一体机、部分数码照相机等进出口商品征收复合税。

复合税计征公式：

关税税额=完税价格×进口关税税率+完税数（重）量×进口从量关税税率

④滑准税。滑准税是在《税则》中预先按产品的价格高低分档制定若干不同的税率，然后根据进口商品价格变动而增减税率的征收关税方式。当商品价格上涨时采用较低税率，当商品价格下跌时则采用较高税率，其目的是使该种商品的国内市场价格保持稳定。我国目前仅对关税配额外进口的一定数量棉花适用滑准税形式暂定税率。

（3）按照是否施惠，可分为普通关税和优惠关税。

①普通关税。普通关税又称一般关税，是指对与本国没有签署贸易或经济互惠等友好协定的国家或地区原产货物征收的非优惠关税。目前我国对非原产于适用最惠国待遇税率、协定优惠税率、特惠税率的国家或地区的进口货物，以及无法判明原产地的进口货物，适用普通税率。

②优惠关税。优惠关税是指对来自特定国家或地区的进口货物在关税方面给予优惠待遇，按照比普通关税税率低的税率征收的关税。优惠关税一般有最惠国待遇关税、协定优惠关税、特定优惠关税、普遍优惠关税四种。

a. 最惠国待遇关税。我国规定，原产于共同适用最惠国待遇条款的世界贸易组织成员的进口货物、原产于与我国签订含有相互给予最惠国待遇条款的双边贸易协定的国家或地区的进口货物，以及原产于我国关境内的进口货物，适用最惠国待遇关税。

b. 协定优惠关税。我国规定，原产于与我国签订含有关税优惠条款的区域性贸易协定的国家或地区的进口货物，适用协定税率。目前，我国对亚太、东盟、ECFA、秘鲁、新加坡、智利、巴基斯坦、新西兰、哥斯达黎加、冰岛、瑞士、澳大利亚、韩国、格鲁吉亚、毛里求斯、《区域全面经济伙伴关系协定》（RCEP）、柬埔寨，以及我国香港CEPA、我国澳门CEPA、我国台湾农产品等自由贸易协定或优惠安排项下进口货物适用协定优惠关税。

c. 特定优惠关税。特定优惠关税又称特惠关税，原产于与我国签订含有特殊关税优惠条款的贸易协定国家或地区的进口货物，适用特惠税率。目前，我国对孟加拉国、老挝、缅甸、柬埔寨、埃塞俄比亚等44个国家（地区）的部分进口商品实施特惠关税。

d. 普遍优惠制关税。普遍优惠制关税指发达国家对进口原产于发展中国家的工业制成品、半制成品和某些初级产品降低或取消进口关税待遇的一种关税优惠。我国是发展中国家，对进口货物不存在普惠税率。

（4）按照是否根据税则征收，分为正税和附加税。

①正税。正税是按照《税则〉中的进口税率征收的关税。正税具有规范性、相对稳定性的特点。从价税、从量税、复合税、滑准税等都属于正税。

②附加税。附加税指国家由于特定需要，对货物除征收关税正税之外另行征收的关税，一般具有临时性特点。附加税包括反倾销税、反补贴税、保障措施关税、报复性关税等。世界贸易组织不准其成员方在一般情况下随意征收附加税，只有符合世界贸易组织反倾销、反补贴等有关规定的，才可以征收。

a. 反倾销税。反倾销税是为抵制外国商品倾销进口，保护国内相关产业而征收的一种进口附加税，即在倾销商品进口时除征收进口关税外，另外加征反倾销税。

根据《中华人民共和国反倾销条例》的规定，凡进口产品以低于其正常价值出口到我国且对我国相关企业造成实质性损害的即为倾销。我国目前征收的进口附加税主要是反倾销税。

b. 反补贴税。反补贴税是指为抵消进口商品在制造、生产和输出时直接或间接接受的任何奖金或补贴而征收的附加税，即在补贴商品进口时除征收进口关税外，另外加征反补贴税。

进口产品存在补贴，并对已经建立的国内产业造成实质损害，或者产生实质损害威胁，或者对建立国内产业造成实质阻碍的，采取反补贴措施。

c. 保障措施关税。保障措施关税是指因进口产品数量增加，并对生产同类产品或直接竞争产品的国内产业造成严重损害或严重威胁而征收的关税，分临时保障措施关税和最终保障措施关税两类。其不分国别，对来自所有国家和地区的同一产品，一般只适用一个税率。

d. 报复性关税。报复性关税是指当他国对本国出口货物有不利或歧视性待遇时对从该国进口的货物予以报复而征收的一种附加税。

《进出口关税条例》规定：任何国家或者地区违反与中华人民共和国签订或者共同参加的贸易协定及相关协定，对中华人民共和国在贸易方面采取禁止、限制、加征关税或者其他影响正常贸易的措施的，对原产于该国家或者地区的进口货物可以征收报复性关税，适用报复性关税税率。

（二）进口环节海关代征税

进口货物、物品在办理海关手续放行后，进入国内流通领域，与国内货物同等对待，需缴纳应征的国内税。进口货物、物品的国内税依法由海关在进口环节征收。

目前，进口环节海关代征税（简称进口环节代征税）主要有增值税、消费税两种。其中，增值税征收采用从价计征方式，消费税征收采用从价、从量、复合三种计征方式。同一商品同时征收关税及进口环节代征增值税和消费税的，先计算关税，后计算进口环节消费税，最后计算进口环节增值税。

1. 进口环节增值税

（1）含义。进口环节增值税是以商品的生产、流通和劳务服务各个环节所创造的新增价值为课税对象的一种流转税。进口环节增值税是在货物、物品进口时，由海关依法向进口货物的法人或自然人征收的一种增值税。

（2）征纳规定。进口环节增值税由海关依法向进口货物的法人或自然人征收，其他环节的增值税由税务机关征收。

在中华人民共和国境内销售货物或者提供加工、修理修配劳务以及进口货物的单位和个人，为增值税的纳税义务人，应当依照《中华人民共和国增值税暂行条例》缴纳增值税。

进口货物由纳税义务人（进口人或其代理人）向办理进口手续的海关申报纳税。

进口环节增值税的起征点为人民币50元，低于50元的免征。

进口环节增值税组成计税价格中包含关税配额和消费税配额（不征收消费税的，消费税为零）。

$$应纳税额=增值税组成计税价格\times增值税税率$$

其中，增值税组成计税价格=关税完税价格+关税税额+消费税税额。

（3）征收范围和税率。在我国境内销售货物（销售不动产或免征的除外）或提供加工、修理修配劳务以及进口货物的单位和个人，都要依法缴纳增值税。我国增值税的征收原则是中性、简便、规范，采取基本税率再加一档低税率的征收模式。

适用基本税率（13%）的范围包括：纳税人销售或者进口除适用低税率的货物以外的货物，以及提供加工、修理修配劳务。

适用低税率（9%）的范围是指纳税人销售或者进口下列货物：

农产品（含粮食）、食用植物油、食用盐；自来水、暖气、冷气、热水、煤气、石油液化气、天然气、沼气、二甲醚、居民用煤炭制品；图书、报纸、杂志、音响制品、电子出版物；饲料、化肥、农药、农机、农膜；国务院规定的其他货物。

2. 进口环节消费税

（1）含义。进口环节消费税是以消费品或消费行为的流转额作为课税对象而征收的一种流转税。进口环节消费税是在对货物普遍征收增值税的基础上，选择少数消费品再予征收的税，是在货物、物品进口时，由海关依法向进口货物的法人或自然人征收的一种消费税。

（2）征纳规定。在中华人民共和国境内生产、委托加工和进口《中华人民共和国消费税暂行条例》（以下简称《消费税暂行条例》）规定的消费品（以下简称应税消费品）的单位和个人，以及国务院确定的销售《消费税暂行条例》规定的消费品的其他单位和个人，为消费税的纳税义务人。

进口环节消费税起征点为人民币50元，低于50元的免征。进口环节消费税的征收管理，适用关税征收管理的规定。

根据商品的不同，应税消费品的消费税有三种计征方式：

①从价定率方式计算公式。

消费税应纳税额=消费税组成计税价格×消费税比例税率

其中，消费税组成计税价格=（关税完税价格+关税税额）÷（1-消费税比例税率）

②从量定额方式计算公式。

消费税应纳税额=应征消费税进口数量×消费税定额税率

目前，我国对啤酒、黄酒、成品油、生物柴油等进口商品实行从量计征方式。

③复合计税方式计算公式。

消费税应纳税额=消费税组成计税价格×消费税比例税率+应征消费税进口数量×消费税定额税率

消费税组成计税价格=（关税完税价格+关税税额+应征消费税进口数量×消费税定额税率）÷（1-消费税税率）

目前，我国对香烟、白酒、威士忌、白兰地等烈性酒进口商品实行复合计税方式，应缴税款是从价定率与从量定额方式应缴税款的总和。

（3）征收范围。消费税的征收范围，仅限于少数消费品。应税消费品大体可分为以下四种类型：

①一些过度消费会对人的身体健康、社会秩序、生态环境等方面造成危害的特殊消费品，如烟、酒、鞭炮、焰火、电池、涂料等。

②奢侈品、非生活必需品，如贵重首饰及珠宝玉石、化妆品等。

③高能耗消费品，如小轿车、气缸容量250毫升以上摩托车等。

④不可再生和替代的资源类消费品，如汽油、柴油等。

知识拓展

船舶吨税的规定

技能训练

训练一　明确关税、海关代征税、附加税的计征方法、规则及征收范围

完成进出口环节各类税费的填写：结合所学知识和技能，从税种、含义、计征方法、计征规则、征收范围的角度梳理进出口环节各类税费，将具体内容填写在表5-2中。

表 5-2　进出口环节各类税费的种类表

<table>
<tr><th colspan="2">税种</th><th>含　义</th><th>计征方法</th><th>计征规则</th><th>征收范围</th></tr>
<tr><td rowspan="6">关税
正税</td><td rowspan="4"></td><td rowspan="4">一国（地区）海关以________
________为课税对象所征收的关税</td><td></td><td>以货物和物品的________作为计税标准</td><td>我国对进口货物征收关税，主要采用________</td></tr>
<tr><td></td><td>以货物和物品的________（如重量、数量、容量等）作为计税标准</td><td>________、石油原油、胶卷</td></tr>
<tr><td></td><td>在《税则》中，一个税目中的商品同时使用________两种标准计税，计税时按________作为应征税额的征收关税方式</td><td>________、非家用型摄录一体机、部分数码照相机</td></tr>
<tr><td></td><td>在《税则》中预先按________
________，然后根据进口商品价格变动而增减税率的征收关税方式</td><td>我国目前仅对关税配额外进口的一定数量________适用滑准税形式暂定税率</td></tr>
<tr><td></td><td>一国（地区）海关以________
______为课税对象所征收的关税</td><td></td><td>以________作为计税标准</td><td>我国对出口货物征收关税，主要采用________</td></tr>
<tr><td></td><td colspan="4">指一国（地区）海关对通过其________所征收的一种关税</td></tr>
</table>

续表

<table>
<tr><th colspan="2">税种</th><th>含　义</th><th>计征方法</th><th>计征规则</th><th>征收范围</th></tr>
<tr><td colspan="2" rowspan="4">进口附加税</td><td></td><td colspan="3">是指为抵制外国商品________进口，保护国内相关产业而征收的一种进口附加税，即________</td></tr>
<tr><td></td><td colspan="3">是指为抵消进口商品在________而征收的附加税，即________</td></tr>
<tr><td></td><td colspan="3">是指因进口产品________，并对生产同类产品或直接竞争产品的国内产业造成________而征收的关税，分________两类</td></tr>
<tr><td></td><td colspan="3">是指当他国对本国出口货物有________对从该国进口的货物予以________的一种附加税</td></tr>
<tr><td rowspan="2">进口环节海关代征税</td><td></td><td>是以商品的________为课税对象的一种流转税</td><td></td><td>以商品在________为课税对象</td><td>适用基本税率（13%）的范围包括：________</td></tr>
<tr><td></td><td>是以________作为课税对象而征收的一种流转税</td><td></td><td>以________作为课税对象</td><td>（1）________
（2）________
（3）________
（4）________</td></tr>
</table>

训练二　明确进出口关税、进口环节海关代征税的计算公式

完成进出口关税、进口环节海关代征税计算公式的填写：结合所学知识和技能，从税种、计征方法、计税公式的角度梳理进出口关税、进口环节海关代征税计算公式，将具体内容填写在表5-3中。

表 5-3　进出口关税、进口环节海关代征税的计算公式一览表

<table>
<tr><th colspan="2">税　种</th><th>计征方法</th><th>计 税 公 式</th></tr>
<tr><td rowspan="4">关税正税</td><td rowspan="3"></td><td></td><td>应纳关税税额=</td></tr>
<tr><td></td><td>应纳关税税额=</td></tr>
<tr><td></td><td>关税税额=</td></tr>
<tr><td></td><td></td><td>应征出口关税税额=
出口货物完税价格=</td></tr>
<tr><td rowspan="4">进口环节海关代征税</td><td></td><td colspan="2">应纳税额=
增值税组成计税价格=</td></tr>
<tr><td rowspan="3"></td><td></td><td>消费税应纳税额=
其中，消费税组成计税价格=</td></tr>
<tr><td></td><td>消费税应纳税额=</td></tr>
<tr><td></td><td>消费税应纳税额=
消费税组成计税价格=</td></tr>
</table>

任务评价

任务评分表如表5-4所示。

表 5-4　任务评分表

评价内容		分值	自评	互评	师评
知识评价	能清晰简述关税、增值税和消费税的计算步骤	10			
	能写出关税、增值税和消费税的计算公式	10			
	能清晰阐述进出口税费含义、种类	10			
	能清晰阐述关税含义、要素、分类	10			
	能清晰阐述增值税和消费税含义、征纳规定	10			
	能清晰阐述增值税和消费税征收范围和税率、计征标准	10			
素养评价	拥有敬业爱岗、仔细严谨、细致入微、一丝不苟的职业态度	20			
	具备遵纪守法、诚实守信、廉洁自律、守正敬畏的职业操守	20			
总　分		100			

巩固与训练

一、单选题

1. 进出口税费征收的法律依据主要是（　　）及其他有关法律、行政法规。

A.《海关法》《进出口关税条例》

B.《进出口海关法》《增值税条例》

C.《进出口关税条例》《进出口海关代征税条例》

D.《进出口关税条例》《增值税条例》《消费税暂行规定》

2. 关税是由海关代表国家，按照国家制度的关税政策和公布实施的税法及进出口税则，对进出（　　）的货物和物品征收的一种流转税。

A. 国境　　B. 关境　　C. 我国国土　　D. 我国疆域

3. 我国目前对（　　）等进口商品征收从量关税。

A. 冻整鸡及鸡产品、啤酒、石油原油、胶卷

B. 摄像机、摄录一体机

C. 农产品（含粮食）、食用植物油、食用盐

D. 香烟、白酒、威士忌、白兰地

4.（　　）是以货物、物品的价格作为计税标准。

A. 复合税　　B. 从量税　　C. 从价税　　D. 滑准税

5. 关税的计算公式，错误的是（　　）。

A. 从价税计征公式：应纳关税税额=完税价格×进口关税税率

B. 从量税计征公式：应纳关税税额=完税数（重）量×进（出）口从量关税税率

C. 复合税计征公式：关税税额=完税价格×进口关税税率+完税数（重）量×进口从量关税税率

D. 滑准税计征公式：关税税额=完税价格×进口关税税率+完税数（重）量×进口从量关税税率

6. 增值税的计算公式，正确的是（　　）。

A. 增值税应纳税额=（关税完税价格+关税税额+消费税税额）×增值税税率

B. 增值税应纳税额=（关税完税价格+关税税额+消费税税额）÷增值税税率

C. 增值税应纳税额=（关税完税价格+关税税额-消费税税额）×增值税税率

D. 增值税应纳税额=（关税完税价格-关税税额-消费税税额）÷增值税税率

7. 增值税纳税人销售或者进口的货物适用于9%的低税率，下列错误的选项是（　　）。

A. 粮食、食用植物油

B. 自来水、暖气、冷气、热水、煤气、石油液化气、天然气、沼气、居民用煤炭制品

C. 化妆品、贵重首饰

D. 饲料、化肥、农药、农机、农膜

8. 下列应税消费品中，适用复合计税方法计征消费税的是（　　）。

A. 粮食白酒　　B. 酒精

C. 成品油　　D. 摩托车

二、计算题

完成下列计算题（将计算步骤、计算公式、计算结果写清楚）。

1. 上海美康食品进出口公司从挪威进口大西洋鲑鱼（HS CODE：0302141000102，商品描述：鲜或冷大西洋鲑鱼，子目0302.91至0302.99的可食用鱼杂碎除外，可能用于生食）一批，关税税率10%，增值税税率13%，请问用何种计税公式计算税费？

2. 杭州云山食品进出口有限公司从美国进口50箱威士忌酒（HS CODE：2208300000999），关税税率10%，请问这50箱烈性酒进口时，除了对其征收进口关税外，还需要征收哪些税费？

3. 北京康利机械进出口有限公司从瑞士进口5箱手表（HS CODE：9101110000999；商品描述：机械指示式的贵金属电子手表，表壳用贵金属或包贵金属制成的），关税税率8%，增值税税率13%，消费税税率20%，请计算进口税费。

三、简答题

1. 简述关税的含义及其要素。

2. 简述关税的分类。

3. 简述进口环节增值税的含义及其征纳规定。

4. 简述进口环节消费税的含义及其征纳规定。

任务二　确定进出口货物的原产地

情景导入

上海元初物流有限公司报关员林梦梦这段时间非常忙碌，她陆续接到了以下两位客户的通关资料和信息：

（1）上海宇飞贸易有限公司从新加坡进口一批“SONY”牌彩色数字电视机，该产品采用日本牌号和商标，其中显像管为新加坡生产，集成电路板为我国香港生产，机壳由马来西亚生产，最后在新加坡组装成整机。经查《税则》获知，该产品最惠国税率为30%，中国-东盟协定税率为12%，普通税率130%。

（2）上海欧拓贸易公司从A国进口一批货物，该货物在A国的工厂交货价（即A国生产厂商的出厂价）为每单位100美元，该生产厂商制造每单位该产品使用了从他国进口的原辅材料70美元。

报关部门曹经理要求报关员林梦梦尽快确定两批货物的原产地，林梦梦不禁产生了疑惑，原产国的认定标准包括哪些呢？请帮助林梦梦完成以下任务：

（1）宇飞公司进口彩色电视机，报关员向海关申报时，报关单中的原产国如何确定，该批电视机应如何申报？

（2）欧拓贸易公司进口一批货物，报关员向海关申报时，报关单中的原产国如何确定？

学习目标

知识目标：

（1）掌握进出口货物原产地规则的含义、进出口货物原产地规则的类别；

（2）熟悉优惠原产地规则的内涵、实施方式；非优惠原产地规则的内涵、种类；完全获得标准的内涵、包含的各种情况；实质性改变标准的内涵；原产地证书的内涵及签证机构、原产地证书的申领和签发、管理及验核。

（3）了解优惠原产地规则的适用情形、非优惠原产地规则的适用情形、实质性改变标准的具体类型。

技能目标：

（1）严格根据《海关法》《原产地规则》《原产地认定标准》等，能够依法依规地判断和确定进出口货物的原产地。

（2）严格遵守产地证的申报和审核要求，能够审核和申领原产地证明书，并配合海关对原产地证书进行管理和验核。

素养目标：

（1）拥有敬业爱岗、精益求精、仔细严谨、细致入微、一丝不苟的职业态度，对原产地的确定作出准确无误的判断。

（2）具备遵纪守法、廉洁自律、诚实守信、守正敬畏、真诚服务的职业操守，积极配合海关对进出口货物的原产地进行审核和确定，不得伪造、变造、买卖、随意涂改原产地证明书。

任务描述

税费计算和缴纳是报关员的一项关键技能，报关员需具备计税、报税、缴税的能力，同时还需要依法依规地判断和确定进出口货物的原产地，这是重要的涉税要素之一。因此报关员需要掌握进出口货物原产地规则的内涵、类别、认定标准、适用情形，以及原产地证明书的申请等内容。在对核心知识进行全面学习后，结合上述情景内容配合海关完成货物原产国（地区）的确定。

核心知识

一、出口货物原产地的概述

（一）原产地规则的含义

在国际贸易中，原产地这个概念是指货物生产的国家（地区），就是货物的“国籍”。各国以本国立法形式制定出其鉴别货物“国籍”的标准，这就是原产地规则。世界贸易组织《原产地规则协议》将原产地规则定义为：一国（地区）为确定货物的原产地而实施的普遍适用的法律、法规和行政决定。

（二）原产地规则的类别

从是否适用优惠贸易协定来分，原产地规则分为两大类：一类为优惠原产地规则，另一类为非优惠原产地规则。这是当今世界上最普遍的原产地规则分类方法。

1. 优惠原产地规则

优惠原产地规则是指一国为了实施国别优惠政策而制定的法律、法规，是以优惠贸易协定通过双边、多边协定形式或者是由本国自主制定的一些特殊原产地认定标准，因此也称为协定原产地规则。优惠原产地规则具有很强的排他性，优惠范围以原产地为受惠国（地区）的进口产品为限，其目的是促进协议方之间的贸易发展。

优惠原产地规则主要有以下两种实施方式：一是通过自主方式授予，如欧盟普惠制（GSP）、中国对最不发达国家的特别优惠关税待遇；二是通过协定以互惠性方式授予，如《北美自由贸易协定》《中华人民共和国与东南亚国家联盟全面经济合作框架协议》（以下简称《中国-东盟自由贸易协定》）等。

由于优惠原产地规则是用于认定进口货物能否享受比最惠国更优惠待遇的依据，因此其认定标准通常会与非优惠原产地规则不同，其宽或严完全取决于成员方。进口国（地区）为了防止此类优惠措施被滥用或规避，一般都制定了货物直接运输的条款。

2. 非优惠原产地规则

非优惠原产地规则，是一国根据实施其海关税则和其他贸易措施的需要，由本国立法自主制定的，因此也称为自主原产地规则。按照世界贸易组织的规定，适用于非优惠性贸易政策措施的原产地规则，其实施必须遵守最惠国待遇原则，即必须普遍地、无差别地适用于所有原产地为最惠国的进口货物。它包括实施最惠国待遇、反倾销和反补贴税、保障措施、数量限制或关税配额、原产地标记或贸易统计、政府采购时所采用的原产地规则。《WTO协调非优惠原产地规则》正由各国进行磋商，待谈判达成一致并正式实施后，世界贸易组织成员将实施统一的协调非优惠原产地规则，以取代各国自主制定的非优惠原产地规则。原产地规则的适用情形见表5-5。

表 5-5 原产地规则的适用情形

优惠原产地规则	（1）《亚太贸易协定》（即原《亚洲及太平洋经济和社会理事会发展中国家成员国关于贸易谈判的第一协定》）； （2）《中国-东盟自由贸易协定》； （3）《内地与香港关于建立更紧密经贸关系的安排》（以下称香港CEPA）； （4）《内地与澳门关于建立更紧密经贸关系的安排》（以下称澳门CEPA）； （5）《大陆对原产于台湾地区的部分农产品免征进口关税的措施》； （6）《中华人民共和国政府和巴基斯坦伊斯兰共和国政府自由贸易协定》（以下简称《中国-巴基斯坦自由贸易协定》）； （7）《中华人民共和国政府和智利共和国政府自由贸易协定》（以下简称《中国-智利自由贸易协定》）； （8）《中华人民共和国政府和新西兰政府自由贸易协定》（以下简称《中国-新西兰自由贸易协定》）； （9）《中华人民共和国政府和新加坡共和国政府自由贸易协定》（以下简称《中国-新加坡自由贸易协定》）； （10）《中华人民共和国政府和秘鲁共和国政府自由贸易协定》（以下简称《中国-秘鲁自由贸易协定》）； （11）对埃塞俄比亚等最不发达国家给予的特别优惠关税待遇（以下称最不发达国家特别优惠关税待遇）； （12）《海峡两岸经济合作框架协议》（ECFA）； （13）《中华人民共和国政府和哥斯达黎加共和国政府自由贸易协定》（以下简称《中国-哥斯达黎加自由贸易协定》）； （14）《中华人民共和国政府和冰岛政府自由贸易协定》（以下简称《中国-冰岛自由贸易协定》）； （15）《中华人民共和国政府和瑞士联邦自由贸易协定》（以下简称《中国-瑞士自由贸易协定》）； （16）《中华人民共和国政府和澳大利亚政府自由贸易协定》（以下简称《中国-澳大利亚自由贸易协定》）； （17）《中华人民共和国政府和大韩民国政府自由贸易协定》（以下简称《中国-韩国自由贸易协定》）； （18）《中华人民共和国政府和格鲁吉亚政府自由贸易协定》（以下简称《中国-格鲁吉亚自由贸易协定》）； （19）《中华人民共和国政府和毛里求斯共和国政府自由贸易协定》（以下简称《中国-毛里求斯自由贸易协定》）； （20）《区域全面经济伙伴关系协定》（RCEP）； （21）《中华人民共和国政府和柬埔寨王国政府自由贸易协定》（以下简称《中国-柬埔寨自由贸易协定》）。
非优惠原产地规则	（1）最惠国待遇； （2）反倾销、反补贴、保障措施； （3）原产地标记管理； （4）国别数量限制； （5）关税配额； （6）政府采购； （7）贸易统计。

上述自由贸易协定中均包含有相应的优惠原产地规则。上述贸易协定中，《亚太贸易协定》适用国家包括中国、韩国、印度、斯里兰卡、孟加拉国、老挝和蒙古国；《中国-东盟自由贸易协定》适用国家包括中国、越南、泰国、新加坡、马来西亚、印度尼西亚、文莱、缅甸、老挝、柬埔寨和菲律宾。《区域全面经济伙伴关系协定》适用国家包括东盟成员和中国、日本、韩国、澳大利亚、新西兰。

二、进出口货物原产地的认定标准

在认定货物的原产地时，会出现以下两种情况：一种是货物完全是在一个国家（地区）获得或生产制造；另一种是货物由两个或两个以上国家（地区）生产或制造。目前，世界各国（地区）原产地规则，无论是优惠原产地规则还是非优惠原产地规则，都包含这两种货物的原产地认定标准。

（一）完全获得标准

对于完全在一国（地区）获得的产品，如农产品或矿产品，各国的原产地认定标准基本一致，即以产品的种植、开采或生产国为原产国，这一标准通常称为“完全获得标准”（wholly obtained standard）。

世界海关组织《京都公约》规定可视为完全获得产品的各种情况有：

（1）在该国土地、领水或海床开采的矿产品。

（2）在该国收获或采集的植物产品。

（3）在该国出生和饲养的活动物。

（4）在该国从活动物所得产品。

（5）在该国狩猎或捕捞所得产品。

（6）海上捕捞所得产品及该国船只在海上得到的其他产品。

（7）由该国加工船完全使用上述第（6）项的产品加工制得产品。

（8）在该国领水以外的海洋积土或底土开采的产品，只要该国对这些海洋积土或底土拥有单独开发权。

（9）在该国收集并只适于原材料回收的、在制造或加工过程中得到的废碎料及废旧物品。

（10）在该国完全使用上述第（1）项至第（9）项的产品生产而制得的货物。

在确定货物是否在一个国家（地区）完全获得时，为运输、储存期间保存货物而做的加工或者处理，为货物便于装卸而进行的加工或者处理，为货物销售而进行的包装等加工或者处理等，不予考虑。

（二）实质性改变标准

对于经过几个国家（地区）加工、制造的产品，各国多以最后完成实质性加工的国家为原产国，这一标准通常称为“实质性改变标准”（substantial transformation standard）。

实质性改变标准包括税则归类改变标准、从价百分比标准（或称增值百分比标准、区域价值成分标准等）、加工工序标准、混合标准等。

（1）税则归类改变标准是指在某一国家（地区）对非该国（地区）原产材料进行加工、制造后，所得货物在《商品名称及编码协调制度的国际公约》（以下简称《协调制度》）中的某位数级税目归类发生了变化。

（2）从价百分比标准是指在某一国家（地区）对非该国（地区）原产材料进行加工、制造后的增值部分超过了所得货物价值的一定比例。

（3）加工工序标准是指在某一国家（地区）进行的赋予制造、加工后所得货物基本特征的主要工序。

（4）混合标准是指将上述两种或两种以上标准结合起来制定货物的原产地标准。

另外，在国际通行的原产地规则中，除了原产地标准外，还包括一些补充或辅助规则，以确保原产地规则的完整性。补充规则或辅助规则主要分为累积规则、微小加工及处理规则、微小含量规则等。累积规则主要用于优惠原产地规则当中。

为保障缔约各方的优惠贸易利益，目前大多数国家的优惠原产地规则中都设有直接运输规则条款。

三、我国优惠原产地管理

为加强我国优惠原产地的统一管理，海关总署发布了《中华人民共和国海关进出口货物优惠原产地管理规定》（以下简称《优惠原产地管理规定》）。《优惠原产地管理规定》与各项自由贸易协定和优惠贸易安排项下的原产地管理办法，初步构成我国优惠原产地管理的基本框架。

（一）适用范围

适用于对优惠贸易项下进出口货物原产地管理。

（二）原产地标准

《优惠原产地管理规定》就优惠贸易项下普遍适用的原产地认定作了统领性规定。对于完全在一国（地区）获得或者生产的货物，适用完全获得标准。对于非完全在一国（地区）获得或者生产的货物，适用实质性改变标准。

1. 完全获得标准

完全获得，即从优惠贸易协定成员方或者地区（以下简称成员方或者地区）直接运输进口的货物是完全在该成员方或者地区获得或者生产的，这些货物指：

（1）在该成员方或者地区境内收获、采摘或者采集的植物产品。

（2）在该成员方或者地区境内出生并饲养的活动物。

（3）在该成员方或者地区领土或者领海开采、提取的矿产品。

（4）其他符合相应优惠贸易协定项下完全获得标准的货物。

原产于优惠贸易协定某一成员方或者地区的货物或者材料在同一优惠贸易协定另一成员方或者地区境内用于生产另一货物，并构成另一货物组成部分的，该货物或者材料应当视为原产于另一成员方或者地区境内。为便于装载、运输、储存、销售进行的加工、包装、展示等微小加工或者处理，不影响货物原产地确定。在货物生产过程中使用，本身不构成货物物质成分，也不成为货物组成部件的材料或者物品，其原产地不影响货物原产地确定。

2. 实质性改变标准

实质性改变标准主要分税则归类改变标准、区域价值成分标准、制造加工工序标准、其他标准。

（1）税则归类改变，是指原产于非成员方或者地区的材料在出口成员方或者地区境内进行制造、加工后，所得货物在《协调制度》中税则归类发生了变化。

（2）区域价值成分，是指出口货物船上交货价格（FOB）扣除该货物生产过程中该成员方或者地区非原产材料价格后，所余价款在出口货物船上交货价格（FOB）中所占的百分比。

区域价值成分=［货物的出口价格（FOB）-非原产材料价格］÷货物的出口价格（FOB）×100%

不同协定框架下的优惠原产地规则均包含区域价值成分标准，但各有不同。

（3）制造加工工序，是指赋予加工后所得货物基本特征的主要工序。

（4）其他标准，是指除上述标准之外，成员方或者地区一致同意采用的确定货物原产地的其他标准。

我国目前实施的各个优惠贸易协定“实质性改变”标准的基本判定标准，具体见表5-6。

表 5-6　“实质性改变”标准的基本判定标准

优惠贸易协定名称	基本判定标准
亚太贸易协定	大于45%区域价值成分，并制定部分税号商品的清单列出具体标准（包括税则归类改变标准、加工工序标准与混合标准）
中国－东盟自由贸易协定	不小于40%区域价值成分，并制定部分税号商品的清单列出具体标准（包括税则归类改变标准、加工工序标准与混合标准）
中国香港／澳门 CEPA	以清单列出具体标准（包括加工或制造工序、4位税号归类改变标准、区域价值成分按扣减法计算不小于40%或按累加法计算不小于30%加工增值标准、其他标准或混合标准）
中国－巴基斯坦自由贸易协定	不小于40%区域价值成分，并制定部分税号商品的清单列出具体标准（包括税则归类改变标准、加工工序标准与混合标准）
中国－智利自由贸易协定	不小于40%区域价值成分，并制定部分税号商品的清单列出具体标准（包括税则归类改变标准与50%的区域价值成分标准）
中国－新西兰自由贸易协定	以清单列出具体标准（包括税则归类改变标准、区域价值成分标准、加工工序标准与混合标准）

续表

优惠贸易协定名称	基本判定标准
中国－新加坡自由贸易协定	不小于40%区域价值成分，并制定部分税号商品的清单列出具体标准（包括税则归类改变标准、加工工序标准与混合标准）
中国－秘鲁自由贸易协定	以清单列出具体标准（包括税则归类改变标准、区域价值成分标准、加工工序标准与混合标准）
对最不发达国家特别关税优惠措施	4位税号归类改变或者不小于40%区域价值成分
海峡两岸经济合作框架协议	以清单列出具体标准（包括税则归类改变标准、区域价值成分标准、加工工序标准与混合标准）
中国－哥斯达黎加自由贸易协定	以清单列出具体标准（包括税则归类改变标准、区域价值成分标准、加工工序标准与混合标准）
中国－冰岛自由贸易协定	以清单列出具体标准（包括税则归类改变标准、区域价值成分标准、加工工序标准与混合标准）
中国－瑞士自由贸易协定	以清单列出具体标准（包括税则归类改变标准、区域价值成分标准、加工工序标准与混合标准）
中国－澳大利亚自由贸易协定	以清单列出具体标准（包括税则归类改变标准、区域价值成分标准、加工工序标准与混合标准）
中国－韩国自由贸易协定	以清单列出具体标准（包括税则归类改变标准、区域价值成分标准、加工工序标准与混合标准）
中国－格鲁吉亚自由贸易协定	以清单形式列出特定原产地规则具体标准（包括税则归类改变标准、区域价值成分标准、加工工序标准与其他规定）
中国－毛里求斯自由贸易协定	以清单形式列出特定原产地规则具体标准（包括税则归类改变标准、区域价值成分标准、加工工序标准与其他规定）
区域全面经济伙伴关系协定	以清单形式列出特定原产地规则具体标准（包括税则归类改变标准、区域价值成分标准、加工工序标准与其他规定）
中国－柬埔寨自由贸易协定	以清单形式列出特定原产地规则具体标准（包括税则归类改变标准、区域价值成分标准、加工工序标准与其他规定）

（三）直接运输规则

“直接运输”是指优惠贸易协定项下进口货物从该协定成员方或者地区直接运输至中国境内，途中未经过该协定成员方或者地区以外的其他国家或者地区。

原产于优惠贸易协定成员方或者地区的货物，经过其他国家或者地区运输至中国境内，不论在运输途中是否转换运输工具或者作临时储存，同时符合下列条件的，视为“直接运输”：

（1）该货物在经过其他国家或者地区时，未做除使货物保持良好状态所必须处理以外的其他处理。

（2）该货物在其他国家或者地区停留的时间未超过相应优惠贸易协定规定的期限。

（3）该货物在其他国家或者地区作临时储存时，处于该国家或者地区海关监管之下。

不同协定框架下的优惠原产地规则均包含“直接运输”规则。

为便利各优惠贸易安排中“直接运输”条款的实施，对于经中国香港或中国澳门之外的第三方中转的自由贸易协定项下货物，进口单位申报适用协定税率或特惠税率时向海关提交符合要求的运输单证；对经中国香港或中国澳门中转的货物，可提交“中转确认书”或符合规定的运输单证，海关可不再要求提交中转地海关出具的证明文件。

（四）原产地证书及签证机构

原产地证书是证明产品原产地的书面文件，是受惠国的产品出口到给惠国时享受关税优惠的重要凭证。

中国香港CEPA、中国澳门CEPA、《海峡两岸经济合作框架协议》项下原产地证书所列货物税则号列与海关认定的实际进口货物税则号列前8位原则上应相同；其他优惠贸易协定货物原产地证书所列货物税则号列与海关认定的实际进口货物税则号列前6位原则上应相同。

进口原产地证书签发机构在各自由贸易协定或优惠贸易安排中均有明确的规定，进口申报时必须提供指定机构签发的原产地证书。另外，部分自由贸易协定项下进口货物规定了可凭规定格式的原产地声明代替原产地证书。对低于一定金额的货物，部分自由贸易协定还规定了可免于提交原产地证书或原产地声明。

按照规定，我国海关、中国国际贸易促进会及其地方分会（以下称贸促机构）有权签发优惠贸易协定项下出口货物原产地证书。

出口优惠原产地证书申领流程与非优惠原产地证书基本一致。但需要注意以下主要区别：优惠原产地证书项下原产地的确定依据是各优惠贸易协定或安排规定的标准，有资质签证机构签发的原产地证书需要按照协议约定签字盖章。对需要在原产地证书上手工签字的，申请人需要注意签证机构手签笔迹是否工整、清晰、易于识别，并与备案笔迹一致。目前，我国签发中国-东盟自由贸易协定原产地证书和中国-巴基斯坦优惠原产地证书，需要手工签字且与备案一致。

（五）申报及审核要求

1. 申报要求

货物申报进口时，进口货物收货人或者其代理人（以下称“进口人”）应当按照海关的申报规定填制“中华人民共和国海关进口货物报关单”，申明适用协定税率或者特惠税率。

（1）选择“通关无纸化”方式申报。对尚未实现原产地电子信息交换的优惠贸易协定项下进口货物，通过“优惠贸易协定原产地要素申报系统”填报原产地证据文件电子数据和直接运输规则承诺事项，在申报进口时以电子方式扫描上传原产地证明。电子方式提交的原产地证明应当与纸质文件一致，必要时，应按照海关要求补充提交纸质文件。进口货物具备优惠贸易协定有关原产资格但进口人未按照规定以电子方式上传原产地证明的，应当在办结海关手续前，就进口货物具备优惠贸易协定有关原产资格事宜补充申报并提供税款担保。商业发票、运输单证和未再加工证明文件等单证正本也应以电子方式上传。

对已实现原产地电子信息交换的优惠贸易协定项下进口货物，无须填报原产地证明电子数据和直接运输规则承诺事项，也无须以电子方式提交原产地证明。

（2）选择“有纸报关”方式申报。进口人按规定提交原产地单证纸质文件及提交符合直接运输规则的证明文件。

除以上直接自境外进口货物外，列入有关优惠协定或安排下的保税监管转内销货物同样适用《优惠原产地管理规定》。

其中，非海关特殊监管区域及保税监管场所内的保税货物内销时拟适用协定税率或者特惠税率的，需要满足以上直接自境外进口货物的所有条件。对于海关特殊监管区域及保税监管场所内销的保税货物，应当如实填报报关单商品项“优惠贸易协定享惠”类栏目，同时在商品项对应的“原产国（地区）”栏如实正确填报货物原产地。

自境外首次进入区域（场所）时，无须按照有关优惠贸易协定项下进口货物填制要求填报进境备案清单商品项“优惠贸易协定享惠”类栏目，在转为内销时进口人应按照优惠贸易协定项下报关单填制要求填报，并可自行选择“通关无纸化”或“有纸报关”方式申报原产地单证。

但需注意，对于《中国-新西兰自由贸易协定》和《中国-澳大利亚自由贸易协定》项下实施特殊保障措施的农产品出区域（场所）内销申请适用协定税率的，进口人仍应当在有关货物从境外首次入区域（场所）时按照优惠贸易协定项下报关单填制要求填报进口报关单或者进境备案清单，并以“通关无纸化”方式申报原产地单证。

上述保税货物内销拟适用协定税率或者特惠税率时，货物实际报验状态与其从境外入区域（场所）时的状态相比，如超出相关优惠贸易协定所规定的微小加工或处理范围的，则不得享受协定税率或者特惠税率。另外，进口人也务必注意，内销货物适用协定税率或者特惠税率时，原产地证书须在有效期内。

我国货物申报出口时，出口货物发货人应当按照海关的申报规定填制“中华人民共和国海关出口货物报关单”，并向海关提交原产地证书电子数据或者原产地证书正本的复印件。

2. 审核要求

进口人向海关提交的原产地证书，应当符合相应优惠贸易协定关于证书格式、填制内容、签章、提交期限等规定，并与商业发票、报关单等单证的内容相符。具体规定如下：

（1）报关单所列货物数量不得超过原产地证书上该商品的数量。

（2）原产地证书“收货人”栏（或“货物运至”栏）所列的收货人应当为中国境内企业。

（3）当“收货人”栏（或“货物运至”栏）不是中方实际收货人或者非中国境内企业时，我方境内实际收货人应当出示合同、发票等商业单证，证明其与原产地证书上的收货人存在商业贸易关系。

（4）出具货物商业发票的出口商是否为货物原产地的出口商，不影响海关对货物原产地的认定。

（5）在进口货物原产地无疑问且无其他不符合相应自由贸易协定或者其他优惠贸易安排项下规定的情况下，可有条件接受海关审定后的进口货物商品编码与原产地证书所载商品编码不一致情形，或视情启动对外核查程序。

原产地证书与报关单的关系：一份报关单应当对应一份原产地证书；一份原产地证书应当对应同一批次进口货物。“同一批次”进口货物指由同一运输工具同时运抵同一口岸，并且属于同一收货人，使用同一提单的进口货物。

海关对上述单证有疑问的，进出口人应当补充提交相关资料。

（六）原产地标记管理及核查

优惠贸易协定项下进出口货物及其包装上标有原产地标记的，其原产地标记所标明的原产地应当与依照《优惠原产地管理规定》有关规定确定的货物原产地一致。

海关认为需要对进口货物收货人或其代理人提交的原产地证书的真实性、货物是否原产于优惠贸易协定成员方或者地区进行核查的，应当按照该货物适用的最惠国税率、普通税率或者其他税率收取相当于应缴税款的等值保证金放行货物。

海关认为必要时，可以对优惠贸易协定项下出口货物原产地进行核查，以确定其原产地。应优惠贸易协定成员方或者地区要求，海关可以对出口货物原产地证书或者原产地进行核查，并应当在相应优惠贸易协定规定的期限内反馈核查结果。

四、我国非优惠原产地管理

为加强我国原产地的统一管理，国务院颁布了《中华人民共和国进出口货物原产地条例》（以下简称《原产地条例》）。条例适用于实施最惠国待遇、反倾销和反补贴、保障措施、原产地标记管理、国别数量限制、关税配额等非优惠性贸易措施，以及进行政府采购、贸易统计等活动对进出口货物原产地的确定。

依据《原产地条例》，海关总署会商商务部、原国家质检总局发布了《关于非优惠原产地规则中实质性改变标准的规定》（以下称《实质性改变标准规定》），与《原产地条例》同时实施。《原产地条例》与《实质性改变标准规定》初步构成了我国非优惠进出口货物原产地管理的法制框架。

（一）原产地认定标准

原产地认定标准分完全获得标准和实质性改变标准。

1. 完全获得标准

完全获得标准适用于完全在一个国家（地区）获得的货物。符合以下条件的，视为在一国（地区）“完全获得”，以该国（地区）为原产地。完全获得产品的各种情况如表5-7所示。

表 5-7 完全获得产品的各种情况

序号	完全获得产品的各种情况	序号	完全获得产品的各种情况
（1）	在该国（地区）出生并饲养的活的动物	（5）	在该国（地区）采掘的矿物
（2）	在该国（地区）野外捕捉、捕捞、收集的动物	（6）	在该国（地区）获得的上述第（1）~（5）项范围之外的其他天然生成的物品
（3）	从该国（地区）的活的动物获得的未经加工的物品	（7）	在该国（地区）生产过程中产生的只能弃置或者回收用作材料的废碎料
（4）	在该国（地区）收获的植物和植物产品	（8）	在该国（地区）收集的不能修复或者修理的物品，或者从该物品中回收的零件或者材料

续表

序号	完全获得产品的各种情况	序号	完全获得产品的各种情况
（9）	由合法悬挂该国旗帜的船舶从其领海以外海域获得的海洋捕捞物和其他物品	（11）	从该国领海以外享有专有开采权的海床或者海床底土获得的物品
（10）	在合法悬挂该国旗帜的加工船上加工上述第（9）项所列物品获得的产品	（12）	在该国（地区）完全从上述第（1）~（11）项所列物品中生产的产品

在确定货物是否在一个国家（地区）完全获得时，为运输、储存期间保存货物而做的加工或者处理，为货物便于装卸而进行的加工或者处理，为货物销售而进行的包装等加工或者处理等，不予考虑。

2. 实质性改变标准

该实质性改变标准规定适用于非优惠性贸易措施项下两个及以上国家（地区）所参与生产货物原产地的确定，确定时以最后一个对货物进行实质性改变的国家（地区）作为原产地。

实质性改变标准以税则归类改变为基本标准，税则归类改变不能反映实质性改变的，以从价百分比、制造或者加工工序等为补充标准。

（1）税则归类改变标准，是指在某一国家（地区）对非该国（地区）原产材料进行制造、加工后，所得货物在《税则》中的4位级税目归类发生了改变。

（2）“制造、加工工序”标准，是在某一国家（地区）进行的赋予制造、加工后所得货物基本特征的主要工序。

（3）从价百分比标准，是在某一国家（地区）对非该国（地区）原产材料进行制造、加工后的增值部分超过了所得货物的30%，即：

$$（工厂交货价-非该国（地区）原产材料价值）÷工厂交货价\times 100\%\geqslant 30\%$$

这里应注意：上述“工厂交货价”是指支付给制造厂所生产的成品的价格；“非该国（地区）原产材料价值”是指直接用于制造或装配最终产品而进口原料、零部件的价值（含原产地不明的原料、零配件），以其进口的成本、保险费加运费价格（CIF价）计算。

以上述“制造、加工工序”和“从价百分比”作为标准来判定实质性改变的货物在《实质性改变标准规定》所附的“适用制造或者加工工序及从价百分比标准的货物清单”中具体列明，并按列明的标准判定是否发生实质性改变。对未列入上述清单货物的，其实质性改变的判定，应当适用税则归类改变标准。

“适用制造或者加工工序及从价百分比标准的货物清单”由海关总署会同商务部根据实施情况修订并公告。

（二）原产地证书申领

非优惠原产地项下，出口货物发货人申请领取出口货物原产地证书。进口方要求出具官方机构签发的原产地证书的，申请人应当向海关申请办理；未明确要求的，申请人可以向海关、中国国际贸易促进委员会或者其地方分会申请办理。

1. 申请

申请人应当于货物出运前向申请人所在地、货物生产地或者出境口岸的签证机构申请办理原产地证书签证。申请原产地证书应提交：

（1）按规定填制的“中华人民共和国非优惠原产地证书”。

（2）出口货物商业发票。

（3）申请签证的货物属于异地生产的，应当提交货源地签证机构出具的异地货物原产地调查结果。

（4）对含有两个以上国家（地区）参与生产或者签证机构需核实原产地真实性的货物，申请人应当提交“产品成本明细单”。

一批货物只能申领一份原产地证书，申请人对于同一批货物不得重复申请原产地证书。

国家鼓励申请人采用电子方式申办原产地证书。以电子方式申请原产地证书的，还应当提交“原产地证书电子签证申请表”和“原产地证书电子签证保证书”。

2. 签证申请审核

签证机构接到原产地证书签证申请后，签证人员应当按照《原产地条例》和《实质性改变标准规定》规定，对申请人的申请进行审核，并可以对申请人申报的产品进行实地调查，核实生产设备、加工工序、原料及零部件的产地来源、制成品及其说明书和内外包装等，填写“原产地调查记录”。申请签证的货物属于异地生产的，申请人应当向货源地签证机构申请出具货物原产地调查结果。

3. 证书签发

签证机构应当在受理签证申请之日起2个工作日内完成审核。审核合格的，按照国家有关规定收取费用后签发证书。原产地证书为正本1份、副本3份，证书内容用英文填制。其中，正本和两份副本交申请人，另一份副本及随附资料由签证机构存档3年。原产地证书自签发之日起有效期为1年。

4. 证书更改、重发、补发

（1）更改、重发。在货物出运前，原产地证书有效期内，申请人可提供相应资料申请更改、重发。申请人可凭“中华人民共和国非优惠原产地证书更改申请书”，并退回原发证书申请更改。已签发的证书正本遗失或者毁损，申请人可凭“中华人民共和国非优惠原产地证书重发申请书”申请重发。更改、重发证书的有效期同原签发证书。

（2）补发。特殊情况下，申请人可以在货物出运后申请补发原产地证书。申请补发原产地证书，除原申请签发产地证书提供的相关资料外，还应当提交下列资料：①补发原产地证书申请书；②申请补发证书原因的书面说明；③货物的提单等货运单据。签证机构应当在原产地证书的签证机构专用栏内加注“补发”字样。

知识拓展

出口货物完税价格的审定

知识拓展

进口货物完税价格的审定

（三）原产地标记管理及验核

国家对出口货物原产地标记实施管理。申请原产地证书的货物及其内、外包装或者说明书上，不得出现其他国家或者地区制造、生产的字样或者标记。出口货物的原产地标记标明的原产地与真实原产地不一致的，海关应当责令当事人改正。

海关在审核确定进口货物原产地时，可以要求进口货物的收货人提交该进口货物的原产地证书，并予以审验；必要时，可以请求该货物出口国（地区）的有关机构对该货物的原产地进行核查。

应出口货物进口国（地区）有关机构的请求，海关、签证机构可以对出口货物的原产地情况进行核查，并及时将核查情况反馈进口国（地区）有关机构。

原产地证书并不是确定货物原产地的唯一标准。若海关通过查验货物或审核单证认为所提供的原产地证书可能不真实，海关可以请求出口国（地区）的有关机构对该货物的原产地进行核查。

笔记栏

技能训练

训练一 确定进出口货物的原产国（地区）

一、回答引导问题

宇飞公司进口彩色电视机，请运用原产地认定标准等相关知识帮助报关员分析和确定原产国（地区），并写清楚该批电视机应当如何向海关申请报关（请将答案分别填写在下面的横线上和方框内）。

第一步，该货物的原产国（地区）应填报为哪个国家？

原产地认定标准：

根据《中国-东盟自由贸易协定》的规定：

因此，该货物的原产国（地区）应当为________________________。

请分析：

第二步，报关员林梦梦应如何向海关申报？

该批电视机将按照______________报关，报关的同时需提供________________________。

二、任务实施

学生分组进行实操训练，确定进出口货物的原产国（地区），并填写表5-8，记录完成情况，对尚未掌握的标准和规则，请详细记录在未准确填写的内容一栏内，以便课后反复训练。

表 5-8 确定进出口货物的原产国（地区）完成情况记录表

学生姓名：__________ 班级：__________ 学号：__________

工作内容	关键步骤	任务结果	未准确填写的内容
确定进出口货物的原产国（地区）	（1）将原产地认定标准的相关规定梳理和填写在方框内	□完成 □未完成	
	（2）将《中国-东盟自由贸易协定》的相关规定梳理和填写在方框内	□完成 □未完成	
	（3）确认该批货物的原产国（地区），并将分析内容写在方框内	□完成 □未完成	

训练二　确定进出口货物的原产国（地区）

一、回答引导问题

欧拓贸易公司进口一批货物，请运用原产地认定标准等相关知识帮助报关员分析和确定原产国（地区）（请将答案分别填写在下面的方框内、横线上和表5-9中）。

我国非优惠原产地管理：

原产地认定标准分为：______________________和______________________

其中，实质性改变标准是指______________________________________

实质性改变标准包括____

表 5-9　实质性改变的四种标准表

四种标准	标准的含义
	是指在某一国家（地区）对非该国（地区）原产材料进行加工、制造后，所得货物在《协调制度》中的__________。
	是指在某一国家（地区）对非该国（地区）原产材料进行_______超过了所得货物价值的一定比例，超过_______，即______________________
	是指______________________
	是指______________________

请分析该产品的原产国（地区）如何确定：

二、任务实施

学生分组进行实操训练，确定进出口货物的原产国（地区），并填写表5-10，记录完成情况，对尚未掌握的标准和规则，请详细记录在未准确填写的内容一栏内，以便课后反复训练。

表 5-10　确定报关单中原产国（地区）完成情况记录表

学生姓名：________　班级：________　学号：________

工作内容	关键步骤	任务结果	未准确填写的内容
确定进出口货物的原产国（地区）	（1）将我国非优惠原产地管理的相关规定梳理和填写在方框内	□完成 □未完成	
	（2）将原产地认定标准和实质性改变标准的确定写在横线上	□完成 □未完成	
	（3）将实质性改变的四种标准的相关规定梳理和填写在方框内	□完成 □未完成	
	（4）确认该批货物的原产国（地区），并将分析内容写在方框内	□完成 □未完成	

任务评价

任务评分表如表5-11所示。

表 5-11 任务评分表

评价内容		分值	自评	互评	师评
知识评价	能够清晰表述原产地规则的含义	5			
	能够清晰表述原产地规则的类别	5			
	能够清晰表述原产地的认定标准	5			
	能够清晰表述优惠原产地规则的内涵	5			
	能够清晰表述非优惠原产地规则的内涵	5			
	能够清晰表述完全获得标准的内涵	5			
	能够清晰表述实质性改变标准的内涵	5			
	能够清晰简述原产地证书的内涵、签证机构、申领和签发、管理及验核	5			
能力评价	能够依法依规地判断和确定进出口货物的原产地	15			
	能够审核和申领原产地证明书，并配合海关对原产地证书进行管理和验核	15			
素养评价	拥有敬业爱岗、精益求精、仔细严谨、细致入微、一丝不苟的职业态度	15			
	具备遵纪守法、廉洁自律、诚实守信、守正敬畏、真诚服务的职业操守	15			
总　分		100			

巩固与训练

一、单选题

1. 根据中、马两国政府的捕捞协议，大连远洋渔业公司的捕捞船在马来西亚所属经济专属区域捕捞金枪鱼，在停靠菲律宾的港口时，在船上把金枪鱼加工成金枪鱼丝，并在该港通过冷藏集装箱发运到日本，该金枪鱼丝的原产国是（　　）。

A. 马来西亚　　B. 中国　　C. 菲律宾　　D. 日本

2. 以下国家不适用于《中国-东盟自由贸易协定》的是（　　）。

A. 老挝　　B. 越南　　C. 菲律宾　　D. 孟加拉国

3. 有一艘为日本公司拥有的、在巴拿马注册登记的远洋捕捞船，在科特迪瓦领海内捕捞的水产品进口到我国时，其原产地为（　　）。

A. 日本　　B. 巴拿马　　C. 象牙　　D. 不能确定

4. 适用特别优惠关税待遇的进口商品，其原产地证书应在签发之日起（　　）内提交。

A. 3个月　　B. 6个月　　C. 9个月　　D. 1年

5. 非优惠原产地认定标准之一的从价百分比标准，是指在某一国家（地区）对非该国（地区）原产原料进行制造、加工后的增值部分，超过所得货物价值的比例为（　　）。

A. ≥30%　　B. ≥40%　　C. ≥55%　　D. ≥60%

6. 下列属于非优惠原产地认定标准中的实质性改变标准的是（　　）。

A. 完全获得标准　　B. 税则归类改变标准　　C. 从价百分比标准　　D. 加工工序标准

7. 适用《亚太贸易协定》规则的原产地证明书的货物，纳税义务人不能提交原产地证书的，由海关依法确定进口货物的原产地，货物征税放行后，纳税义务人（　　）补交原产地证书的，经海关核实，对按原税率多征的部分应予以退还。

A. 自货物进境之日起90日内　　B. 自签发之日起180日

C. 在货物装运之日起1年内　　D. 货物放行后15日

8. 关于原产地证明书的相关规定，表述错误的是（ ）。
   A. 原产地证书是证明产品原产地的书面文件，是受惠国的产品出口到给惠国时享受关税优惠的重要凭证
   B. 按照规定，我国海关、中国国际贸易促进会及其地方分会（简称“贸促机构”）有权签发优惠贸易协定项下出口货物原产地证书
   C. 对已实现原产地电子信息交换的优惠贸易协定项下进口货物，须填报原产地证据文件电子数据和直接运输规则承诺事项，也须以电子方式上传原产地证据文件
   D. 我国货物申报出口时，出口货物发货人应当按照海关的申报规定填制“出口货物报关单”，并向海关提交原产地证书电子数据或者原产地证书正本的复印件

二、简答题

1. 简述原产地规则的含义及其类别。
2. 简述优惠原产地规则的内涵及其实施方式。
3. 简述非优惠原产地规则的内涵及其适用情形。

任务三 计算进出口货物税费

情景导入

上海远翔公司系外商独资企业，该企业向境外的分公司订购进口设备200套（经查属于自动许可证管理、法定检验商品），在该货物进口的同期，海关掌握相同货物的进口成交价为CIF60 000美元/台。另外，货物进口后该企业在境内将设备售出，并将其所得价款的10%（8 000美元/台）返还给境外的分公司。经查该设备适用的税率为复合税，其中：CIF50 000美元/台以下（含50 000美元/台）的关税税率为单一从价税；CIF50 000美元/台以上的关税税率为124 200元人民币/台再加5%的从价税，且当期汇率为1美元=6.88人民币元。远翔公司委托上海元初物流有限公司预先算出海关应征的税款，以便提前准备。报关部曹经理将这件事交给了报关员林梦梦来处理。帮助林梦梦完成任务：

（1）确定该批货物属于何种性质的货物，报关员是否需要向海关缴纳税款？

（2）若需缴纳，报关员向海关申请报关时，应向海关缴纳多少税款？

学习目标

知识目标：

（1）掌握进出口关税的计算步骤、计算公式。

（2）掌握进口环节增值税的计算步骤、计算公式。

（3）掌握进口环节消费税的计算步骤、计算公式。

技能目标：

（1）会计算进出口关税税额。

（2）会计算进口环节增值税税额。

（3）会计算进口环节消费税税额。

素养目标：

（1）拥有仔细严谨、细致入微、一丝不苟、精益求精的职业态度，从而正确计算进出口货物税费。

（2）具备遵纪守法、敬业爱岗、真诚服务、诚实守信、廉洁自律的职业操守，遵守《进出口税则》及相关规章制度，依法依规缴纳税费，积极配合海关开展征税、退税、补税工作。

任务描述

税费计算和缴纳是报关员的一项关键技能，报关员需具备计税、报税、缴税的能力，因此报关员需掌握进出口税费的计算公式和计算步骤。在对核心知识进行全面学习后，结合上述情景内容计算进出口关税税额、进口环节增值税税额和进口环节消费税税额。

核心知识

进出口货物完税价格、关税、进口环节增值税、进口环节消费税、滞纳金、船舶吨税一律以人民币计征，起征点为人民币50元，采用四舍五入法计算至分，即小数点后，四舍五入保留两位。计算顺序依次是：先计算完税价格，再计算关税、消费税，最后计算增值税。

一、进口关税的计算

（一）从价税

1. 计算公式

进口关税税额＝进口货物完税价格×进口从价关税税率

减税征收的进口关税税额＝进口货物完税价格×减按进口从价关税税率

知识拓展

进口成交价格FOB价、CFR价、CIF价之间的转换公式

2. 计算程序

（1）按照归类原则确定税则归类，将应税货物归入适当的税号。

（2）根据原产地规则和税率适用规定，确定应税货物所适用的税率。

（3）根据审定完税价格办法的有关规定，确定应税货物的CIF价格。

（4）根据汇率适用规定，将以外币计价的CIF价格折算成人民币（完税价格）。

（5）按照计算公式正确计算应征税款。

3. 计算实例

【实例5-1】北京某食品公司从美国购进由镀锡钢板盒真空包装的牛肉制的午餐肉1 000箱，每箱12盒，每盒出厂价4美元。货物运抵天津新港的实际支出运费1 800美元，保险费200美元。已知进口报关时适用中国银行的外汇折算价为1美元=人民币6.839 6元，计算应征进口关税。

计算步骤：

（1）确定税则归类，牛肉午餐肉属牛肉的罐头制品，应归入税号1602.5010。

（2）原产国美国适用最惠国税率12%。

（3）审定完税价格为50 000美元（48 000美元+1 800美元+200美元）。

（4）将外币价格折算成人民币为341 980元。

（5）计算应征税款。

应征进口关税税额=完税价格×关税税率

= 341 980×12%

=41 037.60（元）

【实例5-2】国内某企业申报进口美国产瓶装葡萄酒1批，成交价格为FOB洛杉矶150 000美元。已知运费2 000美元，保险费150美元，设1美元＝6.5元人民币，计算应征进口关税。

计算步骤：

（1）确定税则归类，瓶装葡萄酒归入税号2204.2100。

（2）原产国美国适用最惠国税率14%，4月2日起加征关税15%。

（3）审定CIF价格为152 150美元（150 000美元+2 000美元+150美元）。

（4）审定完税价格为988 975元（152 150×6.5）。

（5）计算应征税款。

应征进口关税税额＝完税价格×关税税率=988 975×（14%+15%）=286 802.75（元）

【实例5-3】国内某企业申报进口韩国产低密度聚乙烯颗粒100吨，成交价格为CFR上海151 600美元，保险费金额380元人民币，卖方提供了符合《亚太贸易协定》规定的原产地证书，协定税率6%。设1美元=6.85元人民币，计算应征进口关税。

计算步骤：

（1）确定税则归类，该塑料颗粒归入税号3901.1000。

（2）原产国韩国适用最惠国税率6.5%，且韩国属于《亚太贸易协定》成员方，故按协定税率6%计征。

（3）审定CIF价格为151 600美元+380元。

（4）审定完税价格为1 038 840元（151 600×6.85+380）。

（5）计算应征税款。

应征进口关税税额=完税价格×协定税率=1 038 840×6%=62 330.40（元）

【实例5-4】国内某企业自德国购进国内性能不能满足需要的船用导航设备3台，成交价格为FOB汉堡145 503美元，运费896美元，保险费金额256元人民币。经批准该船用导航设备进口关税税率减按1%计征。已知适用的外汇折算价为1美元=6.271 6元人民币，计算应征进口关税。

计算步骤：

（1）确定税则归类，该设备归入税号8526.9190。

（2）原产国德国适用最惠国税率2%，减按1%计征。

（3）审定CIF价格为145 503美元+896美元+256元人民币。

（4）审定完税价格为918 411.97元[（145 503+896）×6.271 6+256]。

（5）计算应征税款。

应征进口关税税额=完税价格×减按进口关税税率=918 411.97×1%=9 184.12（元）

（二）从量税

1. 计算公式

应征税额=进口货物数量×单位税额

2. 计算程序

（1）按照归类原则确定税则归类将应税货物归入适当的税号。

（2）根据原产地规则和税率适用规定，确定应税货物所适用的税率。

（3）确定其实际进口量。

（4）如需计征进口环节代征税，根据审定完税价格的有关规定确定应税货物的CIF价格。

（5）根据汇率适用规定，将外币折算成人民币（完税价格）。

（6）按照计算公式正确计算应征税款。

3. 计算实例

【实例5-5】上海顺德贸易公司从德国进口1 000箱啤酒，规格为24支×330毫升/箱，申报价格为FOB神户USD10/箱，发票列明：运费USD5000，保险费率0.3%，经海关审查属实。该啤酒最惠国税率为3.5元/升，外汇牌价为100美元=627元人民币。求该批啤酒应纳关税税额。

计算步骤：

（1）确定税则归类，啤酒归入税号22030000。

（2）原产国德国适用最惠国税率为3.5元/升。

（3）实际进口量=（1 000×24×330）÷1 000=7 920（升）。

（4）审定完税价格=（FOB+运费）÷（1−保险费率）=[（10 000+5 000）×6.27]÷（1−0.3%）=94 333（元）。

（5）计算应征税款。

应征税额=进口货物数量×单位税额=7 920×3.5=27 720（元）

【实例5-6】国内某公司从中国香港特别行政区购进巴西产冻带骨鸡块100吨，成交价格为CIF境内某口岸7 800港币／吨。设1港币=0.803 2元人民币，计算应征进口关税。（“境”分为国境和关境，香港是属于中国国境范围内、关境范围外的地区，从中国香港特别行政区入境货物到中国内地需要跨越关境线，因此从中国香港特别行政区入境货物到中国内地属于进口。）

计算步骤：

（1）确定税则归类，冻带骨鸡块归入税号0207.1411。

（2）冻带骨鸡块适用从量关税，巴西产冻带骨鸡块适用最惠国税率0.6元／千克。

（3）确定其实际进口量100吨=100 000千克。

（4）计算应征关税税款。

应征进口关税税额=货物数量×单位税额=100 000×0.6=60 000.00（元）

（三）复合关税

1. 计算公式

应征税额=进口货物数量×单位税额＋进口货物完税价格×进口从价税税率

2. 计算程序

（1）按照归类原则确定税则归类，将应税货物归入适当的税号。

（2）根据原产地规则和税率适用规定，确定应税货物所适用的税率。

（3）确定其实际进口量。

（4）根据审定完税价格的有关规定，确定应税货物的CIF价格。

（5）根据汇率适用规定，将外币折算成人民币（完税价格）。

（6）按照计算公式止确计算应征税款。

3. 计算实例

【实例5-7】国内某公司申报进口日本产的广播级电视摄像机100台，其中有20台成交价格为CIF境内某口岸4 900美元／台，其余80台成交价格为CIF境内某口岸5 800美元／台。设1美元=6.85元人民币，计算应征进口关税。

计算步骤：

（1）确定税则归类，该批广播级电视摄像机归入税号85258012。

（2）货物适用复合税率。原产国为日本，适用最惠国税率，经查关税税率为17.5%或“完税价格不高于5 000美元/台的，关税税率为单一从价税率35%；完税价格高于5 000美元/台的，关税税率为3%，每台加9 728元从量税”，从低执行。对价格低于5 000美元/台的，从低适用17.5%关税。对价格高于5 000美元/台的，按照17.5%和复合税率计算后的税款，从低选择适用税率。

（3）审定CIF价格分别合计为98 000美元（20台×4 900美元/台）和464 000美元（80台×5 800美元/台）。

（4）审定完税价格分别为671 300元（98 000×6.85）和3 178 400元（464 000×6.85）。

（5）按照计算公式分别计算进口关税税款。

①对20台单价低于5 000美元/台的摄像机从低适用17.5%税率：

20台单一从价进口关税税额=完税价格×关税税率

=671 300×17.5%

=117 477.50（元）

②对80台单价高于5 000美元/台的摄像机的税率计算后从低适用：

80台复合税计征方式进口关税税额=货物数量×单位税额＋完税价格×关税税率

=80×9 728+3 178 400×3%

=873 592（元）

80台从价计征进口关税税额=完税价格×关税税率

=3 178 400×17.5%

=556 220（元）。

③100台合计进口关税税额：

100台合计进口关税税额=从价进口关税税额＋从价进口关税税额

=117 477.50+556 220

=673 697.50（元）

（四）反倾销税

1. 计算公式

反倾销税税额=完税价格×反倾销税税率

2. 计算程序

（1）按照归类原则确定税则归类，将应税货物归入适当的税号。

（2）根据反倾销税有关规定确定应税货物所适用的反倾销税税率。

（3）根据审定完税价格的有关规定，确定应税货物的CIF价格。

（4）根据汇率适用规定将外币折算成人民币（完税价格）。

（5）按照计算公式正确计算应征反倾销税税款。

3. 计算实例

【实例5-8】国内某公司申报进口韩国LG化学公司产初级形状丁腈橡胶一批，成交总价为CIF国内某口岸68 000美元。已知该货物需要征收反倾销税15%，设1美元=6.85元人民币，计算应征的反倾销税税款。

计算步骤：

（1）确定税则归类，该货物归入税号40025910。

（2）根据该批货物原产国和原产商确定，反倾销税税率为15%。

（3）审定CIF价格为68 000美元。

（4）审定完税价格为465 800元（68 000×6.85）。

（5）计算应征税款：

反倾销税税额=完税价格×反倾销税税率=465 800×15%=69 870（元）

知识拓展

出口成交价格FOB价、CFR价、CIF价之间的转换公式

二、出口关税的计算

1. 计算公式

出口关税税额=出口货物完税价格×出口关税税率

其中，出口货物完税价格=FOB（中国境内口岸）÷（1+出口关税税率）

2. 计算程序

（1）按照归类原则确定税则归类，将应税货物归入适当的税号。

（2）根据审定完税价格的有关规定，确定应税货物FOB价格。

（3）根据汇率适用规定，将外币折算成人民币。

（4）按照计算公式正确计算应征出口关税税款。

3. 计算实例

【实例5-9】国内某公司出口中国香港甲苯4 500桶，每桶净重100千克，毛重102千克，每吨售价CFR香港9 610港元，运费为每公吨900元人民币，填发税款缴纳证之日的外牌价为：1港币=0.881 5人民币。请计算应征关税税款。

计算步骤：

（1）确定税则归类，甲苯应归入税号29023000，出口税率为2%。

（2）审定FOB为9 610港币/吨×450吨=4 324 500港币。

（3）将港币价格折算成人民币为4 324 500×0.881 5=3 812 046.75（元）。

（4）按照公式计算应该征收的税款：

出口关税税额=[成交价格÷（1+出口关税税率）]×出口关税税率

=[3 812 046.75÷（1+2%）]×2%=3 737 300.74×2%=74 746.01（元）

【实例5-10】国内某企业申报出口活鳗鱼苗一批，合同采用CIF贸易术语。已知成交总价为9 090美元，运费为987美元，保险费用50美元，适用的外汇折算价为1美元=6.85元人民币，计算出口关税。

计算步骤：

（1）确定税则归类，该批货物归入税号0301.9210，出口税率为20%。

（2）审定FOB美元价格为8 053美元（9 090美元-987美元-50美元）。

（3）将外币价格折算成人民币为55 163.05元（8 053美元×6.85）。

（4）计算应征税款：

出口关税税额=[成交价格÷（1+出口关税税率）]×出口关税税率

=[55 163.05÷（1+20%）]×20%

=9 193.84（元）

三、进口环节消费税的计算

1. 计算公式

（1）实行从价定率办法计算纳税额，采用价内税的计税方法，即计税价格的组成中包括了消费税税额。其计算公式为：

消费税应纳税额=消费税组成计税价格×消费税比例税率

消费税组成计税价格=（关税完税价格＋关税税额）÷（1-消费税比例税率）

（2）从量定额征收的消费税的计算公式为：

消费税应纳税额=应征消费税进口数量×消费税定额税率

（3）实行从价定率和从量定额复合计税办法计算纳税的组成计税价格，其计算公式为：

消费税应纳税额=消费税组成计税价格×消费税比例税率＋应征消费税进口数量×消费税定额税率

消费税组成计税价格=（关税完税价格＋关税税额＋应征消费税进口数量×消费税定额税率）÷（1-消费税税率）

2. 计算程序

（1）按照归类原则确定税则归类，将应税货物归入适当的税号。

（2）根据有关规定，确定应税货物所适用的消费税税率/消费税税额。

（3）根据审定完税价格的有关规定，确定应税货物的CIF价格。

（4）根据汇率适用规定，将外币折算成人民币（完税价格）。

（5）按照计算公式正确计算消费税税款。

3. 计算实例

【实例5-11】某进出口公司从日本进口硫酸镁1 000吨，进口申报价格FOB横滨USD5 000/吨，运费总价为USD10 000，保险费率3‰。经海关核查该货物适用关税税率为50%，消费税率为15%，当时的外汇牌价为100美元=627人民币。计算应纳进口关税税额、应纳进口环节消费税额。

计算步骤：

（1）按照归类原则确定税则归类，硫酸镁归入税号28332100。

（2）根据有关规定，确定应税货物所适用的消费税税率为从价税15%。

（3）根据审定完税价格的有关规定，确定应税货物的CIF价格= CFR÷（1-保险费率）。

（4）根据汇率适用规定，将外币折算成人民币（完税价格）。

（5）按照计算公式正确计算消费税税款。

进口货物完税价格=CFR÷（1-保险费率）=（FOB+运费）÷（1-3‰）

=（5 000×1 000+10 000）×6.27÷（1-3‰）

=31 507 221.66（元）

进口货物关税税额=进口货物完税价格×进口关税税率=31 507 221.66×50%=15 753 610.83（元）

消费税税额=[（进口货物完税价格+进口货物关税税额）÷（1-消费税税率）]×消费税税率

=[（31 507 221.66 +15 753 610.83）÷（1-15%）]×15%

=8 340 146.91（元）

【实例5-12】国内某公司申报进口英国产某品牌香烟10标准箱（1标准箱=250标准条，1标准条=200支），成交价格为CIF国内某口岸2 200英镑/标准箱。设1英镑=8.75元人民币，关税税率25%，计算应征的进口环节消费税税款。

计算步骤：

（1）确定税则归类，香烟归入税号2402.2000。

（2）香烟征收复合消费税：每标准条进口完税价格≥70元人民币时，按56%从价税率＋150元／标准箱从量税征收；每标准条进口完税价格＜70元人民币时，按36%从价税率＋150元／标准箱从量税征收。

（3）计算完税价格：

$$2\ 200 \times 10 \times 8.75=192\ 500（元）$$

（4）每标准条完税价格：

$$192\ 500 \div 10 \div 250=77（元/条）$$

（5）适用消费税税率为56%+150元／标准箱。

（6）按照公式计算进口环节消费税：

关税=192 500 × 25%=48 125（元）

从量消费税=10 × 150=1 500（元）

消费税组成计税价格=（关税完税价格＋关税税额+应征消费税进口数量 × 消费税定额税 ÷（1-消费税税率）

=（192 500+48 125+1 500）÷（1-56%）=550 284.09（元）

消费税应纳税额=消费税组成计税价格 × 消费税比例税率＋应征消费税进口数量 × 消费税定额税率

=550 284.09 × 56%+10 × 150=309 659.09（元）

四、进口环节增值税的计算

1. 计算公式

应纳税额=增值税组成计税价格 × 增值税税率

增值税组成计税价格=关税完税价格＋关税税额＋消费税税额

2. 计算程序

（1）按照归类原则确定税则归类，将应税货物归入适当的税号。

（2）根据有关规定，确定应税货物所适用的关税及增值税税率、消费税税率。

（3）根据审定完税价格的有关规定，确定应税货物的CIF价格。

（4）根据汇率适用规定，将外币折算成人民币（完税价格）。

（5）按照计算公式正确计算关税税款。

（6）按照计算公式正确计算消费税税款、增值税税款。

3. 计算实例

【实例5-13】上海某汽车贸易公司从日本进口排气量90cc女式摩托车100台，成交价格CIF上海100 000日元/台，且经海关审定。查摩托车的适用关税税率为34.2%，增值税率为13%，消费税率为10%，其适用汇率为100日元=6.8531元人民币。计算应纳进口环节增值税额。

计算步骤：

（1）按照归类原则确定税则归类，将应税货物归入恰当的税目税号。

（2）根据有关规定，确定应税货物所适用的增值税税率。

（3）根据审定完税价格的有关规定，确定应税货物的CIF价格。

（4）根据汇率适用规定，将外币折算成人民币（完税价格）。

（5）按照计算公式正确计算关税税款。

（6）按照计算公式正确计算消费税税款、增值税税款。

确定进口货物完税价格：

完税价格=CIF价格=100 000 × 100=10 000 000（日元）

将外汇计价的完税价格折合成人民币计价的完税价格：

完税价格=10 000 000 × 0.068 531=685 310（元）

计算应纳进口关税税额：

应纳关税税额=进口货物完税价格 × 进口关税税率=685 310 × 34.2%=234 376.02（元）

计算消费税组成计税价格（计税价格四舍五入取至分）：

消费税组成计税价格=（进口货物完税价格＋进口关税税额）÷（1-消费税税率）

=（685 310+234 376.02）÷（1-10%）

=1 021 873.36（元）

计算应纳进口环节消费税税额（消费税额四舍五入取至分）：

应纳消费税税额=消费税组成计税价格×消费税税率

=1 021 873.36×10%

=102 187.34（元）

计算增值税组成计税价格（计税价格四舍五入取至分）：

增值税组成计税价格=进口货物完税价格＋进口关税税额＋消费税税额

=685 310+234 376.02+ 102 187.34

=1 021 873.36（元）

计算应纳进口环节增值税额（增值税额四舍五入取至分）：

应纳增值税额=增值税组成计税价格×增值税税率

=1 021 873.36×13%

=132 843.54（元）

【实例5-14】国内某公司申报进口加拿大产扫雪机1台，申报价格为CIF境内某口岸90 000美元。设1美元=6.85元人民币，计算应征增值税税额。

计算步骤：

①确定税则号列，扫雪机归类在8430.2000。

②加拿大产扫雪机适用最惠国关税率10%，增值税率为16%，无须征收消费税。

③审定扫雪机成交价格为90 000美元。

④将外币折算为人民币，完税价格为616 500元（90 000美元×6.85）。

⑤计算应征关税税额。

应征关税税额=关税完税价格×关税税率

=616 500×10%

=61 650（元）

⑥计算应征增值税税额。

应征增值税税额=（关税完税价格+关税税额）×增值税税率

=（616 500.00+61 650.00）×16%

=108 504.00（元）

【实例5-15】国内某公司申报进口西班牙产散装葡萄酒一批，经海关审核其成交价格总值为CIF境内某口岸32 640欧元。已知该批货物的关税税率为20%，消费税税率为10%，增值税税率为16%，设1欧元=7.85元人民币，计算应征增值税税额。

计算步骤：计算关税税额，然后计算消费税税额，最后再计算增值税税额。

①审定完税价格为256 224.00元（32 640欧元×7.85）。

②计算关税税额。

应征关税税额=关税完税价格×关税税率

=256 224.00×20%

=51 244.80（元）

③计算消费税税额。

应征消费税税额=[（关税完税价格+关税税额）÷（1-消费税税率）]×消费税税率

=[（256 224.00+51 244.80）÷（1-10%）]×10%

=34 163.20（元）

④计算增值税税额。

$$
\begin{aligned}
\text{应征增值税税额} &= (\text{关税完税价格}+\text{关税税额}+\text{消费税税额})\times \text{增值税税率}\\
&= (256\,224.00+51\,244.80+34\,163.20)\times 16\%\\
&= 54\,661.12\ (\text{元})
\end{aligned}
$$

技能训练

训练一　货物性质和税费征税的确定

一、回答引导问题

结合所学知识和技能，判断该设备是否属于一般进出口货物，该设备要不要征税，将具体分析写在横线上。

1. 该批设备是否属于一般进出口货物？请作出分析。

____

____

____

2. 该批设备要不要征税？请作出分析。

____

____

____

二、任务实施

学生分组进行实操训练，判断该设备是否属于一般进出口货物，该设备要不要征税，并填写表5-12，记录完成情况，对尚未掌握的内容，请详细记录在未能正确判定的内容一栏内，以便课后反复训练。

表 5-12　货物性质确定和税费征税确定的完成情况记录表

学生姓名：__________　班级：__________　学号：__________

工作内容	关键步骤	任务结果	未能正确判定的内容
货物性质确定和税费征税确定	（1）判断该设备是否属于一般进出口货物，将分析内容填写在横线上	□完成 □未完成	
	（2）确定该设备要不要征税，将分析内容填写在横线上	□完成 □未完成	

训练二　确定货物完税价格并计算税款

一、回答引导问题

结合所学知识和技能，该进口设备的完税价格到底是多少，计算出该企业报关时应向海关缴多少税款，将具体分析写在横线上。

1. 该进口设备的完税价格到底是多少？请写清楚具体分析。

____

____

____

2. 计算出该企业报关时应向海关缴多少税款？（写清楚计算步骤、计算公式和计算结果）

____

____

____

二、任务实施

学生分组进行实操训练，确定该进口设备的完税价格并计算应向海关缴纳的税款，并填写表5-13，记录完成情况，对尚未掌握的内容，请详细记录在未能正确确定和计算的内容一栏，以便课后反复训练。

表 5-13　确定货物完税价格并计算税款的完成情况记录表

学生姓名：________　班级：________　学号：________

工作内容	关键步骤	任务结果	未正确确定和计算的内容
确定货物完税价格并计算税款	（1）确定该批进口设备的完税价格，将具体分析填写在横线上	□完成 □未完成	
	（2）计算出该企业报关时应向海关缴多少税款？（写清楚计算步骤、计算公式和计算结果），将具体分析填写在横线上	□完成 □未完成	

任务评价

任务评分表如表5-14所示。

表 5-14　任务评分表

评价内容		分值	自评	互评	师评
知识评价	能够简述并写出进出口关税的计算步骤、计算公式	10			
	能够简述并写出进口环节增值税的计算步骤、计算公式	10			
	能够简述并写出进口环节消费税的计算步骤、计算公式	10			
能力评价	会计算进出口关税税额	10			
	会计算进口环节增值税税额	10			
	会计算进口环节消费税税额	10			
素养评价	拥有仔细严谨、细致入微、一丝不苟、精益求精的职业态度	20			
	具备遵纪守法、敬业爱岗、真诚服务、诚实守信、廉洁自律的职业操守	20			
总　　分		100			

巩固与训练

计算题

1. 某进出口公司出口锌砂300吨到日本，经海关审定成交价格为FOB上海600美元/吨。锌砂的出口关税税率为30%，要求计算应纳出口关税（假设1美元=6.88元人民币）。

____

____

____

2. 某公司从韩国购进一批日本产轿车，经海关审定其成交价格合计为FOB釜山100 000.00美元，另付外商佣金3%（以FOB计算，非买方佣金），运费6 000.00美元，保险费率0.3%。汽车规格为4座位，汽缸容量2000CC，适用关税税率为50%。假设1美元=人民币6.88元，计算应征进口关税。

____

____

____

3. 某贸易公司从荷兰进口了3 000箱“喜力”牌啤酒，规格为24支×330毫升/箱，申报价格为FOB鹿特丹HKD50/箱，发票列明：运费为HKD20000，保险费率为0.3%。经海关审定属实。该啤酒最惠国税率为零，消费税税额为220元/吨（1吨=988升），增值税税率为13%，假设100港元=106元人民币。该批啤酒的消费税和增值税分别为多少元人民币？

4. 国内某企业从广州出口硅铁一批，申报成交价格为FOB广州黄埔港9 060.25美元，假设1美元=人民币6.571 8，计算出口关税。（税号7 202.210 0，出口税率为25%）

5. 国内某远洋渔业企业从美国购进国内性能不能满足需要的柴油船用发动机2台，成交价格合计为CIF境内目的地口岸680 000美元。经批准该发动机进口关税税率减按1%计征。假设外汇折算价为1美元=人民币6.571 8元，计算应征进口关税。

6. 我上海某公司受委托为某手表厂进口瑞士产数控铣床一台，成交价格为FOBAntwerpSFR200 000，运费为40 000人民币，保险费率为3‰，填发海关代征税款缴款书之日瑞士法郎对人民币外汇买卖中间价为SFR100=RMB380，关税税率为15%，增值税税率为13%，请计算该数控铣床应纳增值税额。

7. 国内某公司从日本购进轿车10辆，成交价格合计为FOB东京120 000美元，实际支付运费5 000美元，保险费800美元。已知汽车的规格为4座位，汽缸容量2000cc，归入税号为8703.2314。原产国日本适用最惠国税率25%。请计算应征进口关税（假设1美元=6.82元人民币）。

8. 国内某进口公司进口阿根廷产长鳍金枪鱼一批，经海关审核其成交价格总值为CIF境内某口岸96 538美元。该批货物的关税税率为12%，增值税税率为13%，其适用的外汇折算价为1美元=6. 271 6元人民币，计算应征增值税税额。

任务四　支付进出口货物税费

情景导入

上海美联进出口有限公司委托上海元初物流有限公司代理进口一批货物，报关部门李经理安排报关员林梦梦处理此批货物的进口，该货物经海关审核其成交价格为123 950美元，其适用中国银行的外汇折算价为1美元=人民币6.839 6元。已知该批货物的关税税率为12%，消费税税率为10%，增值税税率为13%，海关于11月02日（周四）签发税款缴款书，客户美联公司于11月23日前去海关缴纳税款，请帮助林梦梦完成下列任务：

（1）报关员申请此批货物报关时，应向海关缴纳多少进口关税、进口环节增值税、进口环节消费税？

（2）此批货物是否存在滞纳？若存在，报关员应向海关递交多少滞纳金？

（3）登录“单一窗口”进入“税费支付”功能，完成电子税费支付。

学习目标

知识目标：

（1）掌握滞纳期限的确定；滞纳金计算公式及计算步骤；税费缴纳方式的类型。

（2）熟悉企业自报自缴、电子支付、柜台支付、逐票缴纳、汇总征税缴纳的内涵。

（3）了解税费征管方式改革的背景。

技能目标：

（1）会办理税费支付手续，积极配合海关缴纳各项进出口税费。

（2）会确定滞纳期限，并正确计算滞纳金金额。

素养目标：

（1）拥有仔细耐心、严谨细致、精益求精、一丝不苟的职业态度，正确计算税费，避免税费征缴工作的失误。

（2）具备遵纪守法、廉洁自律、诚实守信、严于律己的职业操守，遵守《进出口税则》，依法办理纳税手续。

（3）具备较强的信息化素养，适应新型的海关征税模式的改革，不断与时俱进。

任务描述

税费计算和缴纳是报关员的一项关键技能，报关员需具备计税、报税、缴税的能力，以及能够登录单一窗口利用税费支付系统向海关缴纳相关税费，因此报关员不仅需要掌握进出口税费的计算公式和计算步骤，还需要掌握不同类型税费缴纳方式，尤其是新型电子支付方式，这样才能积极配合海关缴纳各项进出口税费。在对核心知识进行全面学习后，结合上述情景内容计算进口关税税额、进口环节增值税税额、进口环节消费税税额，以及登录“单一窗口”进入“税费支付”功能，完成电子税费支付。

核心知识

一、税收征管方式的改革背景

按照海关深化改革总体方案，全国海关通关作业一体化改革已经全面铺开。按照改革方案，货物通关作业已实现由进出口企业自行确定涉税要素向海关申报，由海关分析验证货物品名、数量、禁限等准入属性，通过安全准入风险排查后，企业按照自行申报的税款缴税或提供有效担保后海关放行货物。海关在放行前对安全准入等风险进行排查，通关环节原则上不对涉税要素进行审核，进出口企业的货物流将基本不受海关行政审核的影响。货物放行后，再由海关分析验证货物归类、价格、原产地等税收属性，通过批量抽核与事后验估、核查、稽查等手段完成货物放行后的税收征管作业。海关的管理模式已由逐票审定企业申报要素是否准确，变为企业自主按照规则申报归类、价格、原产地等涉税要素，并自行完成应缴税款核算及自行办理税款支付的作业流程。因为作业流程的调整，进出口企业通关成本大大降低，通关时效得以提高。

二、税费征缴方式

税费征缴方式是指海关征收税费和纳税义务人缴纳税费的方法和形式。税费征缴方式包括税费征收和税费缴纳两个方面。关检深度融合后，海关税费征收方式已全面由海关审核方式向自报自缴方式转变，仅存个别类型单据实施海关审核纳税方式。

做一做：登录在线学习平台（访问方式见前言），通过拖动的方式完成“进出口企业、单位自报自缴”的填空题。

（一）“企业自报、自缴税款”方式

进出口企业、单位的自报自缴方式如图5-1所示。

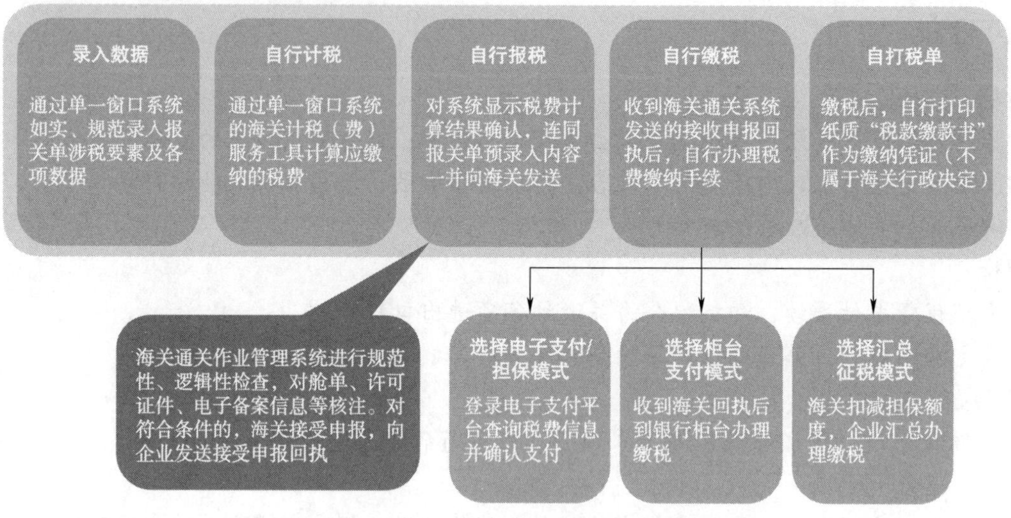

图5-1 进出口企业、单位的自报自缴方式

现行的税收征管方式是由企业在货物通关时申报商品归类、完税价格、原产地等征管要素，海关逐票审查确定之后开具税款缴款书，企业缴纳税款。这种方式需要投入大量人力物力，且征管时空集中在现场通关环节，行政成本高、作业效率低，快速通关与有效监管的矛盾突出。

改革后，进出口企业办理海关预录入时，自行填报报关单各项目，利用预录入系统的海关计税（费）服务工具计算应缴纳的相关税费，并对系统显示的税费计算结果进行确认，连同报关单预录入内容一并提交海关。进出口企业、单位在收到海关受理回执后，自行办理相关税费缴纳手续。同时，海关受理企业申报后不再开具税单进行缴款告知，由企业缴税后自行选择在海关现场打印税单或由商业银行打印完税凭证。

在强化企业如实申报、依法纳税责任的前提下，海关向企业提供智能化辅助计税服务平台。提供价格、归类、原产地等涉税要素申报内容的系统辅助提示和税款计算工具，打消企业对税款征纳方式改革的顾虑，进一步扩大企业适用范围，提供移动终端自助缴税功能，实现全程电子缴税。

（二）审核纳税方式

审核纳税方式，是指海关在货物放行前对纳税义务人申报的价格、归类、原产地等税收要素进行审核，并进行相应的查验（如需要），确定货物的完税价格后核定应缴税款，纳税义务人缴纳税款后货物方予放行。

（三）税费缴纳方式的类型

按照不同角度，缴纳海关税费可有不同区分方式：

1. 以支付方式为区分点

以支付方式为区分点，可分为电子支付方式、柜台支付方式。

（1）电子支付方式，是目前税费支付的主要方式，通过联网操作，因便捷、高效等优势明显。电子支付系统通过财、关、库、银横向联网，实现海关税费信息在海关、国库、商业银行等部门之间的电子流转和税款电子入库。使用电子支付方式缴纳税款，需要具备一定的条件，并通过“单一窗口”“互联网+海关”与海关和经批准的商业银行签订电子支付三方合作协议，在报关前事先进行资格备案，进出口环节通过电子支付税费后货物即可放行。电子支付以税单为单位，对同一份报关单所发生的税费，报关人员可全部选择电子支

付，也可部分选择电子支付。目前，通过电子支付方式可以缴纳进出口关税、反倾销税、反补贴税、进口环节代征税、废弃电器电子产品处理基金、缓税利息、滞纳金、船舶吨税、税款类保证金、滞报金等。

建设“单一窗口”标准版税费支付系统，主要包括信息备案、三方协议、税单查询、税单支付、角色与权限管理等功能模块，实现国际贸易企业通过单一窗口一点接入，足不出户即可完成税费支付业务的办理，提高办事效率。此外，在“单一窗口”标准版系统中实现海关与国库联网税费核销的功能，还可进一步提高税费电子化支付率，保障税收及时、安全入国库。打开“单一窗口”标准版门户网站（见图5-2和图5-3），在页面右上角点击“登录”或点击门户网站“标准版应用”页签，进入统一登录界面，选择“卡介质”使用IC卡或IKey进行登录。

图5-2　中国国际贸易单一窗口税费支付平台1

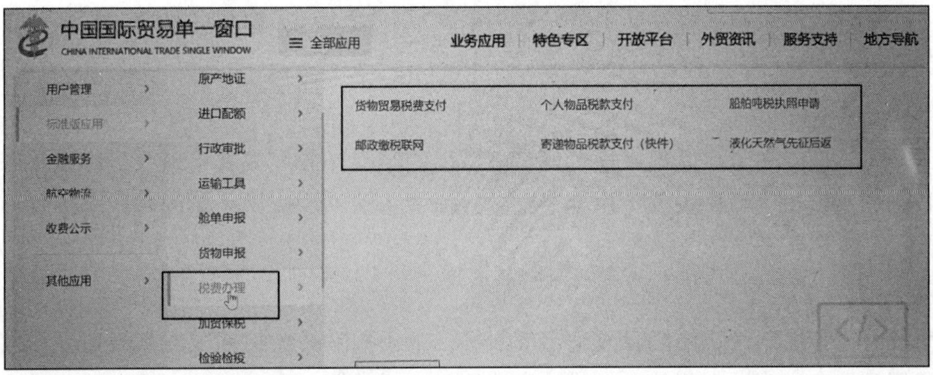

图5-3　中国国际贸易单一窗口税费支付平台2

（2）海关税款传统的缴纳方式为柜台支付。海关做出征税决定后，海关填发税款缴款书，纳税义务人或其代理报关人员办理签收手续。签收后，纳税义务人或其代理报关人应在规定的时限内前往指定银行，在指定银行缴纳税款后，相关人员应当及时将盖有证明银行已收讫税款业务印章的税款缴款书第一联原件送交填发海关验核，海关据此办理核注及货物放行等后续手续。

2. 以缴纳频度为区分点

以缴纳频度为区分点，可分为逐票缴纳方式、汇总征税缴纳方式。

（1）逐票缴纳方式即海关以纳税义务人纳税申报行为为单元，针对每一次申报应纳税款单独计征。逐票缴纳税费，可以是柜台方式支付也可以是电子支付方式。

（2）除海关企业信用管理中“失信企业”外，所有在海关注册登记的进出口报关单上的收发货人均可申请适用汇总征税模式。汇总征税模式是一项海关集约化征税的模式，在该业务模式下，海关对符合条件的进出口纳税义务人在一定时期内多次进出口货物的应纳税款实施汇总征税，实现“先放后税，汇总缴税”，改革了传统的“逐票审核、先税后放”征管作业模式，以满足进出口企业对通关时效的需要。

有汇总征税需求的企业需要在进出口货物通关前向属地直属海关提交税款总担保，总担保应当依法以担保机构提交的保函等海关认可的形式，通过后即可在申请的多个直属海关范围内通用。

3. 税单自行打印全面推广

传统操作中，海关专用缴款书均由海关方面开具。随着税收征管改革的逐步深入，海关总署决定全面推广企业自行打印改革。进出口企业通过自报自缴模式申报后，还可以通过“互联网＋海关”一体化网上办事平台或国际贸易“单一窗口”标准版自行下载并打印海关专用缴款书，即涉税要素的自报、税款的自缴、税单的自打功能已全面实现。不便于自打税单的进出口企业仍可向海关现场申请打印纸质海关专用缴款书。

知识拓展

税率和汇率的适用

三、纳税期限及滞纳金的计算

为保证海关作出的征税决定得到执行，保证税款及时入库，必须规定纳税义务人缴纳税款的时间限制，逾期缴纳即构成滞纳。

（一）滞纳期限的规定

1. 法定纳税期限

《进出口关税条例》规定：“纳税义务人应当自海关填发税款缴款书之日起15日内向指定银行缴纳税款。”

2. 延期纳税期限

纳税义务人因不可抗力或者国家税收政策调整不能按期缴纳税款的，依法提供税款担保后，可以直接向海关办理延期缴纳税款手续。延期缴纳税款的期限，自货物放行之日起最长不超过6个月。6个月内未缴纳税款的，海关应按照规定征收滞纳金，并在必要时采取税收保全和税收强制措施。

（二）滞纳金的计算

1. 征收目的

征收滞纳金，其目的在于使纳税义务人承担增加的经济制裁责任，促使其尽早履行纳税义务。征收滞纳金并不影响海关采取的其他税收强制措施的执行。

2. 征收范围

按照规定，关税、进口环节增值税、进口环节消费税的纳税义务人或其代理人，应当自海关填发税款缴款书之日起15日内向指定银行缴纳税款，逾期缴纳的，海关依法在原应纳税款的基础上按日加收滞纳税款万分之五的滞纳金。

3. 滞纳期间

税款缴纳期限内含有星期六、星期日或法定节假日，不予扣除。缴纳期限届满日遇星期六、星期日等休息日或者法定节假日的，应当顺延至休息日或法定节假日之后的第一个工作日。国务院临时调整休息日与工作日的，则按照调整后的情况计算缴款期限。例如，缴款期限最后一天是9月30日，该日恰好是星期日，国务院决定将9月29日、30日与10月4日、5日调换，即9月29日、30日成为工作日，若纳税义务人在9月30日仍未缴纳税款，则从10月1日开始即构成滞纳。

海关征收滞纳金自缴款期限届满之次日起，至纳税义务人缴纳税款之日止，按照滞纳税款的万分之五按日征收，滞纳期限内的星期六、星期日或法定节假日一并计算。图5-4给出了确定滞纳天数的示意图。

4. 征收标准

滞纳金按每票货物的关税、进口环节增值税和消费税单独计算，起征点为人民币50元，不足人民币50元的免予征收。

5. 滞纳金减免

海关对未履行税款给付义务的纳税义务人征收税款滞纳金，符合下列情形的，直属海关可依法减免税款滞纳金：

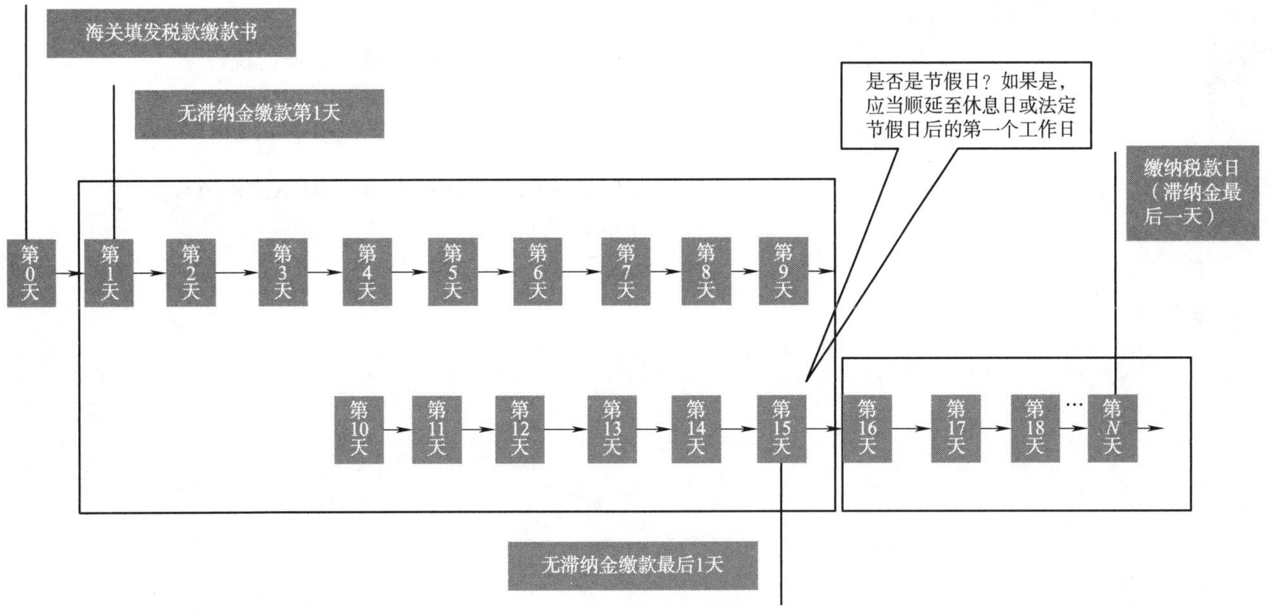

图5-4　滞纳天数的确定

（1）纳税义务人确因经营困难，自海关填发税款缴款书之日起在规定期限内难以缴纳税款，但在规定期限届满后3个月内补缴税款的。

（2）因不可抗力或者国家政策调整导致纳税义务人自海关填发税款缴款书之日起在规定期限内无法缴纳税款，但在相关情形解除后3个月内补缴税款的。

（3）货物放行后，纳税义务人通过自查发现少缴或漏缴税款并主动补缴的。

（4）经海关总署认可的其他特殊情形。

6. 计算程序

（1）根据有关规定，确定滞纳关税及代征税税额。

（2）根据滞纳金管理规定，确定滞纳天数。

（3）按照公式分别正确计算关税、进口环节增值税、消费税滞纳金。

7. 计算公式

关税滞纳金金额=滞纳关税税额×0.5‰×滞纳天数

进口环节消费税滞纳金金额=滞纳消费税税额×0.5‰×滞纳天数

进口环节增值税滞纳金金额=滞纳增值税税额×0.5‰×滞纳天数

8. 计算实例

【实例5-16】国内某公司申报进口西班牙产散装葡萄酒一批，经海关审核其成交价格总值为CIF境内某口岸32 640欧元。已知该批货物的关税税率为20%，消费税税率为10%，增值税税率为16%，设1欧元=7.85元人民币，滞纳天数为5天。计算进口环节海关代征增值税滞纳金。

计算步骤：首先计算关税税额，然后计算消费税税额，最后再计算增值税税额。

（1）审定完税价格为32 640元×7.85=256 224（元）。

（2）计算关税税额。

应征关税税额=关税完税价格×关税税率=256 224×20%=51 244.80（元）

（3）计算消费税税额。

应征消费税税额=[（关税完税价格+关税税额）÷（1-消费税税率）]×消费税税率

=[（256 224.00+51 244.80）÷（1-10%）]×10%

=34 163.20（元）

知识拓展

滞纳金的计算

知识拓展

进出口税费的减免、退还、追补

（4）计算增值税税额。

应征增值税税额=（关税完税价格+关税税额+消费税税额）×增值税税率

（5）计算应缴滞纳金。

进口环节增值税滞纳金=滞纳增值税税额×0.5‰×滞纳天数

=（256 224.00+51 244.80+34 163.20）×16%

=54 661.12（元）

笔记栏

技能训练

训练一　向海关缴纳进口关税、进口环节增值税、消费税

一、回答引导问题

结合所学知识和技能，计算出该企业报关时应向海关缴多少进口关税、进口环节增值税、进口环节消费税，将计算公式、计算步骤、计算结果写在横线上。

计算步骤如下：

首选计算关税税额；然后计算消费税税额；最后再计算增值税税额。

____

将外币折算成为人民币______________________________

计算关税税额：应纳关税税额=______________________________

____

计算消费税税额：应纳消费税税额=______________________________

____

计算增值税税额：应纳增值税税额=______________________________

____

二、任务实施

学生分组进行实操训练，计算应向海关缴纳的税款（进口关税、进口环节消费税、进口环节增值税），并填写表5-15，记录完成情况，对尚未掌握的计算方式、计算步骤，请详细记录在未正确计算的内容一栏中以便课后反复训练。

表 5-15　计算应向海关缴纳税款的金额完成情况记录表

学生姓名：__________　班级：__________　学号：__________

工作内容	关键步骤	任务结果	未正确计算的内容
计算应向海关缴纳税款的金额	（1）计算关税应纳税额，将计算公式、计算步骤、计算结果填写在横线上	□完成 □未完成	
	（2）计算消费税应纳税额，将计算公式、计算步骤、计算结果填写在横线上	□完成 □未完成	
	（3）计算增值税应纳税额，将计算公式、计算步骤、计算结果填写在横线上	□完成 □未完成	

训练二　计算并向海关缴纳滞纳金

一、回答引导问题

结合所学知识和技能，判定此批货物是否需要向海关缴纳滞纳金，若需要，计算出滞纳金金额，将计算公式、计算步骤、计算结果写在横线上。

关税滞纳金金额=______________________________

____

进口环节消费税滞纳金金额=______________________________

____

进口环节增值税滞纳金金额=______________________________

____

按规定，合计需缴纳三税的滞纳金共____________________元。

二、任务实施

学生分组进行实操训练，计算进口关税、进口环节消费税、增值税的滞纳金金额，并填写表5-16，记录

完成情况，对尚未掌握的计算方式、计算步骤，请详细记录在未正确计算的内容一栏中，以便课后反复训练。

表 5-16 计算滞纳金金额完成情况记录表

学生姓名：________ 班级：________ 学号：________

工作内容	关键步骤	任务结果	未正确计算的内容
计算进口关税、进口环节消费税、增值税的滞纳金金额	（1）计算关税滞纳金金额，将计算公式、计算步骤、计算结果填写在横线上	□完成 □未完成	
	（2）计算消费税滞纳金金额，将计算公式、计算步骤、计算结果填写在横线上	□完成 □未完成	
	（3）计算增值税滞纳金金额，将计算公式、计算步骤、计算结果填写在横线上	□完成 □未完成	

训练三 登录“单一窗口”完成电子税费支付

一、回答引导问题

登录单一窗口进入“税费支付”功能，完成电子税费支付（在横线上填写关键词）。

1. 第一步：关于进出口企业的自报自缴方式。改革后，企业办理海关预录入时，__________报关单各项目，利用______________________________计算应缴纳的相关税费，并对系统显示的______________进行确认，连同______________提交海关。进出口企业在收到海关受理回执后，__________________手续。同时，海关受理企业申报后不再开具______________，由企业缴税后____。

2. 第二步：关于税费支付主要方式。________________________是目前税费支付的主要方式，通过联网操作，因便捷、高效等优势明显。

3. 第三步：关于使用电子支付方式缴纳税款。需要具备一定的条件，并通过____________________与海关和经批准的商业银行签订____________________，在报关前事先进行__________________，进出口环节通过______________________________。

4. 第四步，关于电子支付方式缴纳各类税费。通过电子支付方式可缴纳______________________、废弃电器电子产品处理基金、缓税利息、____。

5. 第五步，关于“单一窗口”税费支付系统。“单一窗口”包括______________________________等功能模块，实现________________________，足不出户即可完成____________，提高办事效率。

6. 第六步，关于进入“单一窗口”标准版。打开________________________门户网站，在页面右上角单击__________，或单击门户网站“标准版应用”页签，进入____________________，选择____________，使用____________进行登录。

7. 第七步，关于“单一窗口”税费办理栏目的各项功能。在单一窗口的“税费办理”功能栏具体包括____等各项功能。

二、任务实施

学生分组进行实操训练，登录“单一窗口”完成电子税费支付，并填写表5-17，记录完成情况，对尚未掌握的步骤，请详细记录在未正确填写的内容一栏中，以便课后反复训练。

表 5-17 “单一窗口”的税费电子支付完成情况记录表

学生姓名：________ 班级：________ 学号：________

工作内容	关键步骤	任务结果	未正确填写的内容
登录“单一窗口”完成电子税费支付	（1）第一步，关于进出口企业、单位的自报自缴方式的关键词填写	□完成 □未完成	
	（2）第二步，关于税费支付主要方式的关键词填写	□完成 □未完成	

续表

工作内容	关键步骤	任务结果	未正确填写的内容
登录“单一窗口”完成电子税费支付	（3）第三步，关于使用电子支付方式缴纳税款的关键词填写	□完成 □未完成	
	（4）第四步，关于电子支付方式缴纳各类税费的关键词填写	□完成 □未完成	
	（5）第五步，关于“单一窗口”税费支付系统的关键词填写	□完成 □未完成	
	（6）第六步，关于进入“单一窗口”标准版的关键词填写	□完成 □未完成	
	（7）第七步，关于“单一窗口”税费办理栏目的各项功能的关键词填写	□完成 □未完成	

任务评价

任务评分表如表5-18所示。

表 5-18　任务评分表

评价内容		分值	自评	互评	师评
知识评价	能够准确确定滞纳期限	5			
	能够写出滞纳金计算公式，以及简述计算步骤	5			
	能够清晰表述税费缴纳方式的类型	5			
	能够清晰简述企业自报自缴的内涵	5			
	能够清晰简述电子支付、柜台支付的内涵	5			
	能够清晰简述逐票缴纳、汇总征税缴纳的内涵	5			
能力评价	配合海关办理税费支付手续	20			
	会准确计算滞纳金金额	20			
素养评价	拥有仔细耐心、严谨细致的职业态度	10			
	具备遵纪守法、诚实守信、严于律己的职业操守	10			
	具备较强的信息化素养，不断与时俱进	10			
总　　分		100			

巩固与训练

一、单选题

1. 海关税费征收方式由海关审核方式已全面向（　　）转变。

A. 汇总征税缴纳方式　B. 柜台支付方式　C. 自报自缴方式　D. 逐票缴纳方式

2. 关检融合后，企业采用（　　）向海关申报

A. 自报、自缴税款方式　B. 集中缴税方式　C. 柜台支付方式　D. 汇总纳税方式

3. 海关做出征税决定后，海关填发税款缴款书，纳税义务人或其代理报关人员办理签收手续，这种传统的海关税款缴纳方式称为（　　）。

A. 柜台支付方式　B. 自报自缴方式　C. 电子支付方式　D. 汇总缴纳方式

4. 为保证海关作出的征税决定得到执行，保证税款及时入库，必须规定纳税义务人缴纳税款的时间限制，逾期缴纳即构成（　　）。

A. 滞报　B. 海关罚没　C. 滞纳　D. 强制性征税

5.《进出口关税条例》规定：“纳税义务人应当自海关填发税款缴款书之日起（　　）向指定银行缴纳税款。”

A. 14日内　　B. 10日内　　C. 7日内　　D. 15日内

6. 关于逐票缴纳税费表述正确的是（　　）。

A. 只能是柜台方式支付　　B. 可以是柜台方式支付也可以是电子支付方式

B. 只能是电子支付方式　　C. 以电子支付方式为主，柜台支付方式为辅

7. 进出口货物的纳税义务人，应当（　　）向指定银行缴纳税款。

A. 自海关填发税款缴款书之日起15日内　　B. 自海关填发税款缴款书之日起14日内

C. 自海关填发税款缴款书之日起7日内　　D. 自海关填发税款缴款书之日起10日内

8. 关税滞纳金金额计算公式正确的是（　　）。

A. 关税滞纳金金额=滞纳关税税额×0.5‰×滞纳天数

B. 关税滞纳金金额=滞纳关税税额×5‰×滞纳天数

C. 关税滞纳金金额=滞纳关税税额×5%×滞纳天数

D. 关税滞纳金金额=滞纳关税税额×0.5%×滞纳天数

二、计算题

某贸易公司于09月18日（星期一）申报进口一批货物（10月1日到10月8日为法定节假日），海关当日填发税款缴款书。其中关税税款为人民币24 000元，增值税税款为人民币35 100元，消费税税款为人民币18 900元。该公司实际缴纳税款日期为10月12日（星期四）。计算该公司应缴纳的滞纳金金额。

三、简答题

1. 简述改革后的税收征管方式的具体操作流程及其优势。
2. 简述电子支付方式的内涵及其操作步骤。
3. 简述汇总征税担保的内涵及其优势。
4. 简述滞纳期限的规定及征收范围。

项目六

标准化的单证管理
——登录单一窗口填制与审核“进出口货物报关单”

项目描述

全国海关进出口货物实施整合申报、报关报检“合二为一”，实施整合申报后，原报关报检229个申报项目已精简一半以上，进出口企业报关时只需录入一张报关单，上传一套随附单证，通过国际贸易“单一窗口”货物申报系统或“互联网+海关”一次申报系统即可办理通关手续。”面对此次整合申报改革，元初物流公司报关员林梦梦却遇到了难题，国际贸易单一窗口应当如何运行和操作？登录单一窗口，如何缮制和审核新版“进出口货物报关单”？新版“进出口货物报关单”的填写规范和要求又发生了哪些变化？

思维导图

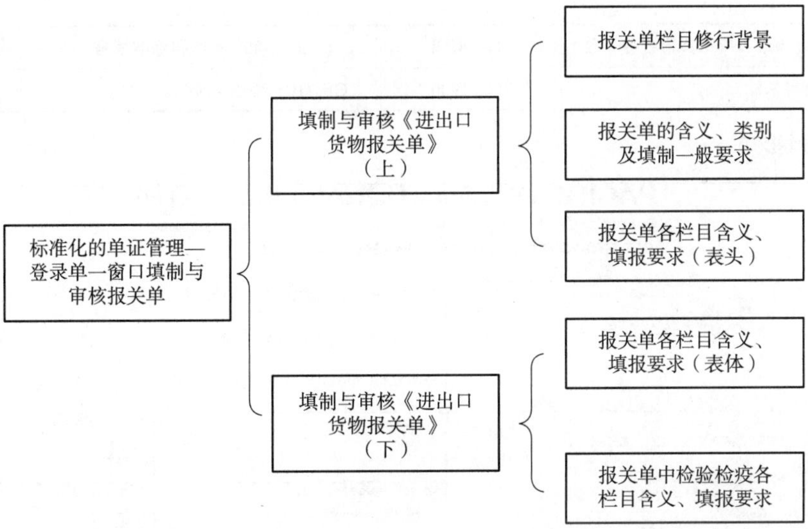

任务一　填制与审核“进出口货物报关单”（上）

情景导入

报关单填制与审核是报关员必备的一项关键技能，恰巧这几日，上海元初物流有限公司（以下简称“元初物流”）报关员林梦梦接到客户上海经贸嘉华进出口有限公司（以下简称“经贸嘉华”）快递来的一票进口通关单证，“经贸嘉华”要从新西兰进口2710箱黄金奇异果汁，假如你是“元初物流”报关员林梦梦，请完成下列任务：根据背景资料和来自企业真实的全套随附单据填制与审核“进口货物报关单”。

背景资料：上海经贸嘉华进出口有限公司（91310000630629022E）从新西兰进口黄金奇异果汁，“经贸嘉华”委托上海元初物流有限公司（91310120768398773W）向外港海关申请进口报关。HS CODE：2009891900；监管方式：一般贸易（0110）；消费使用单位与境内收货人相同；货物存放地点：外港二期；境内目的地：上海宝山区；随附单证：产地证书<10>21.2023.27893；特殊关系确认：否；价格影响确认：否；支付特许权使用费确认：否；自报自缴：是。

商品名称：仙果然牌黄金奇异果汁。

商品描述：

0：品牌类型—境外其他；1：出口享惠情况—无；2：成分含量—黄金奇异果汁100%；3：白利糖度值—16；4：浓缩果汁请注明浓缩倍数—非浓缩果汁；5：加工方法（是否发酵、加酒精、冷冻、混合等）—鲜榨；6：保存方法（储藏温度）—常温储存，低于25 ℃；7：包装规格—180毫升/瓶*24瓶/箱；8：品牌—仙菓然；9：GTIN—24瓶/箱；10：CTNS—2710CTNS。

进口食品货物清单见表6-1，进口食品使用标准说明见表6-2。

表 6-1　进口食品货物清单表

序号	商品项号	品名	原产地	唛头 / 批号	规格	数量	单位	生产日期
1	1	仙果然牌黄金奇异果汁	新西兰	N/M	180 毫升 / 瓶 *24 瓶 / 箱	2710	箱	2023-06-22

表 6-2　进口食品适用标准说明表

本批进口食品合同号：23IMY012WDF；提运单号：AKL300283800；其具体品名和适用标准如下：

序号	进口食品中文名称（与进口申报货物名称一致）	H.S. 编码	适用标准名称和标准编号	通用标准中的类别名称
1	仙果然牌黄金奇异果汁	2009891900	GB 7101-2015 饮料	8- 饮料类

随附单证1：海运提单。

PACIFIC INTERNATIONAL LINES (PTE) LTD
(Incorporated in Singapore)　　CO. REG. NO 196700080N
PORT-TO-PORT OR COMBINED TRANSPORT WAYBILL

Shipper: NZ JUICE GROUP LIMITED 3 RAILWAY ROAD WHAKATU HASTINGS	Bill of Lading No. AKL300283800 Booking No. AKL300283800 Export Reference:	
Consignee: SHANGHAI E&T JAWA IMPORT AND EXPORT CO., LTD 10TH FLOOR, DONGTAI BUILDING (NORTH), NO 978 PU DONG ROAD (SOUTH), PUDONG NEW AREA,**	Pre-Carriage by:	Place of Receipt: NAPIER
	Vessel/Voyage Number: OOCL BUSAN 593N	Port of Loading: NAPIER
Notify Party: SAME AS CONSIGNEE **SHANGHAI,CHINA (200120) TEL: 86-21-58872823 FAX: 86-21-68596188	Port of Discharge: SHANGHAI	Place of Delivery: SHANGHAI
	Number of original WAYBILL Zero (0)	Merchant Declared Value (see clause 7(3) & 32(3)):

PARTICULARS AS DECLARED BY SHIPPER - BUT WITHOUT REPRESENTATION AND NOTATION AND NOT ACKNOWLEDGED BY CARRIER

Container Nos./Seal Nos. Marks & Nos.	Quantity/Number of Packages	Description of Goods	Gross Weight	Measurement
			22764 KGS	25.700 CBM
N/M	2710 CARTONS	1X20GP CONTAINER(S) SAID TO CONTAIN: 2710 CARTONS IN TOTAL NZ NATURAL JUICE - 100% GOLD KIWIFRUIT JUICE 180ML X 24 BTL/CTN *24/CTN *EMAIL: INFO@NZJUICE.CO.NZ		

Cntr No	Seal No.	Sz/Ty	Qty	Pkg Type	Weight	Measure
PCIU0144899 (CY/CY)	12344691	20GP	2710	CARTONS	22764	25.700

SHIPMENT MADE ON NON-NEGOTIABLE WAYBILL. CARGO TO BE RELEASED ONLY TO THE NAMED CONSIGNEE ON THE WAYBILL.
FREIGHT PREPAID
SHIPPED ON BOARD
SHIPPER'S LOAD STOW COUNT & SEAL

FREIGHT & CHARGES　　FREIGHT PREPAID

Received by the Carrier from the Shipper in external apparent good order and condition, unless otherwise indicated, the total number or quantity of Containers or other packages or other customary freight units identified as "Total Number of Container received by the Carrier" on the face hereof for Carriage subject to all the terms and conditions hereof (INCLUDING THE TERMS AND CONDITIONS ON THE REVERSE HEREOF AND THE TERMS AND CONDITIONS OF THE CARRIER'S APPLICABLE TARIFF) from Place of Receipt or the Port of Loading, whichever is applicable, to Place of Delivery or Port of Discharge, whichever is applicable. Weights, measurements, marks, numbers, quantity, contents and value if mentioned herein are to be considered unknown by the Carrier. The contract evidenced by this Waybill is deemed to be a contract of carriage as defined in Article (b) of the Hague Rules and Hague Visby Rules . However, this Waybill is not a document of title to the Goods. Delivery will be made to the Consignee named, or his authorized agent, on production of proof of identity at the Port of Discharge or the Place of Delivery, whichever applicable. Should the consignee require delivery to party and/or premises other than as shown above in the "consignee" box, then written instructions must be given by the Consignee to the Carrier of his agent. Unless the Shipper expressly waives his right to control the Goods until delivery by means of a clause on the face hereof, such instructions from the Consignee will be subject to any instruction to the contrary by the Shipper. Unless instructed to the contrary by the Shipper prior to the commencement of Carriage and noted accordingly on the face hereof, the Carrier will, subject to the aforesaid terms and conditions, process cargo claims with the Consignee. Claims settlement, if any shall be a complete discharge of the Carrier's facility to the Shipper. The Shipper accepts the said standard terms and conditions on his own behalf, on behalf of the Consignee and the Owner of the Goods, and authorises the Consignee to bring suit against the Carrier in his own name but as agent of the shipper, and warrants that he has authority so as to accept and authorise.The Shipper further undertakes that no claim or allegation in respect of the Goods shall be made against the Carrier by any person other than in accordance with the terms and conditions of this Waybill

PLACE & DATE OF ISSUE : AUCKLAND, 24-JUL-2023

SHIPPED ON BOARD DATE : 08-JUL-2023

Agent's Address at Destination :
PIL Shanghai
BLOCK 5 ,PIL BUILDING, NO.18 GONG PING ROAD SHANGHAI 200082, CHINA Tel.86 2161235666 Fax.86 2161235777

IN WITNESS WHEREOF the number of original Bills of Lading stated above all of this tenor and date has been signed, one of which being accomplished the others to stand void.

Signed for the Carrier.
PACIFIC INTERNATIONAL LINES (PTE) LTD

Total number of containers or packages received by the Carriers :
1X20GP CONTAINER(S) ONLY

Page : 1 of 1

随附单证2：商业发票。

NZ JUICE GROUP LIMITED

3 Railway Road, Whakatu, Hastings 4172, New Zcaland

TEL:+64 6 870 1363　　Email:info@nzjuicc.co.nz

COMMERCIAL INVOICE

INVOICE NO: SI-0000230628　　DATE:28/06/2023

INVOICE OF: FRUIT JUICE - PO#WDF2023#10

SHIPPED BY: OCEAN FREIGHT FCL

SAILING ON/ABT: 2023/6/30　VESSEL: OOCL BUSAN 593N

SIIPPED FROM: NAPIER PORT，NEW ZEALAND

FIANL DESTINATION TO: SHANGHAI, CHINA

MADE IN NEW ZEALAND

PRICE PER: CIF SHANGHAI,CHINA

ON ACCOUNT AND RISK OF MESSRS:

SHANGHIAI E&T JAWA IMPORT AND EXPORT CO.,LTD

10th FLOOR. DONGTAI BUILDING (NORTH), NO978 PU DONG ROAD(SOUTH), PUDONG NEW AREA,SHANGHAI,CHINA (200120)

TEL: 86-21-58872823　FAX: 86-21-68596188

MARK	DESCRIPTION	BBD & MFD	QTY Carton	UNIT PRICE BOTILE /CNY	UNIT PRICE Carton/CNY	AMOUNT CNY
NZ NATURAL JUICE MADE IN NZ	NZ NATURAL JUICE-100% GOLD KIWIFRUIT JLICE 180ML × 24 BTL/CTN （仙果然牌黄金奇异果汁）*24/CTN	BBD:2024.09.22 MFD:2023.06.22	2710	CNY 11.60	CNY278.4	CNY 31436.00
	CONTAINER NO:PCIU0141899; SEAL NO.:123446911		2710 CARTONS			CNY 31436.00
SAY THREE HUNDRED AND TWO THOUSAND AND FOUR HUNDRED THIRTY SIX DOLLARS ONL						

NZ JUICE GROUP LIMITED

随附单证3：装箱单。

NZ JUICE GROUP LIMITED

3 Railway Road, Whakatu, Hastings 4172, New Zcaland

TEL:+64 6 870 1363　　Email:info@nzjuicc.co.nz

PACKING LIST

INVOICE NO: SI-0000230628　　　　DATE:28/06/2023

INVOICE OF: FRUIT JUICE - PO#WDF2023#10

SHIPPED BY: OCEAN FREIGHT FCL

SAILING ON/ABT: 2023/6/30 VESSEL: OOCL BUSAN 593N

SIIPPED FROM: NAPIER PORT，NEW ZEALAND

FIANL DESTINATION TO: SHANGHAI, CHINA

MADE IN NEW ZEALAND

PRICE PER: CIF SHANGHAI,CHINA

ON ACCOUNT AND RISK OF MESSRS:

SHANGHIAI E&T JAWA IMPORT AND EXPORT CO.,LTD

10th FLOOR. DONGTAI BUILDING (NORTH), NO978 PU DONG ROAD(SOUTH), PUDONG NEW AREA,SHANGHAI,CHINA (200120) TEL: 86-21-58872823 FAX: 86-21-68596188

MARK	DESCRIPTION	QTY Carton	N.W. (KGS)	G.W. (KGS)	MEAS
NZ NATURAL JUICE MADE IN NZ	NZ NATURAL JUICE-100% GOLD KIWIFRUIT JLICE 180MLX24 BTL/CTN （仙果然牌黄金奇异果汁）*24/CTN CONTAINER NO:PCIU0141899; SEAL NO.:123446911 SAY THREE HUNDRED AND TWO THOUSAND AND FOUR HUNDRED THIRTY SIX DOLLARS ONLY	2710	11707.2	22764.00	
		2710 CARTONS	11707.2 (KGS)	22764.00 (KGS)	25.7CBM

NZ JUICE GROUP LIMITED

其余的随附单证，学生扫描二维码观看，或下载后自行打印。

知识拓展

随附单证4~8

学习目标

知识目标：

（1）掌握报关单的含义、类别、填制的一般要求。

（2）熟悉报关单表头各栏目的含义、填报要求。

（3）了解报关单栏目的修订背景。

技能目标：

1. 会登录“单一窗口”填制与审核报关单表头的各项栏目。

2. 会登录“单一窗口”修改报关单表头的各项栏目。

素养目标：

（1）拥有严谨细致、一丝不苟、精益求精、真诚报关的职业态度，注意制单细节，从而熟能生巧，加快制单速度。

（2）具备敬业爱岗、严于律己、诚实守信、心存敬畏的职业操守，明确制单规范、准确无误填写报关单，降低制单错误率。

（3）具有较强的信息化素养，拥有与时俱进、不断进取的职业能力，能够运用电子信息平台填制、审核和修改报关单。

任务描述

填制与审核报关单是报关员的一项关键技能，报关员需具备制单、审单、理单、交单能力，能登录单一窗口填制与审核报关单，并向海关提交真实、准确的报关单证。在对核心知识进行全面学习后，结合上述情景内容中的背景资料、随附单证等完成报关单的填制与审核。

核心知识

一、报关单栏目修订背景

为规范进出口货物收发货人的申报行为，统一进出口货物报关单填制要求，海关总署对原《海关进出口货物报关单填制规范》再次进行了修订，规范文本及有关内容如下：新版《进口货物报关单》（见图6-1）增加9项：页码／页数、境外发货人、货物存放地点、启运港、入境口岸、最终目的国（地区）、报关人员证号、电话、自报自缴（在表体商品项下方打印）；修改5项：原“收发货人”修改为“境内收货人”，原“进口口岸”修改为“进境关别”，原“运输工具名称”修改为“运输工具名称及航次号”，原“装货港”修改为“经停港”，原“随附单证”修改为“随附单证及编号”；删除2项：录入员、录入单位；位置变化3项：集装箱号、境内目的地、申报单位。新版《出口货物报关单》（见图6-2）增加7项：页码／页数、境外收货人、离境口岸、原产国（地区）、报关人员证号、电话、自报自缴（在表体商品项下方打印）；修改4项：原“收发货人”修改为“境内发货人”，原“出口口岸”修改为“出境关别”，原“运输工具名称”修改为“运输工具名称及航次号”，原“随附单证”修改为“随附单证及编号”；删除2项：录入员、录入单位；位置变化3项：集装箱号、境内货源地、申报单位。

做一做：登录在线学习平台（访问方式见前言），通过拖动的方式完成“新版报关单的新增栏目、修改栏目、删除栏目、位置变化栏目、检验检疫栏目”的选择题。

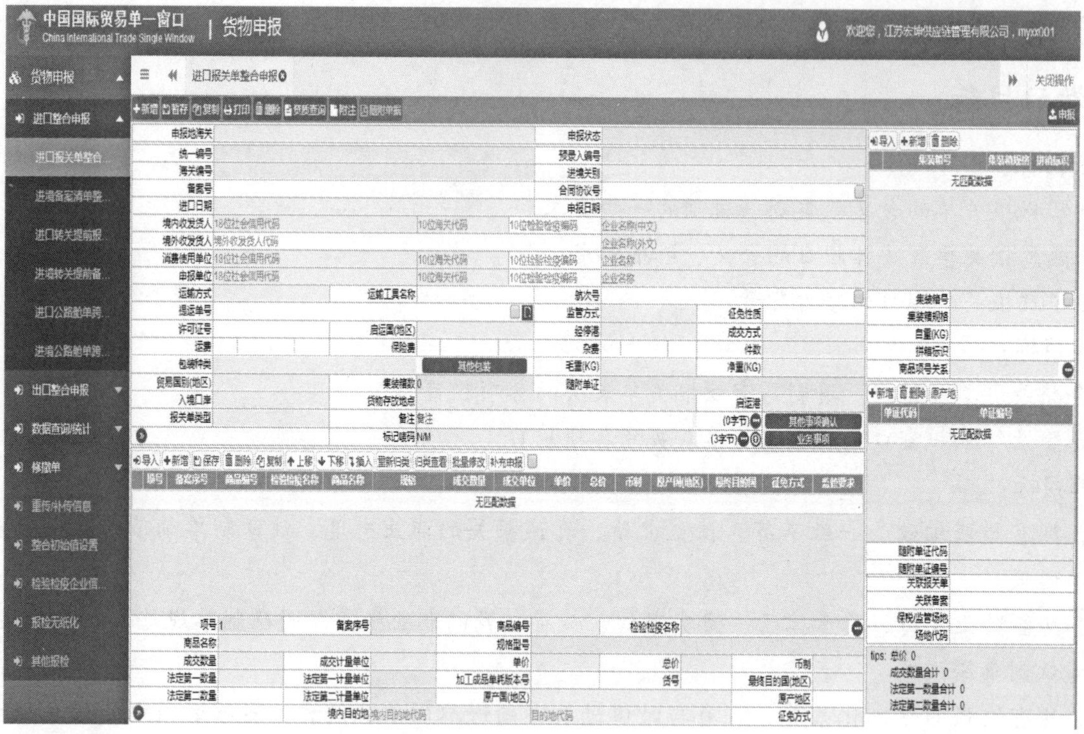

图6-1 “单一窗口”新版“进口货物报关单”截图

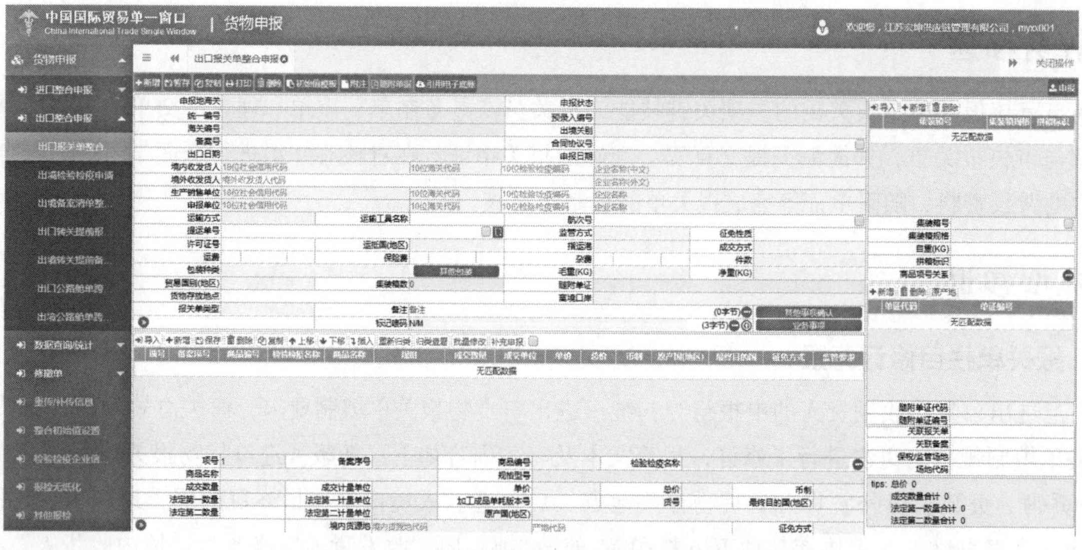

图6-2 “单一窗口”新版“出口货物报关单”截图

此次修订将报关单由原来的竖版改为横板；报关单表体每联由8个品名改为6个品名；取消原正本套打报关单；新增报关单二维码，加入防伪信息。此次修改优化了进口、出口货物报关单和进境、出境货物备案清单的布局结构，纸质单证全部采用普通打印方式，取消套打，不再印制空白格式单证。

二、报关单的含义、类别及填制一般要求

（1）报关单的含义。进出口货物报关单是指进出口货物收发货人或其代理人，按照海关规定的格式对进出口货物的实际情况做出书面申明，以此要求海关对其货物按适用的海关制度办理通关手续的法律文书。关检全面融合后，海关总署宣布：海关进出口货物整合申报正式实施。原报关单、报检单合并为“一张大表”进行货物申报，让企业真正实现一次申报、一单通关。

（2）报关单的类别

按货物的流转状态、贸易性质还有海关监管方式的不同，进出口货物报关单可以分为多种类型。各种类

型报关单见表6-3。

表 6-3　报关单的类别

分类方法	报关单种类	作用或性质
按进出口的状态分	进口货物报关单	货物进境时申报单据
	出口货物报关单	货物出境时申报单据
按表现形式分	纸质报关单	报关的法律文书
	电子数据报关单	通过国际贸易单一窗口平台发送的报关数据，具有与纸质报关单同等的法律效力

（三）报关单填制的一般要求

报关员必须如实向海关申报进出口货物的相关事项，对申报内容的真实性、准确性、完整性和规范性承担相应的法律责任。报关单填制的一般要求如下：

（1）报关员必须按照《海关法》、《货物申报管理规定》和《海关进出口货物报关单填制规范》的有关规定，向海关如实申报。

（2）报关单的填报必须真实，做到“两个相符”：一是单证相符，即所填报关单各栏目的内容必须与合同、发票、装箱单、提单以及批文等随附单据相符；二是单货相符，即所填报关单各栏目的内容必须与实际进出口货物的情况相符，不得伪报、瞒报、虚报。

（3）报关单的填报要准确、齐全、完整、清楚，报关单各栏目内容要逐项详细准确填报。

（4）一张报关单上如有多种不同商品，应分别填报清楚，在反映进出口商品情况的项目中，须分项填报的主要有下列几种情况：商品编号不同的；商品名称不同的；原产国（地区）/最终目的国（地区）不同的。目前，我国海关总署规定，一份报关单最多填报50项商品，单页报关单最多打印6个商品项。

（5）不同批文或许可证以及不同合同的货物；同一批货物中不同贸易方式的货物；不同备案号的货物；不同提运单的货物；不同征免性质的货物；不同运输方式或相同运输方式但不同航次以及不同运输工具名称的货物等，均应分单填报。一份原产地证书只能对应一份报关单。同一份报关单上的商品不能同时享受协定税率和减免税。在一批货物中，对于实行原产地证书联网管理的，如涉及多份原产地证书或含非原产地证书商品，亦应分单填报。

（6）计算机预录入的报关单，其内容必须与原始报关单上的内容完全一致；已向海关申报的进出口货物报关单，如原填报内容与实际进出口货物不一致而又有正当理由的，申报人应向海关递交书面更正申请，经海关核准后，对原填报的内容进行更改或撤销。

（7）对于海关放行后的出口货物，由于运输工具配载等原因，全部或部分未能装载上原申报的运输工具的，出口货物发货人应向海关递交《出口货物报关单更改申请》。

做一做：登录在线学习平台（访问方式见前言），通过拖动的方式完成“进口通关时所需的报关单据——繁忙的食品流水线”的选择题。

三、“进出口货物报关单”（表头）的填制规范

（一）预录入编号

本栏目是指预录入报关单的编号，预录入编号规则由接受申报的海关决定。一份报关单对应一个预录入编号，由系统自动生成。预录入编号与海关编号基本相同，习惯上又称为报关单号。新版报关单已删除“预录入编号规则由接受申报的海关决定”的表述，改为“由系统自动生成”；新增编号规则与编号构成的表述。

预录入编号为18位：其中第1 ~ 4位为接受申报海关的代码（海关规定“关区代码表”中相应海关代码）；第5 ~ 8位为录入时的公历年份；第9位为进出口标志（“1”为进口，“0”为出口；集中申报清单中的“I”为进口，“E”为出口）；后9位为顺序编号。

（二）海关编号

海关编号指海关接受申报时给予报关单的编号，一份报关单对应一个海关编号，由系统自动生成。此栏由海关填写，报关单位无须填报。新版报关单增加“由系统自动生成”的表述。

海关编号为18位；其中第1 ~ 4位为接受申报海关的代码（海关规定的“关区代码表”中相应海关代码）；第5 ~ 8位为海关接受申报的公历年份；第9位为进出口标志（“1”为进口，“0”为出口；集中申报清单中的“I”为进口，“E”为出口）；后9位为顺序编号。

（三）申报地海关

该申报项目为必填项，数据类型为4位字符型。根据报关人员在货物进出口时的自主选择，填报海关规定的《关区代码表》中相应海关的名称及代码。例如：选择“广州机场”为申报地海关时，应录入“广州机场（5141）”。提醒注意：申报地海关的关别代码后两位不能为“00”。《关区代码表》由三部分组成，即关区代码、关区名称和关区简称：

（1）关区代码：由四位数字组成，前两位采用直属海关关别代码，后两位为隶属海关或海关监管场所的代码。

（2）关区名称：直属海关、隶属海关或海关监管场所的中文名称。

（3）关区简称：关区的中文简称，一般为4个汉字。该项目为原报关项目的“申报地海关”，录入要求无变化。

例如：选择“外港海关”为申报地海关时，应在报关单的申报地海关这一栏目中录入“外港海关（2225）”，如图6-3“申报地海关”所示。

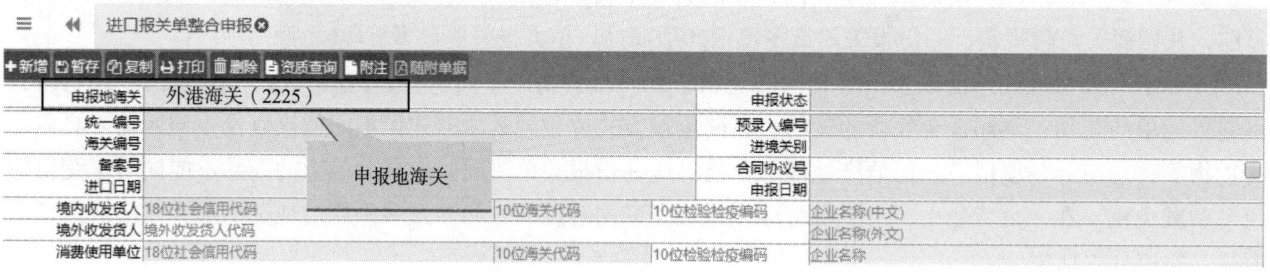

图6-3 “申报地海关”栏示意图

（四）境内收发货人（原：收发货人）

1. 栏目含义

该栏目填报在海关备案的对外签订并执行进出口贸易合同的中国境内法人其他组织名称及编码。

2. 填报要求

该项目为必填项。原报关与原报检项目的“收发货人”，现统一改名为“境内收发货人”。

本栏目填报规范为境内收发货人具体名称+18位法人和其他组织统一社会信用代码，没有统一社会信用代码的，填报其在海关注册登记时为之设置的注册登记编码，编码为10位数字，其结构如图6-4。

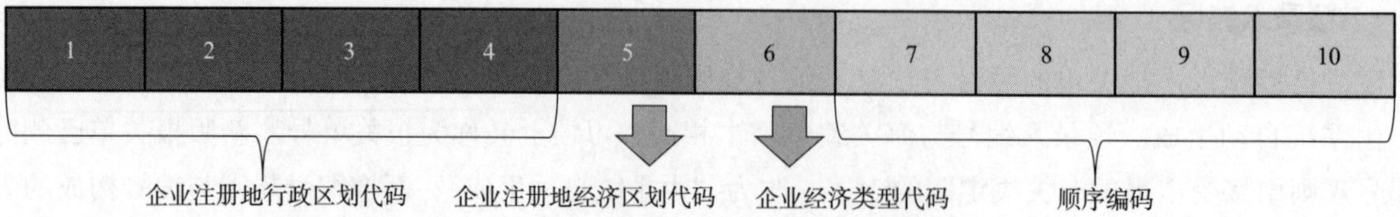

图6-4 境内收发货人10位数编码结构示意图

表6-4所示为境内收发货人10位数编码中，第五、六位数字代码的含义。

表 6-4　境内收发货人 10 位数编码中，第五、六位数字代码的含义

第 5 位代码	含　义	第 6 位代码	含　义
1	经济特区（深圳可用“0”）	1	有进出口经营权的国有企业
2	经济技术开发区和上海浦东新区，海南洋浦经济开发区两个特殊开放地区	2	中外合作企业
3	高新技术开发区	3	中外合资企业
4	保税区	4	外商独资企业
5	出口加工区 / 珠澳跨境工业园区	5	有进出口经营权的集体企业
6	保税港区 / 综合保税区	6	有进出口经营权的民营企业
7	保税物流园区	7	有进出口经营权的个体工商户
9	其他	8	有报关权而没有进出口经营权的企业
W	保税物流中心	9	其他，包括外国驻华企事业机构、外国驻华使领馆和临时进出口货物的企业、单位和个人等

“境内收发货人”栏应如何填写，海关都有严格的规定，填制要求及实例见表6-5和表6-6。

表 6-5　“境内收发货人”栏填制要求

情　形		填制要求
报关企业代理进出口企业办理进出口报关手续		委托方的中文名称及编码
外商投资企业委托进出口企业	进口投资总额以内设备、物品	委托方的中文名称及编码
	进口生产用原材料	代理方的中文名称及编码
国内进出口企业之间相互代理进出口		代理方的中文名称及编码
国内没有进出口经营权的企业委托有进出口经营权的企业代理进口		代理方的中文名称及编码

表 6-6　境内收货人栏填报的实例

类　型	实际案例	填报规格
国内没有进出口经营权的企业委托有进出口经营权的企业代理进口	上海城建局委托上海土产进出口公司（310191503109876578）进口黄铜木材	上海土产进出口公司（310191503109876578）
外商投资企业进口投资总额内设备	上海恒通食品公司（310193503912367890）委托东方创业股份有限公司（3101314259145679023）进口投资总额内设备食品加工设备 8 台	上海恒通食品公司（310193503912367890）并在标记唛码及备注栏注明“委托东方创业股份有限公司进口
外资企业进口原材料	上海恒通食品公司（310789056912345609）委托东方创业股份有限公司（3101314259145679023）进口食品原料	东方创业股份有限公司（3101314259145679023）

将境内收货人上海恒通食品公司（310193503912367890）填入报关单中，如图6-5所示。

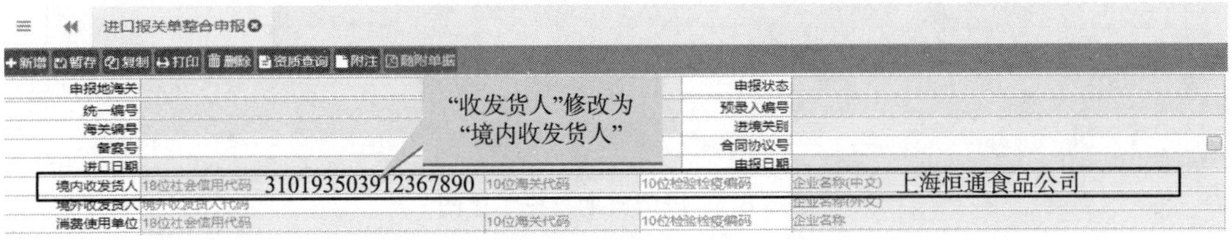

图6-5　“收发货人”修改为“境内收发货人”

（五）进出境关别（原：进口口岸 / 出口口岸）

1. 栏目含义

进出境关别亦称为关境口岸，是指设在关境内的对外开放的国际运输港口、国际民航航空港、国际铁路车站、国际邮件交换站等进出境地点，通常被称为关境口岸。报关单中，“进境关别”和“出境关别”特指进境和出境的海关名称。

知识拓展

进出境关别填制规范

2. 填报要求

该申报项目为必填项。该项目数据类型为4位字符型。进口货物报关单的“进境关别”栏，应填写货物实际进入我国关境的口岸海关名称及代码；出口货物报关单的“出境关别”栏，应填写货物实际运出我国关境的口岸海关名称及代码。填报海关规定的《关区代码表》中相应口岸海关的名称及代码。例如：货物实际进出境的口岸海关为“广州机场”时，则录入“5141”。该项目为原报关项目的“进/出口岸”，现更名为“进出境关别”，录入要求无变化，如图6-6和图6-7所示。

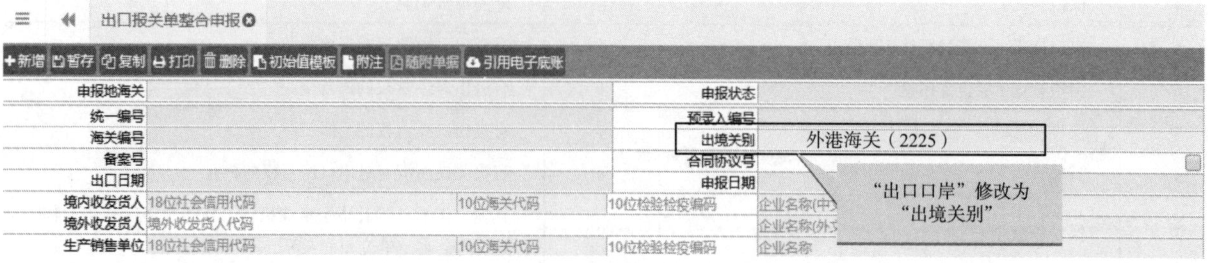

图6-6 “进口口岸”修改为“进境关别”

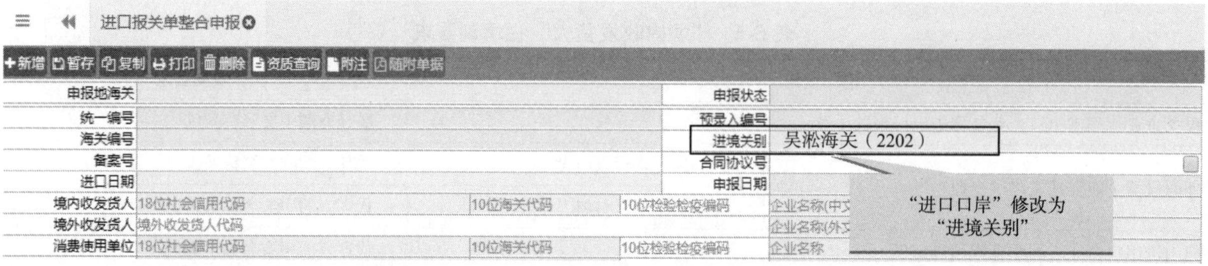

图6-7 “出口口岸”修改为“出境关别”

（六）进口日期/出口日期

1. 栏目含义

进口日期填报运载所申报货物的运输工具申报进境的日期；出口日期填报运载所申报货物的运输工具办结出境手续的日期，在申报时免予填报；无实际进出境的报关单填报海关接受申报的日期。

2. 填报要求

本栏目填报规范为8位数字，顺序为年（4位）、月（2位）、日（2位）。例如：某企业进口一批货物，运载该货物的运输工具于2024年08月18日申报进境，进口日期填写“20240818”，如图6-8所示。

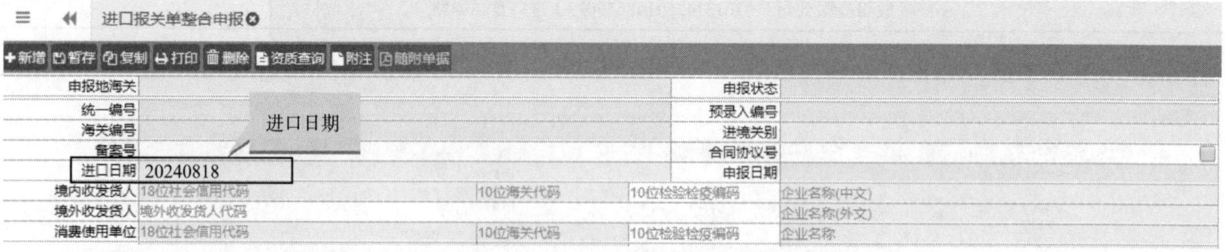

图6-8 “进口日期”栏示意图

（七）申报日期

1. 栏目含义

申报日期指海关接受进出口货物收发货人、受委托的报关企业申报数据的日期。以电子数据报关单方式申报的，申报日期为海关计算机系统接受申报数据时记录的日期。以纸质报关单方式申报的，申报日期为海关接受纸质报关单并对报关单进行登记处理的日期。本栏目在申报时免予填报。申报日期为8位数字，顺序为年（4位）、月（2位）、日（2位）。

2. 填报要求

本栏目填报格式要求同进口日期/出口日期。申报日期为8位数字，顺序为年（4位）、月（2位）、日（2位）。进口货物申报日期不得早于进口日期；出口货物申报日期不得晚于出口日期。例如：某企业进口一批货物，海关接受报关企业申报数据的日期为2024年01月18日，申报日期填报“20240118”。

（八）备案号

1. 栏目含义

填报进出口货物收发货人、消费使用单位、生产销售单位在海关办理加工贸易合同备案或征、减、免税审核确认等手续时，海关核发的加工贸易手册、“海关特殊监管区域和保税监管场所保税账册”“中华人民共和国海关进出口货物征免税证明”（以下简称征免税证明）或其他备案审批文件的编号。新版报关单中的备案号发生的变化如下：

（1）根据实际情况将“减 / 免税备案审批”的表述修改为“减、免税审核确认”。

（2）增加“海关特殊监管区域和保税监管场所保税账册”填报要求。

（3）对“加工贸易设备之间结转”填报要求，增加“使用账册管理的海关特殊监管区域内减免税设备之间结转”。

备案号为12位字符，其中第1位是标记代码。备案号的字头标记代表的备案或审批文件的对应关系见表6-7。

表 6-7　备案号字头标记与备案或审批文件对照表

首位代码	备案审批文件	首位代码	备案审批文件
*B	加工贸易手册（来料加工）	RZ	减免税进口货物结转联系函
*C	加工贸易手册（进料加工）	H	出口加工区电子账册
D	加工贸易不作价设备	J	保税仓库记账式电子账册
*E	加工贸易电子账册	K	保税仓库备案式电子账册
F	加工贸易异地报关分册	*Y	原产地证书
G	加工贸易深加工结转异地报关分册	*Z	征免税证明
RT	减免税进口货物同意退运证明	RB	减免税货物补税通知书

注：加 * 的为需要重点掌握的内容。

2. 填报要求

①一份报关单只允许填报一个备案号；②备案号的标记码与“监管方式”“征免性质”“征免”“项号”等栏目相协调（见表6-8）；③加工贸易项下货物，除少量低值辅料按规定不使用加工贸易手册及以后续补税监管方式办理内销征税的外，填报加工贸易手册编号；④使用异地直接报关分册和异地深加工结转出口分册在异地口岸报关的，填报分册号；⑤本地直接报关分册和本地深加工结转分册限制在本地报关的，填报总册号；⑥加工贸易成品凭征免税证明转为减免税进口货物的，进口报关单填报征免税证明编号，出口报关单填报加工贸易手册编号；⑦对加工贸易设备、使用账册管理的海关特殊监管区域内减免税设备之间的结转，转入和转出企业，分别填制进、出口报关单，在报关单“备案号”栏目填报加工贸易手册编号；⑧涉及征、减、免税审核确认的报关单，填报征免税证明编号；⑨减免税货物退运出口，填报“中华人民共和国海关进口减免税货物准予退运证明”的编号；减免税货物补税进口，填报“减免税货物补税通知书”的编号；减免税货物进口或结转进口（转入），填报征免税证明的编号；相应的结转出口（转出），填报“中华人民共和国海关进口减免税货物结转联系函”的编号。

表 6-8　备案号与其他相关项的对应关系

备案号	监管方式	征免性质	征免	项号
B23901238901	来料加工（0214）	来料加工（502）	全免（3）	手册对应进口料件项号
C29012378901	进料对口（0615）	进料加工（503）	全免（3）	手册对应进口料件项号
Z020324A2306	合资合作设备（2025）	鼓励项目（789）	全免（3）	征免税证明上的项号
Z020324A2306	外资设备物品（2225）	鼓励项目（789）	全免（3）	征免税证明上的项号

将上述表格中的备案号分别填写在报关单的备案号一栏中，如图6-9~图6-11所示。

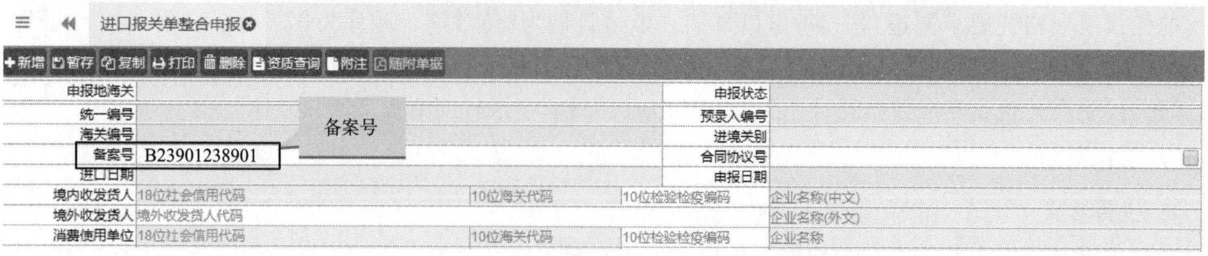

图6-9 “备案号”栏示意图1

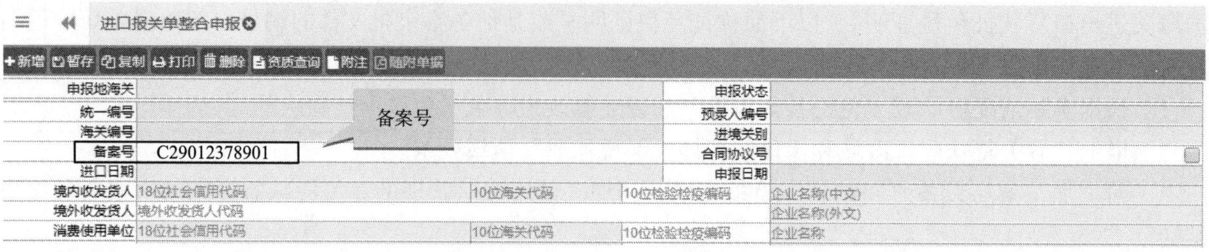

图6-10 “备案号”栏示意图2

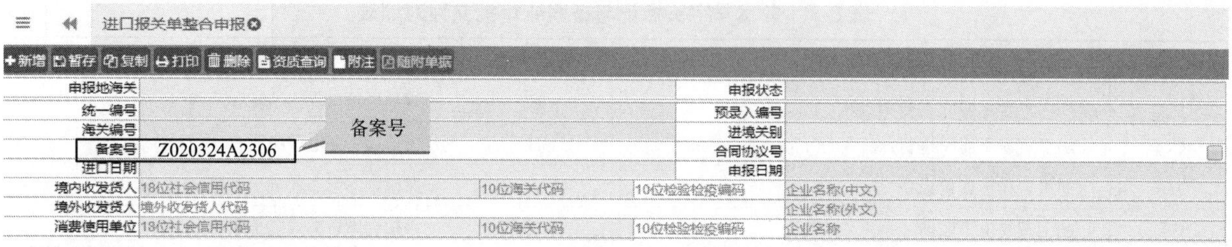

图6-11 “备案号”栏示意图3

（九）境外收发货人

1. 栏目含义

境外收货人：签订并执行出口贸易合同中的买方或合同指定的收货人；境外发货人：签订并执行进口贸易合同中的卖方。对于AEO互认国家（地区）企业的，编码填报AEO编码，填报样式按照海关总署发布的相关公告要求填报（如新加坡AEO企业填报样式为SG123456789012，韩国AEO企业填报样式为KR1234567）。特殊情况下无境外收发货人的，填报“NO”。

2. 填报要求

在“单一窗口”录入端界面体现为“境外收发货人代码”和“企业名称（外文）”两栏（见图6-8）。企业名称（外文），该申报项目为必填项，数据类型为字符型，最多支持录入100位。该项目为原报检项目的“收发货人（外文）”，录入要求无变化。境外收发货人代码，该申报项目为选填项，数据类型为字符型，最多支持录入20位。

例如：出口贸易合同中的收货人是“PACILUM DAIRY GROUP PTY LTD”，则在出口报关单中的“境外收发货人”一栏填报“PACILUM DAIRY GROUP PTY LTD”，如图6-12所示。

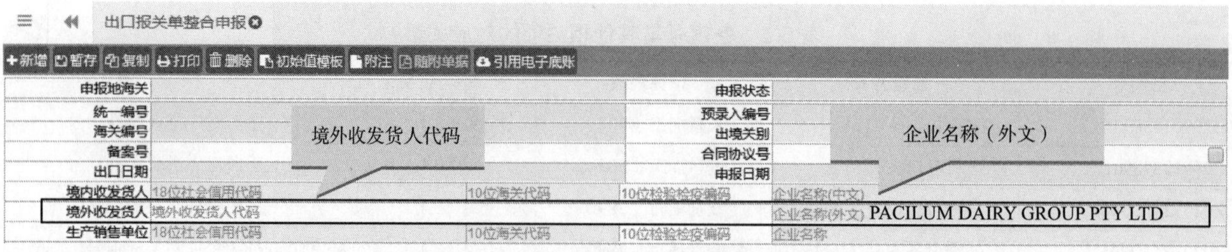

图6-12 “境外收发货人代码”和“企业名称（外文）”栏示意图

（十）运输方式

1. 栏目含义

运输方式包括实际运输方式和海关规定的特殊运输方式，前者指货物实际进出境的运输方式，按进出境所使用的运输工具分类；后者指货物无实际进出境的运输方式，按货物在境内的流向分类。海关规定的运输方式及说明见表6-9。新版报关单的新增运输方式：进出境旅客随身携带的货物，填报“旅客携带”（代码L）；以固定设施（包括输油、输水管道和输电网等）运输货物的，填报“固定设施运输”（代码G），如图6-13所示。

表 6-9　运输方式代码及说明

代码	名称	运输方式说明
0	非保税区	非保税区运入保税区和保税区退区
1	监管仓库	境内存入出口监管仓库和出口监管仓库退仓
*2	水路运输	以船舶为主要运输工具，以港口或港站为运输基地，以水域包括海洋、河流和湖泊为运输活动范围的一种运输方式
*3	铁路运输	铁路运输是使用铁路列车运送旅客和货物的一种运输方式。铁路运输是陆上运输的一种方式，由两条平行的导轨引导
*4	公路运输	利用机动车辆等运输工具将货物从一个地点向另一地点运送，包括集货、分配、搬运、中转、装入、卸下、分散等一系列会产生空间位移的活动
*5	航空运输	是在具有航空线路和飞机场的条件下，利用飞机作为运输工具进行货物运输的一种运输方式
6	邮件运输	利用各种运输工具将邮件总包分别经由规定的邮路运送到寄达地点的运输
7	保税区	保税区运往境内非保税区
8	保税仓库	保税仓库转内销
9	其他方式运输	人扛、驮畜、输水 / 油管道、输电网等方式
W	物流中心	从境内保税物流中心外运入保税物流中心或从保税物流中心运往填内非保税物流中心
X	物流园区	从楼内特殊监管区域之外运入园区内或从保税物流园区运往境内
Y	保税港区	保税港区（不包括直通港区）运往区外和区外运入保税港区
Z	出口加工区	出口加工区运往区外和区外运入出口加工区
H	边境特殊海关作业区	境内运入深港西部通道港方口岸区
L	旅客携带	进出境旅客随身携带的货物
G	固定设施运输	以固定设施（包括输油、输水管道和输电网等）运输货物的

注：加 * 的为需要重点掌握的内容，浅色底纹为新增运输方式。

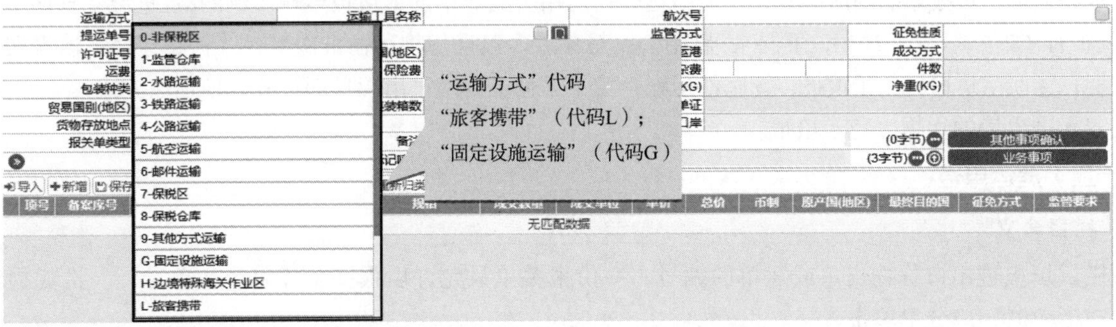

图6-13　“运输方式代码”示意图

2. 填报要求

本栏目应根据货物实际进出境的运输方式或货物在境内流向的类别，按照海关规定的《运输方式代码表》选择填报相应的运输方式。填报规范为运输方式名称或代码。当货物实际进出境时，进境货物填报运抵我国关境第一个口岸的运输方式；出境货物填报运离我国关境最后一个口岸的运输方式。

（1）特殊情况下，填报要求：

①非邮件方式进出境的快递货物，按实际运输方式填报；②进口转关运输货物，按载运货物抵达进境地的运输工具填报；出口转关运输货物，按载运货物驶离出境地的运输工具填报；③不复运出（入）境而留在境内（外）销售的进出境展览品、留赠转卖物品等，填报“其他运输”（代码9）；④进出境旅客随身携带的货物，填报“旅客携带”（代码L）；⑤以固定设施（包括输油、输水管道和输电网等）运输货物的，填报“固定设施运输”（代码G）；

（2）无实际进出境货物在境内流转时，填报要求：

①境内非保税区运入保税区货物和保税区退区货物，填报“非保税区”（代码0）；②保税区运往境内非保税区货物，填报“保税区”（代码7）；③境内存入出口监管仓库和出口监管仓库退仓货物，填报“监管仓库”（代码1）；④保税仓库转内销货物或转加工贸易货物，填报“保税仓库”（代码8）；⑤从境内保税物流中心外运入中心或从中心运往境内中心外的货物，填报“物流中心”（代码W）；⑥从境内保税物流园区外运入园区或从园区内运往境内园区外的货物，填报“物流园区”（代码X）；⑦保税港区、综合保税区与境内（区外）（非海关特殊监管区域、保税监管场所）之间进出的货物，填报“保税港区／综合保税区”（代码Y）；⑧出口加工区、珠澳跨境工业区（珠海园区）、中哈霍尔果斯边境合作区（中方配套区）与境内（区外）（非海关特殊监管区域、保税监管场所）之间进出的货物，填报“出口加工区”（代码Z）；⑨境内运入深港西部通道港方口岸区的货物，填报“边境特殊海关作业区”（代码H）；⑩其他境内流转货物，填报“其他运输”（代码9）。

（十一）运输工具名称及航次号（原：运输工具名称）

1. 栏目含义

运输工具名称：载运货物进出境使用的运输工具名称或运输工具编号，以及载运货物进出境的运输工具航次编号。

2. 填报要求

填报载运货物进出境的运输工具名称或编号及航次号。填报内容应与运输部门向海关申报的舱单（载货清单）所列相应内容一致。

（1）运输工具名称具体填报要求如下：

①水路运输：填报船舶编号或者船舶英文名称；②公路运输：启用公路舱单前，填报该跨境运输车辆的国内行驶车的车牌号，深圳提前报关模式的报关单填报国内行驶车牌号＋“／”＋“提前报关”。启用公路舱单后，免予填报；③铁路运输：填报车厢编号或交接单号；④航空运输：填报航班号；⑤邮件运输：填邮政包裹单号；⑥其他运输：填报具体运输方式名称，例如，管道、驮畜。

（2）航次号具体填报要求如下：

①水路运输：填报船舶的航次号；②公路运输：启用公路舱单前，填报运输车辆的8位进出境日期［顺序为年（4位）月（2位）、日（2位），下同］，启用公路舱单后，填报货物运输批次号；③铁路运输：填报列车的进出境日期；④航空运输：免予填报；⑤邮件运输：填报运输工具的进出境日期；⑥其他运输方式：免予填报。

无实际进出境的货物，免予填报。

（十二）提运单号

1. 栏目含义

该栏目填报进出口货物提单或运单的编号。一份报关单只允许填报一个提单或运单号，一批货物对应多个提单或运单时，应分单填报。

2. 填报要求

该栏目具体填报要求：①水路运输：填报进出口提单号，如有分提单的，填报进出口提单号＋“*”＋分提单；②公路运输：启用公路舱单前，免予填报；启用公路舱单后，填报进出口总运单号；③铁路运输：填报运单号；④航空运输：填报总运单号＋“__”＋分运单号，无分运单的填报总运单号；⑤邮件运输：填报邮运包裹单号。无实际进出境的货物，免予填报。

例如：现有一批家具以海运的运输方式从澳大利亚墨尔本进口运至上海港，船名为“MAERSK EUPHRATES”,航次号为“851E”，提运单号为“SUDU39350A23H001”，则报关单中运输工具名称、航次号、提运单号填报如图6-14所示。

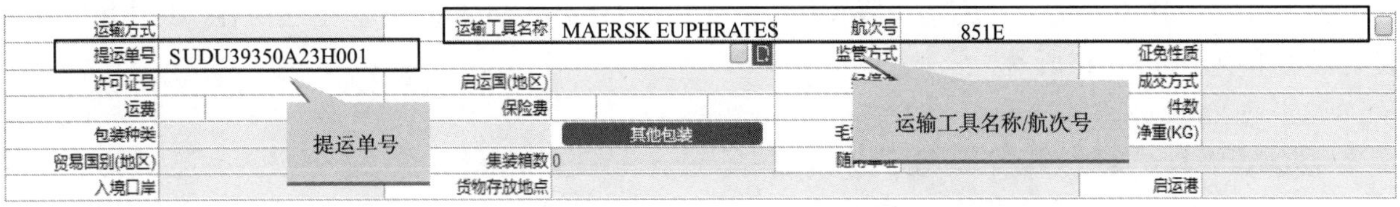

图6-14　“运输工具名称/航次号”“提运单号”栏示意图

（十三）货物存放地点

1. 栏目含义

货物进境后存放的场所或地点，包括海关监管作业场所、分拨仓库、定点加工厂、隔离检疫场、企业自有仓库等。

2. 填报要求

该申报项目为必填项，数据类型为字符型，最多支持录入100位。例如：此批进口货物的存放地点为“洋山四期”，则进口货物报关单中的货物存放地点应填写“洋山四期”，见图6-15所示。

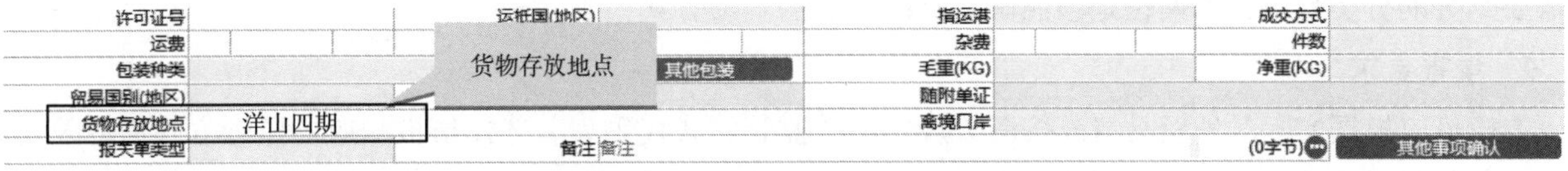

图6-15　“货物存放地点”栏示意图

（十四）消费使用单位 / 生产销售单位

1. 栏目含义

（1）消费使用单位填报已知的进口货物在境内的最终消费、使用单位的名称，包括：①自行进口货物的单位；②委托进出口企业进口货物的单位。

（2）生产销售单位填报出口货物在境内的生产或销售单位的名称，包括：①自行出口货物的单位；②委托进出口企业出口货物的单位。

2. 填报要求

填报18位法人和其他组织统一社会信用代码；无18位统一社会信用代码的，填报“NO”。

例如：上海永鑫家具加工厂（简称“永鑫家具”）从意大利进口木材，“永鑫家具”委托中石化进出口公司（简称“中石化”公司）与意大利ABC公司交易磋商，签订并执行进口合同，并且委托上海海峡货代公司向浦江海关办理此批木材的进口报关。填写进口货物报关单的境内收货人、境外发货人、消费使用单位，具体填报如下：①境内收货人：中石化进出口贸易公司（310131425914568904 3）；②境外发货人：意大利ABC公司（2236）；③消费使用单位：上海永鑫家具加工厂（310131425924564900 36），如图6-16所示。

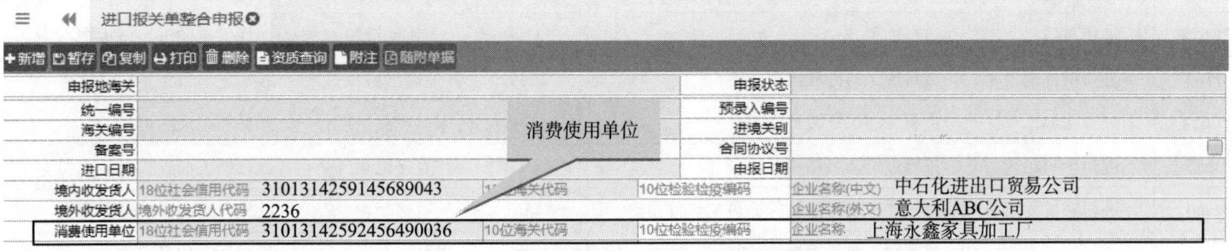

图6-16　“消费使用单位”栏示意图

例如：上海美华服装加工厂（简称“美华公司”）有一批服装销往法国，“美华公司”委托东方外贸进出口公司（简称“东方外贸”公司）与法国ABC公司交易磋商，签订并执行出口合同，并且委托上海鑫海报关行向吴淞海关办理此批服装的出口报关。填写出口货物报关单的境内发货人、境外收货人、生产销售单位，具体填报如下：①境内发货人：东方外贸进出口公司（310132326914586904３）；②境外收货人：法国ABC公司（2290）；③生产销售单位：上海美华服装加工厂（310131535294569004３）。上述内容，具体填写在进出口货物报关单中，如图6-17所示。

图6-17 “生产销售单位”栏示意图

（十五）监管方式

1. 栏目含义

监管方式是以国际贸易中进出口货物的交易方式为基础，结合海关对进出口货物的征税、统计及监管条件综合设定的海关对进出口货物的管理方式；其代码由4位数字构成，前两位是按照海关监管要求和计算机管理需要划分的分类代码，后两位是参照国际标准编制的贸易方式代码。

2. 填报要求

本栏目应根据实际对外贸易情况按海关规定的《监管方式代码表》选择填报相应的监管方式简称及代码。一份报关单只允许填报一种监管方式。常用的监管方式代码见表6-10。

表6-10 监管方式（贸易方式）代码表

代码	简称	监管方式简要说明	代码	简称	监管方式简要说明
*0110	一般贸易	单边进口或单边出口的贸易	0815	低值辅料	低值辅料
0214	来料加工	来料加工装配贸易进口料件及加工出口货物	1233	保税仓库货物	保税仓库进出境货物
0245	来料料件内销	来料加工料件转内销	1300	修理物品	进出境修理物品
*0255	来料深加工	来料深加工结转货物	1427	出料加工	出料加工
0258	来料余料结转	来料加工余料结转	1500	租赁不满 1 年	租赁不满 1 年的租赁贸易货物
0265	来料料件复出	来料加工复运出境的原进口料件	1523	租赁贸易	租赁在 1 年及以上的租赁贸易货物
0300	来料料件退换	来料加工料件退换	*2025	合资合作设备	合资合作企业作为投资进口设备物品
0320	不作价设备	加工贸易外商提供的不作价进口设备	*2225	外资设备物品	外资企业作为投资进口的设备物品
0345	来料成品减免	来料加工成品凭证免税证明转减免税	*2600	暂时进出货物	暂时进出口货物
0420	加工贸易设备	加工贸易项下外商提供的进口设备	*3010	货样广告品 A	有经营权单位进出口的货样广告品
0500	减免设备结转	用于监管年限内减免设备的结转	3039	货样广告品 B	无经营权单位进出口的货样广告品
*0615	进料对口	进料加工	*3100	无代价抵偿	无代价抵偿进出口货物
0644	进料料件内销	进料加工料件转内销	3339	其他进出口免费	其他进出口免费提供货物
*0654	进料深加工	进料深加工结转货物	4400	来料成品退换	来料加工成品退换
0657	进料余料结转	进料加工余料结转	*4500	直接退运	放行结关前直接退运货物
0664	进料料件复出	进料加工复运出境的原进口料件	*4561	退运货物	已放行结关后的退运货物
0700	进料料件退换	进料加工料件退换	4600	进料成品退换	进料加工成品退换

注：加 * 的为需要重点掌握的内容

（十六）征免性质

知识拓展

监管方式的填制规范

1. 栏目含义

征免性质是指海关根据《海关法》《进出口关税条例》及国家有关政策对进出口货物实施的征、减、免税管理的性质类别。征免性质共有41种。以代码首位作为标记，征免性质分为法定征税、法定减免税、特定减免税、其他减免税和暂定税率五部分。其中特定减免税又分为按地区和用途、贸易性质、企业性质、资金来源实施的税收政策四类。

2. 填报要求

本栏目应按照海关核发的征免税证明中批注的征免性质填报，或根据进出口货物实际情况，参照“征免性质代码表”选择填报相应的征免性质简称或代码。一份报关单只允许填报一种征免性质。常见征免性质代码见表6-11。

表 6-11 常见征免性质代码表

代码	简称	征免性质简要说明
*101	一般征税	一般征税进出口货物
201	无偿援助	无偿援助进出口物资
*299	其他法定	其他法定减免税进出口货物
301	特定区域	特定区域进口自用物资及出口货物
307	保税区	保税区进口自用物资
399	其他地区	其他执行特殊政策地区出口货物
*401	科教用品	大专院校及科研机构进口科教用品
403	技术改造	企业技术改造进口货物
413	残疾人	残疾人组织和企业进出口货物
499	ITA 产品	非全税目信息技术产品
501	加工设备	加工贸易外商提供的不作价进口设备
*502	来料加工	来料加工装配和补偿贸易进口料件及出口成品
*503	进料加工	进料加工贸易进口料件及出口成品
510	港澳 OPA	港澳在内地加工的纺织品获证出口
*601	中外合资	中外合资经营企业自产的出口货物
*602	中外合作	中外合作经营企业自产的出口货物
*603	外资企业	外商独资企业自产的出口货物
*789	鼓励项目	国家鼓励发展的内外资项目进口设备
*799	自有资金	外商投资总额外利用自有资金进口的设备、技术
801	救灾捐赠	救灾捐赠进口物资
998	内部暂定	享受内部暂定税率的进出口货物

注：加 * 的为需要重点掌握的内容。

“征免性质”栏填报的一般要求见表6-12。

表 6-12 “征免性质”栏填报要求

要点	填报要求	备注
一单一性质	一份报关单只允许填报一种征免性质	涉及多个的，应分单填报
依证填报	按照海关核发的征免税证明中批注的征免性质填报	无证明的，参照“征免性质代码表”填报相应的性质或代码
依册填报	按照海关核发的加工贸易手册中批注的征免性质填报	包括保税工厂经营的加工贸易

例如：江苏宏坤供应链管理有限公司（91320106674940****）委托上海元初物流有限公司办理乳清蛋白粉进口报关业务，该票进口货物的监管方式为“一般贸易”或者“0110”，征免性质为“一般征税”或者“101”。

例如：上海东方创业股份有限公司（310624 ****）在投资总额内进口食品设备，向海关申请取得Z020324A2306号征免税证明。

解析：①根据备案号代码Z可以判断申报商品是特定减免税设备；②根据境内收货人在海关注册登记的10位数编码的第6位是“4”，可以确定该企业是外商独资企业；③外商独资企业在投资总额内进口的设备物品的监管方式应填写“外资设备物品”或者“2225”，对应的征免性质应填写为“鼓励项目”或“789”。

例如：上海东方创业股份有限公司（310622****）在投资总额内进口食品设备，向海关申请取得Z020324A2306号征免税证明。

解析：①根据备案号代码Z可以判断申报商品是特定减免税设备；②根据境内收货人在海关注册登记的10位数编码的第6位是“2”，可以确定该企业是中外合作企业。③中外合作企业在投资总额内进口的设备物品的监管方式应填写“合资合作设备”或“2025”，对应的征免性质应填写为“鼓励项目”或“789”。

上述内容，具体填写在进出口货物报关单中，如图6-18~图6-20所示。

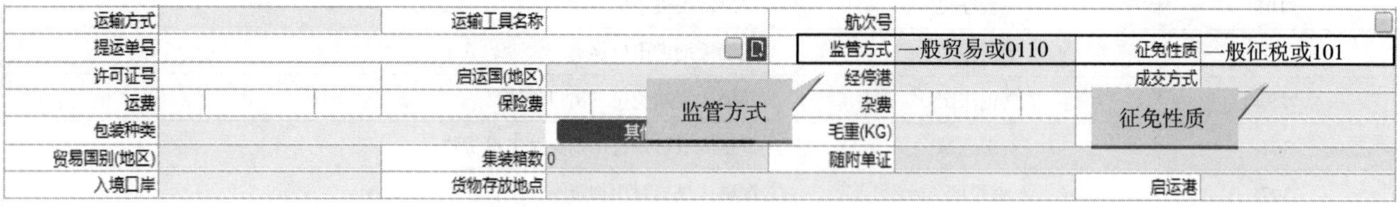

图6-18 “监管方式”“征免性质”栏示意图

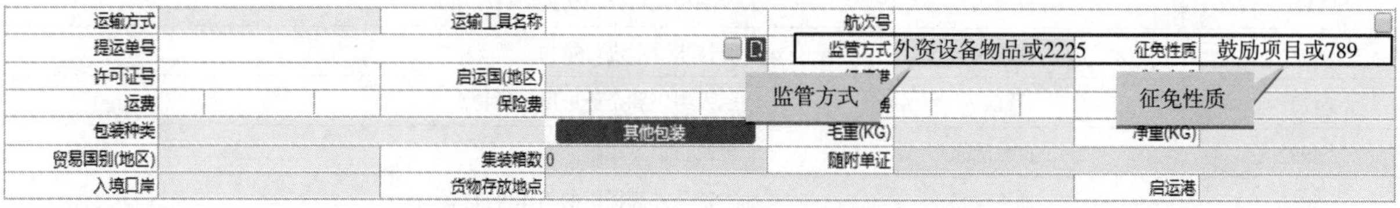

图6-19 “监管方式”“征免性质”栏示意图

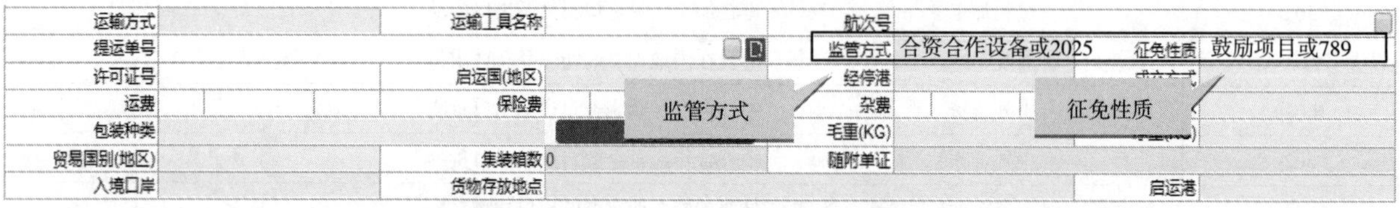

图6-20 “监管方式”“征免性质”栏示意图

（十七）许可证号

1. 栏目含义

填报进（出）口许可证、两用物项和技术进（出）口许可证、两用物项和技术出口许可证（定向）、纺织品临时出口许可证、出口许可证（加工贸易）、出口许可证（边境小额贸易）的编号。

2. 填报要求

一份报关单只允许填报一个许可证号。进出口许可证号的组成为××—××—××××××，如图6-21所示。两用物项和技术进（出）口许可证的编号长度、编排与进出口许可证基本相同，只是编号的第5位为字母。

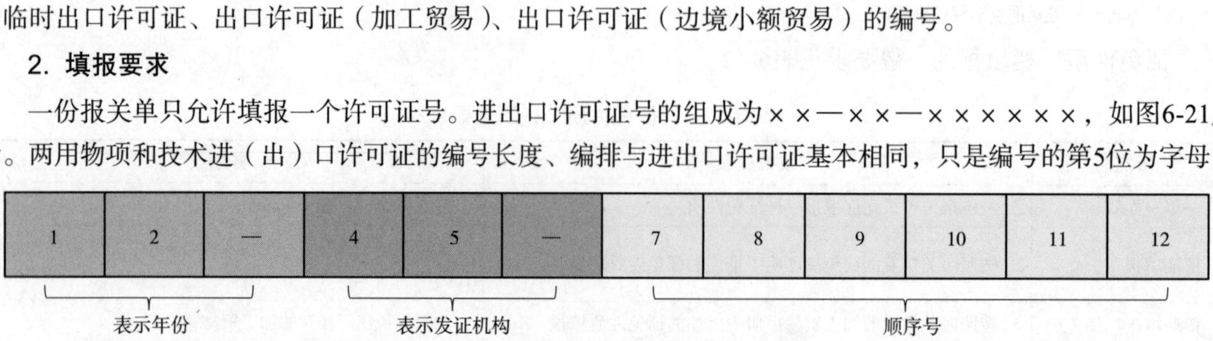

图6-21 进出口许可证号编号结构示意图

（十八）启运港

1. 栏目含义

填报进口货物在运抵我国关境前的第一个境外装运港。该申报项目为必填项，数据类型为6位字符型，在“单一窗口”录入端界面体现。

2. 填报要求

根据实际情况，按海关规定的“港口代码表”填报相应的港口名称及代码；未在“港口代码表”中列明的，填报相应的国家名称及代码。货物从海关特殊监管区域或保税监管场所运至境内区外的，填报“港口代码表”中相应海关特殊监管区域或保税监管场所的名称及代码；未在“港口代码表”中列明的，填报“未列出的特殊监管区”及代码。其他无实际进境的货物，填报“中国境内”及代码。

例如：从美国西雅图港进口2台食品设备到上海吴淞，报关员向吴淞海关（2202）办理进口申报手续后，再将货物提货送至青浦工业园区内的某公司，此批货物的启运港应当填报“西雅图（USA483）”，如图6-22所示。

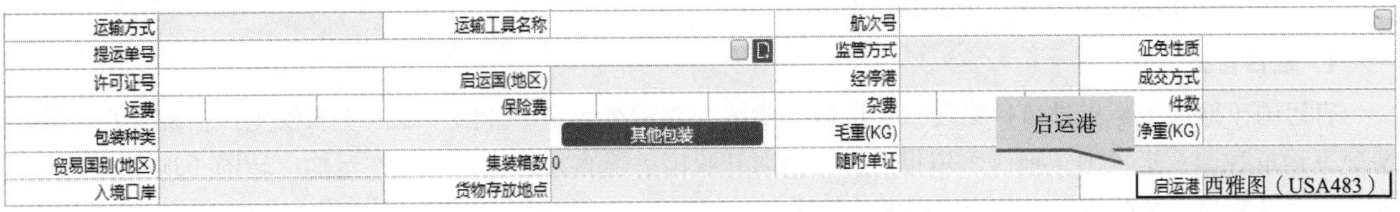

图6-22　“启运港”栏示意图1

例如：从法国马赛港进口一批机械零部件，在日本神户港中转，再继续运往上海外港，报关员向外港海关（2225）办理进口申报手续后，再将货物提货送至奉贤工业园区内的某公司，此批货物的启运港应当填报“马赛（FRA153）”。上述内容，具体填写在进口货物报关单中如图6-23所示。

图6-23　“启运港”栏示意图2

（十九）合同协议号

1. 栏目含义

合同协议号是指在进出口贸易中，买卖双方或数方当事人根据国际贸易惯例或国家的法律、法规，自愿按照一定的条件买卖某种商品所签署的合同协议的编号。

2. 填报要求

①填报进出口货物合同（包括协议或订单）编号。例如：AS-1001；②注意合同的译法。在原始单据（发票）上的合同协议号一般表示为“Contract No.”“S/C NO.”“ P/O NO.”等。“ S/C ”的全称为“ Sales Confirmation ”，“ P/O”的全称为“ Purchase Oder”；③未发生商业性交易的免予填报。填报示意如图6-24所示。

图6-24　“合同协议号”栏示意图

（二十）贸易国（地区）

1. 栏目含义

贸易国（地区）是指对外贸易中与境内企业签订贸易合同的外方所属的国家（地区）。进口填报购自国，出口填报售予国。未发生商业性交易的，填报货物所有权拥有者所属的国家（地区）。

2. 填报要求

本栏目应按海关规定的《国别（地区）代码表》选择填报相应的贸易国（地区）或贸易国（地区）中文名称及代码。无实际进出境的，填报“中国”（代码CHN）。原海关和原检验检疫《国别（地区）代码表》均由3位数字构成，修订后的代码由3位英文字母构成。例如，原海关《国别（地区）代码表》中美国代码为“502”，原检验检疫《国别（地区）代码表》中美国代码为“840”，修订后《国别（地区）代码表》中美国代码为“USA”。图6-25所示为填写国别（地区）代码。

图6-25　填写国别（地区）代码示意图

（二十一）启运国（地区）/运抵国（地区）

1. 栏目含义

启运国（地区）是指进口货物发出直接运抵我国，或者在运输中转国（地区）未发生任何商业性交易的情况下运抵我国；运抵国（地区）填报出口货物离开我国关境直接运抵，或者在运输中转国（地区）未发生任何商业性交易的情况下最后运抵的国家（地区）。

2. 填报要求

本栏目应按海关规定的《国别（地区）代码表》选择填报相应的启运国（地区）或运抵国（地区）中文名称及代码。部分国别（地区）代码见表6-13。

表6-13　部分国别（地区）代码表

国别代码					
代码	中文名称	代码	中文名称	代码	中文名称
DEU	德国	FRA	法国	ITA	意大利
JPN	日本	CHN	中国	NZL	新西兰
SGP	新加坡	RUS	俄罗斯	NLD	荷兰
AUS	澳大利亚	CAN	加拿大	KOR	韩国
GBR	英国	USA	美国		
地区代码					
代码	中文名称	代码	中文名称	代码	中文名称
HKG	中国香港	MAC	中国澳门	TWN	中国台湾

按照是否中转分类，“启运国（地区）/运抵国（地区）”栏的填报要求（见表6-14）；不经过第三国（地区）转运的直接运输进出口货物，以进口货物的装货港所在国（地区）为启运国（地区），以出口货物的指运港所在国（地区）为运抵国（地区）；经过第三国（地区）转运的进出口货物，如在中转国（地区）发生商业性交易，则以中转国（地区）作为启运国（地区）/运抵国（地区）。

表6-14　“启运国（地区）/运抵国（地区）”栏填报要求

运输状况		进口	出口
		启运国（地区）	运抵国（地区）
不经过第三国（地区）转运，直接运抵货物		装运港所在国（地区）	指运港所在国（地区）
转运货物	未发生买卖关系		
	发生买卖关系	中转地所在国（地区）	中转地所在国（地区）

无实际进出境的，“启运国（地区）/运抵国（地区）”栏填报“中国”（代码CHN）。

例如：一批货物从比利时安特卫普港进口到上海外港，进口报关单中启运国（地区）应填报“比利时（BEL）”；一批货物从比利时安特卫普港进口到上海外港，在中国香港中转，但未发生实质性的商业交易，进口报关单中启运国（地区）应填报“比利时（BEL）”；一批货物从比利时安特卫普港进口到上海外港，在中国香港中转，但发生了实质性的商业交易，进口报关单中启运国（地区）应填报“中国香港（HKG）”，如图6-26~图6-28所示。

图6-26　“启运国（地区）”栏示意图1

图6-27　“启运国（地区）”栏示意图2

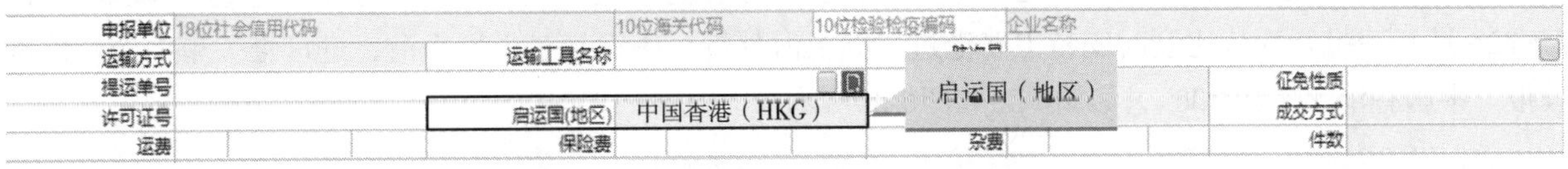

图6-28　“启运国（地区）”栏示意图3

例如：一批货物从上海吴淞港出口到日本横滨港，出口报关单中运抵国（地区）应填报“日本（JPN）”；一批货物从上海吴淞港出口到澳大利亚墨尔本港，中途经过日本大阪港，但未发生实质性商业交易，出口报关单中运抵国（地区）应填报“澳大利亚（AUS）”；一批货物从上海吴淞港出口到法国巴黎，中途经过韩国釜山港，但发生了实质性商业交易，出口报关单中运抵国（地区）应填报“韩国（KOR）”，如图6-29~图6-31所示。

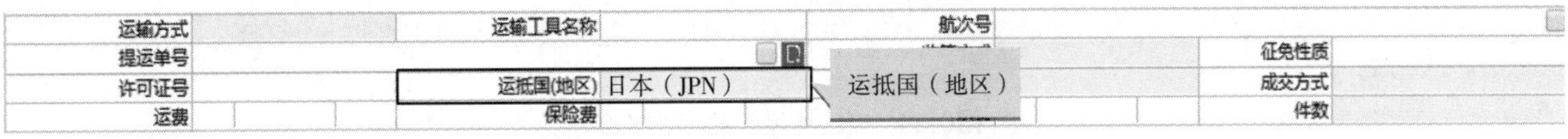

图6-29　“运抵国（地区）”栏示意图

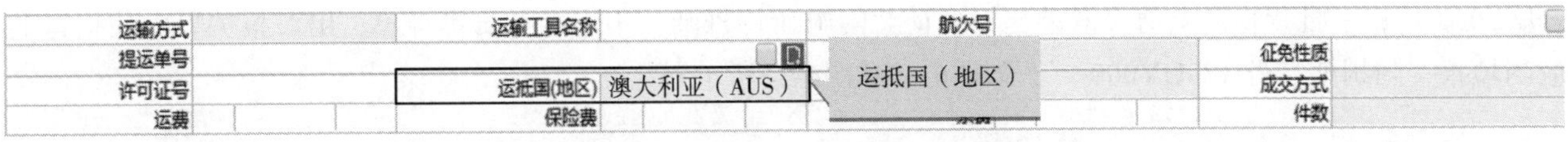

图6-30　“运抵国（地区）”栏示意图

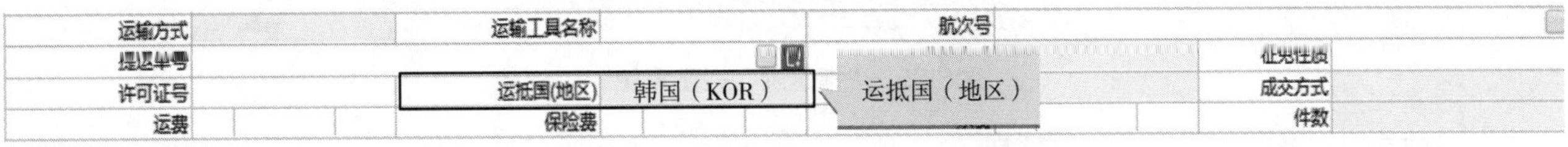

图6-31　“运抵国（地区）”栏示意图

（二十二）经停港/指运港（原“装货港/指运港”）

1. 栏目含义

经停港按海关规定的“港口代码表”选择填报进口货物在运抵我国关境前的最后一个境外装运港；指运港按海关规定的“港口代码表”选择填报出口货物运往境外的最终目的港。

2. 填报要求

该申报项目为必填项，数据类型为6位字符型。该项目为原报关项目的“装货港/指运港”和原报检项目的“经停口岸/到达口岸”，现合并为“经停港/指运港”。注意事项：①出口货物的最终目的港不可预知的，按尽可能预知的目的港作为指运港填报；②经停/指运港在“港口代码表”中无港口名称及代码的，可选择填报相应的国家名称及代码。例如：若来自或去往的柬埔寨港口在“港口代码表”无港口名称和对应代码，则填报“柬埔寨”和代码“KHM000”；③无实际进出境的货物，填报“中国境内”及代码“CHN000”；④原海关“港口代码表”由4位数字构成，原检验检疫“港口代码表”由6位数字构成，修订后的代码由3位英文字母和3位数字构成。例如原报关“港口代码表”中缅甸仰光的代码为“0106”，原报检“港口代码表”中缅甸仰光的代码为“104018”，修订后缅甸仰光的代码为“MMR018”，如图6-32所示。

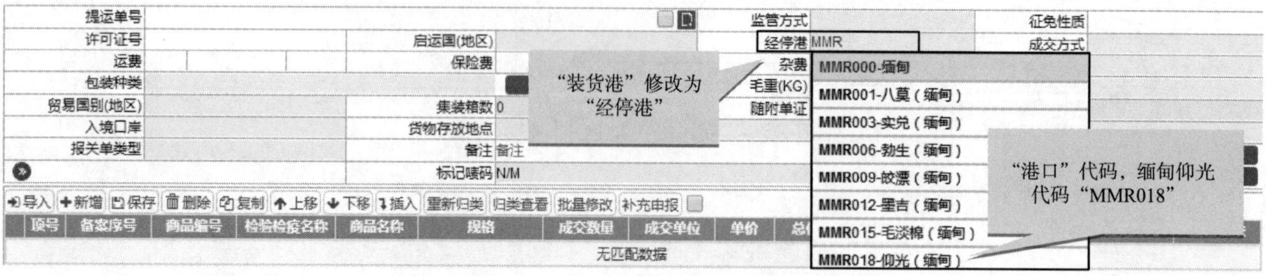

图6-32 “装货港”修改为“经停港”

例如：一批货物从澳大利亚悉尼港进口到上海吴淞港，进口报关单中的经停港应当填报“悉尼（AUS225）”；一批货物从比利时安特卫普港进口到上海外港，中途经过中国香港，进口报关单中的经停港应当填报“中国香港（HKG000），如图6-33和图6-34所示。

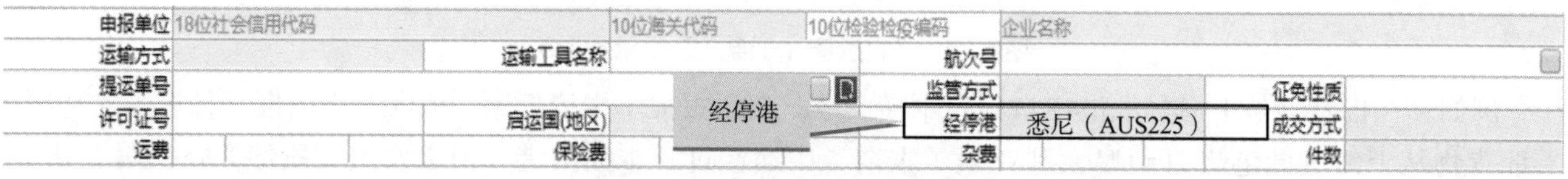

图6-33 “经停港”栏示意图1

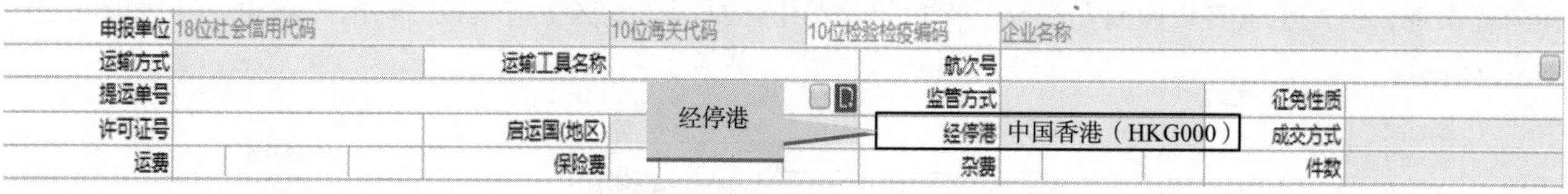

图6-34 “经停港”栏示意图2

例如：一批货物从上海吴淞港出口到新西兰惠灵顿港，出口报关单中的指运港应当填报“惠灵顿（NZL072）”；一批货物从上海吴淞港出口到荷兰阿姆斯特丹港，中途经过日本神户，出口报关单中的指运港应当填报“阿姆斯特丹（GUY009）”，如图6-35和图6-36所示。

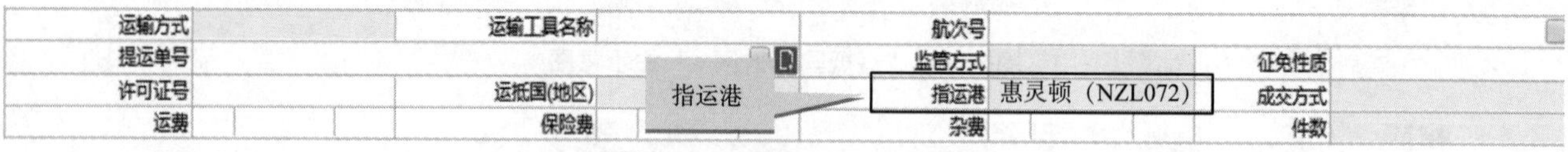

图6-35 “指运港”栏示意图1

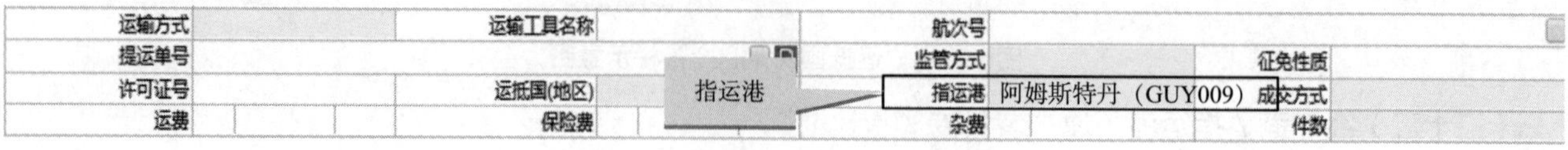

图6-36 “指运港”栏示意图2

（二十三）入境口岸/离境口岸

1. 栏目含义

入境口岸/离境口岸类型包括港口、码头、机场、机场货运通道、边境口岸、火车站、车辆装卸点、车检场、陆路港、坐落在口岸的海关特殊监管区域等。

2. 填报要求

该申报项目为必填项，数据类型为6位数字型。该项目为原报检项目的“入境／离境口岸”，录入要求无变化。报关单按海关规定的“国内口岸编码表”选择填报相应的境内口岸名称及代码。具体填报要求见表6-15。

表 6-15　入境口岸／离境口岸填报要求表

方式	入境口岸	离境口岸
正常出入境	货物从跨境运输工具卸离的第一个境内口岸中文名称与代码	跨境运输工具驶离的第一个境内口岸中文名称与代码
多式联运跨境	最终卸离的境内口岸中文名称与代码	最初驶离的境内口岸中文名称与代码
过境货物	进入境内的第一个口岸中文名称与代码	离境的第一个口岸中文名称与代码
从海关特殊区域或保税监管场所跨境	海关特殊区域或保税监管场所中文名称与代码	
无实际进出境	货物所在地的城市中文名称与代码	

例如：一批货物从荷兰阿姆斯特丹港进口运输至中国厦门港，在进口报关单的入境口岸一栏填报“厦门港（CHN674）”；一批货物从中国宁波港出口运输到德国汉堡港，在出口报关单的离境口岸一栏填报“宁波港（CHN360）”，如图6-37和图6-38所示。

图6-37　“入境口岸”栏示意图

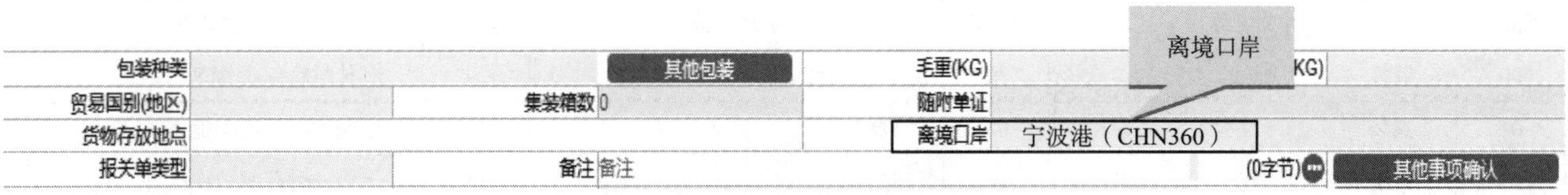

图6-38　“离境口岸”栏示意图

（二十四）件数

1. 栏目含义

件数是指有外包装的单件进（出）口货物的实际件数，货物可以单独计数的一个包装称为一件。

知识拓展

关于“件数”的填写

2. 填报要求

①填报进出口货物运输包装的实际件数（按运输包装计）；②裸装、散装货物，件数填报为“1”。本栏目不得填报为零；③舱单件数为集装箱的，填报集装箱的个数；④舱单件数为托盘的，填报托盘数。

（二十五）包装种类

1. 栏目含义

包装种类是指进出口货物在运输过程中外表所呈现的状态，包括包装材料、包装方式等。一般情况下，应以装箱单或提运单所反映的货物处于运输状态时的最外层包装或称运输包装作为“包装种类”向海关申报。

2. 填报要求

该申报项目为必填项，数据类型为2位字符型。原海关“包装种类代码表”为1位数字，原检验检疫“包装种类代码表”为2～4位字符，修订后的“包装种类代码表”采用2位数字。例如，原海关“包装种类代码表”

中纸箱的代码为“2”，原检验检疫“包装种类代码表”中纸箱的代码为“4M”，修订后纸箱的代码为“22”。

填报进出口货物的所有包装材料，包括运输包装和其他包装，按海关规定的“包装种类代码表”（见表6-16）选择填报相应的包装种类名称及代码。运输包装指提运单所列货物件数单位对应的包装，其他包装包括货物的各类包装及植物性铺垫材料。具体填报要求如下：

①“包装种类”栏一般填除集装箱以外的最大外包装；“件数”栏填“包装种类”所对应的实际件数。例如，一个集装箱里有“ 20 PALLETS 100 CARTONS ”，意味着20个托盘上有100个纸箱，“托盘”是集合包装，“纸箱”是单件包装，所以件数应填报“20”，包装种类应填报“托盘”；②若装箱单上显示“ 2 UNIT & 5 WOODEN CASES ”，由于“ UNIT”和“ WOODEN CASE”都是单件包装，所以件数应填报“7 ”，包装种类应填报“件”；③裸装、散装货物，件数填报为“1”；“包装种类”栏，散装货物填“散装”，裸装货物填“裸装”。裸装货物不同于散装货物，裸装货物是不必要加外包装，如钢材。散装货物是不值得加外包装，如河沙；④本栏目应根据进出口货物的实际外包装种类，选择填报相应的包装种类，如木箱、纸箱、铁桶、散装、裸装、托盘、包、捆、袋等。

例如，使用木制或竹藤等植物性材料制盒/箱作为运输包装的，在本栏填报中文“木制或竹藤等植物性材料制盒/箱”及代码“92”；使用再生木托作为运输包装的，在本栏填报中文“再生木托”或代码“93”；其他包装中含有纸制或纤维板制盒（箱）包装的，在本栏填报中文“纸制或纤维板制盒/箱”及代码“06”。若还有其他包装，则在“其他包装”栏目的“包装材料种类”中，按照海关规定的“包装种类代码表”填报包装名称及对应的两位包装种类代码，在“包装件数”栏目中填报对应件数。包装种类及件数的填写如图6-39~图6-42所示。

表 6-16 包装种类代码表

国际码	中文名称	国际码	中文名称	国际码	中文名称
00	散装	39	其他材料制桶	29	其他材料制盒 / 箱
01	裸装	04	球状罐类	32	纸制或纤维板制桶
22	纸制或纤维板制盒 / 箱	06	包 / 袋	33	木制或竹藤等植物性材料制桶
23	木制或竹藤等植物性材料制盒 / 箱	92	再生木托	93	天然木托
99	其他包装				

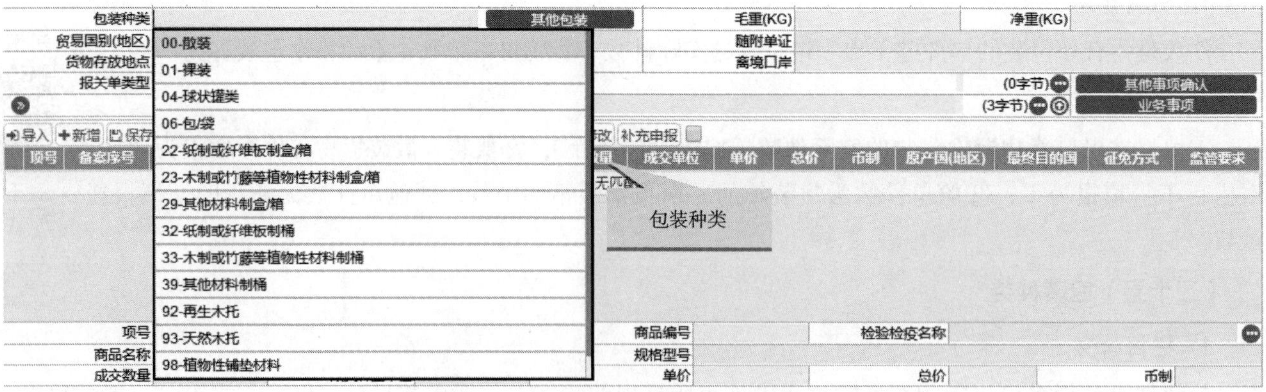

图6-39 “包装种类”栏示意图

图6-40 “件数”“包装种类”栏示意图1

图6-41　“件数”“包装种类”栏示意图2

图6-42　“件数”“包装种类”栏示意图3

（二十六）毛重（千克）

填报进出口货物及其包装材料的重量之和，计量单位为千克，不足1千克的填报为“1”，如0.9千克的填报为“1”；应以合同、发票、提运单、装箱单等有关单证所显示的重量确定进出口货物的毛重填报。如货物的毛重在1千克以上且非整数，其小数点后保留4位，第5位及以后略去。例如：毛重为9.67986千克，填报为“9.6798”，如图6-43所示。

图6-43　“毛重”“净重”栏示意图

（二十七）净重（千克）

填报进出口货物毛重减去外包装材料后的重量，即货物本身的实际重量，计量单位为千克，不足1千克的填报为“1”。例如，空运进口一批钻石，毛重为900克，净重880克。则进口报关单中的“毛重”栏填报“1”，“净重”栏填报“1”。进出口货物的净重依据合同、发票、装箱单等有关单证确定填报。如货物的重量在1千克以上且非整数，其小数点后保留4位，第5位及以后略去。例如，净重7.35688千克，“净重”栏的正确内容为“7.3568”，见图6-43所示。

（二十八）成交方式

1. 栏目含义

成交方式是指在进出口贸易中进出口商品的价格构成和买卖双方各自应承担的责任、费用和风险，以及货物所有权转移的界限。

2. 填报要求

（1）根据逻辑关系确定是否需要填报。

（2）“成交方式”栏应根据实际成交价格条款，按海关规定的“成交方式代码表”，选择填报相应成交方式名称或代码。实际成交价格条款一般标示在发票（invoice）中的价格栏。海关规定的成交方式代码见表6-17。

表 6-17　成交方式代码表

成交方式代码	成交方式名称	成交方式代码	成交方式名称
1	CIF	4	C&I
2	CFR (CNF I C&F)	5	市场价
3	FOB	6	垫仓

值得注意的是，报关单填制中的诸如“CIF”“CFR”“FOB”等成交方式是中国海关规定的“成交方式代码表”中所指定的成交方式，与《2000年国际贸易术语解释通则》中的贸易术语内涵并非完全一致。这里的“CIF”“CFR”“FOB”并不仅限于水路，而适用于任何运输方式，主要体现成本、运费、保险费等成交价格构成因素，目的在于方便海关税费的计算。《2000年国际贸易术语解释通则》13种贸易术语与报关单“成交方

式”栏般对应关系见表6-18。

表 6-18 《2000 年国际贸易术语解释通则》13 种贸易术语与“CIF”“CFR”“FOB”的对应

组别	E 组	F 组				C 组					D 组		
术语	EXW	FCA	FAS	FOB	CFR	CPT	CIF	CIP	DAF	DES	DEQ	DDU	DDP
成交方式	FOB				CFR		CIF						

《2010年国际贸易术语解释通则》11种贸易术语与报关单“成交方式”栏一般对应关系见表6-19。

表 6-19 《2010 年国际贸易术语解释通则》11 种贸易术语与“CIF”“CFR”“FOB”的对应

组别	E 组	F 组			C 组				D 组		
术语	EXW	FCA	FAS	FOB	CFR	CPT	CIF	CIP	DAT	DAP	DDP
成交方式	FOB				CFR		CIF				

需要注意的是，无实际进出境的报关单，进口填报CIF，出口填报FOB

（二十九）运费

1. 栏目含义

运费是指进出口货物从始发地至目的地的国际运输所需要的各种费用。

本栏目填报进口货物运抵我国境内输入地点起卸前的运输费用，以及出口货物运至我国境内输出地点装载后的运输费用。

进口货物成交价格包含前述运输费用或者出口货物成交价格不包含前述运输费用的，本栏目免于填报。

进口货物成交方式为FOB、C&I或出口成交方式为CIF、CFR的，应在本栏填报运费。进口的完税价格以CIF价计算，出口的完税价格以FOB价计算。

2. 填报要求

“运费”栏应根据具体情况选择运费单价、运费总价或运费率三种方式之一填报，同时注明运费标记，并按海关规定的“货币代码表”选择填报相应的币种代码。运费标记“1”表示运费率，“2”表示每吨货物的运费单价，“3”表示运费总价。不同表示方式下“运费”栏填报要求见表6-20。

表 6-20 不同表示方式下“运费”栏填报要求

运费表示方式	标记代码	填报规范	实例	
			例子	填报内容
运费率	1	运费率 /1	运费率为货价的 7%	7/1
运费单价	2	货币代码 / 运费单价 /2	运价为 500 美元 / 吨	USD/500/2
运费总价	3	货币代码 / 运费总价 /3	运费为 6000 港币	HKD/6000/3

（三十）保费

1. 栏目含义

保险费是指被保险人允予承保某种损失、风险而支付给保险人的对价或报酬。

本栏目填报进口货物运抵我国境内输入地点起卸前的保险费用，出口货物运至我国境内输出地点装载后的保险费用。

进口货物成交价格包含前述保险费用或者出口货物成交价格不包含前述保险费用的，本栏目免于填报。

本栏目与“运费”栏相同，是为了计算进出口货物的完税价格，因此计算方法和表示方法与“运费”栏相似；运保费合并计算的，运保费填报在运费栏目中。

2. 填报要求

“保费”栏应根据具体情况选择保险费总价或保险费率两种方式之一填报，同时注明保险费标记，并按海关规定的“货币代码表”选择填报相应的币种代码。保险费标记“1”表示保险费率，“3”表示保险费总价。不同表示方式下“保费”栏填报要求见表6-21。

表 6-21　不同表示方式下“保费”栏填报要求

保费表示方式	标记代码	填报规范	实例	
			例子	填报内容
保费率	1	保费率 /1	保费率为货价的 0.43%	0. 43/1
保费总价	3	货币代码 / 保费总价 /3	保费为 8500 日元	JPN/8500/3

（三十一）杂费

1. 栏目含义

杂费是指填报成交价格以外的、按照《进出口关税条例》相关规定应计入完税价格或应从完税价格中扣除的费用，如手续费、佣金、折扣等费用；但若无应加或应扣费用则不填；应计入完税价格的杂费填报为正值或正率，应从完税价格中扣除的杂费填报为负值或负率。

2. 填报要求

“杂费”栏应根据具体情况选择杂费总价或杂费率两种方式之一填报，同时注明杂费标记，并按海关规定的“货币代码表”选择填报相应的币种代码。杂费标记“1”表示杂费率，“3”表示杂费总价。不同表示方式下“杂费”栏填报要求见表6-22。

表 6-22　不同表示方式下“杂费”栏填报要求

要点	填报要求	备注或举例
正值 / 负值	应计入完税价格的杂费，填报正值	应计入完税价格的 650 元，则记“650”
	应从完税价格中扣除的杂费，填报负值	在完税价格中扣除 0.3% 的佣金，则记“−0.3%”
杂费标记	杂费率用“1”表示	杂费率 /1，如 −0.3/1 表示扣除 0.3% 的杂费；0.3/1 表示加入 0.3% 的杂费
	杂费总价用“3”表示	货币代码 / 杂费总价 /3，如 EUR/4800/3 表示杂费总价为 4 800 欧元
无杂费	免予填报	—

例如：上海松冠食品进出口公司出口红酒一批，从上海港出口到荷兰阿姆斯特丹港，成交方式为CIF，运费总价为6 000美元，保费率为0.7%，成交方式栏、运费栏、保费栏应如何填报，在报关单中的具体填报内容如图6-44所示。

知识拓展

“运费”栏、“保费”栏和“成交方式”栏的逻辑关系

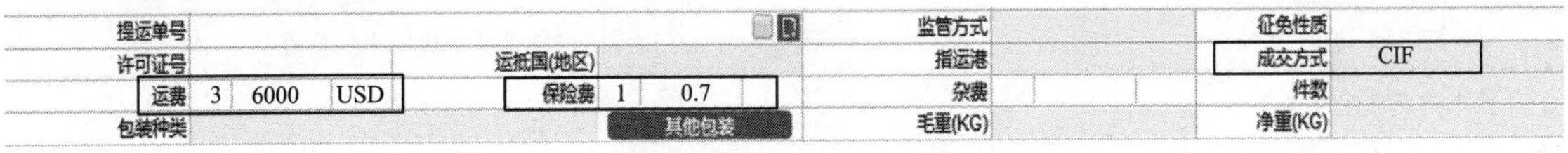

图6-44　“成交方式”“运费”“保费”栏示意图

（三十二）随附单证及编号（原：随附单证）

1. 栏目含义

随附单证是指随进（出）口货物报关单一并向海关递交的单证或文件，包括发票、装箱单、提单、运单等基本单证，监管证件、征免税证明等特殊单证和合同、信用证等预备单证。但此栏所说的“随附单证”是指在“许可证”栏填报的进出口许可证以外的监管证件。

2. 填报要求

本栏目分为随附单证代码和随附单证编号两栏，其中代码栏按海关规定的“监管证件代码表”和“随附单据代码表”选择填报相应证件代码；随附单证编号栏填报证件编号。

（1）随附单证代码。该申报项目为选填项。该项目数据类型为1位字符型。除进（出）口许可证、两用物项和技术进（出）口许可证、两用物项和技术出口许可证（定向）、纺织品临时出口许可证、出口许可证（加

工贸易）、出口许可证（边境小额贸易）以外的其他进出口许可证件或监管证件，按海关规定的《监管证件代码表》（见表6-23）选择填报相应证件代码。该项目为原报关项目的“随附单证代码”，录入要求无变化。

（2）随附单证编码。该申报项目为选填项，数据类型为字符型，最多支持录入32位。除进（出）口许可证、两用物项和技术进（出）口许可证、纺织品临时出口许可证、出口许可证（加工贸易）、出口许可证（边境小额贸易）以外的其他进出口许可证件或监管证件，填报证件编号。该项目为原报关项目的“随附单证编号”，录入要求无变化。

（3）随附单证。该申报项目为选填项。该项目数据类型为8位字符型。“报关单类型”为“通关无纸化”的报关单需根据海关各类监管要求，上传相关随附单据。上传随附单据时，需按海关规定的“随附单据表”录入相应的随附单据编号。例如：上传合同时，“随附单据”需录入“00000004”。该项目为原报关项目的“随附单据”与原报检项目的“随附单据编号”“随附单据名称”“随附单据类别代码”。

表 6-23　部分监管证件代码表

代码	监管证件名称	代码	监管证件名称
*1	进口许可证	2	两用物项和技术进口许可证
3	两用物项和技术出口许可证	*4	出口许可证
*6	旧机电产品禁止进口	*7	自动进口许可证
*8	禁止出口商品	*9	禁止进口商品
A	入境货物通关单（已取消）	B	出境货物通关单（已取消）
D	出 / 入境货物通关单（毛坯砖石用）	*E	濒危物种允许出口证明书
*F	濒危物种允许进口证明书	G	两用物项和技术出口许可证（定向）
I	精神药物进（出）口准许证	J	黄金及其制品进出口准许证或批件
L	药品进出口准许证	M	密码产品和设备进口许可证
*O	自动进口许可证（新旧机电产品）	*P	固体废物进口许可证
Q	进口药品通关单	R	进口兽药通关单
S	进出口农药登记证明	T	银行调运现钞进出境许可证
W	麻醉药品进出口许可证	X	有毒化学品环境管理放行通知单
*Y	原产地证明	Z	音像制品进口批准单或节目提取单
e	关税配额外优惠税率进口棉花配额证	q	国别关税配额证明
t	关税配额证明	*v	自动进口许可证（加工贸易）
x	出口许可证（加工贸易）	y	出口许可证（边境小额贸易）

注：加 * 的为要求重点掌握的内容。

例如：商品描述为“1%<脂肪含量≤6%的未浓缩的乳及奶油（脂肪含量按重量计，本编号货品不得加糖和其他甜物质）”，海关编码为“0401200000”，海关监管证件为“自动进口许可证”，证件编号为“19-09-NJ3089”在报关单中的填报具体如图6-45所示。

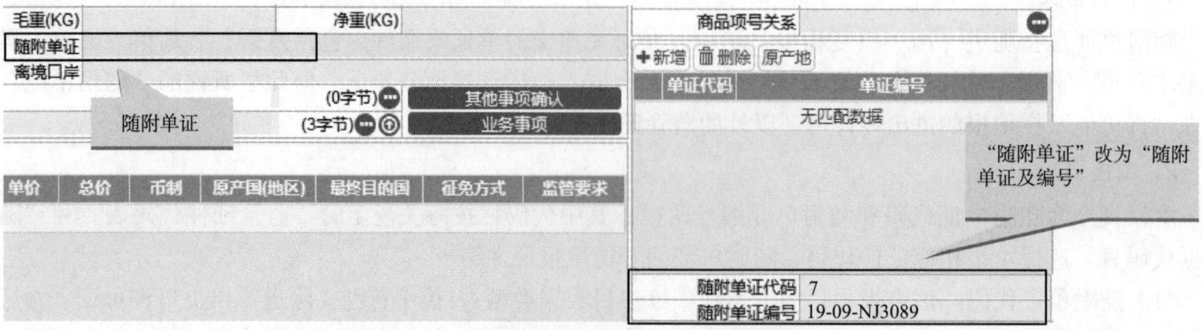

图6-45　“随附单证”改为“随附单证及编号”

（三十三）标记唛码（原“标记唛码及备注”）

知识拓展

原产地证书的联网监管和非联网监管

1. 栏目含义

标记唛码是运输标志的俗称，其英文表示为Marks 、Marking 、MKS 、Marks & NO 、Shipping Marks等。一般包括收货人、文件号（如合同号等）、目的地和包装件号。

2. 填报要求

该申报项目为选填项，数据类型为字符型，最多支持录入400位。填报标记唛码中除图形以外的文字、数字，无标记唛码填报“N/M”。该项目为原报关项目的“标记唛码及备注”和原报检项目的“标记唛码”，现合并为“标记唛码”。

（三十四）备注

1. 栏目含义

备注是指填制报关单时需要备注的事项，包括关联备案号、关联报关单号以及其他需要补充或特别说明的事项；该项目为原报关项目的“标记唛码及备注”和原报检项目的“特殊检验检疫要求”，现合并为“备注”。

2. 填报要求

该申报项目为选填项，数据类型字符型，最多支持录入70位。有以下情况的需按照填制规范的要求录入相关信息：

（1）受外商投资企业委托代理其进口投资设备、物品的，在本栏填报进出口企业名称。

（2）增加“保税间流转货物”填报“关联备案”和“关联报关单”的要求。

（3）修改“暂时进出货物”（2600）和“展览品”（2700）的填报要求。

（4）删除“预归类”和“预审价”的填报要求，明确“预裁定决定”的填报要求。

（5）增加“已经在进入特殊监管区时完成检验的货物在出区入境申报时”“进口直接退运的货物”“企业提供ATA单证册的货物”“不含动物源性低风险生物制品”“货物自境外进入境内特殊监管区或者保税仓库的”“海关特殊监管区域与境内区外之间采用分送集报方式进出的”等11种对应具体填报规则的情况。

（6）涉及加工贸易货物销毁处置的，在本栏填报海关加工贸易货物销毁处置申报表编号。

（7）跨境电子商务进出口货物，在本栏填报“跨境电子商务”。

（8）进口直接退运的货物，在本栏填报“直接退运”字样。

（9）企业提供ATA单证册的货物，在本栏填报“ATA单证册”字样。

（10）属于修理物品的，在本栏填报“修理物品”字样。

例如：外商投资企业上海恒通食品公司（31019350391236****）委托东方创业股份有限公司（310131425914567****）进口投资总额内设备食品加工设备8台，进口报关单境内收货人一栏填报上海恒通食品公司（31019350391236****），并在备注栏注明“委托东方创业股份有限公司进口”，标记唛码是“N/M”，进口货物报关单具体填写内容如图6-46所示。

图6-46 “标记唛码及备注栏”示意图

笔记栏

技能训练

训练：填制与审核新西兰进口黄金奇异果汁“进口货物报关单”

一、填制与审核新西兰黄金奇异果汁“进口货物报关单”

结合背景资料、商品描述，以及来自企业真实的全套随附单证，填制表6-24新西兰黄金奇异果汁的“进口货物报关单”，并对全套报关单内容进行全面审核。

表6-24　中华人民共和国海关进口货物报关单

预录入编号：____________海关编号：____________页码/页数：____________

<table>
<tr><td>境内收货人</td><td colspan="2">进境关别</td><td colspan="2">进口日期</td><td colspan="2">申报日期</td><td>备案号</td></tr>
<tr><td>境外发货人</td><td colspan="2">运输方式</td><td colspan="2">运输工具名称及航次号</td><td colspan="2">提运单号</td><td>货物存放地点</td></tr>
<tr><td>消费使用单位</td><td colspan="2">监管方式</td><td colspan="2">征免性质</td><td colspan="2">许可证号</td><td>启运港</td></tr>
<tr><td>合同协议号</td><td colspan="2">贸易国（地区）</td><td colspan="2">启运国（地区）</td><td colspan="2">经停港</td><td>入境口岸</td></tr>
<tr><td>包装种类</td><td>件数</td><td>毛重（千克）</td><td>净重（千克）</td><td>成交方式</td><td>运费</td><td>保费</td><td>杂费</td></tr>
<tr><td colspan="8">随附单证及编码</td></tr>
<tr><td colspan="8">标记唛码及备注</td></tr>
<tr><td colspan="8">项号　商品编号　商品名称及规格型号　数量及单位　单价/总价/币制　原产国（地区）　最终目的国（地区）　境内目的地　征免</td></tr>
<tr><td colspan="8">1</td></tr>
<tr><td colspan="8">2</td></tr>
<tr><td colspan="8">3</td></tr>
<tr><td colspan="8">4</td></tr>
<tr><td colspan="8">5</td></tr>
<tr><td colspan="8">6</td></tr>
<tr><td colspan="8">特殊关系确认：　价格影响确认：　支付特许权使用费确认：　自报自缴：</td></tr>
<tr><td colspan="7">报关人员：　报关人员证号：　电话：
兹申明以上内容承担如实申报、依法纳税之法律责任
申报单位：　申报单位（签章）</td><td>海关批注及签章</td></tr>
</table>

二、任务实施

学生分组进行实操训练，完成新西兰黄金奇异果汁“进口货物报关单”的填制与审核，并填写表6-25，记录完成情况，对尚未掌握的填制内容，请详细记录未正确填写栏目，以便课后反复训练。

表 6-25　新西兰黄金奇异果汁“进口货物报关单”完成情况记录表

学生姓名：__________　班级：__________　学号：__________

工作内容	关键步骤	任务结果	记录未正确填写栏目
遵守《海关法》，严格根据《报关单填制规范》填制与审核新西兰黄金奇异果汁“进口货物报关单”的表头各栏目	（1）根据进口货物报关单各栏目的逻辑关系，填制与审核“进口货物报关单”中的境内收货人、境外发货人、消费使用单位	□完成 □未完成	
	（2）根据进口货物各栏目的逻辑关系，填制与审核“进口货物报关单”中的进境关别，进口日期、申报日期	□完成 □未完成	
	（3）根据进口货物各栏目的逻辑关系，填制与审核“进口货物报关单”中的运输方式、运输工具名称及编号、提运单号，货物存放地点	□完成 □未完成	
	（4）根据进口货物各栏目的逻辑关系，填制与审核“进口货物报关单”中的备案号、监管方式、征免性质	□完成 □未完成	
	（5）根据进口货物各栏目的逻辑关系，填制与审核“进口货物报关单”中的许可证号、合同协议号	□完成 □未完成	
	（6）根据进口货物各栏目的逻辑关系，填制与审核“进口货物报关单”中的启运港、经停港、贸易国（地区）、启运国（地区）、入境口岸	□完成 □未完成	
	（7）根据进口货物各栏目的逻辑关系，填制与审核“进口货物报关单”中的件数、包装种类、毛重、净重	□完成 □未完成	
	（8）根据进口货物各栏目的逻辑关系，填制与审核“进口货物报关单”中的成交方式、运费、保费、杂费	□完成 □未完成	
	（9）根据进口货物各栏目的逻辑关系，填制与审核“进口货物报关单”中的随附单证及编号、标记唛码及备注	□完成 □未完成	

任务评价

任务评分表见表6-26。

表 6-26　任务评分表

评价内容		分值	自评	互评	师评
知识评价	能够清晰阐述报关单的含义、类别	5			
	能够明确说出报关单填制的一般要求	5			
	能够熟悉报关单表头各栏目的含义	5			
	能够熟悉报关单表头各栏目的填报要求	5			
能力评价	能够登录“单一窗口”，会填制与审核报关单表头各栏目	25			
	能够登录“单一窗口”，会找出报关单表头各栏目中存在的错误，并加以修改	25			
素养评价	严谨细致、一丝不苟、精益求精、真诚报关的职业态度	10			
	具备敬业爱岗、严于律己、诚实守信、心存敬畏的职业操守	10			
	具有较强的信息化素养，与时俱进，不断进取	10			
总　分		100			

巩固与训练

1. 关于“境内收发货人10位数编码中，第五位数字代码”，下列表述错误的是（　　）。

A. 经济技术开发区，代码“2”　　B. 高新技术开发区，代码“3”

C. 出口加工区，代码“5”　　　　　　D. 保税区，代码“6”

2. 某进出口公司向某国出口500吨散装小麦，该批小麦分装在一条船的三个船舱内，海关报关单上的“件数”和“包装种类”两个项目的正确填报应是（　　）。

A. 件数为500吨，包装种类为吨　　　　B. 件数为1，包装种类为船

C. 件数为3，包装种类为船舱　　　　　D. 件数为1，包装种类为散装

3. 某公司从日本进口饼干夹心连包机10台及部分附件，分装30箱，发票注明每台单价为CIFShanghaiUS$22 400，总价为US$224 000，附件不另计价格，进口货物报关单以下栏目正确填报的为（　　）

A. 成交方式：海运；件数：30；商品名称：饼干夹心连包机及附件；单价：22 400

B. 成交方式：海运；件数：10；商品名称：饼干夹心连包机；单价：22 400

C. 成交方式：CIF；件数：30；商品名称：饼干夹心连包机及附件；单价：22 400

D. 成交方式：CIF；件数：10；商品名称：饼干夹心连包机及附件；单价：22 400

4. 商品描述：1%<脂肪含量≤6%的未浓缩的乳及奶油（脂肪含量按重量计，本编号货品不得加糖和其他甜物质），海关编码0401200000，海关监管条件代码7，“7”代表的是（　　）。

A. 自动进口许可证　　　　　　　　　B. 进口许可证

C. 两用物项和技术出口许可证　　　　D. 自动进口许可证（加工贸易）

5. 深圳达华模具有限公司（海关注册编码为440334××××）委托深圳对外贸易集团公司（海关注册编码为440321××××）进口设备一批，由深圳粤海货运有限公司持征免税证明（证明号：Z51011A00442）及有关通关单证向深圳皇岗海关（关区代码5301）代理报关。商品编码84629110，法定计量单位为台，以下正确的是（　　）。

A. 监管方式：合资合作设备（2025）；备案号：Z51011A00442；征免性质：鼓励项目（789）；征免方式：全免

B. 监管方式：进料对口（0615）；备案号：Z51011A00442；征免性质：进料加工（503）；征免方式：全免

C. 监管方式：外资设备物品（2225）；备案号：Z51011A00442；征免性质：鼓励项目（789）；征免方式：全免

D. 监管方式：一般贸易（0110）；备案号：Z51011A00442；征免性质：鼓励项目（789）；征免方式：全免

6. “进口货物报关单”中“件数”栏目，填报进出口货物运输包装的件数（按运输包装计），裸装货物和包装种类如何填报？（　　）

A. 0，无包装　　B. 0，裸装　　C. 1，裸装　　D. 1，无包装

7. 下列表述错误的是（　　）。

A报关单“备案号”一栏，填报“海关核发的“加工贸易手册”、海关特殊监管区域和保税监管场所保税账册、“征免税证明”或其他备案审批文件的编号”

B. 涉及征、减、免税审核确认的报关单，填报征免税证明编号

C. 备案号为12位字符，“B”表示进料加工进出口货物

D. 备案号为12位字符，“D”表示加工贸易不作价进口设备

二、简答题

1. 简述进出口货物报关单的含义、类别。

2. 简述进出口货物报关单填制的一般要求。

3. 简述向海关申请报关时所需递交的报关单据。

三、制单题

根据背景资料和随附单证，登录“单一窗口”填制与审核“小白蘑菇和油橄榄”的“出口货物报关单”（见表6-27）。

表 6-27　中华人民共和国海关出口货物报关单

预录入编号：__________海关编号：__________页码 / 页数：__________

<table>
<tr><td>境内发货人</td><td colspan="2">出境关别</td><td colspan="2">出口日期</td><td colspan="2">申报日期</td><td>备案号</td></tr>
<tr><td>境外收货人</td><td colspan="2">运输方式</td><td colspan="2">运输工具名称及航次号</td><td colspan="3">提运单号</td></tr>
<tr><td>生产销售单位</td><td colspan="2">监管方式</td><td colspan="2">征免性质</td><td colspan="3">许可证号</td></tr>
<tr><td>合同协议号</td><td colspan="2">贸易国（地区）</td><td colspan="2">运抵国（地区）</td><td colspan="2">指运港</td><td>离境口岸</td></tr>
<tr><td rowspan="2">包装种类</td><td rowspan="2">件数</td><td rowspan="2">毛重（千克）</td><td rowspan="2">净重（千克）</td><td rowspan="2">成交方式</td><td>运费</td><td>保费</td><td>杂费</td></tr>
<tr><td></td><td></td><td></td></tr>
<tr><td colspan="8">随附单证及编号</td></tr>
<tr><td colspan="8">标记唛码及备注</td></tr>
<tr><td colspan="8">项号　商品编号　商品名称及规格型号　数量及单位　单价 / 总价 / 币制　原产国（地区）　最终目的国（地区）　境内货源地　征免</td></tr>
<tr><td colspan="8">01</td></tr>
<tr><td colspan="8">02</td></tr>
<tr><td colspan="8">03</td></tr>
<tr><td colspan="8">04</td></tr>
<tr><td colspan="8">05</td></tr>
<tr><td colspan="8">06</td></tr>
<tr><td colspan="8">特殊关系确认：　价格影响确认：　支付特许权使用费确认：　自报自缴：</td></tr>
<tr><td colspan="7">报关人员：　报关人员证号：　电话：
兹申明以上内容承担如实申报、依法纳税之法律责任
申报单位：　申报单位（签章）</td><td>海关批注及签章</td></tr>
</table>

背景资料：上海胜光进出口公司（18位社会信用代码：31278967810298****，10位数海关注册编号：31229434）委托上海元初物流有限公司（18位社会信用代码：31278967810289****，10位数海关注册编号：31229032）出口加工贸易合同项下的小白蘑菇和油橄榄一批，商品描述：小白蘑菇罐头是指洋蘑菇，用醋或醋酸以外其他方法制作或保藏的；油橄榄是指非用醋制作的未冷冻油橄榄。该批货物分列于编号为B22339412390号登记手册第3项和第4项。HS CODE分别为2003101100999、2005700000999，法定计量单位为千克，包装种类为木制或竹藤等植物性材料制盒/箱。由“元初物流”向上海吴淞海关（关区代码：2202）申报出口。境内发货人与生产销售单位相同，成交方式为C&F，运费率为5%，《出境货物检验检疫证明书》编号为3122123056，检验检疫受理机关、领证机关、目的地检验检疫机关、口岸检

验检疫机关均为上海吴淞机关本部（关区代码：310400），境外收货人：SHARP FOODS. CO.，LTD YOKOSUKA. JAPAN（代码：1234）。随附单证商业发票、装箱单如下所示。

随附单证1：商业发票

SHANGHAI SHENG GUANG，I/E LTD.

228 Pudong xi Road shanghai China

INVOICE

INVOICE NO：INV06312 CONTRACT NO：SG06-63 B/L NO：HY2006046		DATE：2024/06/18 DATE：2024/06/30 TERMS：Documents against payment		
SELLER： SHANGHAI SHENG GUANG，I/E LTD. 228 Pudong xi Road shanghai China TEL. ****** FAX. ******		BUYER： SHARP FOODS. CO.，LTD YOKOSUKA. JAPAN		
SHIPPED PER：APL INDIA/228A FROM：SHANGHAI CHINA TO：TOKYO JAPAN VIA HONGKONG CHINA				
MARK	**DESCRIPTION**	**QUANTTTY**	**UNIT/PRICE**	**AMOUNT**
INV06312 CFRYOKOSUKA C/NO1-600 MADE IN CHINA	SMALL WHITE AGARIC 小白蘑菇	200CASES	USD25.00/KGS	USD20，00.00
	OLIVES油橄榄	400CASES	USD60.00/KGS	USD72，000.00
	TOTAL：	600 CASES		USD92，000. 00
TOTAL AMOUNT SAY：U. S. DOLLARS NINETY TWO THOUSAND ONLY				

SHANGHAI SHENG GUANG I/E . LTD

随附单证2：装箱单

SHANGHAI SHENG GUANG，I/E LTD.

228 Pudong xi Road shanghai China

PACKING LIST

INVOICE NO：INV06312 CONTRACT NO：SG06-63 B/L NO：HY2006046		DATE：2024/06/18 DATE：2024/06/30 TERMS：Documents against payment		
SELLER： SHANGHAI SHENG GUANG，I/E LTD. 228 Pudong xi Road shanghai China TEL. ****** FAX. ******		BUYER： SHARP FOODS. CO.，LTD YOKOSUKA. JAPAN		
SHIPPED PER：APL INDIA/228A FROM：SHANGHAI CHINA TO：TOKYO JAPAN VIA HONGKONG CHINA				
MARK	**DESCRIPTION**	**QUANTTTY**	**NET WEIGHT**	**GROSS WEIGHT**
INV06312 CFRYOKOSUKA C/NO1-600 MADE IN CHINA	SMALL WHITE AGARIC 小白蘑菇	200CASES	800.00KGS	900.00KGS
	OLIVES油橄榄	400CASES	1200.00KGS	1300.00KGS
	TOTAL：	600CASES	2000.00KGS	2200.00KGS
CONTAINER NO.：HALU2839468（1×20’）TARE WGT：2280KGS				

SHANGHAI SHENG GUANG I/E. LTD

任务二　填制与审核“进出口货物报关单”（下）

情景导入

关检融合后，通关系统每天都在不断更新，请帮助上海元初物流有限公司报关员林梦梦完成任务：根据背景资料和来自企业真实的全套随附单据，登录“单一窗口”填制与审核“钛白粉”的“出口货物报关单”。

背景资料：常州市金承睿化工有限公司（91320404592591****）向西班牙马拉加（ESP099）出口“Titanium Dioxide TR-708钛白粉”，“金承睿化工”委托上海元初物流有限公司(913101207683987****)向洋山海关（2248）申请出口报关。HS CODE：3206111000；监管方式：一般贸易（0110）；境内发货人与生产销售单位相同；境内货源地：四川攀枝花；运费总价：1 500美元；保费总价：52.95美元；集装箱箱型及编号：BEAU2819108（1×20’）；特殊关系确认：否；价格影响确认：否；支付特许权使用费确认：否；自报自缴：是。

商品名称及描述：

①品名：钛白粉；②品牌类型：无品牌；③出口享惠情况：不享惠；④成分含量：二氧化钛94%；氢氧化铝6%；⑤用途：用于油漆、油墨、塑料、橡胶、造纸、化纤等行业；⑥型号：TR-708；⑦品牌（中文及外文名称）：无；⑧如果加入放射性盐，请注明放射性比度：无；⑨签约日期：2023-11-10；⑩GTIN：无；⑪CAS：13463-67-7。

随附单证1：商业发票。

常州市金承睿化工有限公司

CHANGZHOU JINCHENGRUI CHEMICAL CO., LTD

RM1019, BLGD5, BAOLONG CITY SQUARE, CHANGZHOU, CHINA

TO:
INDUSTRIAS KOLMER S.A.
Polígono Juncaril C/Loja P111-112
18220 Albolote GRANADA SPAIN

Invoice Number 23ESIK0001
Sale Contract No 2023IK0001
Date 2023/11/10

商 业 发 票

COMMERCIAL INVOICE

"唛头及号数 Marks && Numbers"	"品名及规格 Commodities and Descriptions"	"数量 Quantities"	"单价 Unit Price"	"总价 Amount"
			CIF MALAGA，SPAIN	
N/M	1)Titanium Dioxide TR-708	20000KGS	EURO2.29	EURO45,800.00
	TOTAL:	20000KGS		EURO45,800.00

1000kg big bag with pallets
HS code:320611
Order no.01038721

FROM SHANGHAI, CHINA TO MALAGA，SPAIN BY SEA

常州市金承睿化工有限公司

随附单证2：装箱单。

其余的随附单证，学生扫描二维码观看，或下载后自行打印。

常州市金承睿化工有限公司

CHANGZHOU JINCHENGRUI CHEMICAL CO., LTD

RM1019, BLGD5, BAOLONG CITY SQUARE, CHANGZHOU, CHINA

Invoice No: 23ESIK0001

Date: 2023/11/10

Marks & Nos:

N/M

S/C NO: 2023IK0001

装箱单

PACKING LIST

Description	Package No	Quantity	N.WT(Kgs)	G.WT(Kgs)	Meas.(M3.)
1)Titanium Dioxide TR-708	20BAGS	20000KGS	20000.00KGS	20500.00KGS	
TOTAL:	20BAGS	20000KGS	20000.00KGS	20500.00KGS	28.000CBM

1000kg big bag with pallets

HS code:320611

Oder no.01038721

TOTAL PACKED IN 20 BAGS(20PLTS)

NET WEIGHT 20,000.00 KGS

GROSS WEIGHT 20500.00 KGS

TOTAL MEASUREMENTS 28.000 M3

常州市金承睿化工有限公司

知识拓展

随附单证3

学习目标

知识目标：

（1）熟记报关单各栏目的含义、填报要求。

（2）熟记报关单检验检疫各栏目的含义、填报要求。

技能目标：

（1）能够登录“单一窗口”填制、审核、修改报关单的各栏目。

（2）能够登录“单一窗口”填制、审核、修改报关单检验检疫的各栏目。

素养目标：

（1）拥有严谨细致、一丝不苟、精益求精、真诚报关的职业态度，注意制单细节，从而熟能生巧，加快制单速度。

（2）具备敬业爱岗、严于律己、诚实守信、心存敬畏的职业操守，明确制单规范、准确无误填写报关单，降低制单错误率。

（3）具有较强的信息化素养，拥有与时俱进、不断进取的职业能力，能够运用电子信息平台填制、审核和修改报关单。

任务描述

填制与审核报关单是报关员的一项关键技能，报关员需具备制单、审单、理单、交单能力，能登录单一窗口标准化地填制与审核报关单，并向海关提交真实、准确、规范、有效的报关单证。在对核心知识进行全面学习后，结合上述情景内容中的背景资料、随附单证等完成报关单的填制与审核。

核心知识

一、“进出口货物报关单”（表体）的填制规范

（一）项号

1. 栏目含义

项号是指申报货物在报关单中的商品排列序号及该项商品在加工贸易手册、征免税证明等备案单证中的

顺序编号。

一张纸质报关单最多打印6项商品，一项商品占据表体的一栏；可另外附带6张纸质报关单，合计一份纸质报关单（即一个报关单编号）最多可打印50项商品，一张电子报关单（对应一份纸质报关单）表体共有50栏。

2. 填报要求

该申报项目为选填项。该项目数据类型为数字型，最多支持录入19位。该项目为原报关项目的“备案序号”，录入要求无变化。“项号”第二行填报“备案序号”，专用于加工贸易、减免税等已备案、审批的货物，填报和打印该项货物在“加工贸易手册”或“征免税证明”等备案、审批单证中的顺序编号。图6-47所示为“项号”“备案序号”示意图。

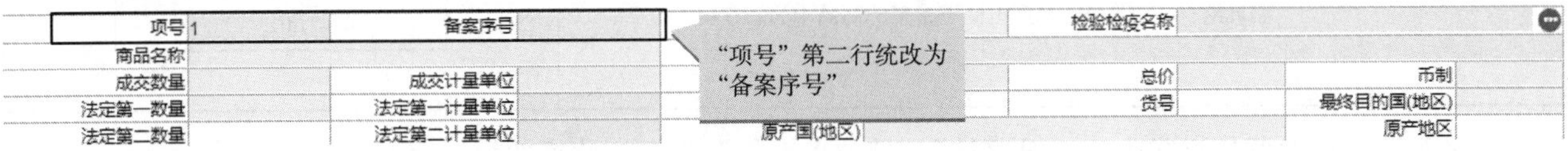

图6-47　“项号”“备案序号”示意图

（1）一般进出口商品，项号栏只填报货物在报关单中商品排列序号，如进口5个商品，序号从01到05。

（2）已备案进出口商品，项号栏目必须分两行填报。第一行填报货物在报关单中商品排列序号：第二行填报货物在备案手册中“项号”，见表6-28。

表6-28　项号栏目填写 1

实例	填报
此报关单属于在加工贸易项目下成品出口，共有2件商品出口，第1件在“加工贸易手册”中的商品顺序号为03；第2件在“加工贸易手册”中的商品顺序号为08	项号 01 03 02 08

（3）属于一般贸易进口的减免税货物，项号栏目必须分两行填报。第一行填报货物在报关单中的商品排列序号：第二行填报货物在“征免税证明”中的商品顺序号，见表6-29

表6-29　项号栏目填写 2

实例	填报
此报关单属于一般贸易进口的减免税货物，共有2件商品，第1件在“征免税证明”中的商品顺序号为02，第2件在征免税证明”中的商品顺序号为06	项号 01 02 02 06

（4）涉及原产地证书的备案进口商品，实行联网管理的，项号栏目填报要“分行填报，相互对应”；未联网管理的，参照一般进口货物，项号栏目不用分行填报，只填报进口商品在报关单中的商品排列序号，见表6-30。

表 6-30　项号栏目填写

实例		填报
实行联网管理	上海某果品公司进口水果一批，向海关申报的第 1 项商品为新鲜甜橙，鲜甜橙在原产地证书备案的商品中为第 3 项	项号 01 03
未联网管理	天津某乳制品公司进口一批乳品，向海关申报的第 1 项商品为干制乳酪，干制乳酪在原产地证书备案的商品中为第 5 项	项号 01

（5）若报关单的贸易方式为“一般贸易”，且“备案号”为空，此栏的第2行为空。

（二）商品编号

1. 栏目含义

商品编号亦称商品编码，是指按商品分类编码规则确定的进出口货物的商品编号。

2. 填报要求

该项目为必填项，数据类型为 13 位字符型，填报由 13 位数字组成的商品编号，前 8 位为《中华人民共和国进出口税则》和《中华人民共和国海关统计商品目录》确定编码，9 ~ 10 位为海关监管附加编号，11 ~ 13 位为检验检疫附加编号。

例如：“纯米大吟酿清酒”的商品编号为2206009000 104。其商品编号示意图如图6-48所示。

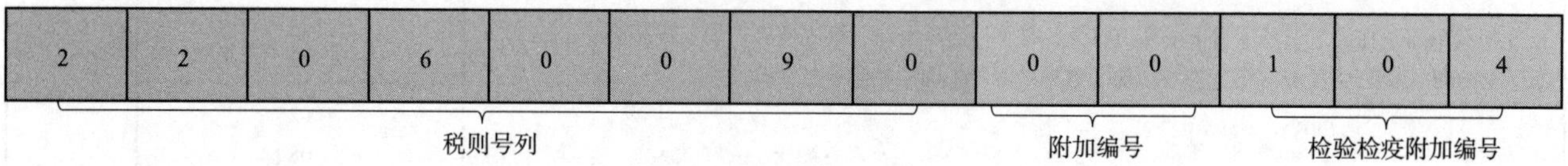

图6-48　商品编号示意图

可通过“海关归类通”（海关大数据平台）查询商品编码（HS　CODE），即登录官方网站，进入“海关归类通”页面，如输入商品名称“小白蘑菇”，查询“小白蘑菇罐头”商品编号为“20031011”。

将“纯米大吟酿清酒”对应的商品编号（HS CODE）填写在下列报关单中，具体填报方法如图6-49所示。

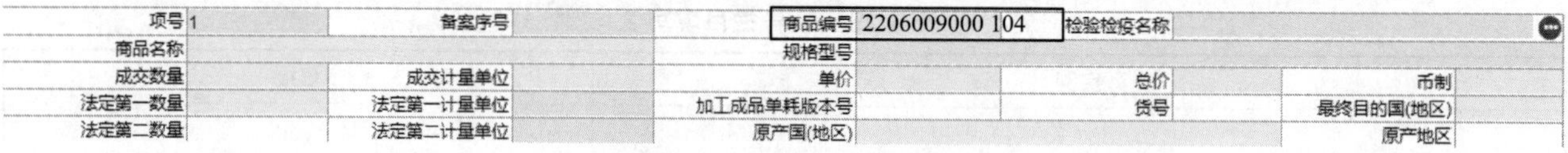

图6-49　“商品编号”示意图

（三）商品名称及规格型号

1. 栏目含义

商品名称，即商品品名，是指进出口货物规范的中文名称。

商品的规格型号是指反映商品性能、品质和规格的一系列指标，如等级、成分、含量、纯度、大小、长短和粗细等。

2. 填报要求

本栏目分两行填报及打印。第一行打印进出口货物规范的中文商品名称，第二行打印规格型号，见表6-31。在填第一行时，如果发票中的商品为非中文名称，则需翻译成规范的中文名填报，仅在必要时加注原文。

表 6-31　“商品名称及规格型号”填报及打印样例

商品名称及规格型号	
棕榈仁油 H2100G，氢化，游离脂肪酸 0.014%	（第一行，规范的中文商品名称） （第二行，规格型号）

“商品名称及规格型号”填报的注意事项见表6-32。

表 6-32　“商品名称及规格型号”填报要求

	要点		填写要求
基本填写要求	商品名称及规格型号应据实填报		与进出口货物收发货人或受委托的报关企业所提交的合同、发票等相关单证相符
	商品名称应当规范，规格型号应当足够详细		以能满足海关归类、审价及许可证件管理要求为准，可参照《进出口商品规范申报目录》中的要求进行填报
特殊货物填写要求	已备案的加工贸易及保税货物		填报的内容必须与备案登记中同项号下货物的商品名称一致
	对需要海关签发货物进口证明书的车辆		填报“车辆品牌＋排气量（注明 cc）＋车型（如越野车、小轿车等）”
	加工贸易合同下	边角料和副产品内销	填报其报验状态的名称和规格型号
		边角料复出口	
	多种进口货物，按照商品归类规则应当归入同一商品编号的		商品名称填报一并归类后的商品名称；规格型号填报一并归类后商品的规格型号

3. 申报要素

进出口货物收发货人或其代理人在填报“商品名称、规格型号”栏目时，应根据“规范申报目录”中所列商品申报要求的内容进行填报，对于不同商品编码下的货物规定了申报要素。规范申报目录规定的申报要素举例见表6-33。

表 6-33　申报要素列举

商品名称	商品编码	申报要素
甜饼干	19053100. 00	0：品牌类型；1：出口享惠情况；2：成分含量；3：包装规格；4：品牌；5：GTIN；6：CAS
肉类或家禽加工机器	84385000. 00	0：品牌类型；1：出口享惠情况；2：用途；3：品牌；4：型号；5：GTIN；6：CAS
6%<脂肪含量≤ 10% 的未浓缩的乳及奶油	04014000. 00	0：品牌类型；1：出口享惠情况；2：制作或保存方法［未浓缩及未加糖或其他甜物质］；3：脂肪含量［按重量计］；4：成分含量；5：包装规格［如 1 升 / 盒］；6：品牌；7：GTIN；8：CAS
其他蒸馏酒及酒精饮料	22089090. 99	0：品牌类型；1：出口享惠情况；2：品名［中文及外文名称］；3：原料；4：酒精浓度；5：包装规格；6：品牌［中文及外文名称］；7：GTIN；8：CAS

将表6-33中的商品名称（6%<脂肪含量≤10%的未浓缩的乳及奶油）、商品编号（04014000.00）填写在报关单中，如图6-50所示。

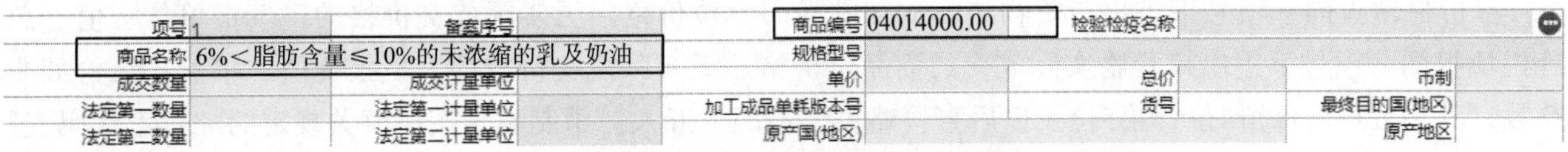

图6-50　填写“商品编号”“商品名称”

（四）数量及单位

1. 栏目含义

进出口货物报关单上的数量是指进出口商品的实际数量。计量单位分为成交计量单位和海关法定计量单位。成交计量单位是指买卖双方在交易过程中所确定的计量单位，可根据发票来确定。法定计量单位又分为第一法定计量单位和第二法定计量单位。海关法定计量单位以《中华人民共和国海关统计商品目录》中规定的计量单位为准。

2. 填报要求

分三行填报。第一行按进出口货物的法定第一计量单位填报数量及单位，法定计量单位以《中华人民共和国海关统计商品目录》中的计量单位为准。凡列明有法定第二计量单位的，在第二行按照法定第二计量单位填报数量及单位。无法定第二计量单位的，第二行为空。成交计量单位及数量填报在第三行。表6-34所示为实际成交计量单位与法定计量单位的逻辑关系，表6-35所示为“数量及单位”填报情形样例。

表 6-34　实际成交计量单位与法定计量单位的逻辑关系

计量单位状态	填制要求		
	第一行	第二行	第三行
成交与法定一致	法定计量单位及数量	空	空
成交与法定一致，并有第二计量单位	法定第一计量单位及数量	法定第二计量单位及数量	空
成交与法定不一致	法定计量单位及数量	空	成交计量单位及数量
成交与法定不一致且有第二计量单位	法定第一计量单位及数量	法定第二计量单位及数量	成交计量单位及数量

表 6-35　“数量及单位”填报情形样例

商品名称及规格型号	数量及单位
中野柚子风味梅子酒 4|3| 中野柚子风味梅酒 /NAKANO KISHU YUZU UMESHU| 水，梅子，白砂糖，食用酒精，柚子。| 12%vol |720 毫升 ×6 瓶 / 箱 |	240. 0000 瓶（第一行，法定第一计量单位及数量） 172. 8000 千克（第二行，法定第二计量单位及数量） 172. 8000 升（第三行，实际成交计量单位及数量）

将表6-35中的商品名称、数量及单位填写在报关单中，如图6-51所示。

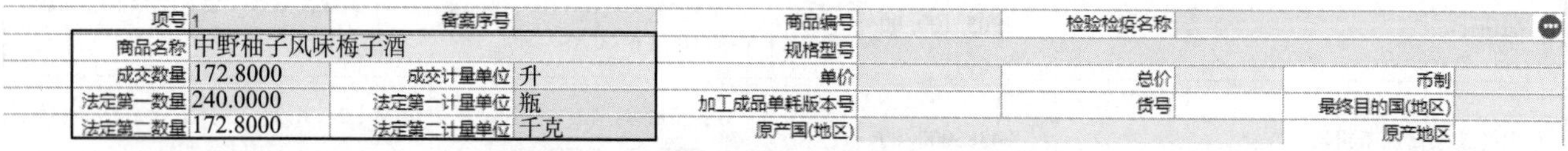

图6-51　“商品名称”、“数量及单位”示意图

（五）单价 / 总价 / 币制

1. 栏目含义

单价是指商品的一个计量单位以某一种货币表示的价格。商品的单价是由计价数量单位、单位价格金额、计价货币和贸易术语四个部分组成，若有佣金和折扣，则体现为含佣价、含折扣价。例如，US$800 per metric ton CIF C 5% NewYork。总价是指进出口货物实际成交的商品总价。币制是指进出口货物实际成交价格的计价货币。

2. 填报要求

单价栏填报同一项号下进出口货物实际成交的商品单位价格。无实际成交价格的，填报单位货值。总价栏填报同一项号下进出口货物实际成交的商品总价格。无实际成交价格的，填报货值。单价、总价如非整数，其小数点后保留4位，第5位及以后直接略去，不四舍五入。币制栏是按照海关规定的“货币代码表”选择相应的货币名称及代码填报，如“货币代码表”中无实际成交币种，需将实际成交货币按申报日外汇折算率折算成“货币代码表”列明的货币填报。表6-36所示为常用币制代码表。

表 6-36 常用币制代码表

原币制代码	新币制代码	币制名称	原币制代码	新币制代码	币制名称	原币制代码	新币制代码	币制名称
116	JPY	日元	331	CHF	瑞士法郎	136	THB	泰国铢
300	EUR	欧元	330	SEK	瑞典克朗	121	MOP	澳门元
132	SGD	新加坡元	302	DKK	丹麦克朗	344	RUB	俄罗斯卢布
133	KRW	韩国圆	303	GBP	英镑	609	NZD	新西兰元
501	CAD	加拿大元	502	USD	美元			
142	CNY	人民币	601	AUD	澳大利亚元			

原海关“货币代码表”和原检验检疫“货币代码表”均由3位数字构成，修订后的“货币代码表”采用3位国标字母码。例如，原海关“货币代码表”中加拿大元的代码为“501”，原检验检疫“货币代码表”中加拿大元的代码为“124”，修订后加拿大元的代码为“CAD”；原海关“货币代码表”中澳大利亚元的代码为“601”，原检验检疫“货币代码表”中澳大利亚元的代码为“036”，修订后澳大利亚元的代码为“AUD”；原海关“货币代码表”中欧元的代码为“300”，原检验检疫“货币代码表”中欧元的代码为“910”，修订后欧元的代码为“EUR”。例如：进口货物单价为每千克0.85欧元，总价为24826.80欧元，填写在报关单中，如图6-52所示。

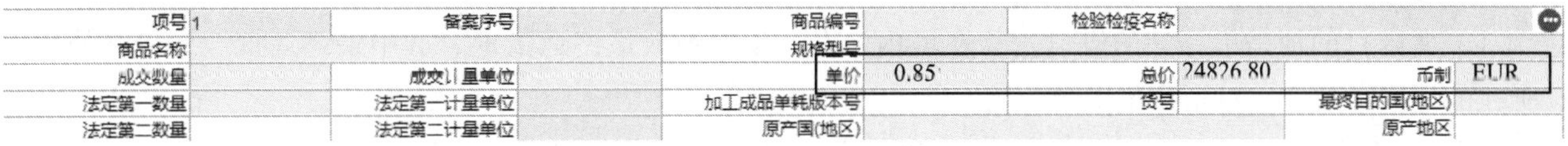

图6-52 填写“单价”“总价”“币制”

（六）原产国（地区）/ 最终目的国（地区）

1. 栏目含义

原产国（地区）是指进出口货物的生产、开采或加工制造的国家或地区。经过几个国家或地区加工制造的进口货物，以最后一个对货物进行经济上可以视为实质性加工的国家或地区作为该货物的原产国（地区）。最终目的国（地区）是指已知的进出口货物最后交付的国家（地区），也即最终实际消费、使用或作进一步加工制造的国家（地区）。

2. 填报要求

原产国（地区）依据《中华人民共和国进出口货物原产地条例》《中华人民共和国海关关于执行〈非优惠原产地规则中实质性改变标准〉的规定》及海关总署关于各项优惠贸易协定原产地管理规章规定的原产地确定标准填报。进出口货物报关单上的“原产国（地区）”栏和“最终目的国（地区）”栏均应按照海关规定的“国别（地区）代码表”选择填报相应的国家（地区）中文名称及代码。不同情况出口报关单的“最终目的国（地区）”填写的处理方法见表6-37。

知识拓展

原产国（地区）/最终目的国（地区）的确定

表 6-37 不同情况“最终目的国（地区）”栏填写的处理方法

情　况	最终目的国（地区）填报
已确定货物最终消费、使用或进一步加工制造的国家（地区）	确认的国家（地区）
不经过第三国（地区）转运的直接运输货物	运抵国（地区）
经过第三国（地区）转运的货物	最后运往国（地区）
同一批进出口货物的最终目的国（地区）不同的	分别填报最终目的国（地区）
进出口货物不能确定最终目的国（地区）时	尽可能预知的最后运往国（地区）

例如：天津某进出口贸易公司海运进口由日本（国别代码JPN）深加工的，原产于加拿大（国别代码CAN）的红松木地板一批，请确定“原产国（地区）/最终目的国（地区）”栏目的填报内容，具体填报如图6-53所示。

项号	1	备案序号		商品编号		检验检疫名称			
商品名称				规格型号					
成交数量		成交计量单位		单价		总价		币制	
法定第一数量		法定第一计量单位		加工成品单耗版本号		货号		最终目的国(地区)	中国（CHN）
法定第二数量		法定第二计量单位		原产国(地区)	日本（JPN）			原产地区	
		境内目的地	境内目的地代码		目的地代码			征免方式	

图6-53 “原产国（地区）”“最终目的国（地区）”示意图

上海兴雅食品进出口有限公司向法国出口一批巧克力，商品名称：香榭丽舍巧克力制品蓝色礼盒，货物从洋山深水港出运，经中国香港转船运至法国巴黎，请确定“原产国（地区）/最终目的国（地区）”栏目的填报内容。具体填报如图6-54所示。

项号	1	备案序号		商品编号		检验检疫名称			
商品名称				规格型号					
成交数量		成交计量单位		单价		总价		币制	
法定第一数量		法定第一计量单位		加工成品单耗版本号		货号		最终目的国(地区)	法国（FRA）
法定第二数量		法定第二计量单位		原产国(地区)	中国（CHN）				
		境内货源地	境内货源地代码		产地代码			征免方式	

图6-54 “原产国（地区）”“最终目的国（地区）”示意图

（七）境内目的地/境内货源地

1. 栏目含义

（1）境内目的地是指已知的进口货物在境内消费、使用地或最终运抵地，其中最终运抵地为最终使用单位所在的地区（仅在进口报关单中填写）：

①直接接受有外贸进出口经营权的企业调拨物资的境内消费、使用单位所在地。

②委托有外贸进出口经营权的企业进口货物的单位所在地。一般情况下委托单位也就是报关单上最终消费使用的单位，故其所在地为境内目的地。

③自行从境外进口货物的单位所在地。自行从境外进口货物的单位并不是受委托进口的，因此，它本身就是货物最终消费使用的单位，故其所在地为境内目的地。

④如难以确定进口货物的消费、使用单位，应以预知的进口货物最终运抵地区为准。

（2）境内货源地是指已知的出口货物在境内的产地或原始发货地。出口货物产地难以确定的，填报最早发运该出口货物的单位所在地（仅在出口报关单中填写）。

2. 填报要求

（1）境内目的地和境内货源地应按海关规定的《国内地区代码表》选择填报相应的国内地区名称及代码。代码的含义与境内收发货人在海关注册登记的编码前5位的定义相同。境内目的地和境内货源地多为消费使用单位和生产销售单位所在地，这样就可以根据消费使用单位和生产销售单位的海关编码前5位来确认或填报该栏目。多数情况都是根据进口货物的消费使用单位或出口货物的生产销售单位所属国内地区名称及代码填写。

（2）境内目的地和境内货源地要求填报国内地区名称及代码。那么，地区名称填写要具体到什么程度呢？在上面的填报要求中已指出国内地区的代码与境内收发货人在海关注册登记的编码前5位的定义相同。而境内收发货人在海关注册登记的编码前5位的含义表达到行政区域的经济区划，所以填报的国内地区名称也要表达到经济区划一级。例如，境内目的地为收货单位“中外合资沈阳仰光钢帘有限公司（210123××××）”所在地。境内目的地要填报的具体的地区名称也就是沈阳仰光钢帘有限公司海关编码前5位表达的含义，而编码前5位“21012”中前2位“21”表示辽宁，第3、4位“01”表示沈阳，第5位“2”表示经济技术开发区。因此，境内目的地地区名称应填写“沈阳经济技术开发区”，而不能仅填写辽宁沈阳或沈阳（不够具体）。新版报关单中，“境内目的地/境内货源地”栏目发生的变化如下：

①由表头填报改为表体填报。

②增加根据《中华人民共和国行政区划代码表》选择填报境内目的地对应的县级行政区名称及代码。无下属区县级行政区的可选择填报地市级行政区。进口货物需同时在“境内目的地代码”和“目的地代码”两

个栏目填报相应的国内地区和县级行政区名称及代码；出口货物需同时在“境内货源地代码”和“产地代码”两个栏目填报相应的国内地区和县级行政区名称及代码。

知识拓展

“境内目的地/境内货源地”栏目的确定

例如，某批货物的境内目的地是上海浦东新区，在“境内目的地代码”栏选择“31222-上海浦东新区”进行填报。同时“目的地代码”栏选择“310115-上海市浦东新区”填报。某批货物的境内货源地是上海青浦出口加工区，在“境内货源地代码”栏选择“31205-上海青浦出口加工区”进行填报。同时“产地代码”栏选择“310118-上海市青浦区”填报。具体填报如图6-55和图6-56所示。

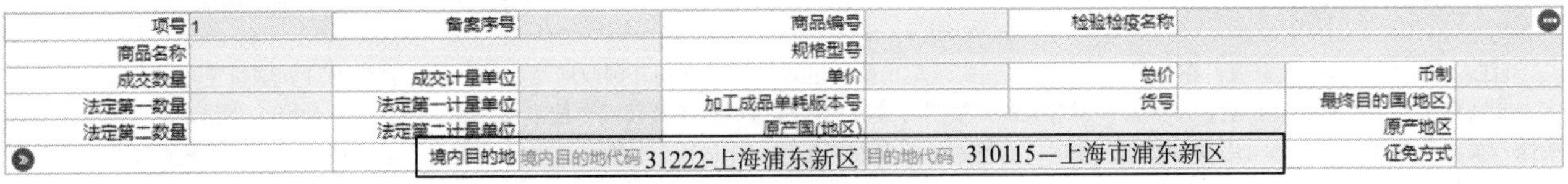

图6-55　填报“境内目的地”

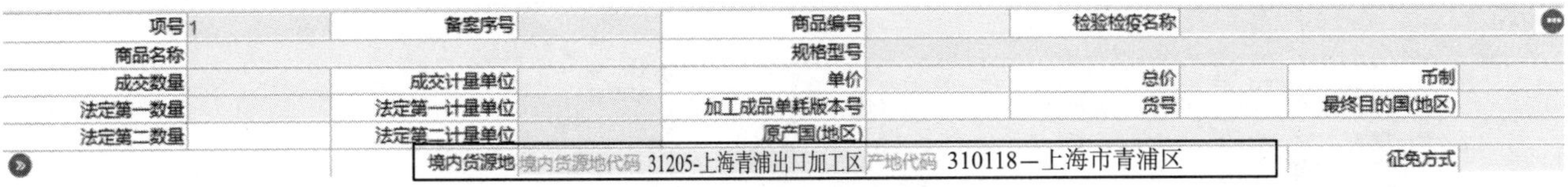

图6-56　填报“境内货源地”

（八）征免方式（原：征免）

1. 栏目含义

征免方式是指海关依照《海关法》《进出口关税条例》及其他法律、行政法规，对进出口货物进行征税、减税、免税或特案处理的实际操作方式。同一份报关单上可以填报不同的征减免税方式。

2. 填报要求

（1）按照海关核发的“征免税证明”或有关政策规定，对报关单所列每项商品选择海关规定的“征减免税方式代码表”中相应的征减免税方式填报。

（2）加工贸易货物报关单根据“加工贸易手册”中备案的征免规定填报；“加工贸易手册”中备案的征免规定为“保金”或“保函”的，填报“全免”。常用征减免税方式代码见表6-38。

表6-38　常用征减免税方式代码

代　码	征减免税方式名称	代　码	征减免税方式名称
1	照章征税	5	征免性质
2	折半征税	6	保证金
3	全免	7	保函
4	特案	—	—

监管方式、备案号、征免性质、征免方式、项号等5项指标之间存在某种对应关系，以一般贸易、来料加工、进料对口、合资合作设备、外资设备物品等5种监管方式为例来说明，见表6-39。

表6-39　“监管方式”“征免性质”“备案号”“征免”“项号”各栏目间的逻辑关系

监管方式（代码）	备案号（第一个字母）	征免性质（代码）	征免方式（代码）	项　号
一般贸易（0110）	空	一般征税（101）	照章征税（1）	填报报关单中的商品序号
	Z（征免税证明）	鼓励项目[①]（789）	全免（3）	第一行填报报关单中的商品序号，第二行填报与征免税证明上一致的商品的项号
		自有资金[②]（799）		
		科教用品（401）		
来料加工（0214）	B（登记手册）	来料加工（502）	全免（3）	第一行填报报关单中的商品序号，第二行填报与加工贸易手册上一致的商品的项号

续表

监管方式（代码）	备案号（第一个字母）	征免性质（代码）	征免方式（代码）	项　号
进料对口（0615）	C（登记手册）	进料加工（503）	全免（3）	第一行填报报关单中的商品序号，第二行填报与加工贸易手册上一致的商品的项号
合资合作设备（2025）	Z（征免税证明）	鼓励项目[③]（789）	全免（3）	第一行填报报关单中的商品序号，第二行填报与征免税证明上一致的商品的项号
外资设备物品（2225）	Z（征免税证明）	鼓励项目[④]（789）	全免（3）	第一行填报报关单中的商品序号，第二行填报与征免税证明上一致的商品的项号

注：①适用于国内投资项目在投资总额内按照有关减免税政策进口，以及利用外国政府贷款和国际金融组织贷款项目进口设备及其配套技术；②适用于外商投资企业在投资总额外利用自有资金按照有关减免税进口的设备及其配套技术等；③适用于中外合资、合作企业在投资总额内按照有关减免税政策进口的自用设备及随设备进口的技术、配套件、备件；④适用于外商独资企业在投资总额内按照有关减免税政策进口的自用设备及随设备进口的技术、配套件、备件。

将上述表格中监管方式、征免性质、备案号、征免方式填写在报关单中，具体填报内容如图6-57~图6-61所示。

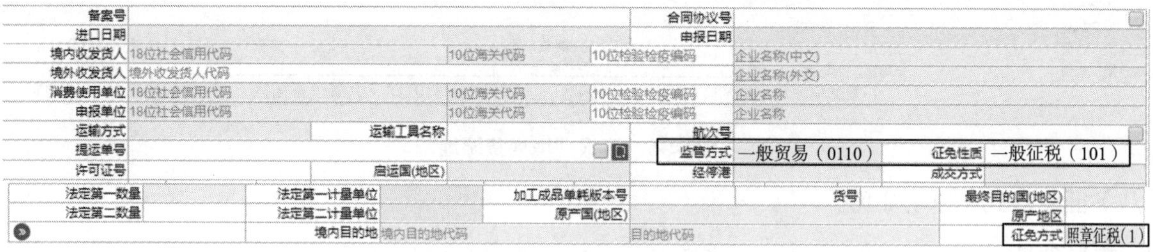
备案号　合同协议号
进口日期　申报日期
境内收发货人 18位社会信用代码 10位海关代码 10位检验检疫编码 企业名称(中文)
境外收发货人 境外收发货人代码 企业名称(外文)
消费使用单位 18位社会信用代码 10位海关代码 10位检验检疫编码 企业名称
申报单位 18位社会信用代码 10位海关代码 10位检验检疫编码 企业名称
运输方式　运输工具名称　航次号
提运单号　监管方式 一般贸易（0110）　征免性质 一般征税（101）
许可证号　启运国(地区)　经停港　成交方式
法定第一数量　法定第一计量单位　加工成品单耗版本号　货号　最终目的国(地区)
法定第二数量　法定第二计量单位　原产国(地区)　原产地区
境内目的地 境内目的地代码　目的地代码　征免方式 照章征税(1)

图6-57　填报“监管方式”“征免性质”“备案号”“征免方式”1

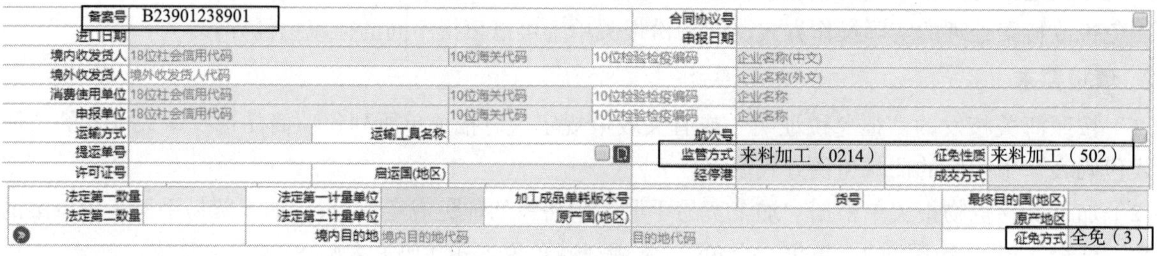
备案号 B23901238901　合同协议号
进口日期　申报日期
境内收发货人 18位社会信用代码 10位海关代码 10位检验检疫编码 企业名称(中文)
境外收发货人 境外收发货人代码 企业名称(外文)
消费使用单位 18位社会信用代码 10位海关代码 10位检验检疫编码 企业名称
申报单位 18位社会信用代码 10位海关代码 10位检验检疫编码 企业名称
运输方式　运输工具名称　航次号
提运单号　监管方式 来料加工（0214）　征免性质 来料加工（502）
许可证号　启运国(地区)　经停港　成交方式
法定第一数量　法定第一计量单位　加工成品单耗版本号　货号　最终目的国(地区)
法定第二数量　法定第二计量单位　原产国(地区)　原产地区
境内目的地 境内目的地代码　目的地代码　征免方式 全免（3）

图6-58　填报“监管方式”“征免性质”“备案号”“征免方式”2

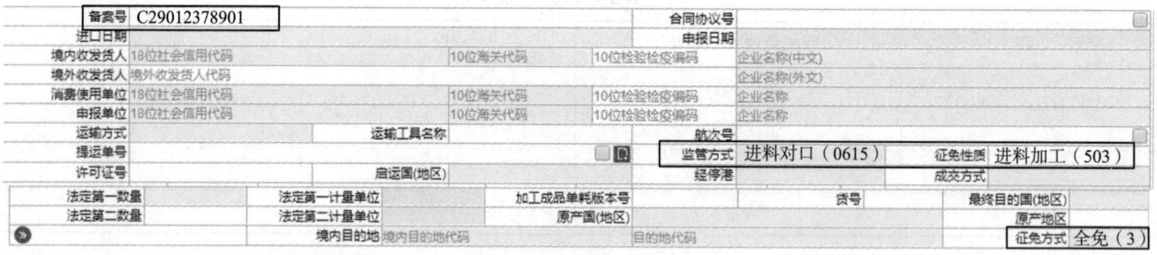
备案号 C29012378901　合同协议号
进口日期　申报日期
境内收发货人 18位社会信用代码 10位海关代码 10位检验检疫编码 企业名称(中文)
境外收发货人 境外收发货人代码 企业名称(外文)
消费使用单位 18位社会信用代码 10位海关代码 10位检验检疫编码 企业名称
申报单位 18位社会信用代码 10位海关代码 10位检验检疫编码 企业名称
运输方式　运输工具名称　航次号
提运单号　监管方式 进料对口（0615）　征免性质 进料加工（503）
许可证号　启运国(地区)　经停港　成交方式
法定第一数量　法定第一计量单位　加工成品单耗版本号　货号　最终目的国(地区)
法定第二数量　法定第二计量单位　原产国(地区)　原产地区
境内目的地 境内目的地代码　目的地代码　征免方式 全免（3）

图6-59　填报“监管方式”“征免性质”“备案号”“征免方式”3

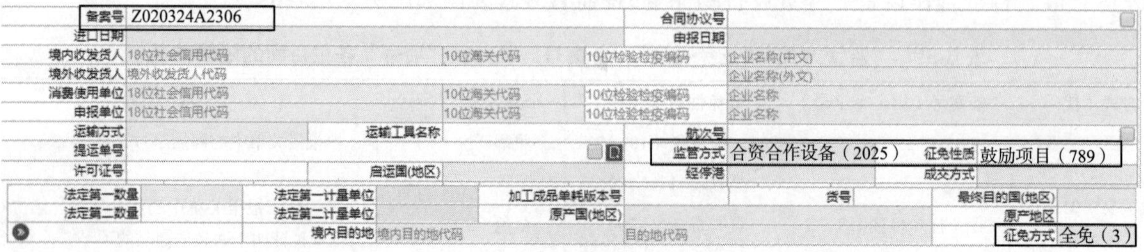
备案号 Z020324A2306　合同协议号
进口日期　申报日期
境内收发货人 18位社会信用代码 10位海关代码 10位检验检疫编码 企业名称(中文)
境外收发货人 境外收发货人代码 企业名称(外文)
消费使用单位 18位社会信用代码 10位海关代码 10位检验检疫编码 企业名称
申报单位 18位社会信用代码 10位海关代码 10位检验检疫编码 企业名称
运输方式　运输工具名称　航次号
提运单号　监管方式 合资合作设备（2025）　征免性质 鼓励项目（789）
许可证号　启运国(地区)　经停港　成交方式
法定第一数量　法定第一计量单位　加工成品单耗版本号　货号　最终目的国(地区)
法定第二数量　法定第二计量单位　原产国(地区)　原产地区
境内目的地 境内目的地代码　目的地代码　征免方式 全免（3）

图6-60　填报“监管方式”“征免性质”“备案号”“征免方式”4

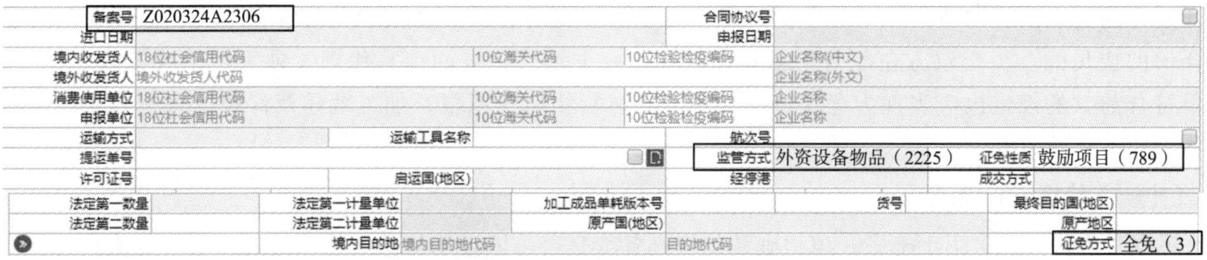

图6-61　填报“监管方式”“征免性质”“备案号”“征免方式”5

（九）集装箱号、集装箱规格、集装箱商品项号关系

（1）集装箱号：该申报项目为选填项，数据类型为11位字符型。使用集装箱装载进出口商品的，根据集装箱箱体上标示的全球唯一编号填报集装箱号。一份报关单有多个集装箱的，则在本栏分别录入集装箱号。该项目为原报关和原报检项目的“集装箱号”，现合并为“集装箱号”，录入要求无变化。

（2）集装箱规格：该申报项目为选填项，数据类型为4位字符型。原海关“集装箱规格代码表”为1位英文，原检验检疫“集装箱规格代码表”为3位数字，修订后的“集装箱规格代码表”采用2位数字。例如：装载商品的集装箱规格为“普通2*标准箱（L）”，在本栏下拉菜单选择“11-普通2*标准箱（L）”。

（3）集装箱商品项号关系：该栏填报单个集装箱对应的商品项号，半角逗号分隔。例如，集装箱重量和箱内装载500箱商品重量合计为8 500千克时，在“集装箱货重”中录入“8 500千克”；“ABLU5116503 ”箱号的集装箱中装载了项号为1、3、5的商品时，应在“商品项号关系”中填报“1,3,5”。该项目为必填项，数据类型为字符型，最多支持录入255位。

例如：有一批货物分装在10个木质托盘上装入一个普通标准箱（S）（箱号BM0U2433296，自重240千克），“商品项号关系”中填报“1,3,5”，由华东×××贸易公司向吴淞海关（2202）办理出口报关手续。具体填报内容如图6-62和图6-63所示。

图6-62　填报“集装箱号”“集装箱规格”“备案号”“商品项号关系”1

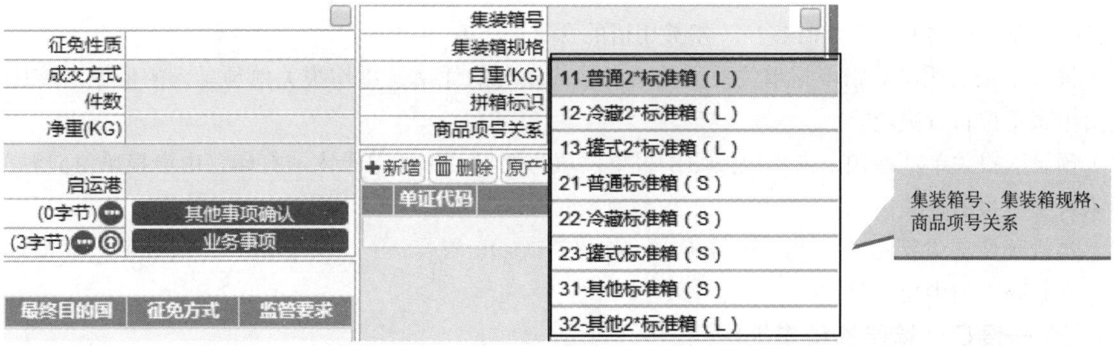

图6-63　填报“集装箱号”“集装箱规格”“备案号”“商品项号关系”2

（十）特殊关系确认

根据《中华人民共和国海关审定进出口货物完税价格办法》（以下简称《审价办法》）第十六条，填报确认进出口行为中买卖双方是否存在特殊关系，有下列情形之一的，应当认为买卖双方存在特殊关系，应填报“是”，反之则填报“否”：①买卖双方为同一家族成员的；②买卖双方互为商业上的高级职员或者董事的；③一方直接或者间接地受另一方控制的；④买卖双方都直接或者间接地受第三方控制的；⑤买卖双方共同直接或者间接地控制第三方的；⑥一方直接或者间接地拥有、控制或者持有对方5%以上（含5%）

公开发行的有表决权的股票或者股份的；⑦一方是另一方的雇员、高级职员或者董事的；⑧买卖双方是同一合伙的成员的。买卖双方在经营上相互有联系，一方是另一方的独家代理、独家经销或者独家受让人，如果符合前款的规定也应当视为存在特殊关系。出口货物免予填报，加工贸易及保税监管货物（内销保税货物除外）免予填报。

（十一）价格影响确认

根据《审价办法》第十七条，填报确认纳税义务人是否可以证明特殊关系未对进口货物的成交价格产生影响，纳税义务人能证明其成交价格与同时或者大约同时发生的下列任何一款价格相近的，应视为特殊关系未对成交价格产生影响，填报“否”，反之则填报“是”：①向境内无特殊关系的买方出售的相同或者类似进口货物的成交价格；②按照《审价办法》第二十三条的规定所确定的相同或者类似进口货物的完税价格；③按照《审价办法》第二十五条的规定所确定的相同或者类似进口货物的完税价格。出口货物免予填报，加工贸易及保税监管货物（内销保税货物除外）免予填报。

（十二）支付特许权使用费确认

根据《审价办法》第十一条和第十三条，填报确认买方是否存在向卖方或者有关方直接或者间接支付与进口货物有关的特许权使用费且未包括在进口货物的实付、应付价格中；买方存在需向卖方或者有关方直接或者间接支付特许权使用费，且未包含在进口货物实付、应付价格中，并且符合《审价办法》第十三条的，在“支付特许权使用费确认”栏目填报“是”；买方存在需向卖方或者有关方直接或者间接支付特许权使用费，且未包含在进口货物实付、应付价格中，但纳税义务人无法确认是否符合《审价办法》第十三条的，填报“是”；买方存在需向卖方或者有关方直接或者间接支付特许权使用费且未包含在实付、应付价格中，纳税义务人根据《审价办法》第十三条，可以确认需支付的特许权使用费与进口货物无关的，填报“否”；买方不存在向卖方或者有关方直接或者间接支付特许权使用费的，或者特许权使用费已经包含在进口货物实付、应付价格中的，填报“否”。出口货物免予填报，加工贸易及保税监管货物（内销保税货物除外）免予填报。

（十三）申报单位

自理报关的，填报进出口企业的名称及编码；委托代理报关的，填报报关企业名称及编码。编码填报18位法人和其他组织统一社会信用代码。报关人员填报在海关备案的姓名、编码、电话并加盖申报单位印章。

（十四）海关批注及签章

海关批注及签章供海关作业时签注。相关用语的含义如下：

（1）报关单录入凭单：指申报单位按报关单的格式填写的凭单，用作报关单预录入的依据。该凭单的编号规则由申报单位自行决定。

（2）预录入报关单：指预录入单位按照申报单位填写的报关单凭单录入、打印，由申报单位向海关申报，海关尚未接受申报的报关单。

（3）本规范所述尖括号（〈〉）、逗号（,）、连接符（-）、冒号（:）等标点符号及数字，填报时都必须使用非中文状态下的半角字符。

二、“单一窗口”检验检疫申报栏目

（一）检验检疫名称（原CIQ编码）

13位数字组成的商品编号中，前8位为《中华人民共和国进出口税则》和《中华人民共和国海关统计商品目录》确定的编码；第9、10位为监管附加编号，第11～13位为检验检疫附加编号。例如，申报进口商品“冻鲳鱼（鲳属）”，需先在“商品编号”栏录入10位数编号“0303330000”，然后再在“检验检疫编码”栏下拉菜单中，选择“101冻鲳鱼（鲳属）（但子目0303.91至0303.99的可食用鱼杂碎除外）（养殖）”检验检疫附加编号。该项目为原报关项目的“商品编号”和原报检项目的“货物HS编码”，原报关项目的“商品编号”填报10位数字，原报检项目的“货物HS编码”填报13位数字，现合并为13位商品编码，如图6-64所示。

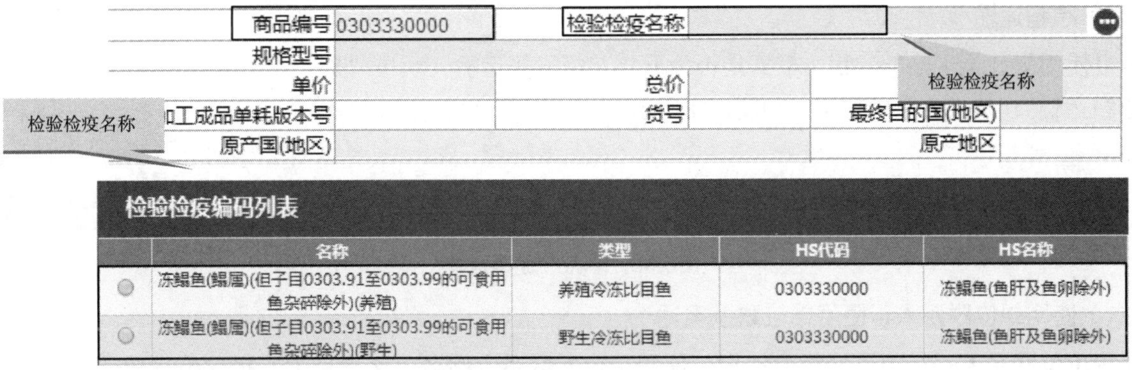

图6-64　填报“检验检疫编码”

（二）原产国（地区）

入境货物填写在原产国（地区）内的生产区域，如州、省等。例如，申报原产于澳大利亚悉尼的纯燕麦片，在本栏目填报“601036—澳大利亚悉尼”。该项目为原报检项目的“原产地区”，填报要求无变化，如图6-65所示。

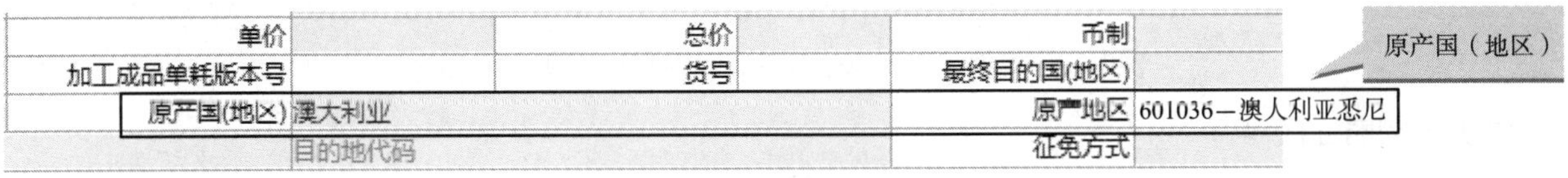

图6-65　填报“原产国（地区）”

（三）检验检疫受理机关、领证机关、目的地检验检疫机关、口岸检验检疫机关

（1）检验检疫受理机关：填报提交报关单和随附单据的检验检疫机关，该项目为原报检项目的“报检机关”，填报要求无变化。

（2）领证机关：填报领取证单的检验检疫机关，该项目为原报关项目的“领证地”，填报要求无变化。

（3）目的地检验检疫机关：需要在目的地检验检疫机关实施检验检疫的，在本栏目填报对应的检验检疫机关；不需要在目的地检验检疫机构实施检验检疫的，无须填写；该项目为原报检项目的“目的地机构”，现改名为“目的地检验检疫机关”，填报要求无变化。

（4）口岸检验检疫机关：填报对入境货物实施检验检疫的检验检疫机关；该项目为原报检项目的“口岸机构”，填报要求无变化。

例如：江苏宏坤供应链管理有限公司（91320106674940****）委托“元初物流”办理乳清蛋白粉进口报关业务。检验检疫受理机关：南京海关本部；领证机关：南京海关本部；口岸检验检疫机关：南京海关本部；目的地检验检疫机关：南京海关本部。具体填报内容如图6-66所示。

图6-66　填报“检验检疫受理机关”“领证机关”“目的地检验检疫机关”“口岸检验检疫机关”

（四）启运日期

填报装载入境货物的运输工具离开启运口岸的日期。本栏目填报8位数字，顺序为年（4位）、月（2位）、日（2位），格式为“YYYYMMDD”。该项目为原报检项目的“启运日期”，填报要求无变化，如图6-67所示。

图6-67　填报“启运日期”

（五）原箱运输

申报使用集装箱运输的货物，根据是否为原集装箱原箱运输，填报“是”或“否”。该项目为原报检项目的“原箱运输”，填报要求无变化，如图6-68所示。

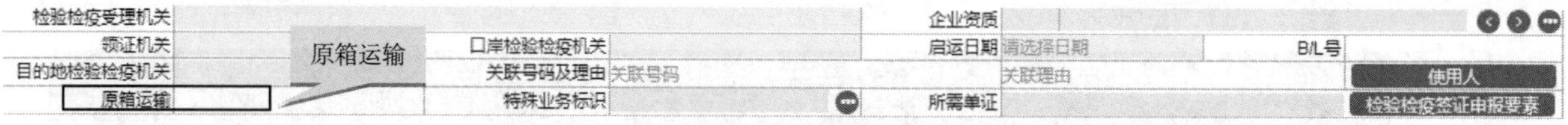

图6-68　填报“原箱运输”

（六）使用单位联系人、使用单位联系电话

使用单位联系人：填报进境货物销售、使用单位的联系人姓名。该项目为原报检项目的“使用单位联系人”，填报要求无变化。使用单位联系电话：填报进境货物销售、使用单位的联系人的电话。该项目为原报检项目的“使用单位联系电话”，填报要求无变化。其填报如图6-69所示。

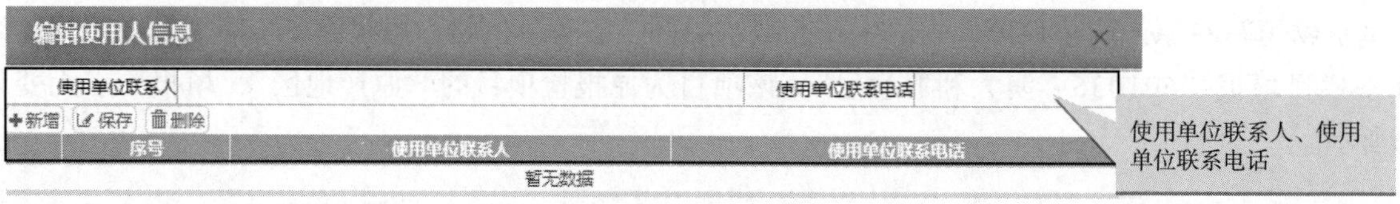

图6-69　填报“使用单位联系人”“使用单位联系电话”

（七）货物属性代码

根据进出口货物的HS编码和货物的实际情况，按照海关规定的“货物属性代码表”，选填货物属性的对应代码。有多种属性的，要同时选择。该项目为原报检项目的“货物属性”，填报要求无变化。

①入境强制性产品认证产品：必须在入境民用商品认证（11-3C目录内、12-3C目录外、13-无须办理3C认证）中选填对应项；②食品、化妆品是否预包装、是否首次进口，必须在食品及化妆品（14-预包装、15-非预包装、18-首次进口）中选填对应项；③凡符合原质检总局2004年第62号令规定、含转基因成分须申报的，必须在转基因（16-转基因产品、17-非转基因产品）中选填对应项；④“成套设备”“旧机电”产品，必须在货物属性（18-首次进出口、19-正常、20-废品、21-旧品、22-成套设备）中选填对应项；⑤特殊物品、化学试剂，必须在特殊物品（25-A级特殊物品、26-B级特殊物品、27-C级特殊物品、28-D级特殊物品、29-V/W非特殊物品）中选填对应项；⑥木材（含原木）板材是否带皮，必须在是否带皮木材（23-带皮木材／板材、24-不带皮木材／板材）中选填对应项。图6-70所示为货物属性代码。

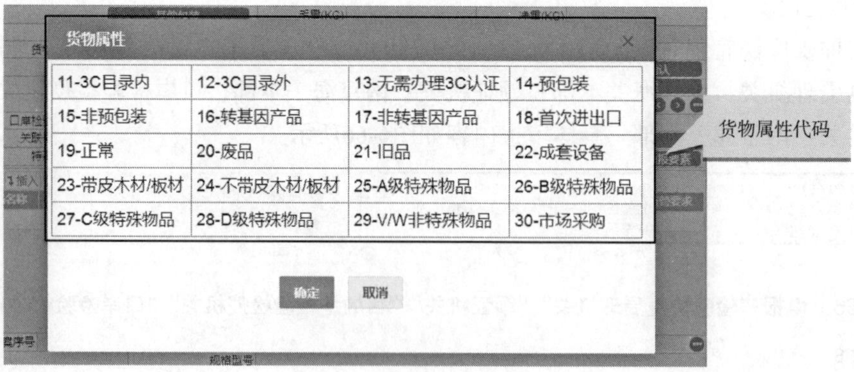

图 6-70　货物属性代码

（八）用途代码

根据进境货物的使用范围或目的，如种用或繁殖、食用、奶用、观赏或演艺、伴侣、实验、药用、饲用、介质土、食品包装材料、食品加工设备、食品添加剂、食品容器、食品洗涤剂、食品消毒剂。货物用途按照海关规定的“货物用途代码表”进行填报。例如，进口货物为“营养强化剂”，这是一种食品添加剂，应在本栏目选填“2-食品添加剂”。

该项目为原报检项目的“用途”填报要求无变化，如图6-71所示。

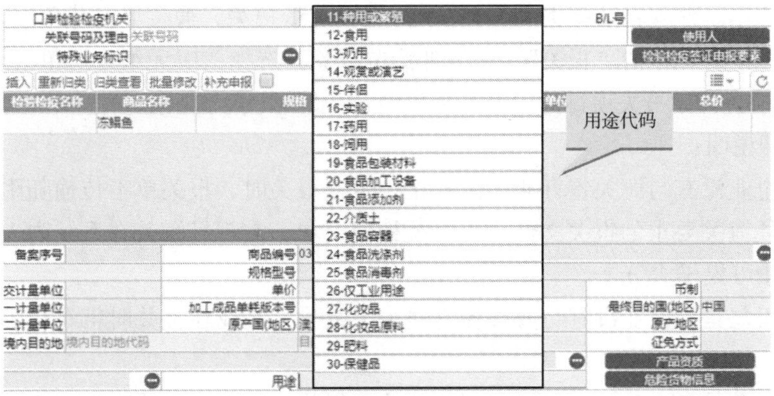

图6-71　填报“用途代码”

（九）所需单证

进出口企业申请出具检验检疫证单时，应根据相关要求，在“所需单证”项下的“检验检疫签证申报要素”中，选填申请出具的检验检疫证单类型。该项目为原报检项目的“所需单证”，填报要求无变化，如图6-72所示。

图6-72　填报“所需单证”

（十）自报自缴、自主报税、担保验放、税单无纸化

（1）自报自缴：该申报项目为选填项，数据类型为1位字符型；进出口企业、单位采用“自主申报、自行缴税”（自报自缴）模式向海关申报时，填报“是”；反之则填报“否”；该项目为原报关项目的“自报自缴”，录入要求无变化。

（2）自主报税：该申报项目为选填项，数据类型为1位字符型。进出口企业、单位采用“自主申报、自行缴税”（自报自缴）模式向海关申报时，勾选本栏目；反之则不勾选；该项目为原报关项目的“自主报税”，录入要求无变化。

（3）担保验放：该申报项目为选填项，数据类型为1位字符型。进出口单位采用“担保验放”模式向海关申请通关放行，勾选本栏目，反之不勾选；担保验放指与海关总署签署“使用担保验放通关程序责任担保书”的双A类企业所进出口货物的报关单电子数据经海关接受申报后，经确定商品归类、海关估价和提供有效报关单证基础上，在缴清税费或者办结其他海关手续前，企业可凭“进（出）口货物担保验放清单”向海关先行办理货物验放手续（国家对进出口货物有限制性规定，应当提供许可证而不能提供的除外）的便利通关措施。该项目为原报关项目的“担保验放”，录入要求无变化。

（4）税单无纸化：该申报项目为选填项，数据类型为1位字符型。进出口企业、单位采用“税单无纸化”模式向海关申报时，勾选本栏目，反之则不勾选；该项目为原报关项目的“税单无纸化”，录入要求无变化。

填报自报自缴、自主报税、担保验放、税单无纸化如图6-73所示。

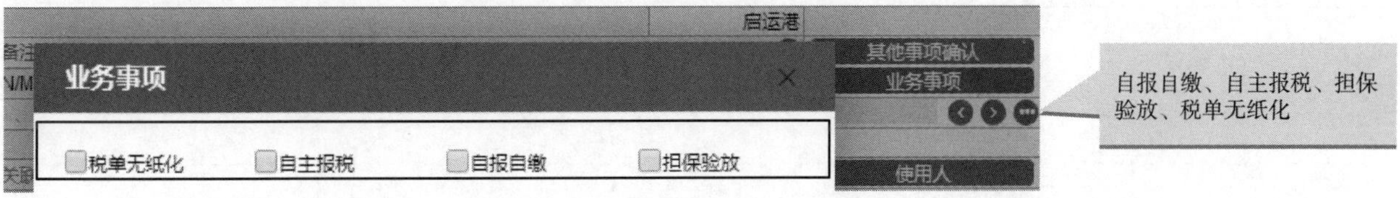

图6-73　填报“自报自缴、自主报税、担保验放、税单无纸化”

（十一）报关单类型

该申报项目为必填项。该项目数据类型为1位字符型。有纸报关，通过下拉菜单选择“0-有纸报关”，有纸带清单报关，选择“L-有纸带清单报关”，无纸带清单报关，选择“D-无纸带清单报”，通关无纸化，选择“M-通关无纸化”。该项目为原报关项目的“报关单类型”，录入要求无变化。

报关单类型的特殊说明：

（1）有纸报关指企业没有与海关签订通关无纸化，企业报关时，报关单不传输随附单据（在海关系统进行报关数据申报后，凭海关要求的报关文件再去海关柜面交单，需现场海关在系统内人工做放行，凭海关加盖验讫章的报关文件才可提/送货）。

（2）有纸带清单报关是指企业没有与海关签订通关无纸化，企业在报关时带有清单的集中申报，报关单不传输随附单据。

（3）无纸带清单报关是指企业没有与海关签订通关无纸化，企业在报关时带有清单的集中申报，报关单上传输随附单据，后改为“M-通关无纸化”。这是一种现代化的报关方式，它结合了无纸化报关和清单报关的特点。无纸化报关是指在跨境贸易中，利用现代科技手段，通过信息化和电子化技术实现报关手续，无须纸质文件，全部通过电子文件和电子数据进行处理和传递的一种报关方式，而清单报关则是指在报关过程中，详细列出货物的清单，以便海关进行审核和查验。

（4）通关作业无纸化是指海关以企业分类管理和风险分析为基础，按照风险等级对进出口货物实施分类，运用信息化技术改变海关验核进出口企业递交纸质报关单及随附单证办理通关手续的做法，直接对企业通过中国电子口岸录入申报的报关单及随附单证的电子数据进行无纸审核、验放处理的通关作业方式。

海关通关作业无纸化改革试点工作自2012年8月1日启动以来，各项工作有序推进，系统运行较为平稳，社会各界反响积极。为进一步提高通关效率、提升监管效能、扩大改革成效，海关总署决定在前期通关作业无纸化改革试点的基础上，在全国海关深化通关作业无纸化改革试点工作。

图6-74所示为填报报关单类型。

图6-74　填报“报关单类型”

做一做：登录在线学习平台（访问方式见前言），通过修改的方式完成“新版进口货物报关单填写错误栏目纠正”的制单题。

笔记栏

技能训练

一、填制与审核“钛白粉”“出口货物报关单”

结合背景资料、商品描述，以及来自企业真实的全套随附单证，填制表6-40“钛白粉”的“出口货物报关单”，并对全套报关单内容进行全面审核。

表 6-40　中华人民共和国海关出口货物报关单

预录入编号：__________海关编号：__________页码 / 页数：__________

<table>
<tr><td>境内发货人</td><td colspan="2">出境关别</td><td colspan="2">出口日期</td><td colspan="2">申报日期</td><td>备案号</td></tr>
<tr><td>境外收货人</td><td colspan="2">运输方式</td><td colspan="2">运输工具名称及航次号</td><td colspan="3">提运单号</td></tr>
<tr><td>生产销售单位</td><td colspan="2">监管方式</td><td colspan="2">征免性质</td><td colspan="3">许可证号</td></tr>
<tr><td>合同协议号</td><td colspan="2">贸易国（地区）</td><td colspan="2">运抵国（地区）</td><td colspan="2">指运港</td><td>离境口岸</td></tr>
<tr><td rowspan="2">包装种类</td><td rowspan="2">件数</td><td rowspan="2">毛重（千克）</td><td rowspan="2">净重（千克）</td><td rowspan="2">成交方式</td><td>运费</td><td>保费</td><td>杂费</td></tr>
<tr><td></td><td></td><td></td></tr>
<tr><td colspan="8">随附单证及编号</td></tr>
<tr><td colspan="8">标记唛码及备注</td></tr>
<tr><td colspan="8">项号　商品编号　商品名称及规格型号　数量及单位　单价 / 总价 / 币制　原产国（地区）　最终目的国（地区）　境内货源地　征免</td></tr>
<tr><td colspan="8">01</td></tr>
<tr><td colspan="8">02</td></tr>
<tr><td colspan="8">03</td></tr>
<tr><td colspan="8">04</td></tr>
<tr><td colspan="8">05</td></tr>
<tr><td colspan="8">06</td></tr>
<tr><td colspan="8">特殊关系确认：　价格影响确认：　支付特许权使用费确认：　自报自缴：</td></tr>
<tr><td colspan="7">报关人员：　报关人员证号：　电话：
兹申明以上内容承担如实申报、依法纳税之法律责任
申报单位：申报单位（签章）</td><td>海关批注及签章</td></tr>
</table>

二、任务实施

学生分组进行实操训练，完成“钛白粉”的“出口货物报关单”的填制与审核，并填写表6-41，记录完成情况，对尚未掌握的填制内容，请详细记录未正确填写栏目，以便课后反复训练。

表 6-41 “钛白粉”《出口货物报关单》完成情况记录表

学生姓名：__________ 班级：__________ 学号：__________

工作内容	关键步骤	任务结果	记录未正确填写栏目
遵守《海关法》，严格根据《报关单填制规范》填制与审核钛白粉“出口货物报关单”	（1）根据报关单各栏目的逻辑关系，填制与审核“出口货物报关单”中的境内发货人、境外收货人、生产销售单位、申报单位	□完成 □未完成	
	（2）根据报关单各栏目的逻辑关系，填制与审核“出口货物报关单”中的出境关别，出口日期、申报日期	□完成 □未完成	
	（3）根据报关单各栏目的逻辑关系，填制与审核“出口货物报关单”中的运输方式、运输工具名称及编号、提运单号	□完成 □未完成	
	（4）根据报关单各栏目的逻辑关系，填制与审核“出口货物报关单”中的备案号、监管方式、征免性质、征免方式	□完成 □未完成	
	（5）根据报关单各栏目的逻辑关系，填制与审核“出口货物报关单”中的许可证号、合同协议号	□完成 □未完成	
	（6）根据报关单各栏目的逻辑关系，填制与审核“出口货物报关单”中的贸易国（地区）、运抵国（地区）、指运港、离境口岸	□完成 □未完成	
	（7）根据报关单各栏目的逻辑关系，填制与审核“出口货物报关单”中的件数、包装种类、毛重、净重	□完成 □未完成	
	（8）根据报关单各栏目的逻辑关系，填制与审核“出口货物报关单”中的成交方式、运费、保费、杂费	□完成 □未完成	
	（9）根据报关单各栏目的逻辑关系，填制与审核“出口货物报关单”中的随附单证及编号、标记唛码及备注	□完成 □未完成	
	（10）根据报关单各栏目的逻辑关系，填制与审核“出口货物报关单”中的项号、商品编号、商品名称及规格型号	□完成 □未完成	
	（11）根据报关单各栏目的逻辑关系，填制与审核“出口货物报关单》中的数量及单位、单价 / 总价 / 币制	□完成 □未完成	
	（12）根据报关单各栏目的逻辑关系，填制与审核“出口货物报关单”中的原产国（地区）、最终目的国（地区）、境内货源地	□完成 □未完成	
	（13）根据报关单各栏目的逻辑关系，填制与审核“出口货物报关单”中的特殊关系确认、价格影响确认、支付特许权使用费确认、自报自缴	□完成 □未完成	

任务评价

任务评分表见表6-42。

表 6-42 任务评分表

评价内容		分值	自评	互评	师评
知识评价	能够熟记报关单表体各栏目的含义、填报要求	10			
	能够熟记检验检疫各栏目的含义、填报要求	10			
能力评价	能够登录“单一窗口”填制、审核、修改报关单各栏目	25			
	能够登录“单一窗口”填制、审核、修改报关单检验检疫各栏目	25			

续表

评 价 内 容		分值	自评	互评	师评
素养评价	拥有严谨细致、一丝不苟、精益求精、真诚报关的职业态度	10			
	具备敬业爱岗、严于律己、诚实守信、心存敬畏的职业操守	10			
	具有较强的信息化素养，与时俱进，不断进取	10			
总　　分		100			

巩固与训练

一、单选题

1. 浙江华夏食品进出口公司海运进口风味发酵乳一批，成交方式为CFR，运费率为5%，保费率为0.27%，成交方式栏、运费栏、保费栏应当如何填报？(　　)

A. 成交方式：CFR，运费：不填，保费：不填

B. 成交方式：CFR，运费：不填，保费：0.27/1

C. 成交方式：CFR，运费：5/1，保费：0.27/1

D. 成交方式：CFR，运费：5/1，保费：不填

2. 保险费率为2.7‰，保险费栏应填报(　　)。

A. 2.7/1　　B. 0.27　　C. 2.7　　D. 0.27/1

3. 某进出口公司向从国外进口一批钢板70吨，在运输工程中，加以捆扎放于船的甲板上。进口报关单上的“件数”和“包装种类”两个项目的正确填报应是(　　)。

A. 件数为70，包装种类为“吨”　　B. 件数为1，包装种类为“散装”

C. 件数为1，包装种类为“裸装”　　D. 件数为1，包装种类为“其他”

4. 中国粮油进出口公司收购广东省粮油进出口公司在番禺炼油厂生产的花生油一批，该货经上海浦东港出口，申报时报关员在出口报关单上填写的生产销售单位应为：(　　)

A. 中国粮油进出口公司　　B. 番禺炼油厂

C. 广东省食品油公司　　D. 上海浦东港

5. 关于报关单“随附单证代码”栏目，填报规范的是(　　)。

A. 该项目数据类型为2位字符型

B. 该项目按海关规定的“监管证件代码表”选择填报相应证件代码

C. 该项目的代码“F”表示“濒危物种允许出口证明书”

D. 该项目的代码“E”表示“濒危物种允许进口证明书”

6. 下列关于报关单的提运号一栏填报错误的是(　　)。

A. 水路运输：填报进出口提单号，如有分提单的，填报进出口提单号＋“*”＋分提单

B. 公路运输：启用公路舱单前，填报进出口总运单号

C. 航空运输：填报总运单号＋“-”＋分运单号，无分运单的填报总运单号

D. 无实际进出境的货物，免予填报

7. 深圳光明食品进出口公司（440331××××）接受深圳日蔚食品加工公司（440323××××）委托出口一批猪肉脯到美国，货物运抵深圳罗湖口岸，次日委托深圳东日报关公司持报关单据向深圳罗湖海关申报，境内货源地栏目应填报(　　)。

A.“深圳经济技术开发区（44032）”　　B.“深圳其他（44032）”

C.“深圳高新技术开发区（44032）”　　D.“深圳经济特区（44032）

8. 大连盛凯公司（0903535020）在投资总额内委托辽宁省机械设备进出口公司（0801914031）与日本三菱重工签约进口工程机械，并委托大连外运公司代理报关，在填制进口报关单时，“境内收货人”栏应为(　　)。

A. 大连盛凯公司0903535020　　B. 辽宁省机械设备进出口公司0801914031

C. 大连盛凯公司　　　　　　　　　　　D. 大连外运公司

二、制单题

根据背景资料、随附单证，审核并找出《进口货物报关单》存在的错误，并加以修改。

背景资料：广州番禺伟业食品公司（18位社会信用代码：442391300800000001；10位海关注册编号：442391××××）委托广东华新贸易集团有限公司（18位社会信用代码：440191300800000001；10位海关注册编号：440191××××）进口冷冻食品（属于法定检验检疫货物）一批，该货需办理“入境货物通关单”（A：3506002003382），由金山报关公司（18位社会信用代码：442398030080000001；10位海关注册编号：4423980××××）向番禺海关（关区代码5160）申报，该批货物的法定计量单位为千克。此批货物境内目的地：番禺（代码：44239）；包装种类：木制或竹藤等植物性材料制盒/箱（代码：23）；入境口岸：番禺莲花山货运港（代码：442402）；货物存放地点：番禺仓库；报关单类型：M-通关无纸化；特殊关系确认：否；价格影响确认：否；与货物有关的特许权使用费支付确认：否；检验检疫受理机关、口岸检验检疫机关、领证机关、目的地检验检疫机关均为：番禺机关莲花山办事处（442420）；自报自缴：是；商品品名：冷冻大西洋鲑鱼（HS CODE：0302141000102）；冷冻大眼金枪鱼（HS CODE:0302340000102）；境内目的地：广州市番禺区（代码：440113）；用途：食用（代码：12）。商品信息见表6-43和表6-44。

表6-43　“冷冻大西洋鲑鱼”商品信息表

税号	最惠（%）MFN	普通（%）GEN	增值税率（%）VAT	出口退税（%）ED	计量单位 Unit
0302141000102	10	40	10	10	千克 / kilogram
证件代码	证件名称		编号		
A	入境货物通关单		3506002003382		
B	出境货物通关单				

表6-44　“冷冻大眼金枪鱼”商品信息表

税号	最惠（%）MFN	普通（%）GEN	增值税率（%）VAT	出口退税（%）ED	计量单位 Unit
0302340000102	7	40	10	10	千克 / kilogram
证件代码	证件名称		编号		
A	入境货物通关单		3506002003382		
B	出境货物通关单				

“进口货物报关单”见表6-45。

表6-45　中华人民共和国海关进口货物报关单

预录入编号：　　　　　　　　海关编号：　　　　　　　　页码 / 页数：

<table>
<tr><td>境内收货人 1
广州番禺伟业食品公司
（442391300800000001）</td><td colspan="2">进境关别 2
番禺海关（5160）</td><td colspan="2">进口日期 3</td><td colspan="2">申报日期 4</td><td>备案号 5</td></tr>
<tr><td>境外发货人 6
WEIDA TRADE ENTERPEISE</td><td colspan="2">运输方式 7
江海运输（2）</td><td colspan="2">运输工具名称及航次号 8
MIN HE/208WO</td><td colspan="2">提运单号 9
XY16688323</td><td>货物存放地点 10
番禺仓库</td></tr>
<tr><td>消费使用单位 11
广州番禺伟业食品公司
（442391300800000001）</td><td colspan="2">监管方式 12
一般贸易</td><td colspan="2">征免性质 13
照章征税</td><td colspan="2">许可证号</td><td>启运港 14
纽约</td></tr>
<tr><td>合同协议号 15
WD2008/68</td><td colspan="2">贸易国（地区）16
美国</td><td colspan="2">启运国（地区）17
美国</td><td colspan="2">经停港 18
纽约</td><td>入境口岸 19
番禺莲花山货运港（442402）</td></tr>
<tr><td>包装种类 20
纸制或纤维板制盒 / 箱（22）</td><td>件数 21
900</td><td>毛重（千克）22
1800.00</td><td>净重（千克）23
1600.90</td><td>成交方式 24
FOB</td><td>运费 25</td><td>保费 26</td><td>杂费</td></tr>
</table>

续表

境内收货人 1 广州番禺伟业食品公司 （442391300800000001）	进境关别 2 番禺海关（5160）	进口日期 3	申报日期 4	备案号 5
随附单证及编码 27 A: 3506002003382				
标记唛码及备注 28 N/M TRLU3837719/20/2800				

项号 29	商品编号 30	商品名称及规格型号 31	数量及单位 32	单价 / 总价 / 币制 33	原产国（地区）34	最终目的国（地区）35	境内目的地 36	征免 37
1	0302141000	冷冻大西洋鲑鱼 FROZEN ATLANTIC	900.80 千克 SALMON (SALMO SLAR)	5.00/4504.00/ 美元	美国	中国	广州市番禺区	一般征税
2	0302340000	冷冻大西洋金枪鱼 FROZEN ATLANTIC	700.10 千克 TUNAS (THUNNUS OBESUS)	8.05/5635.80/ 美元	美国	中国	广州市番禺区	一般征税
3								
4								
5								
6								

38 特殊关系确认：否	39 价格影响确认：否	40 支付特许权使用费确认：否	41 自报自缴：是
42 报关人员：李凯报关人员证号：43 电话：020-84736666 兹申明以上内容承担如实申报、依法纳税之法律责任 44 申报单位：广东华新贸易集团有限公司（440191300800000001）　　申报单位（签章）			海关批注及签章

将报关单中填制错误的栏目，以及修改后的正确内容填写在表6-46中。

表 6-46　进口货物报关单的错误栏目修改表

序号	填制错误栏目	修改后的正确内容
1		
2		
3		
4		
5		
6		
7		
8		
9		
10		
11		
12		
13		
14		
15		

随附单据1：商业发票。

威达贸易有限公司
WEIDA TRADE ENTERPRISE

Mailing Address:
P.O. Box 668 New York, CA 98368 Tel: (510) 836-2868
Plant Address: (510) 668-5321
9626 E.16TH St. New York, CA98348 Fax: (510) 836-2218

PACKING LIST

SHIPPER: WEIDA TRADE ENTEPRISE
CONSIGNEE:
STEAMSHIP CO: CHINA OCEAN SHIPPING COMPANY
VESSEL: MIN HE
VOYAGE NO: 208WO
PORT OF LOADING: NEW YORK

COMMODITY	QUANTITY	NET WEIGHT	GROSS WEITHT
FROZEN ATLANTIC SALMON(SALMO SLAR)	500 CASE	900.80 KGS	1,000KGS
FROZEN BIGEYE TUNAS (THUNNUS OBESUS)	400 CASE	700.10KGS	800KGS
TOTAL WEIGHT	900CASE	1,600.90KGS	1,800KGS

CONTAINER NO. 1. CBHU 2689028 (20') Tare W 2800
2. TRLU 3837719 (20') Tare W 2800

PACKED IN STRONG WOODEN CASES SUITABLE FOR LONG DISTANCE OCEAN AND INLAND

威达贸易有限公司
WEIDA TRADE ENTERPRISE

随附单据2：装箱单。

Shipper WEIDA TRADE ENTERPRISE Mailing Address: P.O. Box 668 New York, CA 98368 Plant Address: 9626 E.16TH St. , New York, CA98348 Tel: (510) 836-2868 (510) 668-5321 Fax: (510) 836-2218			BILL OF LADING NO: XY16688323 **COMBINED TRANSPORT BILL OF LADING**
Consignee TO ORDER OF Guangdong Huaxin Enterprise Group Co. , Ltd 28/F, Zone Huaizhu No. 28 Huaihai Road. Guangzhou Guangdong, China			
Notify party As Consignee			Pre-carriage by
Ocean Vessel MIN HE	Voy. No. 208WO		
Port of loading NEW YORK, U.S.A	Port of Discharge HONG KONG, CHINA		Place of Delivery GUANGZHOU, CHINA
Particulars furnished by the shipper			
Marks & Nos.	Kind of packages/Description of goods	Gross weight	Measurement
N/M	FROZEN ATLANTIC SALMON (SALMO SALAR) HS CODE: 03032210 FROZEN BIGEYE TUNAS (TUNNUS OBESUS) HS CODE :03034400	1,800KGS	
TOTAL PACKAGES			
Freight and charges FREIGHT AS AGREEMENT	In witness whereof, the Carrier or his Agents has singed Bills of Lading all of this tenor and date, one of which being accomplished, the others to stand void.		
Dated Sep.8, 2008	No. of Original B(S)/L 3(THREE)	Place of B/L Issue	Singed for Carrier **HANJIN SHIPPING CO.,LTD**

随附单据3：海运提单。

威达贸易有限公司
WEIDA TRADE ENTERPRISE

Mailing Address:
P.O. Box 668 New York, CA 98368　　Tel: (510) 836-2868
Plant Address:　　(510) 668-5321
9626 E.16TH St. New York, CA98348　　Fax: (510) 836-2218

PACKING LIST

SHIPPER: WEIDA TRADE ENTEPRISE
CONSIGNEE:
STEAMSHIP CO: CHINA OCEAN SHIPPING COMPANY
VESSEL: MIN HE
VOYAGE NO: 208WO
PORT OF LOADING: NEW YORK

COMMODITY	QUANTITY	NET WEIGHT	GROSS WEITHT
FROZEN ATLANTIC SALMON(SALMO SLAR)	500 CASE	900.80 KGS	1,000KGS
FROZEN BIGEYE TUNAS (THUNNUS OBESUS)	400 CASE	700.10KGS	800KGS
TOTAL WEIGHT	900CASE	1,600.90KGS	1,800KGS

CONTAINER NO. 1. CBHU 2689028 (20’) Tare W 2800
2. TRLU 3837719 (20’) Tare W 2800

PACKED IN STRONG WOODEN CASES SUITABLE FOR LONG DISTANCE OCEAN AND INLAND

威达贸易有限公司
WEIDA TRADE ENTERPRISE

项目七

严密化的通关管理——办理食品进口通关业务

项目描述

随着“一带一路”建设的持续推进，近几年我国食品进口量大幅度增长，主要品种为水产品、大米、干果、食用油、罐头、淀粉制品、饮料等。为了更好地服务“一带一路”建设，上海海关积极探索，持续强化执法把关能力，营造良好通关环境，从而有效刺激进口食品从业者的积极性。上海元初物流有限公司是一家专业的食品进出口代理公司，专门为东方创业股份有限公司、东方对外贸易进出口公司办理乳制品、红酒、巧克力、冰激凌的进出口通关业务。元初物流公司的报关员林梦梦从学校毕业后，从事报关工作已有大半年了，经过这半年的锻炼，其业务能力、职业素养各方面都有一定程度的提升，但对于食品进出口通关业务的处理还是感到非常陌生，与非法定检验检疫货物相较而言，食品进出口通关流程是怎样的？通关单据又有着怎样的区别？在食品进口前应当做好哪些准备？

思维导图

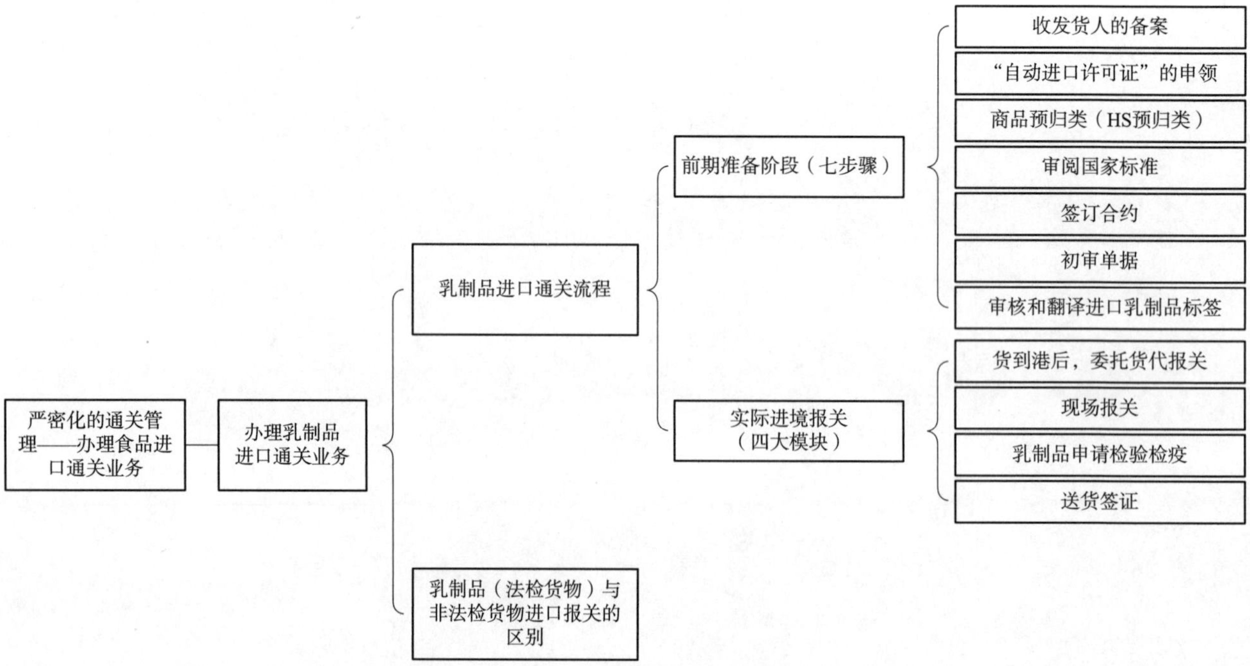

任务　办理乳制品进口通关业务

情景导入

东方创业股份有限公司（下面简称"东方创业"）从波兰进口一批"超高温灭菌全脂牛奶"（商品编码：0401100000102；商品名称：脂肪含量≤1%未浓缩的乳及奶油，脂肪含量按重量计，本编号货品不得加糖和其他甜物质），该批货物通过海运入境上海洋山深水港。入境后第二天，东方创业立刻委托上海元初物流有限公司代理此批乳制品的进口申报，报关员林梦梦接到通关单证后，立刻请教王师傅，了解到超高温灭菌乳属于自由管理类商品，进口前必须到中国商务部申请"自动进口许可证"，并且乳制品又是属于法定检验检疫商品，必须经过海关强制性检验检疫，可是乳制品这种法定检验检疫货物的进口通关流程究竟是怎样的？与非法定检验检疫货物进口通关程序之间又有着怎样的不同？向海关报关时，应当注意哪些报关规范？林梦梦一筹莫展，请帮助林梦梦完成下列任务：

报关员林梦梦应如何向海关申请办理"超高温灭菌乳"的进口通关业务？需要向海关递交哪些通关单证？

学习目标

知识目标：

（1）掌握乳制品进口通关流程，以及乳制品进口通关应递交的特殊单证。

（2）熟悉乳制品进口通关的特殊步骤，理清乳制品进口通关各步骤之间的逻辑顺序。

（3）熟悉乳制品（法定检验检疫货物）与非法定检验检疫货物之间的差异。

技能目标：

（1）能够画出乳制品进口报关业务流程图。

（2）会填制、审核并向海关递交乳制品进口报关单证。

（3）会向海关申请办理乳制品进口报关业务。

素养目标：

拥有敬业爱岗、严谨细致、一丝不苟的职业态度，具备遵纪守法、廉洁自律、诚实守信的职业操守，规范化、标准化地向海关申请办理乳制品进口报关业务。

任务描述

乳制品属于法定检验检疫货物，向海关申请办理乳制品进口通关业务的能力属于报关员的一项特殊技能，报关员不仅需要对乳制品的通关流程加以熟悉，尤其是掌握特殊的通关步骤，还要能够填写与审核乳制品所需要的全套通关单证，尤其是乳制品专用的通关单证。在对核心知识和技能进行全面学习之后，结合上述情景完成乳制品进口通关业务，并详细罗列所需通关单证。

核心知识

一、乳制品进口通关流程

乳制品进口通关流程图如图7-1所示。

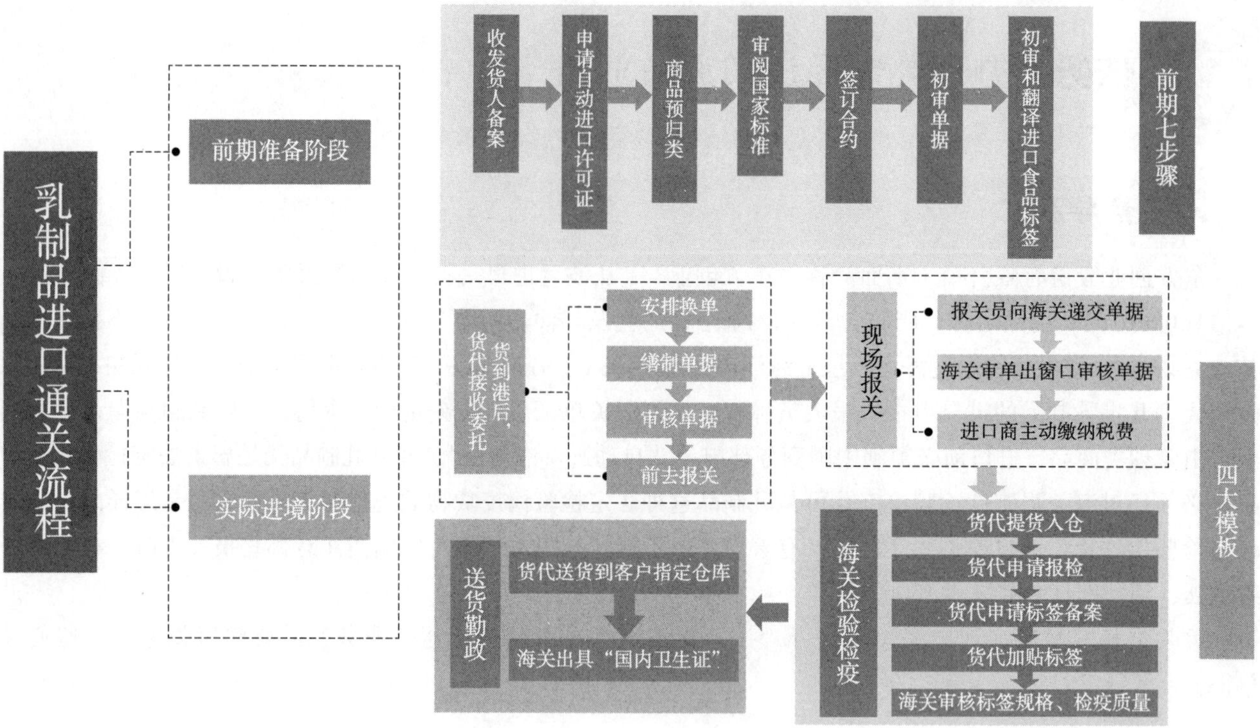

图7-1　乳制品进口通关流程图

（一）乳制品进口通关前期准备阶段（七步骤）

1. 收发货人备案

（1）申请机构：进口食品化妆品进出口商备案系统。

（2）申请时间：备案信息正常办理时间预计在2个工作日内，可以完成。

（3）申请办法：进口商登录“进口食品化妆品进出口商备案系统”网站，进行收发货人信息登记，审核完成后，由网站发布信息。备案后，通过网站中的“境内进口商备案系统”登录。进口后，需在此登记食品进口销售记录（企业信息变更也可通过备案后登录相应系统登记修改，审核后，网站会及时更新发布）。进口食品化妆品进出口商备案系统如图7-2所示。

知识拓展

进口乳制品的企业需具备的资质规定

图7-2　进口食品化妆品进出口商备案系统

2. 申领“自动进口许可证”

（1）申请机构：中国商务部（省部级商务委、省部级商务厅）。

（2）申请时间：预计3~5个工作日内可以完成。

（3）申请办法：向商务部申请“自动进口许可证”，且需要先加入土畜商会，并完成大宗农产品备案。完成后才可申请“自动进口许可证”的电子密钥，再登录许可证申报网站填写信息后，申领电子“自动进口许可证”，如图7-3所示。

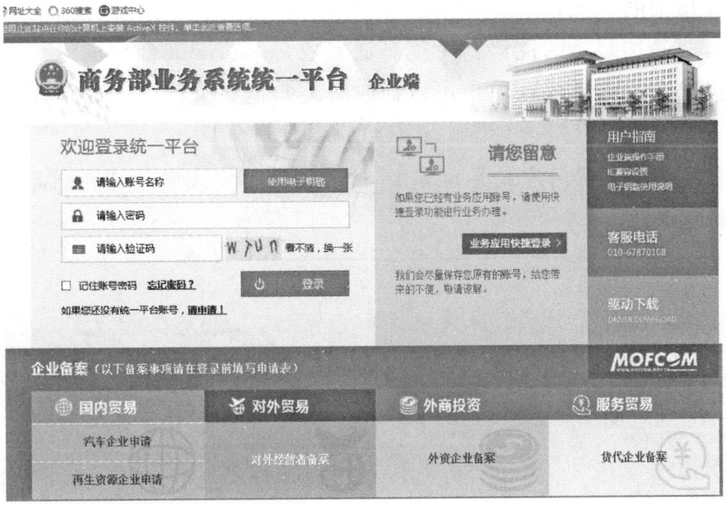

图7-3　商务部业务系统统一平台（申请乳制品“自动进口许可证”）

“中华人民共和国自动进口许可证申请表”见表7-1。

表 7-1　中华人民共和国自动进口许可证申请表

Application Form for Automatic Import License of the People’s Republic of China

<table>
<tr><td colspan="3">1. 进口商 Importer</td><td colspan="3">3. 自动进口许可证申请表号：
自动进口许可证号：</td></tr>
<tr><td colspan="3">2. 进口用户 Consignee</td><td colspan="3">4. 申请自动进口许可证有效截止日期：
年　月　日
Year　Month　Date</td></tr>
<tr><td colspan="3">5. 贸易方式 Terms of trade</td><td colspan="3">8. 贸易国（地区）Country/Region of trading</td></tr>
<tr><td colspan="3">6. 外汇来源 Terms of foreign exchange</td><td colspan="3">9. 原产地国（地区）Country/Region of origin</td></tr>
<tr><td colspan="3">7. 报关口岸 Place of clearance</td><td colspan="3">10. 商品用途 Use of goods</td></tr>
<tr><td colspan="6">11. 商品名称 Description of goods　　商品编码（H.S.）Code of goods</td></tr>
<tr><td>12. 规格、等级 Specification</td><td>13. 单位 Unit</td><td>14. 数量 Quantity</td><td>15. 单价 Unit Price</td><td>16. 总值 Amount</td><td>17. 总值折美元 Amount in USD</td></tr>
<tr><td></td><td></td><td></td><td></td><td></td><td></td></tr>
<tr><td></td><td></td><td></td><td></td><td></td><td></td></tr>
<tr><td></td><td></td><td></td><td></td><td></td><td></td></tr>
<tr><td></td><td></td><td></td><td></td><td></td><td></td></tr>
<tr><td>18. 总计 Total</td><td></td><td></td><td></td><td></td><td></td></tr>
<tr><td colspan="3">19. 备注 Supplementary details
联系人：
联系电话：
申请日期：　年　月　日
申请单位公章：</td><td colspan="3">签证机构审批意见：</td></tr>
</table>

3. 商品预归类（HS预归类）

知识拓展

你对乳制品了解多少

预归类服务是指进出口货物预归类服务单位，受进出口货物收发货人及其代理人的委托，对其拟进出口货物预先进行商品归类，并出具“进出口商品预归类意见书”的民事行为。在报关过程中，许多进出口企业由于对商品的归类规则不精通，常会归入不恰当的税号，结果导致退单、改单；监管证件的缺失而造成货物不能入境；税率的不同会影响税款的补征或少退，当税款金额较高时，企业还有降级或缉私风险。商品预归类的优势：①提高通关效率；②准确合理税赋；③完备监管证件；④有效风险防控。食品进出口商或其代理单位可以通过海关归类通查询“超高温灭菌全脂牛奶”的商品编码（HS CODE），如图7-4所示。

做一做：登录在线学习平台（访问方式见前言），通过拖动的方式完成“乳制品进口通关特殊单据——繁忙牛奶流水线取单据”的选择题。

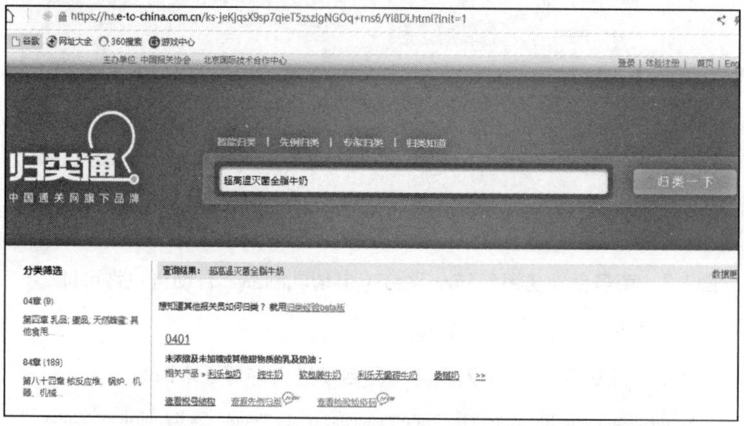

图7-4　海关归类通查询“超高温灭菌全脂牛奶”HS编码

4. 审阅国家标准

乳制品进口前，食品进口商应当根据国家标准（GB文件）进行详细审核，确定乳制品（如超高温灭菌全脂牛奶）是否符合国家标准，可以通过食品伙伴网站，搜索《食品安全国家标准　灭菌乳》（GB 25190—2010），如图7-5和图7-6所示，符合国标的才可以进口。

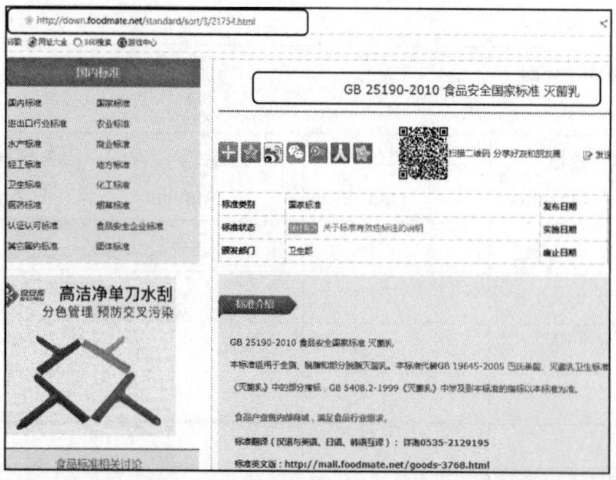

图7-5　食品伙伴网搜索“超高温灭菌乳”的国际标准

图7-6　“超高温灭菌乳”的国家标准

5. 签订合约

确认乳制品符合国家标准，可以进口的前提下，进口商与外商签订采购合同。

6. 初审单据

为了提高通关效率，可由外商事先进行空运，寄送全套乳制品通关单据给进口商，进口商可提前审核单据，审核单据基本原则：必须做到单单相符、单证相符、单同相符。当然，所有单证必须与货物相符。食品进口业务所需单证如下：

（1）食品进口业务所需单证——外商提供部分（见图7-7）。

图7-7　食品进口业务所需单证（外商提供部分）

（2）食品进口业务所需单证——国内提供部分（见表7-2）

表 7-2　乳制品进口通关所需单证

乳制品进口报关报检所需单证			
主要单据：进口货物报关单；随附单据：基础随附单据、特殊随附单据			
基础随附单据			
3/3 海运提单（正本） Ocean Bill of Lading	3 份商业发票（正本） Invoice	3 份装箱单（正本） Packing List	进口合同 Contract
收货人营业执照复印件，外商营业执照复印件	报关报检委托书	提货单	1 份保险单（正本） Cargo Transportation Insurance Policy
特殊随附单据			
1 份生产厂商出具的无木质包装证明（正本） Certificate of No Wood	进口时是否有木质包装（如木托盘），如进口时带有木质托盘，木托盘上需有“IPPC”标志	原标签样张及翻译文	中文标签样张
国内检验检疫证明书	进口货物标签备案表	进口许可证	收、发货人备案截图
生产厂商 CNCA、认监委生产企业在华注册名单	货物清单	情况说明、保函等　套	自由销售证明书

7. 审核和翻译进口食品标签

进口食品标签备案时，需提供申请资料：

（1）原标签样张和翻译件，及其电子文档。

（2）中文标签纸质样张及说明信息（标签说明信息中包括生产商名称、商品品牌中文名称、与实物的对应比例等）。

知识拓展

乳制品标签问题多

（3）中文标签电子样张、中文标签中所列进口商、经销商或代理商的工商营业执照复印件。

（4）当进口预包装食品标签中特别强调某一内容，如获奖、获证、法定产区、地理标识、有机食品等内容时，应提供相应的证明材料及翻译件。

（5）标注营养成分含量的，应提供符合性证明资料，证明资料以产品中营养成分的全项目检测报告为主。

（6）按照法律、法规及国家有关部门规定须办理保健食品（包括营养素补充剂）审批、新资源食品审批、益生菌的审批；进口无食品安全国家标准食品审批的，应提供有关审批证明。

知识拓展

食品标签样张

（7）应当随附的其他证书或者证明文件。

可以登录食品伙伴网了解更多关于食品进出口的信息，获取更多资料。

乳制品进口中文标签如图7-8所示。

图7-8　食品标签外箱翻译件

（二）乳制品实际进境报关（四大模块）

1. 货到港后，委托货代报关

在乳制品抵达港口后，进口货物收货人或其代理人（货代公司或专业报关行）立刻安排换单事宜，报关人员认真严谨地整理审核全套乳制品进口通关单据（审核单证的基本原则是“单单相符”“单证相符”“单货相符”“单同相符”），并登录“中国国际贸易单一窗口”缮制新版“进口货物报关单”。

2. 现场报关

关检融合后，出入境检验检疫机构正式划入海关队伍，进口货物收货人或其代理人登录“中国国际贸易单一窗口”，主动向海关申请办理货物的进口申报，检验检疫手续，缴税手续等。基于单一窗口货物申报系统的进口货物申报流程（一次性录入模式）如图7-9所示。

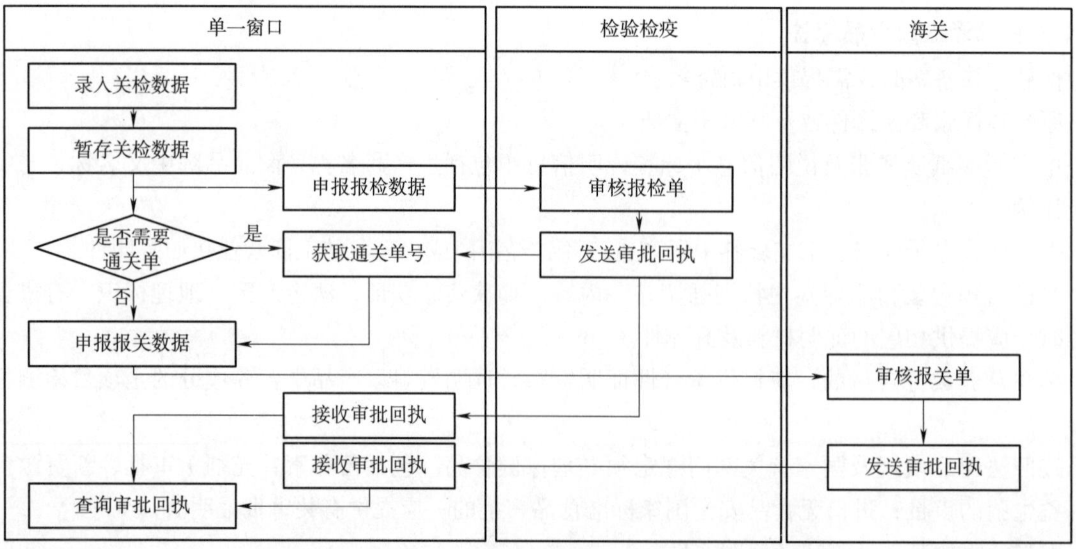

图7-9　单一窗口的一次性录入模式下，进口货物申报流程

做一做：登录在线学习平台（访问方式见前言），通过拖动的方式完成“乳制品进口通关流程”的填空题。

做一做：登录在线学习平台（访问方式见前言），通过填写关键词的方式完成“乳制品与非法检货物进口报关区别”的填空题。

3. 乳制品申请检验检疫

《中华人民共和国食品安全法》第九十一条规定：“国家出入境检验检疫部门对进出口食品安全实施监督管理”。

进口食品的收货人或代理人应按照规定向海关提交材料并向海关申报；申报时，收货人或代理人应将所进口的食品按照品名、品牌、原产国（地区）、规格、数（重）量、总值、生产日期（批号）及海关总署规定的其他内容逐一申报。

受理海关对收货人或其代理人提交的申报材料审核填写内容是否完整、准确，所附单证是否齐全，单证是否一致、有效，符合要求的，受理申报。口岸海关在口岸监管场所对进口食品的包装和运输工具进行现场查验，按照相关规定对进口食品进行抽采样、制样及送样，对进口预包装食品标签进行符合性检测。

对进口食品经检验检疫合格的，由海关出具合格证明，予以放行，准予销售、使用。进口食品经检验检疫不合格的，由海关出具不合格证明；对检验检疫不合格的，根据不合格情况按照规定销毁、退运或处理等，同时出具不合格证书。

4. 送货签证

乳制品经过海关检验检疫，质量合格后，海关对乳制品进行验放，货代公司前去港区提取货物，并主动将乳制品送到客户指定仓库存放。最终由海关出具乳制品“国内卫生证”，进口商凭卫生证可将乳制品在国内市场上进行销售。

二、乳制品（法检货物）与非法检货物进口报关的区别

乳制品属于法定检验检疫货物（强制性检验检疫货物）与非法定检验检疫货物之间，其通关单据、通关程序等方面是有区别的，两者之间的差异见表7-3。

表 7-3　乳制品（法检货物）与非法检货物进口报关的区别

<table>
<tr><th>序号</th><th colspan="2">乳制品（法检货物）进口报关</th><th>非法检货物进口报关</th></tr>
<tr><td rowspan="4">1</td><td rowspan="4">乳制品进口企业需要具备基本进口资质</td><td>（1）需要前去食药监局申请“食品经营许可证”</td><td rowspan="4">无</td></tr>
<tr><td>（2）收发货人需要在食品进出口商务备案系统中进行强制性备案</td></tr>
<tr><td>（3）进口商需要前去中国商务部申领“自动进口许可证”</td></tr>
<tr><td>（4）国外生产厂商需要向中国认监委递交 CNCA 注册申请表，取得“生产企业在华注册名单”</td></tr>
<tr><td>2</td><td colspan="2">进口商对乳制品需进行 HS 预归类，是否符合国家标准（GB 文件）</td><td>无</td></tr>
<tr><td>3</td><td colspan="2">进口商需委托翻译公司对乳制品外包装上的标签进行准确无误翻译，并制作中文标签</td><td>无</td></tr>
<tr><td>4</td><td colspan="2">进口通关单据：
（1）主要单据：进口货物报关单（关检融合后，报关报检单据进行改版，颁布新版本“进口货物报关单”）
（2）随附单据：
• 基础单据：发票、装箱单、合同、海运提单、提货单
• 特殊单据：原产地证明书、营养成分报告、国外卫生证、生产日期证明、产品检测报告、自动进口许可证、食品标签原件及翻译件、企业营业执照副本复印件、生产厂商在华注册名单、收发货人备案截图等</td><td>进口通关单据：
（1）主要单据：进口货物报关单；
（2）随附单据：发票、装箱单、合同、海运提单、提货单</td></tr>
<tr><td>5</td><td colspan="2">货代向海关申请乳制品报检手续，乳制品属于强制性检验检疫货物（法定检验检疫货物），海关必须严格审核</td><td>属于非法定检验检疫货物，只需要向海关办理形式上的报检手续即可</td></tr>
<tr><td>6</td><td colspan="2">货代公司需要向海关申请办理乳制品标签的备案手续，并安排相关人员在乳制品外包装上加贴中文标签</td><td>无</td></tr>
<tr><td>7</td><td colspan="2">海关对乳制品进行现场查验中文标签是否符合要求，并对乳制品进行抽样化验，质量合格才能放行。（由于乳制品关系到食品安全与卫生等问题，所以检验检疫极为严格）</td><td>海关进行查验，合格后放行</td></tr>
<tr><td>8</td><td colspan="2">海关最终必须出具国内卫生证，否则不能在市场销售</td><td>无</td></tr>
</table>

技能训练

训练一　画出乳制品进口通关业务流程图

一、画出乳制品进口通关流程图

乳制品进口通关流程分为两个阶段（前期准备阶段，实际进境阶段），每个阶段对应具体操作步骤，结合所学知识和技能，将具体步骤填写在流程图中（见图7-10），对整体的乳制品进口通关流程图加以熟记。

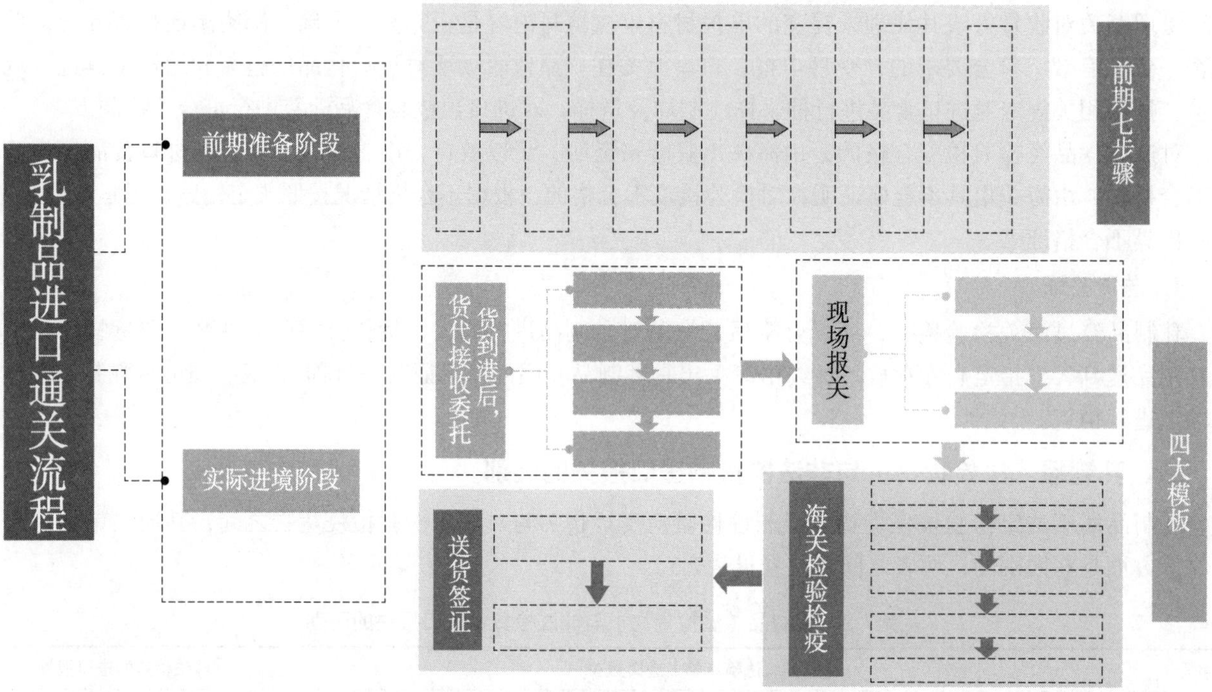

图7-10　乳制品进口通关流程图

二、任务实施

学生分组进行实操训练，完成乳制品进口通关流程图的填写，并填写表7-4，记录完成情况，对未能正确填写的步骤进行详细记录，以便课后反复训练。

表 7-4　乳制品进口通关流程图完成情况记录表

学生姓名：________　班级：________　学号：________

工作内容	关键步骤	任务结果	记录未正确填写的步骤
画出乳制品进口通关流程图	（1）在前期准备阶段的七步骤中，将关键词填写在方框内	□完成　□未完成	
	（2）在实际进境阶段的四大模块中，将关键词填写在方框内 ①货到港后货代接受委托，填写 4 个关键步骤 ②现场报关，填写 3 个关键步骤 ③检验检疫，填写 5 个关键步骤 ④送货签证，填写 2 个关键步骤	 □完成　□未完成 □完成　□未完成 □完成　□未完成 □完成　□未完成	
	（3）熟记乳制品的整体进口通关流程图	□完成　□未完成	

训练二　整理和审核乳制品进口通关单证

一、整理和审核乳制品进口通关单证

结合所学知识和技能，将乳制品进口时所需通关单证（主要报关单据、基础随附单证、特殊随附单证）填写在表7-5中，并对全套通关单证加以熟记。

表 7-5　乳制品进口通关所需单证

主要报关单据：			
基础随附单据			
特殊随附单据			

二、任务实施

学生分组进行实操训练，梳理乳制品进口通关所需单证，并填写表7-6，记录完成情况，对未能正确填写的单证种类和单证名称进行详细记录，以便课后反复训练。

表 7-6　“超高温灭菌乳”进口报关所需单证完成情况记录表

学生姓名：_________　班级：_________　学号：_________

工作内容	关键步骤	任务结果	记录未能正确填写的单证名称
乳制品进口通关所需单证	（1）在表格中填写向海关递交的主要报关单证的名称	□完成 □未完成	
	（2）在表格中填写向海关递交的基础随附单证的名称	□完成 □未完成	
	（3）在表格中填写向海关递交的特殊随附单证的名称	□完成 □未完成	

训练三　梳理“乳制品”进口通关与非法检货物的区别

结合所学知识和技能，梳理“乳制品”与非法检货物进口通关业务之间的区别，并将关键词填写在表7-7中。

表 7-7　乳制品（法检货物）与非法检货物进口报关的区别表

序号	乳制品（法检货物）进口报关		非法检货物进口报关
1	乳制品进口企业需要具备基本进口资质	（1）	无
		（2）	
		（3）	
		（4）	
2	进口商对乳制品需进行________，是否符合________		无
3	进口商需委托翻译公司对________进行准确无误翻译，并制作________		无

续表

序号	乳制品（法检货物）进口报关	非法检货物进口报关
4	进口通关单据 （1）主要单据： （2）随附单据： • 基础单据： • 特殊单据：	进口通关单据： （1）主要单据： （2）随附单据：
5	货代向海关申请________手续，红酒属于________，海关必须严格审核	属于非法定检验检疫货物，只需要向海关办理________
6	货代公司需要向海关申请办理________手续，并安排相关人员在红酒外包装上加贴_______	无
7	海关对乳制品现场查验，________是否符合要求，并对乳制品________，质量合格才能放行	海关进行________，________
8	海关最终必须出具________，否则不能在市场销售	无

任务评价

任务评分表如表7-8所示。

表 7-8　任务评分表

评价内容		分值	自评	互评	师评
知识评价	能够清晰阐述乳制品进口通关流程	10			
	能够理清乳制品进口通关各步骤之间的逻辑顺序，并能简述乳制品进口通关的特殊步骤	10			
	能够清晰阐述乳制品进口通关应递交的特殊单证	10			
	能够整理乳制品（法定检验检疫货物）与非法定检验检疫货物之间的差异	10			
能力评价	能够审核并向海关递交全套乳制品进口通关单证	20			
	能够向海关申请办理乳制品进口通关业务	20			
素养评价	拥有敬业爱岗、严谨细致、一丝不苟的职业态度，具备遵纪守法、廉洁自律、诚实守信的职业操守	20			
总　　分		100			

巩固与训练

一、单选题

1. 进口商向海关正式进口乳制品前，必须具备哪些进口资质？（　　）
   A. 备案清单、自动进口许可证
   B. 入境货物通关单、乳制品进口资质证明书
   C. 原产地证明书、自动进口许可证
   D. 备案清单、乳制品进口资质证明书
2. 在乳制品到港前，进口商还应当事先做哪些准备？（　　）
   A. 初审单据；翻译标签　　B. 初审单据；签订合约
   C. 签订合约；翻译标签　　D. 签订合约；制作标签
3. 海关审单窗口对乳制品进口通关单据审核后，接着进口商应当（　　）。
   A. 配合查验　　B. 如实申报　　C. 主动缴纳税费　　D. 放行提货
4. 乳制品进口前，确定乳制品是否可以进口，可以通过（　　）搜索乳制品国际标准。
   A. 食品伙伴网　　B. 海关归类通网站
   C. 食品备案系统网站　　D. “互联网+海关”一体化平台

5. 进口食品（乳制品）的进口企业必须具备相关资质，下列表述错误的是（　　）。

A. 食品经营许可证

B. 收货人备案

C. 向国家认证认可监督管理委员会申请CNCA认证

D. 入境货物通关单（A证）

6. 进口乳制品前，进口商需要提出经营“食品经营许可证”的申请，并报送规范的全套申请资料至（　　）

A. 国家市场监督管理总局　　B. 海关总署

C. 直属海关　　D. 直属海关授权的隶属海关

7. 进口乳制品前，申请者（进口商）需要登录（　　），进行收发货人备案。

A. 国家市场监督管理总局网站　　B. 进口食品化妆品进出口商备案系统网站

C. 中国商务部网站　　D.“互联网+海关”一体化平台

二、简答题

1. 画出乳制品进口通关流程图。

2. 简述乳制品进口通关应向海关递交的报关单证。

3. 简述乳制品（法定检验检疫货物）与非法定检验检疫货物进口通关流程的差异。

三、制单题

根据背景资料和随附单据，登录“单一窗口”填制与审核日昇牌全脂牛奶“进口货物报关单”。

背景资料：东方国际创业股份有限公司[18位社会信用代码：91310000132212080D；10位数海关注册编号：3105915026；地址：上海市长宁区（310105）]委托上海元初物流有限公司（18位社会信用代码：312789678102897652；10位数海关注册编号：31229032）进口全脂牛奶一批（此批货物从洋山保税区提取，进口到中国国内市场销售），商品描述：日昇全脂牛奶（1%<脂肪含量≤6%的未浓缩的乳及奶油），制作方法：超高温杀菌；脂肪含量：3.2%；成分含量：100%牛奶；包装规格：1升/盒；品牌：日昇；商品规格型号：超高温杀菌 | 3.2% | 100%牛奶 | 1升/盒 | 日昇；用途：食用；货物属性：预包装；HS CODE：0401200000 102；法定计量单位：千克；包装种类：纸制或纤维板制盒/箱（代码22）；货物存放地点：洋山保税港区。该货物由“元初物流”向洋山保税港区海关（关区代码：2249）申报进口，境内收货人与消费使用单位相同，成交方式为CIF，检验检疫受理机关、领证机关、目的地检验检疫机关、口岸检验检疫机关均为上海洋山局小洋山（关区代码：311010），报关单类型：通关无纸化；运输方式：保税港区；特殊关系确认：否；价格影响确认：否；支付特许权使用费确认：否；自报自缴：否。随附单据及商品信息见表7-9。

表7-9　商品信息表

税号	最惠（%）MFN	普通（%）GEN	增值税率（%）VAT	出口退税（%）ED	计量单位 Unit
0401200000 102	15	40	13	16/6	千克 / kilogram
证件代码	证件名称		编号		
7	自动进口许可证		1709N82591		
A	入境货物通关单		311010117116832000		
监管条件	P.R/Q.S				

随附单证 1~6，学生扫描二维码观看，或下载后自行打印

知识拓展

随附单证 1~6